사이보그 시티즌

CYBORG CITIZEN
by Chris Hables Gray

사이보그 시티즌

1판 1쇄 발행 2016. 2. 29.
1판 2쇄 발행 2016. 5. 27.

지은이 크리스 그레이
옮긴이 석기용
기획·해제 이인식

발행인 김강유
편집 강지혜·김지용 | 디자인 지은혜
발행처 김영사
등록 1979년 5월 17일(제406-2003-036호)
주소 경기도 파주시 문발로 197(문발동) 우편번호 10881
전화 마케팅부 031)955-3100, 편집부 031)955-3250 | 팩스 031)955-3111

값은 뒤표지에 있습니다. ISBN 978-89-349-7381-2 03300

독자 의견 전화 031)955-3200
홈페이지 www.gimmyoung.com 카페 cafe.naver.com/gimmyoung
페이스북 facebook.com/gybooks 이메일 bestbook@gimmyoung.com

좋은 독자가 좋은 책을 만듭니다.
김영사는 독자 여러분의 의견에 항상 귀 기울이고 있습니다.

이 도서의 국립중앙도서관 출판시도서목록(CIP)은 서지정보유통지원시스템 홈페이지
(http://seoji.nl.go.kr)와 국가자료공동목록시스템(http://www.nl.go.kr/kolisnet)에서
이용하실 수 있습니다.(CIP제어번호 : CIP2016004575)

이 책은 해동과학문화재단의 지원을 받아 NAEK 한국공학한림원과 김영사가 발간합니다.

cyborg citizen

사이보그 시티즌

포스트휴먼 시대, 인간이란 무엇인가

크리스 그레이 | 석기용 옮김 | 이인식 해제

김영사

| 해제 |

사이보그 사회를 해부한다

이인식(지식융합연구소 소장, 문화창조아카데미 총감독)

포스트모던적인 국민국가가 단지 사람을 의미하는 것은 아니다. 그것은 법률, 관료 그리고 수많은 상이한 유형의 기계, 그중에서도 특히 컴퓨터를 포함한 기술의 전체 영역을 통합한다. 이제 시민은 사이보그이며, 영토는 사회기반시설이다.

크리스 그레이

1

/

이스라엘 예루살렘의 히브리대학교에서 역사학 교수로 재직 중인 유발 하라리는 2014년 9월에 펴낸《사피엔스Sapiens》에서 인류 역사의 진로가 인지혁명, 농업혁명, 과학혁명 등 3대 혁명에 의해 형성되었다고 설명하고, 책의 끄트머리에서 "과학기술에 의해 호모 사피엔스가 완전히 다른 존재로 대체되는 시대가 곧 올 것"이라고 전망했다.

하라리는 유전공학과 사이보그 기술에 의해 현생인류를 대체할 미래인류, 곧 포스트휴먼posthuman이 등장할 날이 임박했다고 주장한 것이다. 포스트휴먼은 '현존 인간을 근본적으로 넘어서서 현재 우리의 기준으로는 애매모호하게 사람이라고 부르기 어려운 인간'이라고 풀이할 수 있다. 포스트휴먼의 첫 번째 후보로는 무엇보다 사이보그가 거론된다.

사이보그는 '사이버네틱 유기체cybernetic organism'의 합성어로, 미국의 컴퓨터 전문가인 맨프레드 클라인스Manfred Clynes(1925~)와 정신과 의사인 네이선 클라인Nathan Kline(1916~1982)이 1960년 9월에 함께 발표한 논문인 〈사이보그들과 우주Cyborgs and Space〉에서 처음 사용한 단어이다. 이들은 이 논문에서 "사람은 장기이식과 약물을 통해 개조될 수 있으며, 그렇게 되면 우주복을 입지 않고도 우주에서 생존할 수 있을 것"이라고 주장하고 기술적으로 개조된 인체, 곧 기계와 유기체의 합성물을 '사이보그'라고 명명했다. 다시 말해 사이보그는 생물과 무생물이 결합된 자기조절 유기체이다. 따라서 유기체에 기계가 결합되면 그것이 사람이든 바퀴벌레이든 박테리아이든 모두 사이보그라고 부른다. 사람만이 사이보그가 될 수 있는 것은 아니다.

사이보그는 기본적으로 자기조절 기능을 가진 시스템, 곧 사이버네틱스 이론으로 규정되는 유기체이다. 사이버네틱스는 1948년 미국의 노버트 위너(1894~1964)가 펴낸 《사이버네틱스Cybernetics》에 소개된 이론이다. 이 책의 부제는 '동물과 기계에서의 제어와 통신Control and Communication in the Animal and the Machine'이다. 요컨대 동물과 기계, 즉 생물과 무생물에는 동일한 이론에 의해 탐구될 수 있는 수준이 있으며, 그 수준은 제어 및 통신의 과정에 관련된다는 것이다. 생물과 무생물 모두에 대하여 제어와 통신의 과정을 사이버네틱스 이론으로 동일하게 고찰할 수 있다는 것이다.

사이보그라는 용어는 오랫동안 주로 공상과학영화의 주인공을 묘사하는 데 사용되는 신조어에 불과할 따름이었다. 사이보그는 텔레비전 연속물인 〈6백만 불의 사나이〉(1974~1978)를 비롯하여 〈터미네이터〉(1984) 〈로보캅〉(1987) 〈공각기동대〉(1995) 등의 영화에서 맹활약한다.

한편 미국의 페미니즘 이론가인 도나 해러웨이(1944~)는 1985년 〈사이보그 선언A Manifesto for Cyborgs〉이란 글을 발표하고 사이보그를 성차별 사회를 극복하는 사회정치적 상징으로 제시하였다. 이를 계기로 사이보그학cyborgology이 출현했으며, 사이보그는 공상과학영화에서 튀어나와 다양한 학문적 의미를 부여받게 되었다. 가령 지구 자체를 사이보그로 간주하는 이론까지 등장하였다. 해러웨이는 제임스 러브록(1919~)이 가이아 이론Gaia theory에서 제시한 것처럼 행성 지구는 자기조절 기능을 갖고 있으므로 사이보그임에 틀림없다고 주장하였다.

2
/

사이보그는 종류가 다양하기 이를 데 없다. 유기체를 기술적으로 변형시킨 것은 모두 사이보그에 해당되기 때문이다. 가령 생명공학기술과 의학기술로 몸과 마음의 기능을 개선시킨 사람들, 이를테면 인공장기를 갖거나 신경보철을 한 사람, 예방접종을 하거나 향정신성 약품을 복용한 사람들은 모두 사이보그이다.

사이보그의 개념을 좀 더 확대하면 우리가 사이보그 사회에 살고 있음을 실감할 수 있다. 우리가 일상생활에서 사용하는 각종 장치, 예컨대 안경 · 휴대전화 · 컴퓨터 · 자동차 등이 우리의 능력을 보완해주기 때문이다. 이런 장치를 사용하는 사람을 '기능적 사이보그functional cyborg' 또는 줄여서 '파이보그fyborg'라고 부른다. 우리 모두는 이미 '파이보그'가 되어버린 셈이다. 특히 입는 장치wearable device가 보급되면서 파이보그는 갈수록 증가하는 추세이다.

이 책은 사람이 사이보그로 바뀌는 현상을 생생하게 소개하고 있다. 저자는 사람의 몸은 물론 생식, 노동, 전쟁 등 거의 모든 인간활동이 전방위적으로 사이보그화cyborgization되고 있는 현장을 아주 구체적으로 묘사한다.

먼저 의학을 통해 사람의 몸을 개조하는 일이 일상화되면서 머리꼭대기부터 발끝까지 인공안구 · 인공기도 · 인공흉선 · 인공심장 · 인공방광 · 인공괄약근, 심지어 인공고환과 인공음경 따위로 인체의 사이보그화가 가속화되고 있다. 저자는 병원에서 인공호흡기나 신장투석 같은 생명연장기술에 의존해 살아가는 사람들을 활성사이보그enabled cyborg라고 명명하기도 한다. 식물인간neomort이나 산송장living cadaver도 사이보그화의 사례로 언급되어 있다.

생식 사이보그화의 경우 테크노정자technosemen 기술이 쟁점이 된다. 남녀의 성행위로 아기를 잉태하는 자연임신과 달리 의학기술이 개입된 인공적 임신은 사이보그 임신cyborg conception, 그렇게 태어난 아이는 사이보그 아기cyborg baby라고 불린다.

노동자 사이보그화는 산업계가 앞장서서 주도하고 있지만 "매우 똑똑한 어떤 노동자들은 스스로 자기-사이보그화를 의도한다"고 지적하고, 그 사례로 프로 운동선수들을 들었다.

사이보그화가 가장 활발하게 진행되는 장소는 전쟁터일 수밖에 없다. 저자는 "제2차 세계대전은 컴퓨터의 잉태와 믿을 수 없을 정도로 복잡한 인간-기계 시스템human-machine system인 함선, 함대, 비행기, 날개, 무기 팀, 군대 등의 정교화에 힘입어 이 과정을 절정으로 이끌었다. 마침내 사이보그가 탄생했다"면서 "사이보그는 인간-기계 무기의 이상理想" 이라고 말한다. 그렇다. 군대는 엄청난 자원을 투입하여 군인들을 사이보그로 변모시킨다. 사이보그 전사cyborg warrior는 "포스트모던 전쟁이라는 극히 치명적인 전쟁에서 두려움 없이 싸울 수 있도록" 정신의약적인 방법으로도 개조되기도 한다.

저자는 "인간제도의 결정판이라 할 수 있는 가족조차 사이보그화되고 있는 현실"이라면서 사이보그 가족의 출현을 예고한다.

사람과 사회가 사이보그로 바뀌는 현상을 낱낱이 분석하고 저자는 다음과 같이 비판적인 견해를 서슴없이 개진한다.

"우리 사회는 도구, 기계 그리고 유기체로 이루어진 사이보그 사회이지만 우리는 이것을 부인한다. 우리는 우리가 유기체들과 맺고 있는 관계, 우리가 체화되어 있는 세계를 부인한다. 그리고 우리가 만든 기술과학technoscience에 대한 책임마저도 부인한다."

3

/

저자가 이 책을 집필한 동기는 원서의 부제인 '포스트휴먼 시대의 정치학Politics in the Posthuman Age'에 여실히 드러나 있다. 그는 "인간의 잠재력을 극대화하여 이익이든 힘이든 그 무엇을 얻든 간에, 모든 개조과정은 근본적으로 정치적인 성격을 띤다"면서 "포스트휴머니티 안에서 우리가 어떤 가치를 수립할 것인지는 바로 정치가 결정할 것"이라고 단언한다.

이어서 그는 "사이보그화된 우리의 몸이 사이보그 국가에서 정치적으로 얼마나 잘 활용될 수 있는지를 정확히 이해하기 위해서는 합법적인 정치권력의 원천부터 살펴보아야 한다"면서 "18세기의 혁명가들에 따르면, 그 원천은 바로 시민"이라고 사이보그 시민 개념을 제안한다.

그는 사이보그 시민이론의 출발점이 17세기 영국의 철학자인 토머스 홉스(1588~1679)가 펴낸《리바이어던Leviathan》임을 숨기지 않는다. 홉스는 이 책에서 왕의 살아 있는 몸뚱이가 곧 국민국가의 모델이라는 '몸의 정치body politics'를 주장했다. 저자는 "오늘날은 국가를 왕의 몸에서 찾지 않는데, 형식적으로 보나 실제로 보나 사이보그가 그 자리를 대신 차지한다"면서 "리바이어던은 많은 사람들로 이루어진 사이보그"라고 주장한다.

저자가 사이보그 시민이론을 창안한 이유는 자명하다. 그는 "진정한 쟁점은 우리 사회가 어떤 도구, 어떤 기계, 어떤 사이보그를 보유해야 하며, 어떤 것을 축출하고, 만드는 것조차 하지 말아야 할 것인지 판단하는 것"이라고 전제하고 "우리는 사이보그 시민권을 제대로 만들고, 할 수 있는 모든 방법을 동원해 그것을 옹호하고 확장해야 한다"고 주장한다. 요컨대 "모든 사이보그 시민은 자신의 권리를 지킬 필요가 있다"는 것이다.

저자 특유의 사이보그 시민이론에 동의하든 안 하든 독자 여러분은 21세기 들어 생명공학기술과 신경공학의 발전으로 사람이 사이보그로 바뀌는 현상이 가속화됨에 따라 생물과 무생물, 사람과 기계의 경계가 서서히 허물어지는 것을 지켜보면서 책의 끝부분에 나오는 다음 문장을 곱씹어보지 않을 수 없을 줄로 안다.

"유기적이고 기계적인 두 영역에 걸쳐 있는 우리가 처한 사이보그적 상황을 감수하지 못한다면 끝내 치명적인 결과를 낳을 것이다. 이 시스템들 중 어느 쪽과 충돌하더라도 인류는 끝장날 것이다."

그래서 이 책은 우리 모두가 이제부터 꼼꼼히 읽기 시작해야 할 미래서 목록의 윗자리에 올려놓아야 할 것 같다.

더 읽어볼 만한 사이보그 관련 도서(국내 출간순)

- 《네번째 불연속The Fourth discontinuity》(브루스 매즐리시, 사이언스북스, 2001)
- 《유인원, 사이보그 그리고 여자Simians, Cyborgs, and Women》(도나 해러웨이, 동문선, 2002)
- 《매트릭스로 철학하기The Matrix and philosophy》(슬라보예 지젝 외, 한문화, 2003)
- 《나는 왜 사이보그가 되었는가I, Cyborg》(케빈 워릭, 김영사, 2004)
- 《급진적 진화Radical Evolution》(조엘 가로, 지식의숲, 2007)
- 《특이점이 온다The Singularity Is Near》(레이 커즈와일, 김영사, 2007)
- 《인간의 미래More than Human》(라메즈 남, 동아시아, 2007)
- 《지식의 대융합》(이인식, 고즈윈, 2008)
- 《냉동 인간The Prospect of Immortality》(로버트 에틴거, 김영사, 2011)
- 《뇌의 미래Beyond Boundaries》(미겔 니코렐리스, 김영사, 2012)
- 《사피엔스Sapiens》(유발 하라리, 김영사, 2015)

| 프롤로그 |

포스트휴먼을 향해 머리를 조아리다

참여적 진화는 참여적 정부를 필요로 하는가?

불구가 된 슈퍼맨

/

〈슈퍼맨〉 시리즈의 주인공으로 유명한 영화배우 크리스토퍼 리브Christopher Reeve는 1995년 애마인 벅을 타다 낙마해 전신마비가 되었다. 슬픈 이야기라고 생각하는가? 물론 그렇기는 하지만 다른 한편으로 이것은 용감무쌍한 사이보그의 이야기이기도 하다. 리브는 몸을 가누지 못한 채 각종 기계장치들에 둘러싸인 의타적인 생명체, 전동침대와 휠체어에 묶인 '특수환경 적응 생체 혹은 인공유기체cybernetic organism'로만 살아가야 하는 자신의 운명에 소심하게 안주하지 않고, 더욱 친화적인 사이보그 기술의 실현을 요구하는 투사가 되기로 마음먹었다. 사고 후 1년 만에 그는 〈타임〉 지 표지모델로 등장했고, 1996년 민주당 전당대회에서는 특별 연사로 연단에 올랐다.

그는 '불구의 슈퍼맨'이라는 특별한 신분과 빼어난 카리스마를 활용해 미국 여기저기에 흩어져 있던 하반신 불수와 기타 척수 부상 관련 환자단체들을 하나로 통합하는 연결고리 역할을 맡았다. 지체부자유 상태인 사이보그들과 그들의 가족으로 구성된 이 공동전선은 30년 안에 과학이 척수를 완벽하게 재생해낼 것이라고 자신 있게 예견한다. 그들의 목표는 향후 수십 년에 걸쳐 진행될 의학의 획기적인 발전을 더 가속화하는 것이다. 과학적 발견들을 예측한다는 것이 분명 어려운 일이기는 하지만, 그들의 기본적인 주장은 매우 합리적이다. 충분한 재원만 마련된다면 의사들이 신경복원기술을 빠른 시일 내에 정복할 가능성이 대단히 크다는 것이다. 실제로 1996년 8월, 연구자들은 완전히 손상된 실험용 쥐의 척추를 성공적으로 복원했다고 발표했다.

리브 같은 사이보그들이 특별히 우선적인 정치적 관심사가 될 것은 분명한 사실이지만, 좀 더 면밀히 검토해보면 그들이 우리와 확연히 다른 우선권을 갖는 것은 아니라는 사실을 알게 된다. 이 책이 앞으로 자세히 보여주겠지만, 우리 대부분도 어떤 식으로든 이미 사이보그가 되어 있기 때문이다. 다만 우리는 리브 같은 사람들처럼 우리의 현 상태를 분명히 인식하고 있지 못할 뿐이다.

사이보그는 자연적인 요소와 인공적인 요소를 하나의 시스템 안에 결합시킨 자가조절 유기체self-regulating organism이다. 사이보그가 굳이 부분적으로나마 꼭 인간일 필요는 없다. 왜냐하면 진화한 부분과 만들어진 부분, 혹은 살아 있거나 그렇지 않은 부분이 혼재된 생체나 시스템이라면 기술적인 관점에서 무엇이든 사이보그이기 때문이다. 이런 사이보그에는 유기적 과정을 기반으로 한 바이오컴퓨터뿐만 아니라 외부조직을 체내 이식한 잉어와 생체공학적인 미생물까지도 포함될 것이다. 이 책은 사이보그가 된 인간에 초점을 맞추면서 특별히 폭넓게 사이보그를 정의한다. 심장박동 조절장치 체내이식부터 면역체계를 조절하는 백신 주입까지, 누구든지 어떤 유의미한 방식으로 기술적 개조가 있었다면 그 사람은 확실히 사이보그이다. 설령 기술적인 의미에서 어느 모로 보나 전혀 사이보그가 아닌 사람이라고 해도(이런 사람은 사실 희귀하다) 사이보그와 관련된 쟁점들은 여전히 그 사람에게 영향을 미칠 것이다. 우리가 개조되지 않았다 하더라도, 어쨌든 우리는 사이보그 사회에서 살고 있기 때문이다. 인간은 기술적으로 스스로를 계속 변형시키고 있기 때문에 이 과정은 점점 더 중요해지면서 결국 근본적인 정치적 역할까지 수행하게 될 것이다. 하지만 이것이 항상 더 나은 방향만을 의미하지는 않는다.

사이보그의 미래는 평화롭고 서정적이지만 그만큼 무시무시한 측면도 많을 것이다. 어떤 미래가 펼쳐질지 마음속에 떠올리기조차 쉽지 않은데, 이런 미래를 긍정적인 측면과 부정적인 측면에서 상상해 보는 데 도움을 주려는 것이 이 책의 목적이다. 이 작업은 과연 미래가 어떻게 바뀔지, 그리고 우리는 또 그런 미래에서 어떻게 살아가게 될지를 두려워하는 수많은 사람에게 특히 중요한 문제이다. 처음부터 우리 인간은 지능을 가진 어떤 '타자他者', 이를테면 마귀나 거인, 혹은 신과 같은 우월한 종의 탄생 가능성을 두려워했다. 그런 상상의 창조물들 중 일부는 인간을 닮았지만, 대부분은 그렇지 않다. 친근한 것들도 있지만, 대부분 인정사정없다. 이런 공상들은 실제로 아직까지 사그라들지 않았다. 흡혈귀에 대한 노골적인 공포는 소설과 영화 그리고 할로윈 축제 속으로 스며들었을지 모르지만, 이것은 여전히 진정한 불안감으로 표현된다. 외계인에 대한 공포 역시 우리를 권좌에서 내쫓고, 노예로 삼고, 심지어 먹어버리기까지 하는 우월한 생명체에 대한 강박적인 두려움을 표현한다. 신들의 황혼götterdämmerung, 아마겟돈armageddon, 휴거rapture, 절멸extinction 모두 오래된 끔찍한 이야기들이다.

역설적인 것은 거의 확실하게 우리 스스로 종말을 초래하리라는 것이다. 화학무기, 생물학무기, 핵무기 등을 사용한 전쟁이나 생태계 파괴가 직접적인 원인으로 작용할 수도 있고, 우리 뒤를 이을 후계자 종의 창조가 원인이 될 수 있다. 바로 사이보그이다. 진심으로 말하자면, 우리가 우리 스스로를 만들어내고 고칠 수 있다는 오만과 위대한 재능이 우리의 운명을 결정짓게 되리라는 사실을 우리는 이미 알고 있다.

사이보그 사회의 조짐들은 도처에서 쉽게 발견된다. 면역성 부여, 인터페이스 장치, 의수의족 등 그 어떤 방식으로도 아직 사이보그가 되지 않은 소수의 사람들도 실은 셀 수 없이 많은 기계 혹은 유기적인 인공두뇌학적 시스템 안에 파묻혀 살고 있다. 알람시계가 아침에 우리를 깨우는 순간부터 기계들이 우리의 삶을 세밀하게 형성해간다. 게다가 우리는 일부 기계에 무의식적으로 몰입하기도 한다. 이를테면 자동차나 업무에 사용하는 컴퓨터, 혹은 멍하니 쳐다보는 텔레비전 등이 그렇다. 어떤 기계들은 조금 더 의식적으로 상호작용을 하기도 한다. 이로 인한 전반적인 결과는 인간과 기계의 아주 특별한 공생이며, 이것은 인류 역사상 전혀 새로운 발전이다. 유전공학이 도래하면서 우리와 함께할 동료 기계들을 고안하고 발전시키는 일뿐만 아니라, 우리 자신의 몸에 대해서도 그와 똑같은 일을 할 수 있게 되었다. 이것은 자연선택을 넘어서는 중대한 도약이며, 찰스 다윈이 '인공선택'이라고 불렀던 의도적인 주의를 기울인 품종개량이다. 이것이 바로 맨프레드 클라인스가 사이보그라는 말을 처음 고안했던 논문 〈사이보그들과 우주〉에서 처음 소개한 '참여적 진화participatory evolution'가 가리키는 현상이다. 즉시 '참여적 진화는 참여적 정부participatory government를 필요로 하는가'란 질문이 생긴다. 이 책은 어떻게 그 답이 '그렇다'인지 보여줄 것이다.

진화란 정보와 작용이 밀접하게 연결된 개방형 시스템이다. 우리가 참여적 진화를 진지하게 받아들인다면, 우리에게는 맹목적인 우연/필연의 법칙(다윈 식의 관점)에서도 벗어날 수 있고, 또한 정반대에 위치한 저 먼 곳의 절대적 권위자(창조론의 관점)에게서도 자유로워질 수 있는 기회가 생긴다. 참여적 진화는 인간이 다양한 선택을 통해 스스로 미래를 만들어나가야 함을 의미한다. 흔히 그렇듯 그런 선택들은 불완전하고 모순적이다. 참여적 정부 역시 마찬가지이다. 20세기의 마르크스주의 계획경제가 드러낸 거대한 실패는 명령식 경제와 정치를 신봉하는 사람들만이 아니라, 위계적으로 통제되는 정부나 위로부터의 공동진화를(혹은 둘 다) 지지하는 사람들에게도 경고가 되어야 한다. 진화에 관한 결정은 정치 경제적인 결정들이 마땅히 그래야 하듯 풀뿌리에서 이루어져야 한다. 특히 우리가 사이보그의 정치적 진화를 이제 막 인식하기 시작한 상황이기에 더욱더 그러하다.

사이보그의 확산

/

유래에 대해 이야기해보자. 유래에 관한 이야기는 신화와 전통으로 전해지기도 하고, 학술적 탐구의 결과로 알게 되기도 하고, 그냥 가족끼리 나누는 수다로 알게 될 수도 있지만 어떤 경우이든 언제나 강한 매력을 발산한다. 그중에서도 인간, 도구, 기계, 마술 그리고 과학에 관한 유래 이야기는 가장 흥미롭다. 인류의 시초로 거슬러 올라가보자. 몇몇 학자들은 이 시초가 호모 파베르homo faber, 즉 도구를 만들어 사용하는 인간과 더불어 시작했다고 말한다. 이런 이야기의 몇 가지 유형은 매우 유물론적인 줄거리를 갖는데, 눈에서 손으로, 손에서 도구로 이어지는 과정이 뇌의 성장을 가져왔고, 이 과정이 반복된다는 식이다. 다른 유형들은 이보다 내용이 조금 더 미묘하다. 이런 모든 이야기가 "인간의 기원은 무엇인가?"라는 질문에 대해서 한 가지 특별한 근거에 입각한 접근방식을 공유한다. 즉, 우리가 가진 증거들은 도구들과 더불어 우리의 몸, 최초의 인간적 도구로서 우리의 몸을 가리킨다는 것이다.

도구는 시대를 규정한다(목축, 농경, 도시). 특히 청동과 철 같은 전쟁

도구들이 그렇다. 인간은 공동체(부족, 가족, 마을), 전쟁(군대), 경제발전(관개체계, 도시, 항구)을 이루었고, 만족할 줄 모르는 지식(종교, 예술, 마술)에 대한 갈망을 해소하기 위해 점점 더 복잡한 사회기관들을 만들어냈다. 이 과정에서 셀 수 없이 많은 도구가 고안되었다. 수천 년 동안 도시가 존속해오면서, 인간과 도구를 나누는 경계들과 '복잡한 시스템으로서의 기계'라는 발상이 종교, 예술 그리고 마술의 영역에서 조심스럽게 탐구되었다. 사람들은 기계가 존재하기 오래전부터 사이보그의 꿈을 꾸었다. 이음매 없는 인공수족이나 말하는 기계의 발명 같은 오래된 이야기들이 오늘날 살과 금속으로 구현된 것에서 보듯, 우리의 오늘날 이야기 중 일부는 역시 언젠가 실현될 것이다.

인간은 신화 속에서 늘 우리와 비슷한 감각지각력을 가진 피조물들을 고안했다. 반은 살이고 반은 쇠로 된 괴상한 피조물들을 묘사한 고대 그리스와 힌두교의 설화들부터 인간을 여러 신들이 생기를 불어넣어 인공적으로 만든 일종의 '자동기계'처럼 다룬 이야기들도 있다. 자동기계는 헤론Heron의 기계식 연극장치(기원전 300년경)에서 시작하여 스트라스부르에 있는 노트르담 대성당의 대형시계 속 수탉 자동인형(1574), 자크 드 보캉송Jacques de Vaucanson의 유명한 똥싸개 오리(1741)를 거쳐 오늘날 디즈니 기획자들이 만들어내는 이윤 창출의 창조물들에 이르기까지 오랜 역사를 지닌다. 이들은 모두 종교공학의 복합적인 위업들이다.

자동인형의 전통은 전 세계에서 번창했으며, 약 5백여 년 전 중국, 일본, 유럽에서 절정에 달했다. 이것은 당시 유럽에 급격한 문화변동을 불러와, 근대과학과 근대전쟁, 근대적 국민국가의 탄생으로 이어졌으며, 곧이어 오늘날의 현대세계를 낳았다. 보캉송에게 그의 재주를 실용적인 기계를 만드는 데 사용하라는 명령이 떨어지자, 자동인형은 자동직물기계의 제작으로 이어졌고 결과적으로 근대세계는 꼭두각시부터 의수의족에 이르는 광범위한 영역의 통제시스템과 자동무기 그리고 여타 기계류의 창조까지 이르렀다.

당시는 골렘golem, 말하는 머리talking head, 호문쿨루스homunculus(연금술사들이 만들었다는 작은 인조인간)의 시대였고, 괴츠 폰 베를리힝겐Götz von Berlichingen 백작이 휘두르던 착탈식 의수처럼 잘 작동하는 의수의족의 시대였다. 백작은 두 개의 의수를 가지고, 하나는 궁정에서 하나는 전장에서 교체해가며 썼다고 한다. 당시는 해부학 수술이나 부검의학을 통해 몸은 곧 기계라는 기발한 발상이 현장가설로 바뀐 때였다. 인간의 몸은 지성에 의해 해체되었고, 몸속 기관들은 과학의 시선 앞에 물리적으로 전시되었다.

이 시대의 과학은 탄도학뿐만 아니라 병참학에도 생기를 불어넣기 시작했고, 군대는 효율적인 기계집단으로 변모했으며, 마키아벨리는 전쟁과 정치에 합리적인 계산을 끌어들였다. 그 이후 지금까지 광란의 폭주가 이어졌다. 지난 몇백 년에 걸쳐 이룩한 산업과 과학혁명은 단지 정치적 변동에 부응하는 정도가 아니었다. 메리 셸리Mary Shelley는 남편 퍼시 셸리Percy Shelley 그리고 친구 바이런Byron과 함께 이야기 만들기 내기를 하다가 프랑켄슈타인의 괴물을 만들어냈다. 과학과 기술의 최첨단 지식을 활용한 그녀는 그 안에 감춰져 있던 근대성의 열망을 꿰뚫어보았다. 바이런의 딸 에이다 러브레이스Ada Lovelace는 최초의 컴퓨터 프로그래머가 되었고, 최초의 근대적 군사 연구개발 계약(찰스 배비지Charles Babbage가 영국 해군과 맺은 탄도 및 항로 계산기 개발사업)을 성사시켰다. 미래의 상상(예술이나 공상과학소설이나 전쟁 계획 등에서)과 과학기술의 현실 사이의 이런 연결고리는 실제적이고 역동적이며, 괴물들을 낳지만 또한 희망적이다. 한 마디만 덧붙이자면, 바로 우리의 일상이다.

상상조차 할 수 없을 정도로 빠른 사이보그화와 출판의 경제학이 출판사와 나에게 영감을 불러일으켜 전통적인 종이책과 전자출판의 하이브리드 형태로 된 일종의 사이보그 텍스트가 탄생했다.

이 책은 사이보그 시민권의 중요성을 주장하는 내 논증의 정수를 담고 있다. 지적인 독자들을 고려해 각주 없이 썼으며, 복잡한 프랑스 철학으로의 이탈도 거의 없고자 노력했다.

목차만 훑어본 사람들은 이 책이 마치 사이보그 사회의 전 영역을 다루고 있다고 생각할 수 있지만, 사실 그렇지는 않다. 내 글은 사이보그 현상의 정치학에 초점을 맞추고 있다. 이를테면 사이보그 문학과 대중문화, 사이보그화가 종교에 미치는 파급효과, 의식적인 사이보그 예술 등이 가지는 정치적 함의들에 한해서만 논의한다. 사이보그 공학, 과학, 의학 그리고 다른 여러 관련 분야들 등 온갖 기술적인 영광을 누리고 있는 이 엄청난 영역들도 역시 정치학에 관계될 때만 가볍게 다룰 것이다. 사이보그화와 관련된 법적 함의들도 대략적으로만 소개한다.

예술 같은 영역들은 등한시했는데, 사이보그의 정치학만을 진지하게 다루기에도 이 책의 공간은 부족하기 때문이다. 하물며 미학은 말할 것도 없다. 하지만 아름다움은 사이보그의 정치학을 이해하는 데 분명 도움을 준다. 디에고 리베라Diego Rivera가 1927년 샌프란시스코 시립대학에 그린 위대한 벽화 〈아메리카의 화합Pan American Unity〉을 예로 들어보자. 사이보그 예술을 생각할 때 이 벽화가 제일 먼저 머리에 떠오르는 것은 아니다. 이 그림은 로버트 하인라인의 〈너희들은 모두 좀비다All You Zombies〉나 〈로보캅〉, 영화 〈메트로폴리스〉에 등장하는 에바 등과는 다르다. 리베라의 벽화는 몸통의 반은 인디언 여신이고 반은 로봇 기계인 여자 거인이 세상을 지배하는 모습을 묘사한 거대한 작품이다. 이 그림을 통해 남아메리카의 혼과 북아메리카의 합일을 표상하였다. 유구한 마술적 지혜와 마술적 기술력의 결합인 것이다. 기억하라, 리베라는 노동이 마땅히 존중받던 시대를 산 좌파 화가였다. 리베라의 벽화는 불굴의 의지와 혁신적인 천재성을 지닌 양반구의 노동자들이 아름다운 미래를 건설할 수 있다고 말하는 것처럼 보인다.

디에고 리베라는 이 그림을 '남쪽의 종교적인 열정과 감수성 짙은 표현력에 담긴 천재성이 북쪽의 창조적이고 기계적인 폭발력과 융합된 엄청난 생명의 도가니'라고 묘사했다. 아마도 이것이 바로 우리의 미래일지 모른다. 유기적인 것과 기계적인 것을 모두 긍정한 리베라는 이와 더불어 남쪽 대 북쪽, 사이보그 혹은 여신, 자연과 대립하는 도시 등 또 다른 전반적인 이분법의 영역들도 거부한다. 이것이

이 책의 좋은 출발점이다. 왜냐하면 이 책은 생체와 사체부터 동지와 적에 이르기까지 모든 단순한 이분법을 제아무리 근본적인 것들이라 해도 예외 없이 어떻게든 방해할 것이기 때문이다.

이 원고를 팔아보려고 여러 출판사를 찔러보던 중, 한 번은 깜짝 놀랄 만한 대답을 들었다. 내 제안서를 읽은 어떤 선임 편집자가 다음과 같은 완고한 답변을 보내왔기 때문이다. "당신의 제안서를 검토해보았습니다만, 제 생각에 저는 당신의 적인 것 같군요." 내가 사이보그를 다룬 장문의 글을 보냈기 때문에, 그 여성 편집자는 내가 인류의 사이보그화를 철두철미하게 옹호하는 사람이라고 넘겨짚었던 모양이었다. 하지만 이 문제는 친사이보그냐 반사이보그냐 편을 가르자는 단순한 이야기가 아니다. 예를 들어 러다이트들이 모든 기계에 저항한 것은 아니다. 당시 방직기계의 발명이 대량생산의 길을 열어주었는데, 사실 이 기계를 향한 그들의 투쟁은 동일한 상품을 생산하며 면화 산업의 호황과 성장을 일구어낸 이전 세대의 기계들을 옹호한 것이었다. 도구들은 여전히 그대로 있고, 기계들도 그대로 있으며, 사이보그들 역시 그대로 있다. 진정한 쟁점은 우리 사회가 어떤 도구, 어떤 기계, 어떤 사이보그를 보유해야 하며, 어떤 것을 축출하고, 만드는 것조차 하지 말아야 할 것인지 판단하는 것이다.

바로 이것이 진실을 만드는 방식이다. 선택은 가능성들로 이어지고 이것이 또 다른 가능한 선택들로 이어진다. 우리가 세상의 모든 진실을 다 알 수는 없다. 아직은 그럴 준비가 되어 있지 않다. 아마도 우리는 우리에게 필요한 진실을 얻어야 할 것이다. 그러기 위해서 유명 TV 드라마 〈엑스파일〉의 명대사, '진실이 저 너머에 있다The truth is out there'를 기억해야 한다.

이 말의 의미는 적어도 ① 진실은 존재하며 ② 그것은 깜짝 놀랄 만한 것일 수 있으며 ③ 우리는 그것을 알아내야 한다는 것이다. 진실이 우리를 그냥 찾아오는 일은 없을 것이다.

| 참고도판 |

그림 1 | 디에고 리베라가 샌프란시스코 시립대학교 교정에 그린 벽화 〈아메리카의 화합〉이다. 이 그림은 여신과 기계가 조화를 이루어 생산하는 모습을 보여줌으로써 사이보그의 해방과 이에 대한 잠재력을 표현하였다. 리베라가 남미와 북미의 통일을 간절히 바라며 그린 그림이라고 볼 수 있지만, 한편으로 이 벽화는 세상의 모든 단순한 이분법들을 넘어서야 한다는 의미를 분명하게 담고 있다.

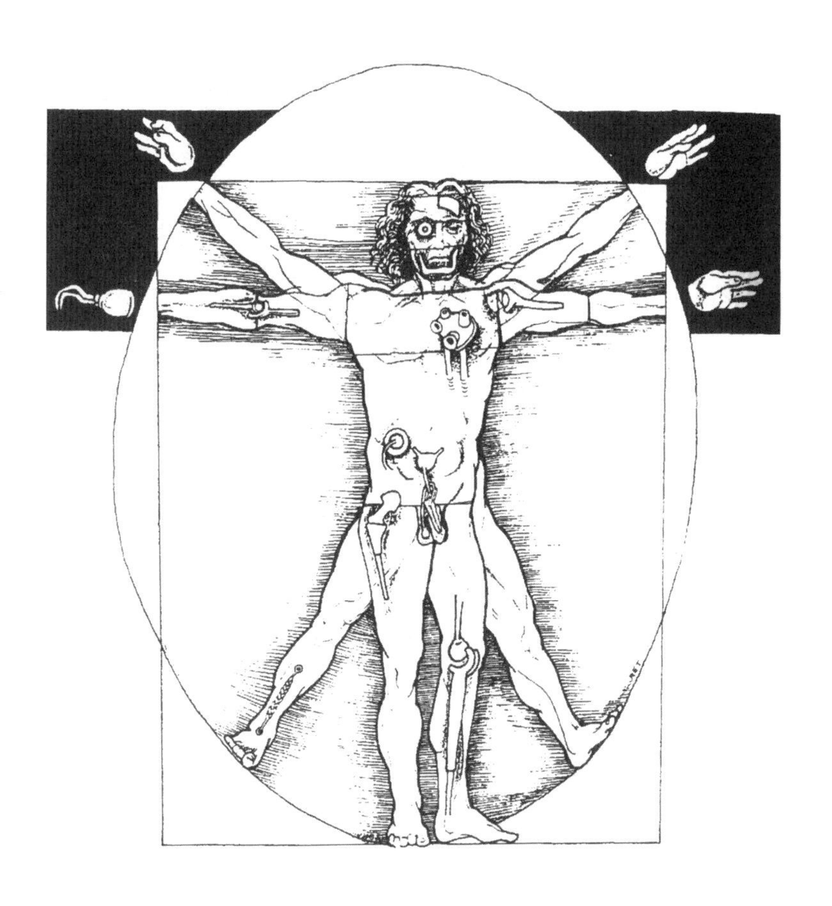

그림 2 | 르네상스인으로서 인간의 신체는 기하학적 세계와 조화를 이룬다. 자연 그대로의 인간인 우리는 언제나 우리 자신을 중심에 놓는다. 이 점은 사이보그의 경우도 마찬가지이다. 화가 밥 소레이Bob Thawley는 현대의 의료보철술 카탈로그를 바탕으로 하여 레오나르도 다빈치의 그림을 한 단계 발전시켰다. 잘 만들어진 인공 신체 부속품들의 확산은 많은 사람들의 수명을 연장시켰고, 이것은 사이보그 의료 성공담 중 일부가 되었다. 반대로 비싼 값을 치르고 얻은 죽음의 유예나, 노래하듯 잔잔히 흐르는 신체 전기를 쓸모없는 기계 시스템으로 환원한 것, 신체가 상품의 공급원이 된 것 역시 그 이야기의 일부이다.

그림 3 | 토머스 홉스의 《리바이어던》 표지 삽화를 조금 만져보았다. 아래 그림이 원본이다. 리바이어던은 많은 사람들로 이루어진 사이보그 창조물이다. 이런 발상은 적어도 아리스토텔레스까지 거슬러 올라갈 정도로 꽤 오래된 것이다. 포스트모던적인 국민국가는 단지 사람들만으로 이루어진 것은 아니다. 그것은 법률, 관료 그리고 수많은 상이한 유형의 기계, 그중에서도 특히 컴퓨터를 포함한 기술의 전체 영역을 포함한다. 이제 시민은 사이보그이며, 영토는 사회기반 시설이다.

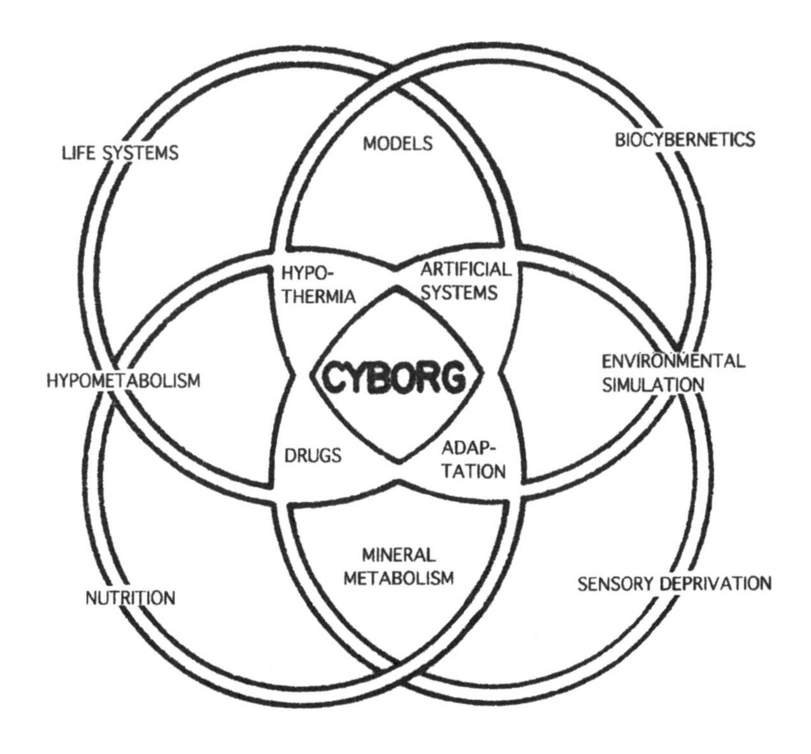

그림 4 | 이 도표의 출전은 '사이보그'라는 아이디어를 토대로 나사NASA가 작성한 한 보고서이다. 이 도표는 사이보그라는 용어가 비록 많은 관료들에게 과민반응을 일으키지만, 결국 사이보그가 수많은 공학, 과학, 의료 분야의 중심에 위치해 있음을 보여준다. 코리 그레이슨Corey Grayson이 NASA 보고서의 원본을 고쳐서 새로 만든 사이보그의 상징적인 도표이다.

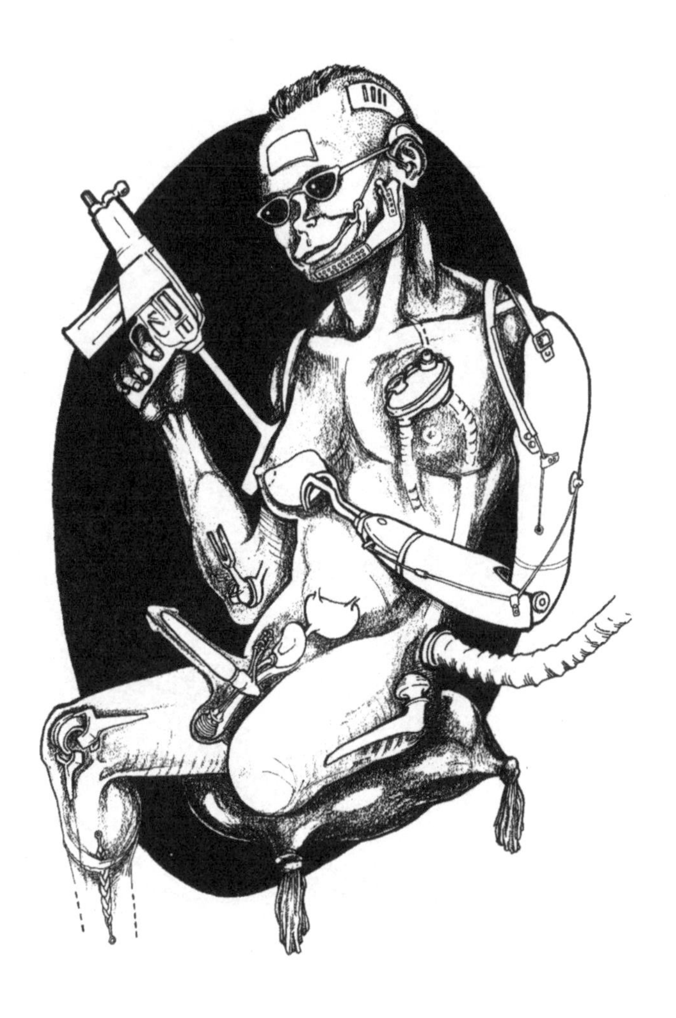

그림 5 | 밥 소레이는 여기에서 공상과학소설의 악몽을 상상한다. 이 악몽은 사이보그 사회의 배후에 있는, 과학기술의 상당 부분을 주도하는 의료, 군사 분야의 실제 사이보그 연구에 기초한 것이다. 이런 변화들을 추상적으로 고려할 수도 있지만, 이와 별개로 전혀 다른 차원, 특히 예술적인 표현을 통해서도 고려해볼 수 있다. 남성의 성기 모양을 한 총과 보철 음경, 프로그램된 장기들과 찌뿌린 얼굴 등 전쟁과 기술의 결혼은 결국 악몽을 낳는다.

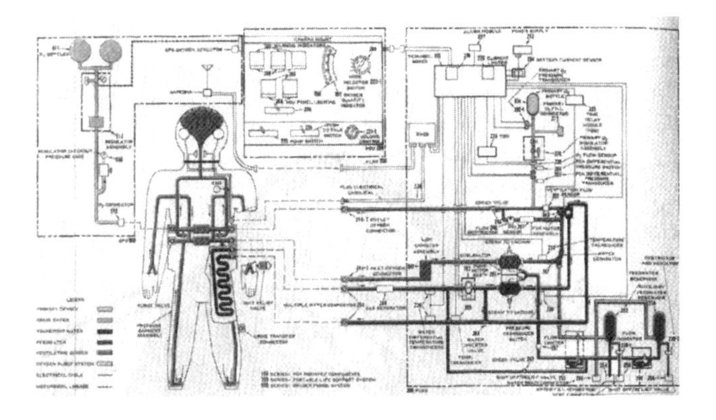

그림 6-1 | 기술이 없다면 인간은 우주에서 생존할 수 없다. 우주는 실질적인 사이보그 공학을 필요로 하는 주된 장소이다. 사이보그는 우주를 인간환경과 비슷하게 만들고, 인간개조 방법을 고안하기 위해 탄생했다고 해도 과언이 아니다. 인간은 우주로 진입하지 못하지만, 인간-기계 시스템은 가능하다. 아폴로 우주비행사의 지침서에 들어 있는 이 한 장의 그림이 그 점을 분명하게 보여준다. 우주비행 중 곤경에 처한 사이보그 우주비행사에게 이 정보가 얼마나 유용할지는 알 수 없지만, 다행히도 인간과 기계로 구성된 하나의 완벽한 통제팀이 지상관제소에서 대부분의 위기를 관리해주기 때문에 걱정할 필요가 없다. 메타 사이보그 시스템의 완벽한 사례이다.

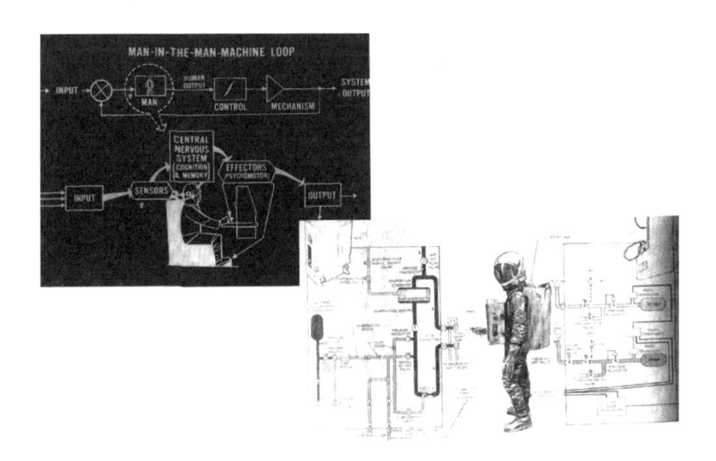

그림 6-2 | 우주비행사와 생명유지장치 간에 관계를 보여주는 NASA의 그림을 몇 장 더 소개한다. 인간이 얼마나 자주 블랙박스처럼 묘사되는지 주목하라. 이런 그림에서 인간은 작은 그림이나 도표로 나타나는 아이콘이 된다. 인간 시스템과 기계 시스템의 진정한 인터페이스는 실제로 훨씬 더 복잡하고 밀접하지만, 대중적인 문헌이나 심지어 공학 계통의 문헌에서도 그 점들은 거의 드러나지 않는다. 이런 밀접성은 NASA가 언급하기 꺼리는 부분으로, 사이보그 같은 개념을 수용하는 문제에 늘 소극적이었던 것과 같은 맥락이다.

그림 7 | 우주와 마찬가지로 심해에서도 인간이 생존하려면 기계가 필요하다. 스킨스쿠버 다이빙을 위한 기계는 효율적인 인터페이스들로 완벽하게 채워져야 한다. 특히 다이버가 활동범위의 한계선을 벗어나면 수행능력이 급격하게 떨어지기 때문이다. 테렌스 타이셀Terence Tycell이 착용하고 있는 이 장비는 심해 스킨스쿠버 다이빙을 가능하게 하는 가스 혼합 탱크를 컴퓨터가 제어한다. 이 장비는 '심해의 황홀경'에 빠진 상태에서 인간 시스템 부분이 파괴되는 것을 막는다. 바다에서 살고 싶은 인간의 욕망을 설명하기 위해 여러 유혹들이 어머니 대양의 이미지를 끄집어내어 많은 인간을 꼬드긴다. 아마도 유전공학으로 만들어진 최초의 포스트휴먼 중 하나는 당연히 지구의 5분의 4를 차지하는 물에서 기계적으로 확대된 삶을 영원히 사는 바다생물이 될 것이다.

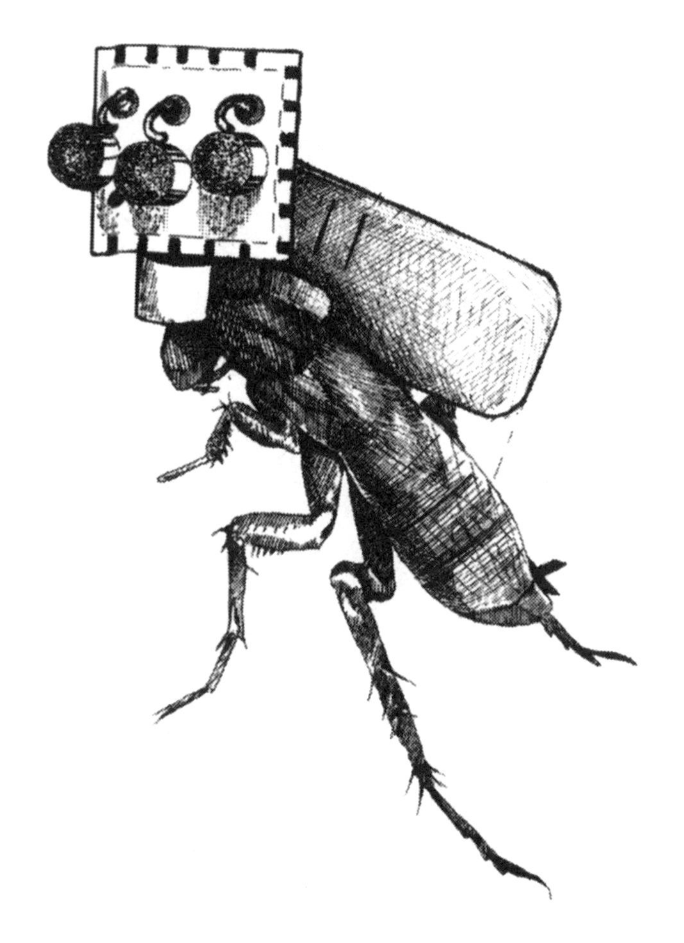

그림 8 | 모든 사이보그가 반드시 신체의 일부가 인간이어야 하는 것은 아니다. 생체 컴퓨터, 인공생명 프로그램, 유전자가 조작된 생쥐들 모두 다른 방식의 사이보그이다. 위 그림은 조슈아 그레이Joshua Gray가 그린 '로보로치roboroach'이다. 이것은 도쿄대학교에서 설계한 것으로, 전기충격으로 원격조종이 가능하다. 전자수신장치, 마이크로프로세서와 더불어 로보로치의 뇌에 삽입한 전극과 연결된 회로 등이 실려 있는 커다란 배낭 덕분에 사람이 이 녀석을 마음대로 조종할 수 있다. 또 다른 차원에서 보자면, 이것은 인간–기계–바퀴벌레의 시스템을 만든 것이기도 하다. 바퀴벌레–기계 인터페이스가 하드웨어로서 삽입되고, 여기에 인간–기계 외부 통제 시스템이 가해져 인간–바퀴벌레라는 기계를 완성한 것이다.

그림 9 | 학술적인 담론에서 사회적인 성인 젠더gender와 생물학적인 성인 섹스sex는 근본적으로 다르고, 주의 깊게 분별해야 할 대상이었다. 섹스는 생식기, 2차 성징, 호르몬, **DNA** 등과 관련된 해부학적인 표시이다. 젠더는 사회적으로 구성된 남녀 행동과 상징의 체계이며 여기에는 레즈비언, 게이, 남자 같은 여자, 성도착자 등과 같이 인정받는 변이들이 있다. 섹스와 젠더의 이런 범주 차이는 의료 발전과 더불어 직접적인 문화적 공격의 압박에 짓눌려 붕괴하기 시작했다. 호르몬과 의사들의 칼 덕분에 성전환자들이 증가하고 있으며, 더욱 계몽된 의료행위들은 양성애자들을 위한 공간을 열어주었다. 한편, 트랜스젠더 운동가들은 트랜스젠더 여성, 트랜스젠더 남성, 양성 구유자androgyny(선천적으로 남성과 여성의 성징을 모두 갖고 있는 사람—옮긴이), 여성 양성애자bidyke(양성애자이지만 남성보다는 여성을 더 좋아하는 사람—옮긴이) 그리고 생물학적으로 결정된 모든 요인에서 벗어난 중간자들이 제 나름의 젠더에 맞는 공간을 건설하고 거주할 수 있는 권리를 주장하고 있다. 존 콥John Kobb의 그림은 그런 변화에 힘을 불어넣는 자유와 욕망의 조합을 환기한다.

cyborg
citizen

| 차례 |

cyborg citizen

part 3 사이보그 사회

part 4 사이보그학

cyborg
citizen

Part 1

포스트모던 정치학

chapter 1

정치적인 사이보그의 몸

우리가 신들처럼 된다면, 당연히 좋은 일이 생길 것이다.

스튜어트 브랜드 Stewart Brand(작가이자 발명가)

천 년이 한 번 더 지나면 우리는 기계, 혹은 신이 되어 있을 것이다.

공상과학소설 《스웜 Swarm》에 나오는 예술가 아프리엘 Afriel

포스트휴머니즘의 가능성들

/

1995년 여름, 나는 매사추세츠공과대학교의 미디어 연구소를 방문해 입는 컴퓨터와 정교한 인간-기계 인터페이스를 연구하는 두 명의 대학원생을 만났다. 그들은 기꺼이 스스로를 사이보그라고 명명했다. 스티브 맨Steve Mann은 위성신호를 통해 자신과 자신의 컴퓨터를 연결했다. 그의 머리에 달린 안테나 옆으로는 카메라 한 대가 붙어 있어, 그가 쓰고 있는 안경 모양의 초소형 TV 화면에 지속적으로 영상을 송출하고 있었다. 상하좌우로 보이는 모든 것을 촬영하도록 카메라를 설정했는데, 이 실험은 뇌가 영상을 받아들이는 데 시간이 얼마나 걸리는지 알아보려는 것이었다. 혹은 카메라를 적외선 촬영 모드로 설정하여 벽 속으로 지나가는 전기선을 '본다거나', 심지어 하버드 광장 상가의 몰래 카메라들로 들어가는 전력선을 추적할 수도 있었다. 그는 카메라로 찍은 사진을 자신의 웹페이지에 올리곤 했는데, 이런 이유로 몇몇 상점들은 그의 출입을 금지하기도 했다. 스티브는 자신을 '매개현실mediated reality'이라고 불렀다. 그가 본 모든 것은 그의 카메라가 매개한 것이기 때문이다. 이것은 컴퓨터로 인간의 말초적인 감각자료를 조작하는 가상현실virtual reality이나, 둘 이상의 사람들이 동일한 가상세계를 경험하는 상호세계mutual world와는 완전히 다르다.

스티브의 동료인 태드 스타너Thad Starner는 증강현실augmented reality을 연구하고 있었다. 그는 자신의 한쪽 망막에 컴퓨터 화면을 띄워주는 작은 레이저 장치를 착용하였고, 나머지 한쪽 눈으로 물리적인 세계를 관찰했다. 그는 한 손 키패드로 자신의 컴퓨터를 통제했다. 또한 그는 인터넷에 무선 접속하였는데, 대부분의 시간 동안 그는 사이버 공간과 매사추세츠에 동시 거주했으며, 그의 감각기관은 두 세계와 동시에 접촉하고 있었다.

이들 두 명의 사이보그는 꾸준히 개선되어 몇 년 만에 다양한 유형의 입는 컴퓨터들로 무장한 소규모 학생조직으로 규모가 커졌다. 신고 다니면 전기가 발생하는 운동화의 사례처럼, 개선된 인터페이스와 전력기술에 대한 연구는 지금도 현재진행형이다. 많은 젊은이는 '사이보그가 된다는 것이 곧 힘을 얻는 것'이라고 여긴다.

이 사이보그들은 분명 사이보그 학자들이기도 하다. 이들은 인간과 기계의 통합 가능성을 확장하려는 의도를 갖고 연구하는 사람들이다. 하지만 다른 많은 과학자와 공학자 또한 사이보그 학자들이다.

그들이 이 용어를 사용하는지 여부는 상관없다. 인터페이스를 연구하는 컴퓨터 설계자들, 장기이식팀에서 일하는 외과의사들, 보철이나 자동 약물투입 시스템 같은 장비와 기계 들을 개선하는 생체공학자들 모두 마찬가지이다. 우리의 사이보그화에 어떤 사회적, 철학적 의미들이 있는지 이해하려고 노력하는 또 다른 무리의 사이보그 학자들이 있다. 어떤 이들은 사이보그 학자라는 이름표를 자랑스럽게 내세운다. 이를테면 기술사 연구자들 중 컴퓨터에 특별한 관심을 가졌던 사람들이 한동안 자신들을 '사이보그들'이라고 부른 적이 있고, 또 사이보그 인류학 선언문을 발표했던 인류학자들도 있었다.

다른 학자들은 사이보그의 이미지에 기대지 않으면서 그런 변화들을 하나의 관점으로 모아내려고 노력 중이다. 역사가인 데이비드 챈넬David Channell은 오늘날 우리의 문화흐름을 오랫동안 이어져 내려온 서양의 이상적인 유기적 질서('존재의 거대한 사슬')와 기계적 합리성('시계 태엽 우주')의 통합으로 바라본다. 그는 이 두 조류가 오늘날 생체기계라는 착상 안에서 하나가 되고 있다고 주장한다. 매사추세츠 공과대학교의 역사학과 교수 브루스 매즐리시Bruce Mazlish는 약간 다른 관점에서, 우리가 점차 우리의 망상을 극복해온 인간탐구의 서사시를 이야기한다. 우리가 우주의 중심이라는 허세를 거부한 코페르니쿠스 혁명을 시작으로, 그 다음에는 진화론이 우리가 근본적으로 동물과 다르다는 망상을 산산조각냈으며, 그 뒤를 이어 프로이트의 무의식 덕분에 우리가 완전히 합리적인 존재가 아니라는 사실을 자각하게 되었다. 이제 마지막으로 그의 책 제목이기도 한 '네번째 불연속fourth discontinuity'이 사라져야 할 차례이다. 이것은 유기적인 것과 기계적인 것, 즉 생명과 기계 사이에 우리가 그어놓은 인위적인 분리선을 가리킨다.

언제부턴가 사람들은 지구 자체를 하나의 사이보그 시스템으로 보기 시작했다. 도나 해러웨이가 생물권이 자가조절 시스템이라고 주장하는 가이아 이론을 가리키며 언급한 것처럼, 가이아는 '사이보그 세계'이다. 생물권 내에서 인간과 우리 기술이 지닌 지배력을 고려한다면, 그것은 논쟁의 여지가 없어 보인다. 이런 통찰에 덧붙여 물리학자이자 과학저술가인 그레고리 스톡Gregory Stock은 자신의 책 《메타인간Metaman》에서 남성우월적인 묘한 주장을 보탰다. 그는 지구가 나름의 필요와 욕망을 가진 하나의 사이보그 생명체임을 전제로 하며, 메타인간들이 은하계 전역에 번식하기를 바라는 것도 그런 욕망의 일종이라고 주장했다. 만화 같은 이야기로 들리겠지만, 가이아 이론의 역학과 스톡의 인상적인 방증을 결합하면 상당히 설득력 있는 이야기가 된다.

무슨 일인가 벌어지고 있다. 우리 자신이 그 일부를 구성하는 생체 시스템을 무엇이라 부르든, 그것은 분명히 유기적이면서 또한 기계적이다. 그리고 그것은 진화하고 있다.

1960년 맨프레드 클라인스와 네이선 클라인은 '사이보그'라는 용어를 만들었고, 그 말의 함축적 의미에 대해 논의했다. 참여적 진화가 가장 먼저 논의의 대상이 되었다. 인간이 우주나 다른 이상한 장소에서 살아가기 위해 확실히 스스로를 개조하는 중이라면, 자연진화의 역학은 인공진화에 최소한 일시적이나마 자리를 내주고 있는 것이다. 이제 우리는 의식적으로 스스로 진화할 수 있게 되었으나, 아직까지는 기술적인 제약이 있고, 우리의 목적들 또한 상이하거나 때로는 상충하기 때문에 제한적인 참여에만 그치고 있다. 인공진화란 다윈이 논의했던 사육동물의 의도적인 품종개량 정도를 말하는 것이 아니다. 인간의 몸과 유전자에 대한 직접적인 개조까지 포함한다. 현재로서는 우리의 개입이 미숙한 수준이지만, 새로운 기술과학은 얼마 지나지 않아 우리를 개조해 인간으로 분류할 수조차 없는 생명체들을 창조하게 될 것을 약속한다. 이렇게 인간의 잠재력을 극대화하여 이익이든 힘이든 그 무엇을 얻든 간에, 모든 개조과정은 근본적으로 정치적인 성격을 띤다. 포스트휴머니티 안에서 우리가 어떤 가치를 수립할 것인지는 바로 정치가 결정할 것이다.

포스트휴먼 사이보그의 가능성이 두렵기도 하지만 반대로 흥분되기도 한다. 이미 우리는 복제논쟁에서 이런 상반된 의견대립을 경험했다. 가톨릭교회와 세계 여러 나라의 정부가 인간 복제실험의 금지를 요구하는 반면, 과학자들은 더 많은 연구를 허용해달라는 탄원서에 서명한다. 심지어 '엑스트로피언Extropian(엔트로피의 반대말인 엑스트로피에서 유래한 말—옮긴이)' 같은 무리들도 존재한다. 그들은 스스로를 '트랜스휴머니스트transhumanist'라고 칭하면서, 다가오는 인간 기반 '포스트post' 생명체의 확산을 불가피하고 멋진 일로 환영한다.

그러나 이런 단순한 이분법은 적절하지 않다. 무엇보다 상이한 유형의 수많은 사이보그가 있으며, 그들을 구분하는 수많은 상이한 방식이 존재하기 때문이다. 예를 들면, 사이보그들은 복구형, 정상회복형, 개조형, 증강형이 모두 가능하다. 사람들은 보통 사이보그를 상실된 기능이 복구된 사람들로 생각하는데, 아마도 이것은 그런 사이보그들이 다시 '정상'이 된 사람들로 보이기 때문일 것이다. 반면에 우리는 개조되고 증강된 포스트휴먼의 윤리적 의미들을 대체로 그냥 무시하곤 해왔다. 인간게놈프로젝트human genome project는 1997년에서야 유전공학을 이용해 인간을 개선하고 증강하는 일의 사회적 함의를 연구하기 위한 기금을 출연했다. 다른 연구자들은 사이보그의 시스템 단계에 초점을 두고(예를 들면 메타 사이보그, 세미 사이보그 등을 도입하면서) 생물학적 요소들과 기계적 요소들 사이에서 적당한 균형을 찾는 사이보그 분석 기획안들을 제안했다.

이들 이분법에 관한 두 번째 문제는 이런 이분법보다 더 중요한 이분법들이 있을 수 있다는 점이다. 나와 스티븐 멘토어Steven Mentor, 하이디 피구에로아-사리에라Heidi Figueroa-Sarriera는《사이보그 핸드북Cyborg Handbook》에 실린 공동 논문 〈사이보그학Cyborgology〉에서 이 점을 지적했는데, 그 논문에서 우리는 모린 맥휴Maureen McHugh의 소설《중국 장산China Mountain Zhang》에 대해서 논의했다. 중국계 미국인 공학자인 소설 속 주인공은 '아마도 곧, 어디까지가 인간이고 어디부터가 기계인지 말할 수 없게 될 것이다'라는 사실을 깨닫고 자신의 사이보그화를 감수하기에 이른다. 우리는 이런 혼란이 별로 문제될 것이 없다고 주장하면서, 다음과 같이 그 이유를 설명하였다.

구분해야 할 더 중요한 것들이 있기 때문이다. 옳은 것과 옳지 않은 것, 지속적인 것과 파괴되는 것, 안정적인 것과 변덕스러운 것, 쾌락과 고통, 지식과 무지, 효율적인 것과 비효율적인 것, 아름다움과 추함 등. 한때 대부분의 사람들은 인공-자연, 인간-기계, 유기적인 것과 만들어진 것 등이 바로 생명 문제의 핵심적 이원성이라고 생각했지만, 사이보그의 모습은 그렇지 않음을 보여주었다.

이 논문은 이원적 인식론의 주장들을 완전히 넘어서서, 다음과 같은 사이보그 인식론을 고려할 것을 요청하며 끝을 맺는다.

정립 thesis, **반정립** antithesis, **종합** synthesis, **보철** prothesis **그리고 다시 처음부터.**
(헤겔 변증법의 논리인 '정 · 반 · 합'의 영어 단어에 포함된 '-thesis'가 인공 기관이나 보철을 가르키는 'prosthesis'에도 들어 있다는 점을 이용한 재치 있고 의미심장한 언어유희이다 ― 옮긴이)

현실은 단지 찬성과 반대를 오가는 곳이 아니고, 완결을 향해 곧장 진군하는 곳도 아니다. 우리는 단지 우리의 기술에 의해 결정되는 존재도 아니고, 사회적으로만 세계를 건설하지도 않는다. 우리의 기술과 문화 그리고 우리의 의지와 본성은 현재를 기반으로 미래를 엮어나가고 있다. 현실은 역동적이고 거칠다. 어떤 일은 다른 일을 뒤따르고, 어떤 것은 버티고, 어떤 것은 사라지고, 또 어떤 것은 홀연히 나타난 것처럼 보이기도 한다. 하지만 이것은 우리가 현실의 모든 것을 파악할 수 없기 때문이다. 우리는 아주 많은 것을 이해할 수 있지만, 모든 것을 이해할 수는 없다. 그래서 현실을 전부 알 수 있다고 허풍을 떠는 인식론은 근본적인 잘못이 있는 것이다. 좋든 나쁘든(둘 다이겠지만) 포스트휴먼 시대는 이미 시작되었고, 이를 부정하는 것은 위험하다. 아마도 이를 인정하는 것이 우리의 포스트모던적인 현재와 사이보그 사회의 정치적 미래를 이해하고 어쩌면 통제할 수 있는 출발점이 될 것이다.

포스트모던_ 우리가 살고 있는 시대

/

최신 유행이자 광고에서 떠드는 소리이자 알맹이 없는 볼거리 정도의 수준으로 보이는 것들은 서구 사회들에서 서서히 나타나고 있는 문화 변천의 일부로서, 이것은 적어도 지금 경우에는 '포스트모더니즘'이라는 용어를 쓰는 것이 아주 적절한, 일종의 감수성의 변화이다.

안드레아스 후이센 Andreas Huyssen

이것은 무슨 소리일까? 포스트모던이라고? 사이보그? 학계에서 통용되는 최악의 은어가 공상과학소설의 괴물과 합체한 것인가? 좀 더 현실적인 문제를 이야기하는 게 어떨까? 좀 더 중요한 문제를 이야기하는 게 어떨까? 글쎄다, 심장박동 조절장치를 단 할머니부터 우주비행사에 이르기까지, 사이보그는 현실이고, 포스트모던이라는 이름표를 옹호하든 아니든 시대가 급박하게 변하고 있음은 분명하다.

우리는 조부모들과 달리 외견상 불안정하게 보이는 세계에 살고 있다. 그들은 당연하고도 기분 좋은 진보를 믿어왔는데, 이런 믿음은 현재 우리 과학과 기술 혁신이 무자비하며 매우 이중적이라는 사실을 자각하게 되면서 설 자리를 잃어버렸다. 우리 조상들이 삶과 죽음 그리고 시공간의 자연적 한계를 그대로 수용했다면, 이제 우주여행, 묵시록적인 전쟁, 불멸성, 전 지구적 유행성 질병, 가상 공동체, 생태계 붕괴, 과학적 유토피아 그리고 사이보그화로 인해 우리가 느끼는 공포와 희망이 그 자리를 차지했다. 우리 스스로 운명을 통제할 수 있다는 근대적 확신은 끔찍한 전쟁과 생태계 재앙 그리고 숭고한 것에서 노골적이고 사악한 것에 이르는 광범위한 영역의 새로운 과학적 발견과 기술혁신의 급격한 확산으로 손상되었다. 이것은 몇 시간 동안만 텔레비전을 시청하거나 인터넷 서핑을 해보아도 쉽게 증명된다.

이 모든 변화의 뿌리에는 현 시대의 위대한 창조력인 '기술과학'이 있다. 나는 이 용어가 과학과 기술을 최소한 개념적으로라도 떼어놓고 싶어 하는 수많은 독자들을 불쾌하게 만들 것을 알면서도 일부러 사용한다. 과학과 기술이 분명하게 구분되는 것들이기는 하지만, 그것들은 도저히 풀 수 없을 만큼 뒤엉켜 있는 실타래처럼 혼재되어 있기도 하다. 그 둘의 공생은 각자 따로따로보다 훨씬 더 훌륭하며, 인간의 문화를 크게 변화시키고 있다. 인간은 언제나 개혁자이자 제작자였지만, 약 5백 년 전부터는 사회가 과학과 기술의 발견을 제도화하기 시작했다. 그때부터 그런 제도들은 더 강하고 더 효과적으로 성장했으며, 새로운 과학적 이해와 기술 발명의 작은 물줄기들이 이제는 약해질 기미가 전혀 보이지 않는 거대한 홍수로 바뀌었다. 실제로 그 물줄기는 점점 더 굵어지고 있다. 인류역사상 존재했던 과학자와 공학자들 중 대다수는 현재에도 살아 있으며 그들은 몹시 바쁘다! 새로운 지식과 사물의 폭발적인 증가를 이해하려 할 때 가장 어려운 문제는 정신적 차원에서 한걸음 뒤로 물러나 그 현상의 핵심적 특징들이 무엇인지를 따져 묻는 일이다. 그것이 세상을 어떻게 바꾸고 있는가? 그것이 우리에게 어떤 일을 하고 있는가?

나는 먼저 우리 시대를 포스트모던의 시대로 생각하는 것이 어째서 가능한지 설명하고자 한다. 우리 자신의 역사적 위치를 가늠하는 일은 어렵지만 꼭 필요한 일이다. 일부 역사가들과 달리, 나는 역사가 실질적으로 유용하다고 믿는다. 우리가 어디에 있었는지가 우리가 어디로 갈지를 가장 잘 예측해주는 예언자이기는 하지만, 그런 예측이란 늘 오류가 가능한 것이다. 역사가 보여줄 수 있는 것은 우리에게 어떤 선택지가 있느냐이다. 그리고 우리 앞에는 정말로 선택지들이 있다. 우리는 과거와 현재를 통해 미래를 만든다. 우리의 구체적인 포스트모던적 조건에 대해서는 좋은 소식도 있다. 그것이 확실히 영원히 가지는 않으리라는 것이다. 포스트모더니티는 일시적인 것이자 위기이다. 그리고 무엇이 그것을 대체할지는 우리의 선택이 결정할 것이다.

이제 나는 짐짓 포스트모더니티를 한 단원으로 설명하는 것이 일도 아니라는 듯 행세하면서, 사이보그라는 생각이 우리가 누구이고 앞으로 어떻게 변모할 수 있을지를 이해하는 데 도움이 되리라는 입장을 설득할 것이다.

포스트모더니즘의 타당성을 옹호하는 주된 논거는 모더니즘이다.

모더니즘이라는 용어는 단단히 굳어져 있으며, 일반적으로 비합리적이거나(인종주의, 민족주의, 고급예술) 초합리적인(기술과학의 진보) 거대 서사들에 적용된다. 나는 근대 전쟁이 모더니즘을 예증한다고 본다. 역사가들은 근대 전쟁을 1500년대 이후 유럽에서 그리고 그 다음 나머지 세계에서 치러진 전쟁 시스템의 발전으로 정의한다. 그것은 주로 전면전을 지향하고, 끊임없이 신기술을 전쟁에 투입하면서, 근대 국가들의 발흥에 핵심적인 역할을 수행했다. 오늘날에는 아무도 사용할 수 없는 군사기술들의 발전으로 전면전이 불가능해졌고, 근대 국가는 쇠퇴하고 있다. chapter 4에서 자세히 논의하겠지만, 전쟁은 근대적인 요인들을 많이 간직하고 있으며, 그래서 그것은 포스트모던하다.

포스트모더니즘에 귀속되는 일반적인 요소들, 즉 주도적인 서사들의 붕괴, 다양한 형태의 브리콜라주 bricolage(다른 시대, 다른 문화에서 양식과 이미지를 차용해 뒤섞거나 주변의 모든 것들을 절충하는 양식—옮긴이)로서의 공존, 은유와 기술 중심의 정보 그리고 분명한 불안정성 등은 예술, 건축, 오락 그리고 정치에 적용되듯, 오늘날의 전쟁에도 확실히 적용된다.

이제 포스트모더니즘이 가지는 정치적 함의들을 조금 더 깊게 파고들어보자. 이런 작업이라면 포스트모던적인 방식으로 해보는 것도 좋을 것이다. 그럴싸한 촌평들과 모순적인 발상들 그리고 여기저기에서 가져온 인용구들로 말이다. 왜냐하면 스타일이라는 것 그 자체가 정치적일 수도 있기 때문이다.

포스트모더니즘은 유행어 그 이상의 의미를 가지며, 심지어 심미적인 것이기까지하다. 그것은 바라보기의 방식이자, 인간정신의 관점이며, 문화뿐 아니라 정치를 향한 태도이기도 하다. 전례들이 있기는 하지만, 유효범위 내에서 보면 포스트모더니즘은 우리의 사회적이고 정치적인 지금 이 순간의 창조물이다. 스타일에 관해서 말하자면, 스타일 그 이상의 것이 관건이다.

토드 기틀린 Todd Gitlin

그리고 여기에서 내 스타일은 확실히 정치적이다. 그것은 이렇게 말한다. "견뎌라, 왜냐하면 우리 중 그 누구도 포스트모더니즘을 전부 알지 못하기 때문이다." 그것은 인생의 쾌락을 선전하지만, 흔들림 없이 원칙을 고수하는 단호한 태도를 거부하는 것도 아니며(설령 반어적인 냉소를 동반할지언정), 그래서 이중성을 드러낸다.

정치학에서 포스트모더니즘은 매우 다른 반응을 수없이 불러일으킨다. 신보수주의자와 자유주의자는 포스트모더니즘이 순수 모더니즘과 거대과학의 토대를 위협한다고 보고 증오하며 두려워한다.

포스트모더니즘은 사회구조를 지탱하는 동기부여와 정신적 보상의 시스템을 타격함으로써 그 구조 자체를 무너뜨린다.

다니엘 벨 Daniel Bell

많은 휴머니스트들은 포스트모더니즘을 만들어낸 기술과 과학의 변화가 우리의 인간성을 물리적이고 질적인 측면에서 위협한다고 본다. 자칭 '포스트휴머니스트들'에게 포스트모더니즘은 미래로 가는 문이다. 예리한 문학이론가 캐서린 헤일스Katherine Hayles

의 말대로, 포스트모던적인 것은 포스트휴먼적인 것과 동치로 밝혀질 수도 있다. 《우리는 어떻게 포스트휴먼이 되었는가How We Become Posthuman》에서 그녀는 포스트휴머니즘이 사이보그화로 인해 가까운 미래에 만들어질 새로운 유형의 테크노-바이오 신체의 기술적인 구성물일 뿐만 아니라, 오늘날 인간이 된다는 것이 무엇을 의미하는가에 관한 사회적 구성물이기도 하다는 것을 보여줌으로써, 포스트휴머니즘이 어떻게 휴머니즘 영역의 대부분을 차지하게 될 것인지 설명한다.

포스트모더니즘에 열광하는 일부 사람들은 인간과 휴머니즘의 종말이라는 이런 급진적인 사이보그화의 관점을 공유한다. 그러나 조금 더 깊게 들여다보면, 그들이 실제로 이런 결과를 그리 행복하게 여기는 것 같지 않다. 그들은 번지르르한 허장성세와 그럴싸한 허무주의를 동원해 실재 자체가 사라지고 있다고 주장하는 변이의 과정을 묘사한다. 장 보드리야르Jean Baudrillard는 이렇게 말한다.

> **즉, 죄책감과 번민과 죽음 대신에 죄책감과 절망과 폭력과 죽음의 상징들에 대한 총체적인 환희가 그것을 대체할 수 있다. 그 자신을 원인과 결과의 철폐, 시작과 끝의 철폐로 바라보는 것이 바로 시뮬레이션의 희열이다. 이 모든 것 대신에 복제가 그 자리를 대체한다. (…) 디지털화된 멋진 우주는 은유와 환유의 세계를 흡수해버린다. 시뮬레이션의 원리가 쾌락의 원리에 승리하듯 실재에도 승리를 거둔다.**

어째서 포스트모더니즘이 부정적이고, 비관적이고, 얄팍하고, 상대주의적이라고 낙인찍히는지 이해하기는 어렵지 않다. 이것이 난폭한 수사학적 주장들 뒤로 절망을 숨기고 있는 포스트모던의 일부 사조에만 해당하는 특징인데도 말이다.

여전히 모더니즘의 혁명적 약속들이 지켜질 수 있으리라 믿고 있는 위르겐 하버마스Jürgen Habermas 같은 급진적 모더니스트들에게는 다른 형태의 절망이 늘 따라다닌다. 이들에게 포스트모더니즘이란 해방의 포기를 의미한다. 네오마르크스주의 비평가인 프레드릭 제임슨Fredric Jameson처럼 자신을 좌파로 여기는 사람들은 포스트모더니즘을 모더니즘에서 인정받지 못한 승리를 쟁취하는 한 가지 방법으로 본다. 제임슨은 포스트모더니즘을 근대 세계의 문제가 아니라 자본주의의 문제로 정의하려 한다.

문화적 포스트모더니즘에 대한 모든 입장(그것이 변론이든 낙인이든 간에)**은 동시에 그리고 필연적으로, 암묵적으로든 명시적으로든 오늘날의 다국적 자본주의의 본성에 대한 정치적 태도이기도 하다. 즉, 전 지구적이면서도 미국적인 이 포스트모던 문화는 미국의 군사경제적 세계지배라는 완전히 새로운 조류에 대한 내부적이면서 상부구조적인 표현인 것이다. 이런 의미에서 문화의 밑바닥은 계급의 역사 내내 그랬듯 언제나 피와 고문 그리고 죽음과 공포이다.**

제임슨은 포스트모더니즘이 가치를 가지려면, 반드시 마르크스주의적인 과학이 제공하는 '지배문화의 논리나 헤게모니적 규범'에 복종해야 한다고 주장한다. 그는 또한 미국이 지배하는 다국적 자본주의가 전적으로 그 잘못을 책임져야 할 모더니즘을 대신하기 위해서

'전 지구적 차원의 인지적 매핑global cognitive mapping'을 발전시켜야 한다고도 주장한다. 하지만 실제로 이것은 포스트모더니즘이 아니며, 지적이고 물리적인 우위를 통한 과학적 해방이라는 근대의 신화, 즉 마르크스주의의 귀환일 뿐이다.

포스트모더니즘은 소위 제1세계와 제2세계에서 주도권을 쥐고 있는 사회적이고 과학적인 기술들의 귀결이다. 공산주의와 파시즘은 자본주의의 공포를 극단적으로 재생산했다. 생태재앙, 세계전쟁, 대중문화 그리고 인구증가의 원인인 기대수명의 연장을 초래한 것은 바로 산업화이다. 넘어서야만 하는 것은 바로 근대적 산업화이다.

또 다른 주요한 정치적 입장은 '구성적인' 혹은 수정 포스트모더니즘이라고 불리는 것으로, 이것에 대한 데이비드 그리핀David Griffin의 주장은 다음과 같다.

> **수정 포스트모더니즘은 과학과 윤리와 미학과 종교의 제도들을 새로이 통합하는 일과 관련되어 있다. 이 입장은 과학 그 자체를 거부하는 것은 아니며, 다만 근대 자연과학의 자료들만이 우리의 세계관을 구성한다고 인정하는 과학주의를 거부할 뿐이다.**

많은 지성인들이 이런 생각을 공유한다. 특히 페미니스트들은 현재 우리 과학의 뒤를 이을 새로운 '후임자' 과학을 구상하고 싶어한다. 하지만 그들의 목표가 얼마나 칭찬받을 만한 것인지는 모르겠다. 그리고 그것이 폭넓은 식견으로 어떤 새로운 세계관을 제시해 모더니즘을 밀어내려던 포스트모더니즘의 시도를 걸맞게 표현한 것이라고 생각하지도 않는다. 나는 수정 포스트모더니즘이 포스트모더니즘의 뒤를 이어 무엇을 만들어내든 간에 결국 아무것도 공헌하지 못할 것이라고 생각한다. 현재만을 보더라도 그것은 세계관을 모두 합치는 것이 전체주의로 이어진다는 포스트모더니즘의 한 가지 핵심 통찰을 무시하고 있다.

> **19세기와 20세기는 우리에게 수많은 공포를 주었다. 우리는 전체이자 하나를 바라는 향수에 젖어, 개념과 감각적인 것들의 화해, 투명한 경험과 소통 가능한 경험의 화해를 바라는 향수에 젖어 너무나 큰 대가를 치렀다. 우리는 느슨함과 풀어짐의 일반적인 요구에 대해서 공포의 귀환을 갈망하는 소리, 환상이 현실을 강탈하는 일이 실현되기를 욕망하며 투덜대는 소리를 들을 수 있다. 그 대답이 여기에 있다. 모두 전체성에 대한 전쟁에 나서자. 모습을 드러낼 수 없는 것들에 대한 목격자가 되자. 차이들을 촉진하고 그 이름의 명예를 살려내자.**
>
> **장 프랑수아 리오타르** Jean-François Lyotard

전체주의적인 시각의 위험성, 특히 공학자들의 황당무계한 몽상과 과학의 냉혹한 시선에 담긴 위험성을 이해한 일부 여성주의 철학자들은 조금 더 쓸모 있는 포스트모던 정치학을 계획했다. 이 입장은 기술과학을 다른 맥락에 집어넣으려고 하지만 그것을 파괴하지는 않는다. 도나 해러웨이는 이런 입장을 지닌 최고의 학자이다. 그녀는 하나의 단일한 지배적 세계관이 아닌 수많은 목소리들, 즉 헤테로글로시아heteroglossia(특정한 하나의 언어 내부에서 여러 가지 요인에 따라 사회적으로 분화된 다양한 말의 양식—옮긴이)들 가운데에서 나오는 세계관을 명명하기 위해 사이보그의 이미지를 이용한다.

사이보그의 이미지들은 다음의 두 가지 핵심적인 논증을 표현하는 데 도움이 된다. ① 보편적이고 전체주의적인 이론의 생산은 실상의 대부분을 놓치는 중대한 실수이다. 아마도 늘 그럴 것이지만, 어쨌든 오늘날에는 확실히 그렇다. ② 과학과 기술의 사회적 관계들에 책임을 진다는 것은 반과학적 형이상학과 악마적 기술관을 거부한다는 뜻이다. 그리고 바로 이런 이유에서 나와 가까이에 있는 내 편은 물론이고, 타인과의 부분적 관계의 소통 속에서 일상생활의 경계를 재구성하는 숙련된 작업의 수용을 의미한다. 하지만 이것이 단지 과학과 기술이 복잡한 지배관계를 형성하는 모체이자, 인간에게 커다란 만족을 가져다줄 수단이라는 이야기만은 아니다. 사이보그의 형상은 이원론의 미궁에서 탈출하는 길을 제시해 우리가 우리의 몸과 도구들을 스스로에게 설명하게끔 도와준다. 이것은 공통 언어가 아니라 강력한 이단적 헤테로글로시아의 꿈을 꾸는 것이다.

기술과학은 부분적으로는 정치적이고 사회적이며, '복잡한 지배관계'와 '인간의 커다란 만족(들)'을 모두 만들어낼 수 있다. 그것은 하나의 '입'을 통해 설명될 수 없으며, 어떤 범위 안의 다양한 목소리들로 소통이 가능할 것이다. 그런 목소리들 중에는 근대적인 것도 있고, 근대 이전의 목소리도 있으며, 그밖의 다른 목소리도 있다. 타인에 대한 관용은 결정적이다. 린다 허천Linda Hutcheon은 관용과 더불어 책임 역시 필수적이라고 지적한다.

포스트모더니즘은 역사적으로 깨어 있고, 혼합되어 있으며, 포괄적인 태도를 가지려 한다. 새로운 신념은 아마도 '책임과 관용'이 될 것이다.

허천은 우리가 반드시 책임을 져야 한다고 주장한다. 우리는 좋든 싫든 어쨌든 포스트모던 기술과학의 공모자들이기 때문이다. 이 기술로부터 도망칠 수 있는 사람은 아무도 없다. 몬태나의 오두막에서 살든, 네팔의 암자에 살든 마찬가지이다. 인공위성, 나이키 신발, 마돈나의 음반들, 자동식 무기들까지 모든 것을 손쉽게 이용할 수 있기 때문이다. 하지만 우리는 현실을 만들어낼 수 있는 참여자로서의 힘도 갖고 있기 때문에, 우리의 공모를 비판하는 일도 가능하다. 제인 플랙스Jane Flax는 이 점을 훨씬 더 호되게 꾸짖는다.

> 포스트모더니즘의 다른 형태들과 마찬가지로 여성주의 이론들은 우리가 양면성, 애매성 그리고 다중성을 잘 받아들이고 이해하도록 힘써야 한다. 뿐만 아니라, 자의적이고 억압적이라는 것을 빤히 알면서도 아랑곳하지 않고 질서와 구조를 부과하고 싶어하는 우리의 욕구를 뿌리 뽑아야 한다.
> 우리가 이 일을 제대로만 한다면, '현실'은 지금 눈에 보이는 것보다 훨씬 더 불안정하고 복잡하고 무질서한 것임이 드러날 것이다.

우리는 포스트모던 세계에 살고 있고, 그 세계가 '불안정하고, 복잡하고, 무질서한' 것을 과연 누가 부인할 수 있겠는가. 포스트모더니즘을 지배하는 정치적 움직임들은 사이보그 시민권을 위한 배경적 상황을 설정했다. 하지만 이런 생각들을 탐구하기에 앞서, 사이보그 자체에 대해 조금 더 생각해볼 필요가 있다. 우리 자신들에 대해서도.

사이보그 발상의 중요성

/

프롤로그에서 이야기한 대로, 사이보그라는 단어 자체는 새로운 것이지만 그 발상은 그렇지 않다. 맨프레드 클라인스는 '우주에서 생존하는 것이 가능하도록 개조된 인간'이란 주제의 NASA 학술회의를 준비하면서 그 단어를 만들어냈다. 세계적 수준의 피아니스트로서 컴퓨터를 개발하는 비상한 재능까지 갖춘 클라인스는 인공두뇌학이라는 의미의 '사이버네틱cybernetic'과 유기체라는 뜻의 '오거니즘organism'이라는 단어를 합성해 '사이보그'란 신조어를 만들어냈고, 이 단어는 저명한 정신의학자이자 향정신성 약물전문가인 네이선 클라인과 공동집필한 논문에 활기를 불어넣었다. 이 논문에서 클라인스는 클라인과 함께 인간은 장기이식과 약물을 통해 개조될 수 있으며, 그렇게 되면 우주복을 입지 않고도 우주에서 생존할 수 있을 것이라고 했다. 이런 이야기가 그렇게 정신나간 소리는 아니지만, 클라인스도 오늘날에는 그런 변이가 가능하려면 유전적인 개조가 필요하리라는 점을 인정할 것이다. 센틱스Sentics(감정들의 생리학적 기반) 이론을 연구하고, 수많은 컴퓨터 음악 프로그램을 개발하기도 한 클라인스는 사이보그라는 용어에 대해서도 끊임없이 연구 중이다. 요사이 그는 인간이 최소한 네 차례의 상이한 사이보그화 단계를 거칠 것이며, 유전적인 개조가 이루어지는 단계에서 그 절정에 이를 것이라는 생각을 가지고 있다.

'사이보그'라는 용어는 널리 유행했지만, 생물원격측정법biotelemetry,

인간기능 증강, 인간-기계 시스템, 인간-기계 인터페이스, 원격조종 로봇장치, 인공계를 창조하기 위해 자연계를 모방하는 생체공학처럼, 조금 더 구체적인 명칭을 선호하는 과학자들 사이에서는 그렇지 않았다. 사이보그는 공상과학소설 작가들 사이에서 인기를 얻었다. 그들은 이미 기술과 자연계가 믿을 수 없을 정도로 통합되어 사회를 변모시키기 시작했다는 사실을 인식하고 있었다. 사이보그라는 단어는 도구나 기계 같은 단어만큼이나 구체적이고, 일반적이고, 강력하지만 쓸모없는 말이다. 하지만 그런 만큼 중요한 단어이기도 하다. 사이보그는 현대 문화를 통해 번성하고 있으며, 인간 존재의 가장 기본이 되는 정치 개념들 중 상당수를 다시 정의하고 있다.

스티븐 멘토어와 나는《사이보그 핸드북》에 실을 논문 한 편을 함께 집필했다. 그 글은 '정치적인 몸, 즉 국가body politic'라는 은유('body politic'이라는 말은 비유적으로 '국가'를 가리키는 말로도 사용되며, 여기서 저자는 정치제도로서의 국가와 정치적인 영향을 받는 몸을 다중적으로 의미하는 말로 이 용어를 사용하고 있다 — 옮긴이)가 아리스토텔레스 이후 철학적으로 얼마나 중요시되어 왔는지에 주목한다. 국가 문제를 다룬 17세기 영국의 정치 이론가 토머스 홉스는 그런 발상의 힘을 보여주는 좋은 사례이다. 홉스는 왕의 살아 있는 몸뚱이가 곧 국민국가의 모델이라는 국가관을 주창했다. 오늘날은 국가를 왕의 몸에서 찾지 않는데, 형식적으로 보나 실제로 보나 사이보그가 그 자리를 대신 차지한다.

현대의 정치 공동체는 사회기반시설을 갖추고 있고, 훌륭한 군대는 인간-기계 무기체계로 구성되어 있으며, 세계경제는 고도화된 컴퓨터에 의존하는 거대한 다국적 기업들에 의해 지배된다. 사이버펑크cyberpunk 작가들부터 하버드대학교 교수에 이르기까지, 많은 평론가들이 최근 들어 주목하는 변화들은 모두 사이보그화된 국가의 징후이다. 우선 단순하고, 늘 인위적이었던 냉전의 이분법이 붕괴했다. 또한 국민국가들은 더 작은 공동체로 권한을 이양하고, 유럽 공동체 같은 권역 체계들이 부상하고 있다. 비정부 조직들도 번성하고 있으며, 웹부터 세계법정에 이르기까지 세계기구들의 힘은 더욱 강해지고 있다.

스티븐과 나는 사이보그 국가란 은유에 지나지 않는다는 점을 강조한다.

> 그런 종류의 논증을 만드는 일에는 일종의 오만이 있다. 그런 논증들은 앞뒤가 잘 맞는 척하지만 그것은 기껏해야 우연일 뿐이다. 사이보그 국가를 포함한 모든 은유의 통치권은 착각에 지나지 않으며, 오히려 무분별한 확산과 잡종교배에 종속될 뿐이다. 그것은 유토피아적이고 실용적인(혹은 둘 중 하나의) 가능성들을 묘사하는 것이자, 이런 가능성들의 결과물인 만큼, 결코 규범적인 척을 해서는 안 된다.

그 은유는 기술이 정치의 중심에 있음을 거부할 수 없도록 한다. 그리고 우리에게 다음과 같은 사실을 끊임없이 상기시킨다.

> 제트기를 조종하며 미사일을 가동하는 컴퓨터 시스템의 일부로 조종사를 집어넣게 될 그 기술은 과속 트럭에 치여 불구가 된 우리의 친구들을 다시 걷게 해줄 것이다. 유토피아와 디스토피아, 착한 터미네이터와 악한 터미네이터 사이에 선택은 없다. 그들은 모두 여기에 있다. 우리는 이 조립된 이중적인 몸에 거주하는 방

법(그리고 누가 그것을 조립하는가를 탐구하는 방법)을 배우고 있다. 우리가 그것들과 함께 지내게 될지, 혹은 그것들에 대해서 투표하라는 소리를 듣게 될지 말이다.

우리는 은유가 현실세계의 현상들, 즉 살과 철의 관계들을 묘사한다는 사실을 명심해야 한다. 이것을 '사이보그 국가'라고 불러야 할 필요는 없다. 사이보그의 힘, 지배적인 정보과학 혹은 다른 어떤 수많은 이름으로도 부를 수 있다. 하지만 '사이보그 국가(혹은 정치적인 사이보그의 몸)'란 용어는 지금 현재 벌어지고 있는 일들을 민주정치가 실행하고 숙고해온 오랜 전통과 연결한다.

사이보그화된 우리의 몸이 사이보그 국가에서 정치적으로 얼마나 잘 활용될 수 있는지를 정확히 이해하기 위해서는 합법적인 정치권력의 원천에서부터 이야기를 시작해보자. 존 로크John Locke와 18세기 혁명가들에 따르면(그리고 나도 동의한다), 그 원천은 바로 시민이다.

cyborg
citizen

chapter 2

전자복제 시대의 시민권

과거에는 그랬을지 몰라도 정부가 시민을 대리하는 것은 더 이상 불가능하다. 인공두뇌학적 정치 세계의 시민은 다양한 보철과 친밀한 관계를 유지하며 다양한 몸에 거주한다. 그것들은 모두 우리를 지배하고, 또 부분적으로 우리를 만들어내는 정치 구조물들의 모형이다.

크리스 그레이, 스티븐 멘토어

행동과학자들의 근본적인 생명윤리 강령은 인간의 반응을 통제하거나 수정하고 공학적으로 설계하려는 세력들과의 모든 협력을 물리칠 용기를 지녀야 한다.

리처드 레스탁Richard Restak

누가 혹은 무엇이 시민인가

/

〈스타트렉: 더 넥스트 제너레이션Star Trek: The Next Generation〉의 한 회에서 안드로이드인 데이터가 소유물인지 시민인지를 결정하는 재판에 회부되는 장면이 나온다. 이 드라마에는 수많은 사이보그들이 나온다. 안면에 바이저VISOR(길고 둥근 특수안경—옮긴이)를 착용한 조르디 라 포지, 전송장치 사고로 클론clone이 생겨난 라이커, 인공척추를 이식한 워프, 인공심장을 단 피카드, 의식을 가진 다양한 입체 영상 인물들 그리고 여러 회에 걸쳐 등장하는 함선 자체도 사이보그이다. 검은 가죽 제복을 입은, 사악한 사이보그 집단정신 연속체인 외계 종족 보그도 있다. 이 중 데이터는 특히 더 흥미로운 사이보그이다. 왜냐하면 그의 사이보그화는 두 가지의 매우 상반된 기술에 의존하기 때문이다. 그의 피부는 생물학적 구조물이고, 그의 의식은 그를 만든 식민지 인간들의 기억에서 추출한 패턴에 근거한다. 데이터가 유기적 세계의 일부를 빌려다 만든, 기술적으로 매우 정교한 로봇 그 이상의 존재인지는 분명하지 않다. 하지만 그는 인간이 되기를 갈망한다.

데이터의 재판은 그를 해체해서 작동방식을 알아내고 싶어 하는 행성연방의 한 야망에 가득찬 과학자의 책략에서 비롯된다. 데이터의 친구들이 증언에 나서지만 설득은 불가능했다. 마침내 데이터가 재판장에 서고, 그는 자기가 타샤 야의 홀로그램을 간직하고 있다고 증언한다. 그녀는 단발머리를 한 금발의 방위 책임자로, 이전 회에서 흉악한 잉크 얼룩이 얼굴에 번져 사망한 여성이다. 데이터는 모든 승무원이 최음제에 노출되었을 때 그녀와 성관계를 맺었다고 고백한다. (그녀의 유혹에 데이터는 "나는 완벽히 기능합니다"라고 대답했다.) 그래서 결국 그는 시민으로 인정받는다.

인간과 성관계를 맺을 수 있는 능력이 시민권의 기준이라니, 참 이상하게 보일 수도 있다. 하지만 사실 데이터를 구한 것은 성관계를 맺고 그 일에 대해 말할 수 있는 바로 그 능력이다. 시민권의 정의는 젠더나 인종 혹은 계급 기반의 기준에서 벗어나 능력을 갖춘 참여의 문제, 즉 일부 철학자들은 담론 공동체라고 부르지만 우리 대부분은 그냥 의미 있는 대화라고 말하곤 하는 것에 참여할 수 있느냐의 문제를 뜻한다. 헬렌 켈러가 입증한 것처럼, 의사소통이 굳이 말이나 글로 이루어져야 할 필요는 없으나 정치 참여를 위한 의사소통은 위의 두 가지를 반드시 포함해야 한다. 이런 시각은 튜링 테스트turing test를 이용해 지능을 정의하는 데 도움을 주었던 것처럼, 우리가 사이보그 시민권을 생각해보는 데도 도움을 줄 것이다. 결국엔 튜링 테스트와 사이보그 시민의 문제로 돌아오겠지만, 지금은 시민권 자체에 대해 몇 가지 더 이야기할 필요가 있다.

세계가 사이보그 사회로 변모하면서 시민권이라는 개념은 점점 더 힘이 커지고 있다. 대안들을 생각해보라. 차라리 군국주의의 국민이 될 텐가? 피고용자 혹은 종족의 일원? 종족 구성원의 역할은 생각보다 훨씬 더 미묘하며, '시민'과는 확연히 다르다. 일부 종족들은 장기간에 걸친 혈연관계와 특정 지역과의 연계성 때문에 기꺼이 각자의 개체성을 유지하는 강력한 조직들로 남아 있다. 하지만 대부분의 사람들에게 종족 구성원은 선택지가 아니다. 그리고 수많은 종족 구성원이 거부한 선택지이기도 하다. 인기가 있는 것은 바로 시민권이다.

'시민'이라는 단어는 '도시'에서 유래한 것으로, 최초의 시민은 그리스의 도시국가들에 있었다. 그들은 성인 남자로서 사유재산을 가진 구성원이었고 군인이 되어 싸웠다. 비구성원인 여자, 어린이 그리고 가난한 자들은 시민이 아니었기 때문에 거의 권리가 없었다. 원래 매사추세츠만灣 식민지에서는 지주이거나 뛰어난 솜씨의 장인을 시민으로 분류하였다. 그리고 그들은 청교도 신자로서 영국 국왕에게 충성을 맹세한 백인 남성들이었다. 지금도 미국 헌법은 대통령의 경우 반드시 '토박이 시민권'을 갖고 있어야 함을 자격으로 내세우는데, 이것은 귀화한 시민을 배제하는 규정이다. 그렇다면 이것은 시험관 아기 또한 대통령이 될 수 없음을 의미하는 것일까?

일부 이론가들은 아직도 시민권이라는 발상을 국가 구성원과 연결시킨다. 호주의 정치학자인 얀 패컬스키Jan Pakulski의 생각처럼, 그들은 포스트모던적인 국가 쇠퇴와 국가 정통성의 침식이 결국에는 시민권의 확대과정을 위축시킬 것이라고 우려한다. 패컬스키는 점점 더 많아진 권리가 국가 구성원이 아닌 인간 개개인의 지위와 연결되고 있다고(유엔의 〈인권선언문〉처럼) 지적한다.

내가 보기에 그것은 문제가 아니다. 시민권의 출처는 존 로크가 간명하게 말한 것처럼, 스스로 통치의 대상이 되겠다고 동의한 데 있으며, 이런 동의는 폴리스polis의 일원이 될 수 있는 본인의 능력에서 나온다. 폴리스란 정치적인 쟁점들, 성관계, 마돈나가 재능 있는 가수인지 여부를 놓고 함께 대화할 수 있는 능력을 바탕으로 인간과 사이보그가(그리고 미래에는 또 다른 무엇이 등장할지 누가 알겠는가) 공유하는 정치적 실재이다. 나는 로크의 생각을 훼손할 뿐만 아니라 논리적으로도 도출되지 않는 가부장적이고 계급차별적인 가정들을 거부한다는 점을 강조하고자 한다. 실상 로크의 근본 전제(그리고 미국과 프랑스의 혁명을 비롯해 그밖의 다른 많은 사건들의 근본 전제)는 통치 받는 사람은 반드시 통치 받겠노라 동의해야 하며, 그렇지 않은 경우 그 국가는 정통성을 상실한다고 말한다. 포스트모던적인 시민권은 더욱 방임적이고 진취적인데, 동의와 충성이 단지 국민국가에만 허용된다고 보지 않기 때문이다. 생태지역들, 도시들 그리고 이들을 모두 합친 전체로서의 세계가 시민 충성의 지분을 주장할 수 있다고 본다. 이것은 정치이론의 문제가 아닌 정치실천의 문제이다. 우리 중에 그런 의식 있고 진취적인 시민권을 위해 기꺼이 자신의 삶과 신성한 명예를 거는 사람들이 많이 있다면, 그 말은 앞으로도 유효할 것이다.

패컬스키는 독점적 권리 집행자로서 국가를 옹호하지만, 나는 역사 속에서 개인과 집단이 권리를 획득하고 그것을 지키기 위해 가끔은 국가를 상대로 맹렬히 싸울 수밖에 없다는 것을 읽어낸다. 때로는 이것이 국가의 수립이나 변화를 불러와 국가가 인권을 더 잘 수용하도록 만드는 경우도 있으나, 가장 혁명적이고 제한적인 정부조차도 권력을 키워서 강철 같은 관료조직법으로 사람들의 자유를 찬탈하기 시작하는 것이 자연스런 경향이다. 토머스 제퍼슨Thomas Jefferson은 우리의 자유를 지키기 위해 지속적인 노력이 필요하다고 강조했다. 그는 혁명이 20년마다 꾸준히 계속되어야 한다고 주장하면서 그 이유를 다음과 같이 은유적으로 표현했다. "왜냐하면 자유의 나무에는 시시때때로 애국자와 독재자들의 피를 공급할 필요가 있기 때문이다." 아마도 이런 열정이 내가 기꺼이 나 자신을 제퍼슨식 무정부주의자로 칭하는 데 주저하지 않는 이유일 것이다. 어쨌든, 그의 제자인 존 오설리번John O'Sullivan은 "가장 적게 통치하는 정부가 가장 잘 통치하는 정부이다"라고 꼬집었으며, 여기에는 멋진 논리가 들어 있다.

국민국가란 단지 믿음과 역사에 근거를 둔 우연의 산물이기 때문에(그래서 어떤 정치학자들은 '상상의 공동체'라고 부른다), 세계라는 단일한 하나의 정치 조직체를 상상하지 못할 이유는 없다. 세계 시민권은 국민국가의 시민권보다 훨씬 더 많은 정치적·생태학적 의미를 지닌다.

브라이언 터너Bryan Turner가 《시민권 연구Citizenship Studies》라는 학술지의 창간호에서 논의했던 것처럼, 법적 권리, 정치적 권리, 사회적 권리 등 국가 시민권의 다양한 양상들이 세계 시민권에도 적용될 수 있다. 하지만 지구적 시민권은 인간의 권리를 국가적 시민의 권리와(물론 그에 수반되는 의무까지) 함께 결합하는 기회를 제공한다.

나는 패컬스키의 '문화 시민권'이란 말에 공감하는데, 이것은 개인의 권리와 의무를 확장해 정치과정 속의 자유와 평등은 물론 경제와 문화의 차원까지 포함하는 것이기 때문이다. 시민권은 분명히 변화하고 있으며, 그 이유는 정치를 기반으로 끊임없이 팽창하는 기술과학이 인간문화의 세계화 및 포스트모더니티의 여러 다른 양상들 속에서 변모하기 때문이다. 그렇다면 21세기 시민권은 어떤 모습으로 나타날 것인가?

시민권이 어떤 식으로 진화하든, 기술은 매우 중요한 역할을 수행할 것이다. 한 가지 예를 들면, 랭던 위너Langdon Winner는 기술은 자율적일 수 있고, 인공물은 그 나름의 정치학을 갖는다고 주장했다. 그래서 특정 기술은 본래 권위주의적일 수 있으며, 진정한 시민권이란 복잡한 기술들과 관계를 맺거나 그에 따른 지식이나 통제력 혹은 접근성을 획득한 개인에게만 부여될 수 있다고 본다. 그렇지 못한 사람들은 '기술노예' 혹은 '기술치'가 될 운명에 처한다. 시민권의 확대는 특히 건강이나 정보, 권력에 대한 기술 접근성이 차별화됨에 따라 불평등의 가능성을 가져온다. 사이보그화 역시 이런 위험을 안고 있다. 그렇지만 사이보그 시민권이 가져올 여러 가지 변화들은 단순히 시민권을 가진 것과 안 가진 것으로 구분지어 계산하는 것보다 훨씬 더 복잡하다.

캐나다의 학자 엔진 이신Engin Isin은 〈누가 새로운 시민인가Who Is the New Citizen?〉라는 논문에서 이 문제를 탐구했다. 그는 '새로운 지식 노동자들'의 부상과 정치적 풍경에서 비롯된 또 다른 변화들을 상세히 논증한다. 그런 변화에는 '전문가 시민'이라는 새로운 계층의 발달도 포함되어 있다. 이신은 다음과 같이 묻는다. "새로운 유형의 시민권과 관련해 불가피하게 발생할 새로운 정치·도덕적 의무들은 무엇인가?" 새로운 시민권은 현재 우리가 경험하고 있는 경제 변화뿐만 아니라 우리 몸이 사이보그화를 통해 겪고 있는 실질적인 변화들도 반영해야 한다. 우리는 사이보그 시민을 기준으로 생각해야 하며, 이것은 누구에게 그런 시민의 자격이 있는지 결정해야 함을 의미한다.

사이보그 시민권 문제의 복잡성은 사이보그 시민용 튜링 테스트를 필요로 한다. 이것은 누가 우리의 담론 공동체에 실제로 참여할 수 있고 누가 그럴 수 없는지 판단하기 위함이다. 튜링 테스트는 과학자들과 저술가들이 오랫동안 유용하게 사용해온 것으로, 컴퓨터가 지능을 가졌는지를 판단하고자 할 때 사용하는 매우 실용적인 인공지능 판별법이다. 이 테스트를 처음 제안한 앨런 튜링Alan Turing은 영국의 컴퓨터 과학자로 동성애자였는데, 1950년대 독이 묻은 사과를 먹고 수수께끼처럼 사망한 것으로 알려졌다. 자살인지 아니면 국가가 안보를 이유로 위험대상을 제거한 것인지 우리로서는 알 길이 없다. 튜링 테스트는 제2차 세계대전 중 암호해독기를 만드는 과정에서 컴퓨터 개발의 근본적 역할을 수행했는데, 이것은 '모방게임imitation game'이라 불리는 파티용 게임에서 유래하였다.

원래 버전에서는 각자 다른 방에 들어가 있는 남자와 여자에게 여러 개의 똑같은 질문을 던지고, 그중 한 명이 종이에 타자로 답변을 작성해 내놓으면, 파티 손님들이 이것이 남자의 응답인지 여자의 응답인지를 맞추는 식이다.

튜링은 그중 한 명을 사람 대신 기계로 대체해보자고 제안했다. 그는 지능이란 절대적 개념이 아닌 조작적 개념이기 때문에, 지능을 판단하는 최선의 방법은 문제의 대상이 충분한 시간 동안 인간과 지능적인 대화를 수행할 수 있는지 여부를 검사하는 것이라고 주장했다. 만일 그것이 가능하다면, 비록 기계라 할지라도 지능을 가졌다고, 적어도 여러 인간들만큼의 지능을 가졌다고 간주해야 한다.

튜링 테스트의 가치는(그리고 사이보그 시민권을 결정하는 데 이 테스트의 유용성은) 지능이라는 것이 추상적인 보편적 가치가 아니라 잠정적인 성격의 개념이라는 통찰에 있다. 시민권은 피지배자의 동의, 책임과 권리의 관계 그리고 개인의 자율성에 대한 가정들을 기초로 한다. 역사적으로 시민권의 준거는, 젠더와 계급에서 교양능력을 거쳐 비행을 저지르지 않는 한 지켜지는 출생 시민권제가 시민권을 보장하는 현행 시스템에 이르기까지 넓은 범위에 걸쳐 있다. 하지만 이렇게 변화하는 규정들의 근저에는 항상 담론 공동체가 그 기본토대를 이루고 있다는 사실을 찾을 수 있다. 초창기에는 인종이나 젠더 그리고 계급의 지배라는 정치적 목적이 서구의 정치 공동체들에 제약을 가했다. 하지만 그런 공동체의 공인된 시민들의 이상理想은 언제나 평등한 담론이었다. 어쨌든 폴리스는 담론 공동체이고, 폴리스의 모든 역사적 팽창은 그 담론에 새로운 개인들이 참여하는 문제에 관한 주장들로 설명되어왔다. 오늘날 우리는 누가 시민이 되어야 하고 누가 시민이 될 수 있는지를 판단해야 하는, 전 영역에 걸친 복잡하고도 어려운 결정들에 직면해 있다. 이런 이유를 고려할 때 바로 이 틀 안에 머무르는 것이 현명한 판단처럼 보인다.

현재, 인간과 사이보그에게 시민권을 부여하는 문제의 적절성 여부는 나이에 관한 가정이나 전문가들의 평가 그리고 그들이 폴리스의 담론에 실제로 참여할 수 있는 능력을 근거로 판단된다. 실제 사이보그와 관련해서는 판단이 조금 더 어려운 경우가 많다. 생명의 유지를 돕는 기계에 연결되어 있는 인간, 혹은 약물이나 다른 어떤 기술적 개입이 있어야만 자율성을 유지하는 인간이 그런 경우에 해당한다. 이런 경우에는 일반 배심원들이 아니라 의사들, 사회사업가들, 변호사들 그리고 판사들 간의 협의로 여부가 결정된다. 이런 경우들에도 그 규정은 역시 조작적이다. 예를 들어, 미국의 전국간호면허국협의회NCSBN, National Council of State Boards of Nursing는 권능을 '지식의 응용 및 일반적으로 기대되는 인간관계와 의사결정 그리고 정신운동의 기술'로 정의한다. 만일 일반적으로 기대되는 바에 따라 사람들을 판단할 요량이라면, 아마도 아까의 결정은 그들의 사회 동료들이 내려야 할 것이다.

그런 힘을 '못 믿을' 경찰에게서 빼앗아 나름 어림잡아 튜링 테스트를 직접 수행하는 일반 동료 배심원의 형태로 최대한 폴리스에게 돌려주자. 판정 대상자는 열두 명의 일반시민 중 과반수 이상에게 자신이 대화에 참여할 수 있다는 점을 설득시켜야 한다. 이 조항은 인종주의나 그밖의 여러 편견들을 근거로 판정 대상자가 시민권을 박탈당하거나 취득하지 못하는 일을 막아줄 것이다. 사이보그 시민권의 요점은 문맹퇴치법과 물권법이 입안된 방식처럼, 이미 시민인 사람들을 배제하지 말자는 것이다. 그리고 애완동물이나 태아 혹은 법인을 시민에 포함하자는 것은 아니다. 만약 그런 개체들도 권리를 부여받고 보호받을 자격이 있다면, 시민권과 다른 방식으로 허용할 수 있을 것이다.

튜링 테스트의 좋은 점은 자의적인 기준이나 고정된 정의의 구속에서 벗어날 수 있다는 점이다. 융통성이 있지만, 그렇다고 그것이 모든 가치를 빛어내는 것은 아니다. 대신에 그것은 정치의 핵심, 즉 대화에 초점을 맞추며 궁극적인 가치를 소중하게 생각한다. 또한 그것은 우리의 몸이 유기체이든, 기계이든, 아니면 둘 다이든, 알쏭달쏭하든 아니든, 조립된 것이든 아니든, 시민권이 구현될 수 있다는 것을 강하게 함축한다.

사이보그 권리선언

/

도나 해러웨이의 〈사이보그 선언〉은 사이보그 정치학의 기초가 되는 논문이다. 1985년 발표된 이래, 수십 차례 재출간된 이 글은 수많은 독자를 감화시키고, 격분하게 만들고, 당혹스럽게 만들었다. 그 이후로 사이버-선언문들이 급격하게 확산되었다. '사이버'에 대한 요즘 글들은 대부분 선언문 스타일로 보일 정도이다. 스티븐 멘토어에 따르면, 이것은 적절한 현상이다. 왜냐하면,

> **모든 선언문이 사이보그들이다. 그것들은 도나 해러웨이의 논문 〈사이보그 선언〉에서 그 용어를 사용한 방식과 잘 들어맞기 때문이다. 선언문들은 혼성물이고, 키메라** chimera **들이며, 경계가 오락가락하는 기술들이다. 그것들은 대중 장르와 정치 담론을 한데 결합하고 뒤섞는다. 또한 비판이론과 광고에서 차용하고, 저자들이 만들어내길 희망하는 더 큰 사회적 기술들을 통제하는 시스템이라도 되는 듯 역할한다.**

더 흥미로운 사이버-선언문들 가운데에는 〈돌연변이 선언문Mutant Manifesto〉, 스텔락Stelarc(사이보그를 연구하면서 자신의 몸을 실험대상으로 직접 활용한 실험적인 예술가 — 옮긴이)의 〈사이보그 선언문Cyborg Manifesto〉, 〈지식시대를 위한 마그나 카르타The Magna Carta for the Knowledge Age〉, 기타 엑스트로피언들이 쏟아내는 수많은 포고문 등이 있다. 그 중 상당수는 1700년대 후반의 초창기 선언문들에 기초를 두고 있다. 다른 선언문들로는 1996년 사이버 자유주의자들이 선포한 〈사이버

공간 독립선언The Declaration of the Independence of Cyberspace〉과 1993년 국회에서 제기된 제2차 트랜스젠더 법률과 고용 정책의 〈젠더권리 법안Bill of Gender Rights〉이 있다. 이 법안은 '자신의 몸을 통제하고 바꿀 수 있는 권리' '의료 전문가의 관리를 받을 수 있는 권리' '정신 치료를 받지 않을 권리'가 포함되어 있다. 이 선언문들은 그들이 원하는 새로운 권리들을 위해 초석을 다지는 것이다. 때로는 이런 권리들이 성문화되기도 하는데, 그런 것들이 결국 일종의 기술들처럼 기능하는 것 같다.

헌법과 그것의 보철인 권리법안은 기술적으로 '글로 써진 도구들'이라고 불리는데, 그것들은 실제로 기술들이다. 그것들은 우리가 우리 스스로를 통치하는 일을 돕도록 되어 있다. 나의 특별한 사이보그 권리법안이 미국 헌법의 수정조항으로 입안된 것이라면, 그 안에 들어 있는 발상은 모든 포스트모던 민주국가들과 관계가 있다. 많은 헌법들이 일본과 남아프리카공화국처럼 미국 헌법에서 영감을 끄집어낸다. 미국 헌법은 영국의 관습법, 프랑스의 정치적 사유 그리고 그리스, 로마, 미국 원주민의 통치 전통에서 나온 것이다. 사이보그 권리법안은 단지 미국만을 겨냥한 것은 아니다. 모든 사이보그 시민은 자신의 권리를 지킬 필요가 있다. 그리하여 인간의 정치적 조건에서 온건한 발전을 이루고자 한 희망으로 나는 다음과 같은 사이보그 권리선언을 제안한다.

한 가지 덧붙일 것은, 미국 연방대법원이 과거 몇 차례 이상한 판결을 내린 적이 있는데, 이 새로운 권리선언에는 다음의 내용을 정확하게 명시했다.

> **회사법인이나 여타 행정기구들은 시민이나 개인이 아니며, 앞으로도 결코 그럴 일은 없다.**

현재의 회사들은 시민의 권리 중 상당 부분을 누리지만 의무들은 거의 지지 않는다. 미래에는 다중지능 혹은 분산지능을 지닌 '법인' 사이보그들이 존재하게 될지도 모른다. 어느 정도의 단일한 정체성을 갖지 않는 사이보그라면 정합적인 행위능력을 갖지 못할 것이다. 하지만 먼 미래의 어떤 사이보그는 다중적이지만 한 표를 행사할 수 있을 정도의 충분한 행위능력을 갖게 될지도 모른다. 그래도 어쨌든 회사법인들에게 준시민적 지위를 갖게 할 이유는 없다. 이런 것 없이도 그들은 이미 너무나 큰 힘을 갖고 있기 때문이다.

사이보그 권리선언 십계명은 다음과 같다.

1. **여행의 자유.** 시민은 각자의 위험과 비용을 감수하는 한도 내에서, 가상이든 현실이든 어디든 여행할 권리를 갖는다.
2. **전자적 발언의 자유.** 전자electronic 형태나 여타 비물리적인 형태의 정보전송은 수정헌법 제1조에 의해 보호받는다.
3. **전자적 개인권리.** 전자적인 형태나 여타 비물질적인 형태의 소유물과 인격성은 수정헌법 제4조에 의해 보호받는다.
4. **의식의 자유.** 시민의 의식은 수정헌법 제1조, 4조 그리고 8조에

의해 보호받는다. 개별 시민의 가장 신성하고 사적인 이 영역에 대한 불합리한 수색과 압류는 절대 금지된다. 개개인은 다른 개인과 시민의 근본권리를 위협하지 않고 모든 위험과 비용을 자신이 감수하는 한, 정신약리적이거나 의료적이거나 유전학적이거나 영적이거나 그밖의 여러 실행들을 통해 자신의 의식을 수정할 수 있는 모든 권리를 보유한다.

5. **생명의 권리.** 시민의 몸은 수정헌법 제1조, 4조 그리고 8조에 의해 보호를 받는다. 개별 시민의 신성하고 사적인 이 영역의 불합리한 수색과 압류를 절대 금지한다. 개개인의 모든 위험과 비용을 자신이 감수하고 다른 개인과 시민의 근본권리를 위협하지 않는 한, 정신약리적이거나 의료적이거나 유전학적이거나 영적이거나 그밖의 여러 실행들을 통해 자신의 몸을 수정할 수 있는 모든 권리를 보유한다.
6. **죽음의 권리.** 모든 시민과 개인은 각자의 위험과 비용을 감수하고 다른 시민과 개인의 근본권리를 침해하지 않는 한, 자신이 선택하는 방식에 따라 자신의 생명을 끝낼 수 있는 권리를 가진다.
7. **정치적 평등의 권리.** 모든 시민의 정치적 힘은 당사자가 지닌 경제적 소유물이나 사회적 지위에 근거해서가 아니라 그 사람의 논증, 모범, 활력 등의 결과 1인 1표에 근거하여 결정되어야 한다. 의회는 재물이나 강압 또는 비리행위를 비호해 정치적 평등에 해를 입히는 선거체제를 허용해서는 안 된다.
8. **정보의 자유.** 시민은 정부나 여타 행정기관이 자신에 대해 수집한

모든 정보에 접근할 수 있다. 그리고 그 모든 정보를 수집한 기관의 비용으로 수정할 수 있는 권리도 갖는다. 기관이나 회사가 시민을 협박하거나 반대로 불법적인 조작을 하거나 또는 시민들에게 영향을 미치기 위해 정보를 이용하는 것은 절대 금지된다.

9. **가족, 성욕 그리고 젠더의 자유.** 시민 개개인은 각자 위험과 비용을 감수하여 결혼이나 다른 결연 형태들을 포함한 자신의 성욕 및 젠더 지향성을 결정할 수 있는 권리를 가진다. 의회는 가족, 결혼, 부모 같은 말의 정의를 임의적으로 제약하는 법률을 만들지 말아야 한다.

10. **평화의 권리.** 시민과 개인은 전쟁과 폭력에서 자유로울 권리를 지닌다. 전쟁은 최후의 수단으로, 대통령의 제안과 국회의 3분의 2 이상 찬성으로 선포되어야 한다. 수정헌법 제3조를 시민 개개인이 모든 형태의 무기를 소지할 수 있게 허용한다는 것으로 해석되어서는 안 된다. 정부의 독재를 받지 않을 자유가 지역 의용군이나 개인적 폭력을 통해 보호되지는 않는다. 오로지 연대와 관용 그리고 희생과 공정한 정치체제만이 자유를 보장할 수 있다. 그럼에도 불구하고 시민 개개인의 근본권리가 축소된다면, 그들은 위험과 비용을 감수하더라도 치명적인 무력을 동원해 스스로를 보호할 수 있는 권리를 갖는다.

이 조항들이 중요하기는 하지만, 이런 것들만으로 우리를 보호할 수는 없다. 사이보그 기술과학이 야기하는 혹독한 변화 속에서 우리의 권리를 스스로 보호하기 위해서는 적극적인 시민들과 새로운 정치기술들이 필요하다.

이런 이유로 나는 사이보그 시민이 진정한 정치집단이며, 따라서 그들에게는 시민권의 설정이나 운용 시험 같은 기술들을 통해 실증된 진정한 정치적 권리들이 필요하다고 생각했다. 새롭고 강력한 이 기술과학의 시대와 그로 인해 가능해진 시스템들 안에서 개인에게 진정한 정치적 보호가 필요하다. 그런 보호가 없다면 기업, 정당, 경찰당국, 정부 그리고 부유한 일가가 주도권을 잡게 될 것이며, 우리 대다수는 모든 정치적 힘을 잃을 것이다.

어떤 의미에서 시민권이란, 반드시 유기체의 몸만 해당하는 것은 아니지만, 어쨌든 체화體化될 것이다. 나를 포함한 많은 이론가들은 지능 자체가 본래 형체를 가진 것이라고 생각한다. 설령 체화되지 않은 지능이 존재한다 하더라도, 그것은 우리의 시민권 정의에 별로 관심이 없을 것이다. 우리의 정치 시스템은(실제로는 우리의 실존은) 바로 체현embodiment, 즉 몸을 가진다는 사실에 근거를 둔다.

포스트모던 시대에서 시민권의 체화를 부인할 수 없게 하는 것은 바로 여성주의 철학이다. 이런 견해는 초합리성을 만물의 척도로 삼은 탈脫체화된 철학들의 위험을 검토하고, 현실정치 속 몸의 역할에 대한 많은 사례를 연구한 결과였다. 예를 들어, 일레인 스캐리Elaine Scarry의 《고통받는 몸들Bodies in Pain》은 어떻게 몸이 전쟁이나 정부의 강압적 권력이 행사되는 대상으로 제공되는지를 상세히 설명한다. 다른 철학들은 영혼, 인종, 국가 등 다른 많은 정치원리를 근거로 제시한다. 그러나 실질적으로 말하자면, 정치의 기초는 몸의 작용이고 몸에 대한 작용이다. 이것은 사이보그의 정치적 중요성의 핵심을 설명한다.

도나 해러웨이는 사이보그 정치학이 반드시 해방적인 것은 아니라고 지적한다. 그것은 민주주의를 지탱하고 더 나아가 민주주의를 확대할 수 있는 기회를 제공하지만, 억압에 대해서도 동일한 기회를 공평하게 제공한다. 특히 우리가 '총체론' '순수정보' 그리고 '완벽한 의사소통'의 환상에 굴복해 기계적이면서 유기적인 몸들과 이것의 권리들이 지닌 어지러운 현실을 부인한다면 더욱 그렇다.

이런 환상이 어디로 이어질지를 보여줄 한 가지 사례는 브뤼노 라투르Bruno Latour의 정치 사유 속에서 발견할 수 있는데, 그 예로 그의 저서《우리는 결코 근대인이었던 적이 없다Nous n'avon jamais ete modernes》가 있다. 프랑스 학자인 라투르는 과학을 제도와 수사학, 기술과 인공물 그리고 인간의 제휴를 동반하는 협동의 구조물이라고 주장했다. 표면적으로는 그의 논증이 여기서 내가 제기하는 것과 비슷해 보일 수 있다. 그는 '합리성이 전부'라고 하는 전체주의적 서사를 비난하고, 자연과 기술의 화해를 촉구한다. 하지만 인간이 아닌 생명 없는 대상들에게 권리를 부여하고 '사물 국회parliament of things'를 실행하자는 라투르의 주장은 여러 가지 차원에서 심각한 문제점이 있다. 첫째, 논증이 추상적이고 상징적인 어휘들로 포장되어 있다. 둘째, 일련의 과도한 이분법에 의존한다. 이를테면, 모더니즘을 자연과 분리시킨다든가, 인간(인본주의)이 나머지 세상을 지배한다든가 하는 것이다. 마지막으로, 행위자와 인과관계에 대한 착각에 근거를 두고 있어 현장의 정치를 사실상 불가능하게 만든다.

인공물에도 정치가 있다는 것이 행위의 주체성을 의미하진 않는다. 사이보그들(라투르에 따르자면 '혼성물들')은 유기적 체현만이 행위의 주체성 여부를 판가름하는 판단의 최종 근거가 아님을 입증한다. 그렇다고 무엇이든지 행위 주체가(라투르에 따르자면 '행위자') 될 수 있다는 의미는 아니다. 무엇이든 시스템이라고 부를 수는 있으나 그렇다고 모든 시스템이 어떤 현실적인 방식으로 행위하거나 정치적 실행을 할 수 있는 것은 아니기 때문이다.

라투르의 구상에 도사린 위험성은 그가 말하는 '의회'를 자세히 들여다보면 분명해진다.

> 이를테면, 대표자들 중 한 명에게는 오존층에 생긴 구멍에 관해 말하게 하고, 다른 사람은 화학공업 회사인 몬산토를 대변하게 하고, 세 번째 사람은 같은 회사의 노동자들을, 또 다른 사람에게는 뉴햄프셔의 유권자들을 대변하게 하며, 다섯 번째 사람에게는 극지방의 기상학에 대해 말하게 하자. 그리고 또 다른 여섯 번째 대표자는 정부의 이름으로 발언하게 하자. 무엇이 문제인가. 그들이 모두가 함께 만든 동일한 대상, 그 유사대상에 대해 말하는 것이기만 하다면 말이다. 이것은 우리 모두를 깜짝 놀라게 할 새로운 성질들을 지닌, 이른바 대상-담론-자연-사회체로서, 그것의 네트워크는 나의 냉장고부터 화학, 법률, 정부, 경제, 위성을 경유해 남극까지 확대된다.

타자를 위한 이 모든 '연설'은 노동자 계급을 위해 연설하는 전위대 패거리를 떠올리게 한다. 엘리트들은 다른 사람들을 위해 연설하면서도 실은 자기를 위하는 흥미로운 방법을 이용한다. 이원적 실재binary realty에 대한 라투르의 총체화이론 그리고 그의 완벽한 의사소통 및 순수정보(극지방의 기상학이 갑자기 자기 힘으로 또박또박 표현되지 않는 한, 두 가지 모두 '대신 연설하기'에 반드시 필요하다)에 대한 가정을 기반으로 한 이런 대의제도의 확산은 진정한 대의정부의 종말로 나아가는 길을 닦을 뿐이다.

시민은 대표자가 필요하지만, 오존층의 구멍이나 화학공업 회사들은 그렇지 않다. 이 회사들은 유감스럽게도 서로의 이익만 챙길 것이다. 이것이 바로 우리를 위협하는 오존층의 구멍과 마주하게 된 이유이다. 권리를 부여받아야 하는 것은 얼토당토않은 모든 유사대상들이 아니라, 바로 살아 있는 지능체여야 한다(그것이 인간이든, 사이보그이든, 혹은 언젠가 만나게 될 순수하게 인공적인 그 무엇이든 간에).

도나 해러웨이는 우리에게 "데이터베이스 같은 우리와 유사한 신기한 대상들 속에서 생명들은 위기에 처해 있다"고 상기시킨다. 유사한 것이든 다른 어떤 것이든 간에 중요한 것은 바로 생명이다. 물론 우리가 서로 얼마나 상호의존적인지를 인식하고, 자연의 일부라는 것을 인식하는 일이 장기적인 관점에서는 시민에게 이득이 된다. 그리고 오래된 이분법이나 새로운 이분법에 대한 이론을 만드는 것보다 더 나은 일을 하는 것 또한 우리에게 이득이다. 우리는 정치적이어야 하고, 진흙탕싸움을 해야 하며, 사이보그적인 정부조직에 간섭해야 한다. 해러웨이는 또한 이렇게 말한다.

태양에서 세 번째 행성에 사는 사이보그 시민들이 '새로운 세계질서'의 극히 침해받기 쉬운 유동성보다 더 나은 무언가를 즐기고자 한다면, 우리는 단지 이야기들과 등장인물들에 변화를 주는 것보다 더 많은 일을 해야 한다.

사이보그로서 우리 자신을 받아들이는 것은 해방과 권능을 부여하는 일이다. 우리는 우리 자신을 어떻게 만들 것인지 선택할 수 있다. 우리는 저항도 할 수 있다. 하지만 그 저항을 넘어서야 한다. 만약 엘리트주의의 재구성을 위해 라투르가 요청하는 것들을 거부한다면, 장기간에 걸친 대의제도의 퇴보는 되돌려질 수 있다. 자동기계automaton가 되지 않는 것이 곧 자율성이라면, 우리는 사이보그 시민권을 제대로 만들고, 할 수 있는 모든 방법을 동원해 그것을 옹호하고 확장해야 한다. 그래서 사이보그 권리선언과 시민권을 판정하는 튜링 테스트에 대한 나의 반어적이면서도 진지한 제안을 여기에 내놓는다. 정부와 회사와 엄청난 부자들로 이루어진 거대 사이보그들이 우리의 자유와 정의에 가하는 위협은 정말 현실적인 문제이다.

사이보그적 정의_ 팬옵티콘 대 사이보그 죽음 숭배

/

그는 벨벳 상자에 넣어둔 금도금 얼음송곳을 가지고 있었다. 그는 약한 국소마취제를 주사한 뒤 얼음송곳을 환자의 한쪽 눈구멍 가장자리를 통해 두개골 안으로 찔러 넣는다. 그렇게 시신경thalamus과의 신경 연결을 절단하면, 심한 경우 격렬한 발작을 수반하는 좀비 같은 몸동작, 심각한 정신지체에 이르는 지적장애가 발생하고 모든 감정이 상실된다. 그는 이 일을 3,500번 이상 수행했다. 그는 바로 조지 워싱턴 대학병원 신경외과의사 월터 프리먼Walter Freeman 박사였다. 그는 제임스 와츠James Watts와 함께 뇌 전두엽 절제술을 고안한 인물이다.

정신외과 수술이나 다른 어떤 수단을 통해 인간의 행동을 통제하는 것은 고대 로마인들에게까지 거슬러 올라가는 오랜 꿈이었다. 그들은 머리에 입은 자상이 간혹 정신질환을 낫게 하는 경우가 있다는 것을 알게 되었다. 20세기 후반에 들어와서야 정부지원을 엄청나게 받으며 몸집을 키운 이 거대한 산업은 인공두뇌학의 언어로 흔히 '통제의 과학'이라 표현된다.

전두엽 절제술이 화학적으로도 충분히 가능하다는 것을 보여준 강력한 약물들이 속속 등장하면서 얼음송곳이나 다른 여러 수술 기구들은 인기를 잃었다. 오늘날 소라진Thorazine을 포함한 다양한 종류의 진정제는 폭력적이거나 괜히 짜증을 잘 내는 정신질환자들을 통제하기 위해 광범위하게 사용된다. 심지어 이런 약물들을 오래 복용하면 얼음송곳만한 크기의 뇌손상이 발생한다는 부작용이 보고되었지만, 여전히 많은 환자들에게 사용되고 있다. 행동수정 과학자들은 훨씬 더 멀리까지 나아간 상태이다. 전기적 뇌임플란트를 연구하고, 군대의 세뇌기법들을 범죄자들에게도 적용할 수 있는지 조사하고, 심지어 자체적으로 고문장비들을 개발하고 있다.

1960년대 정신이상 범죄자들을 수감하던 아타스카데로 교도소와 배커빌 교도소의 교도관들은 수감환자의 행동을 수정하기 위해 숙시닐콜린Succinylcholine이라는 근육이완제를 사용했다. 이 약물은 폐를 포함해 전신을 마비시키지만, 숨이 막히면서도 의식은 유지시키기 때문에 죄수들에게 행동을 바꾸라고 설득하는 데 이상적인 방법으로 여겨졌다.

다행히도 법이 이 '실험'을 중단시켰고, 의사들이 일부러 환자의 뇌에 충격을 가해 정신외과 수술에 동의하도록 강요한 다음, 환자가 수술동의를 철회해도 수술을 강제집행하는 식의 다른 프로그램들도 중단시켰다. 미국 법정은 죄수나 환자에게 불가역적인 치료를 강제로 실시할 수 없으며, 많은 경우 그런 강요가 없었다면 그 치료에 동의하지 않았을 것이라고 덧붙였다. 북미와 유럽에서는 환자들의 권리가 어느 정도는 보호받았지만, 그 이외의 지역에서는 가역적인 개입들, 불법적인 실험과 연구(일부는 틀림없이 정부의 소행이다)들이 계속해서 실행되고 있다.

리처드 레스탁은《매개되지 않은 인간Pre-Mediated Man》이라는 책에서 앞선 사건들의 역사를 검토하며 유전공학처럼 생명과학기술이 사회에 영향을 미치는 다른 수많은 영역을 살펴본다. 그는 핵심쟁점을 힘이라고 판단한다. 누가 결정권을 갖는가? 장기이식 프로그램, 신장투석기의 사용 그리고 인간의 행동과 유전자 수정은 '윤리'의 문제가 아닌 '힘'의 문제라고 말한다. 의사이자 과학자인 그는 우리가 궁극적인 판단을 내릴 때 과학자들에게 의존해서는 안 된다고 강조한다. 사회가 일반적인 결정을 내려야 하고, 개별 환자들이 그 힘을 가져야 한다. 그는 정부가 사람들이 원하는 것에 대한 공평한 중개자가 될 수 없다고 경고한다. 또한 행동과 유전자 수정의 신기술들이 지닌 힘과 계속해서 빨라지는 기술의 혁신속도가 의미하는 것은 실수에 따른 결과는 점점 더 막중해지고 있는 반면, 사회가 그것에 대응할 충분한 시간을 만들어주지 못하고 있음을 의미한다. 우리가 이런 문제를 바로 잡지 못한다면, 수면제인 탈리도마이드Thalidomide 복용으로 기형아를 출산했던 사례처럼 죽음, 기형 그리고 또 다른 끔찍한 결과들의 파장이 뒤따를 것이다.

어떤 사람들은 통제를 무작정 갈망하기도 한다.《마음의 물리적 통제Physical Control of the Mind》의 저자인 호세 델가도Jose M. R. Delgado 박사는 마드리드대학교, UCLA, 예일대학교의 유명한 교수로, 동물의 뇌에 전극을 삽입해 동물들을 통제했다. 도나 해러웨이는 델가도가 네이선 클라인을 비롯한 선도적 영장류 동물학자들과 함께 수행한 뇌 자극으로 긴팔원숭이를 조종하는 공동 프로젝트를 다음과 같이 묘사한다.

> **제안된 그 연구는 델가도가 20년 넘는 세월 동안 수행했던 작업의 직접적인 연장선상에 있었다. 그는 다중채널 무선 자극장치, 프로그램 처리된 자극장치, 자극수신기, 경피經皮형 뇌 자극장치, 가동식 기록장치, 케미트로드chemitrode, 외부 다이알트로드dialtrode 그리고 피하 다이알트로드를 개발하는 데 도움을 주었다. 이런 것들은 모두 인공두뇌학적 기능주의에서 논의되는 사이보그 기관들이었다.**

사이보그들은 동물-기계로서, 인공두뇌학적 통제를 완성하기 위한 실험대상들이다. 동물들을 따라다니며 이뤄지는 행동관찰은 이동식 원격측정 시스템을 사용해 최대한 자동화되었다. 이 장비는 컴퓨터 분석을 통해 적정한 약물투약 레벨을 산출해준다. 해러웨이가 언급한 대로, 명령-통제-의사소통 시스템의 구조는 델가도와 그의 연구공동체 담론에 충분히 들어 있으며, 그 안에 명시적인 군사적 은유나 사회적 유대관계 같은 것이 등장하느냐의 여부는 중요하지 않다. 명령과 통제 그리고 의사소통이 군부대에만 적용되는 것은 아니다. 그런 것들은 까딱하면 통제에서 벗어날지도 모르는 시민-피실험자들에게 정부가 행사하고 싶어 하는 것이다.

대중을 어떻게 통제할 것인가는 통치자들의 오랜 공포이다. 앞서 논의된 것들보다 섬세한 접근방식들이 종종 사용되곤 하지만, 때로는 저런 극단적인 방책이 필요하다고 느끼는 권력자들도 있다. 기술과학은 우리에게 믿기 어려울 만큼의 파괴력을 선사했다. 사회가 급속도로 변화하는 와중에 정신 나간 소수의 영악한 미치광이 집단이 그 힘을 사용한다면 우리는 어떻게 해야 할 것인가?

현재도 진행 중인 사이보그화를 곰곰이 따져보면, 오늘날의 정치조직체에 분명 편치 않은 측면도 있다. 사이보그화를 두려워해야 할 좋은 이유이다. 신경가스 테러공격으로 전 세계에 이름을 떨친 일본의 옴진리교는 여러 가지 측면에서 사이보그 죽음을 숭배한 최초의 종교집단이다. 죽음 숭배라는 광기 어린 올가미(구루guru, 기괴한 종말론 그리고 억압과 복종의 내부 역학)에 걸려든 이 사이비종교 신도들은 자신들이 현재 세계의 묵시록적인 생태위기에서 세계를 구원할 사이보그 슈퍼맨들이라는 생각을 철저히 신봉했다.

옴진리교의 세계관은 아이작 아시모프Issac Asimov의 공상과학소설들, 불교 그리고 신도들과의 완벽한 의사소통을 통한 명령 하달과 통제라는 교단 지도자들의 망상에 의해 형성된 것이기도 했다. 세계 지배가 그들의 목표였다. 옴진리교의 광신도들은 6볼트의 전기충격 장치가 부착된 특수 제작한 모자를 착용했는데, 그 이유는 착용자의 뇌를 그들 구루의 뇌파와 일치시키기 위해서였다. 전파가 끊임없이 그들 머리로 전송되었다. 그 모자는 '완벽한 구원 입문 기계perfect salvation initiation machine'라고 불렸으며, 입회자에게 매달 7천 달러의 사용료를 내게 했다. 옴진리교의 보안·의료팀은 이 사용료에 반발하는 사람들을 전기충격 요법과 정신약리학으로 다스렸다. 처형된 사람들은 전자레인지에 넣어져 말 그대로 재가 되었다. 맹신자들은 자기들이 사이보그 기술(충격모자나 약물 같은)과 의료기술의 결합 덕분에 핵폭발과 플라즈마 방사선을 견딜 수 있는 초능력 인간이 되었다고 했다. 옴진리교의 많은 젊은 과학자들이 소형 무기들을 제작했을 뿐만 아니라 광범위한 생물무기와 화학무기도 만들어냈다. 그중에는 도쿄 지하철 테러에 사용되어 열두 명을 죽이고 수천 명을 다치게 한 사린가스도 포함되어 있다. 그들은 핵무기를 얻기 위해 노력 중이었으며 레이저와 전자파 무기들도 개발하려 했다. 다행히 이 특별한 작은 사이보그 집단은 실제로 대량 살상무기를 입수하기 전에 자멸적인 과대망상으로 붕괴하였다.

옴진리교 같은 집단의 위험성은 매우 현실적이다. 어쩌면 그런 테러리즘의 '치유'가 질병만큼이나 위험할 것이다. 첨단기술로 무장한 테러리즘의 위협에 맞서 싸우기 위해 첨단기술을 사용하는 것은 우리의 자유를 엄청나게 좀먹는 결과를 가져온다. 무엇보다 정부의 강압과 감시에서 자유로울 수 없다. 영상촬영 장비가 급격히 늘어나고 있으며, 오늘날의 수많은 상점과 공장들 그리고 길거리와 골목 수천 곳에서 그런 장비를 발견할 수 있다. 정부는 단지 골목길 범죄현장을 촬영하기 위해서만이 아니라 교통법규 위반을 잡아내기 위해서도 그런 장비를 설치한다. 분명하진 않지만, 일반시민에 대한 정보로 가득찬 데이터베이스의 확장은 우리의 권익을 훨씬 더 침해할 것이다. 마케팅에서 보험까지 전 영역에 걸쳐 민간기업들은 광고비를 최대한 아끼며 잠재적 보험 가입자를 알아내기 위해 수백 만 잠재 고객들의 프로파일profile을 만들어내고 있다. 이런 정보의 상당수는 불법으로 취득한 것이거나 부정확하다. 혹은 그 둘 다이다.

새로운 감시 기술 또한 계속해서 도입되고 있다. 예를 들어 경찰은 전자기 방사선을 대단히 민감하게 잡아내는 장치들 덕분에 직접 수색하지 않아도 누가 총을 갖고 있는지, 혹은 누가 인공 항문주머니를 차고 있는지 알 수 있을 정도가 되었다. 또한 공중에서 대형 포유동물들을 추적할 수 있는 열화상 카메라, 트럭 내부를 볼 수 있는 감마선 판독장치, 최대 19미터 떨어진 곳에서도 옷 속에 감춘 물건을 탐지할 수 있는 엑스선 기술과 컴퓨터를 이용하는 금속탐지기들 그리고 사람 피부 주변의 공기에서 코카인이나 다른 불법적인 약품들을 추출하는 이온 마약탐지기 같은 것들도 있다.

많은 기업과 정부기관들이 실시하는 약물검사는 단기적이고 부정확하지만 비용이 싼 소변검사에서부터 몇년 전의 마약복용까지도 탐지할 수 있는 고비용의 체모분석에 이르기까지 다양하다. 검사결과에 많은 오류가 발생하지만(검사 전에 양귀비씨가 들어간 머핀을 먹지 마라) 이런 검사들의 인기는 날로 높아지고 있다. 감독자들은 이런 검사가 보여주는 명료함에 안심하는데, 똑같은 이유로 잠재적인 악질 피고용자를 가려내기 위해 다양한 인성 프로파일을 사용하기 시작했다. 심지어 중요한 자리에 사람을 채용할 때는 거짓말탐지기까지 동원하기도 한다.

제임스 핼퍼린James Halperin의 소설 《진실기계The Truth Machine》 속 상상처럼 오류가 없는 만능 거짓말탐지기가 언뜻 보기에는 유익한 발전처럼 보일지 몰라도, 조금만 생각해보면 그렇지 않다. 어떤 기계도 1백 퍼센트의 정확도를 보여주지 못할 것이며, 기껏해야 99.999퍼센트일 것이다. 그런 검사를 물리칠 수 있는 소수의 반사회적 인간들이 늘 존재하기 때문이다. 소설에서는 그 기계를 프로그램한 발명가 또한 그 기계를 속일 수 있다. 이 감시자를 도대체 누가 감시할 수 있겠는가? 이 문제를 해결하지 못한다면, 잘못을 저지르는 사람들의 문제는 계속 남을 것이다. 사람들은 자신이 진실을 말한다고 생각하지만, 실은 틀린 경우가 많다. 더 나아가 설령 그 기계가 틀림없이 정확하다 하더라도, 그것이 정말 우리가 원하는 것일까? 확실하게 말할 수 있는 것은 범죄자들은 대부분 붙잡힐 것이고, 무고한 사람들은 대부분 풀려날 것이며, 정치인들과 법률가들은 대부분 직업을 잃게 될 것이다. 하지만 모든 위선적인 칭찬과 일탈적이고 부적절한 정치사상 그리고 불완전한 모든 자기기만이 노출될 위험도 있다. 소설 속에서는 그 어떤 결혼도, 고용도, 계약도, 대학 졸업까지도 진실 테스트 없이는 이루어지지 않는다. 결국 그것이 사회를 근본적으로 재조직한다.

완벽한 진실기계의 발명은 절대 불가능해 보이는 반면, 더 정확한 거짓말탐지기는 결국 만들어질 것이다. 인지와 생리학에 대한 우리의 이해가 지속적으로 개선되기 때문이다. 우리는 가령 98퍼센트 정확도의 거짓말탐지기가 법정에서 인정되기를 원하게 될까? 2퍼센트의 부정확함이 언제나 존재하지만, 대부분의 사람들은 신경 쓰지 않을 것이다. 끔찍하게도 오늘날 역시 부정확한 거짓말탐지기가 널리 사용되고 있다. 사회는 정치적인 문제를 기술적으로 해결하는 것을 아주 좋아한다. '전자' 체포의 인기를 보라.

1983년 이래로 습관성 음주 운전자처럼 수많은 경범죄를 저지른 기결수들은 소위 전자사슬에 포박된 채 집에 갇혀 있게 되었다. 사슬은 손목이나 발목에 채워지고 전화에 연결된다. 보호관찰 부서의 전화 한 통이면 그 기결수가, 적어도 그 사슬이 집에 있는지 간단히 확인할 수 있다.

이 시스템은 1982년 고등학교 동창을 토막 살해한 웨슬리 밀러 Wesley Miller 같은 매우 위험한 범죄자들에게도 사용된다. 세 개의 상이한 시스템이 밀러를 감시한다. 한쪽 발에는 발찌를, 다른 쪽 발에는 위성과 연결된 GPS 그리고 그가 즉각 응답해야 하는 상황에서는 컴퓨터 음성인식 소프트웨어를 통해 그의 신원을 검증해줄 진동 호출기를 착용한다. GPS는 그가 금지구역으로 들어가지 못하도록 한다. 텍사스는 이런 다양한 시스템을 통해 1천 명이 넘는 고위험 가출소자들을 모니터링한다. 밀러는 이 세 가지 장치를 모두 적용한 최초의 감시대상이다. 하지만 그가 이런 식의 마지막 감시대상이 되지는 않을 것이다.

이런 형태의 사이보그 수감기술은 전 영역에 걸쳐 계속 발전하고 있으며, 그중에는 체내에 이식하는 칩도 있다. 이런 기술은 정부나 다른 대형 행정기관들이 사람들을 통제할 때 전례 없는 힘을 발휘할 수 있게 한다. 사설보안업체들은 많은 장비와 전문기술을 가장 높은 값을 지불하는 사람에게 판매한다. 우리는 사적인 형태의 《1984》를 경험하기 시작한 것이다. "나의 직업을 계획할 수 있는 깊이와 혜안을 갖게 해준 데 대해 조지 오웰에게 감사한다." 폐쇄회로 TV 보안 시스템을 홍보하는 '보안산업협회Security Industry Association'의 리처드 체이스Richard Chace가 한 말이다.

그런데 사생활 침해가 과연 과장된 것일까? 물리학 교수이자 재기 넘치는 공상과학소설가 데이비드 브린David Brin은 사생활 침해가 문제될 수 있다는 생각을 그의 소설 《지구Earth》에서 탐구한 바 있다. 세계 여러 나라는 헬베티아 핵전쟁에서 스위스를 공격해, 스위스 은행에 숨겨져 있던 각종 기밀과, 정부나 기업체가 저지른 부정부패의 성과물들을 폭로한다. 그의 소설은 사생활의 정치학을 아주 자세히 탐구하고 있으며(수많은 매혹적인 주제도 함께 등장하는데 그중 일부는 꽤 사이보그적이다), 그의 명성에 걸맞게 문제를 단순화하지 않는다. 놀랍게도 그는 솔직하게 사생활을 반대한다. 그는 "언제나 강한 자들만이 기밀 유지를 선호해왔다"고 주장한다. 오늘날에도 힘 있는 사람들이 기밀 유지를 통해서 이득을 본다. 그들은 최대한 침해 불가능한 사생활을 유지할 수 있으며, 또한 "당신이나 내가 세운 보잘것없는 방벽들은 무엇이든 우회할 수 있다. 결국 사생활 보호 법안과 규정들은 상류층에 있는 사람들만을 보호할 것이다."

그가 원하는 것은 "짙은 안개가 아닌 밝은 빛, 즉 '투명성'이다." 그는 보통의 시민들이 무언가 희생하게 되리라는 점을 인정한다. 그러나 "우리는 잃어버린 사생활을 채워 보충하는 데 도움이 될 값진 무언가를 얻게 될 것이다. 자유이다." 브린은 사생활이라는 것을 완전히 없애버리자고 공격적으로 제안한다. 비밀은행계좌도 없고, 폭로할 내용이 담긴 숨겨진 파일들도 없고, 누구든지 도처의 어떤 카메라에도 자유롭게 접근할 수 있게 하라! 만일 경찰이 감시 시스템을 가지고 있다면, 시민들도 그것을 시찰할 수 있어야 한다. 하지만 이 제안은 세계전쟁을 치러야 한다는 가장 큰 약점이 있다. 그러기 전까지 우리는 총체적으로 감시받는 사회, 즉 팬옵티콘panopticon 속의 사회에서 살기를 원해야 하는 것일까?

제러미 벤담Jeremy Bentham은 동생과 함께 설계한 형무소에 '팬옵티콘'이라는 이름을 붙였다. 그곳에서 교도관들은 항상 수감자들을 관찰할 수 있다. 팬옵티콘 성공의 열쇠는 수감자들이 늘 감시받고 있다는 사실을 모르고, 단지 그럴 수도 있겠다는 추측만 한다는 데 있다. 현대 사회 전반에 널리 보급되어, 사방 어디에나 설치되어 있는 비디오 카메라에 대해서도 똑같은 이야기를 할 수 있다. 우리는 누군가가 카메라를 통해 우리를 감시하고 있는 것인지, 혹은 나중에라도 녹화된 내용을 재생해 볼 것인지 아무것도 알지 못한다.

이런 불확실성은 매우 피곤하다. 누군가에게 감시당해본 적이 있는가? 정치운동 조직책으로서 활동하는 동안 나는 수많은 시위현장에서 사진을 찍혔고, FBI와 국가보안국의 방문을 받았으며, 아마도 내가 아는 것보다 훨씬 더 많이 도청당했다. 그리고 구치소에도 열 차례 이상 잡혀갔다. 한번은 구치소에서 풀려날 때 어떤 기분이 드는지 질문을 받았는데, 그때 나는 이렇게 대답했다. "바깥도 이곳과 똑같습니다." 이것은 물론 과장이었지만, 아무튼 나는 바깥 세계가 형무소와 다르다고 거의 느끼지 못한다. 우리의 문화는 놀랍게도 영화 〈트루먼 쇼The Truman Show〉와 닮아 있다. 순진무구한 주인공 트루먼의 전 생애가 텔레비전을 통해 생중계되었다. 트루먼의 가장 친한 친구 역할을 맡았던 연기자의 말대로, 〈트루먼 쇼〉의 무대장치는 진짜이고, 단지 통제되고 있었을 뿐이다. 우리의 현실세계는 매우 통제적이다. 세계는 점점 더 벤담 형제의 팬옵티콘처럼 바뀌고 있다. 둘의 차이는 경고음을 울려야 할 정도로 빠르게 줄어들고 있는 중이다.

명령받고 통제받는 국가, 이것이 사이보그 사회가 진정 나아가야 할 방향일까? 소비자 친화적인 경찰국가? 사이보그 기술은 우리의 자유에 잠재적인 위협이 될 것들만을 제공하는가? 많은 사람들이 그 반대일 거라고 주장한다. 그들은 사이버 민주주의만이 진정한 민주주의라고 주장한다. 한번 어떤지 보자.

chapter 3

사이버 정치, 중우정치 그리고 민주주의

윌리엄 A. 코자노가 다가오는 대통령 선거에서 질 수는 없다. 그는 호감 가는 중서부의 주지사로, 그에게는 눈에 보이지 않는 한 가지 장점이 있다. 바로 그림자처럼 따라다니는 후원자 모임이다. 그의 머리에 들어 있는 바이오칩은 그를 컴퓨터 여론조사 시스템에 연결한다. 유권자의 기분이 직접 그의 뇌로 전해진다. 모든 쟁점들은 잊어라. 정책도 잊어라. 그는 완벽한 후보자 그 이상이다. 그가 바로 특수효과이다.

소설 《인터페이스Interface》의 추천사

여론조작

/

스티븐 버리Stephen Bury의 소설《인터페이스》의 주인공 윌리엄 코자노는 사이보그이다. 대통령 후보인 그는 미국, 영국 그리고 다른 후기 산업사회의 민주주의 국가들의 현 정치체제가 논리적으로 어떻게 귀결될지를 상징적으로 보여준다. 이쪽과 저쪽을 이어주는 일종의 도관conduit으로서의 후보자이다. 그는 선거기간 동안 승리에 필요한 표를 얻기 위해 최신 여론정보를 조사하고 그것을 다시 대중에게 전달한다. 선거가 끝나면 그는 후원자들을 위한 전달자가 되어 그들이 아주 조심스럽게 돈을 지불한 정치적 결정들을 그들에게 전달한다. 오늘날에는 미디어 담당 대변인부터 로비스트에 이르는 많은 인간 전문가들이 이 과정을 매개한다. 하지만《인터페이스》에서는 이 과정이 자동화되어 있다. 투표 참여가 줄고 냉소주의가 확산

될수록, 선거 기부금이나 법인의 현금이 지속적으로 법령을 매수할수록, 정치인들이 비굴하게도 여론조사 결과에 맞춰 자신들의 공적 태도를 요리조리 바꿔갈수록, 시민권에 대한 믿음을 갖는다는 것이 참으로 어려운 일이 된다. 하지만 어떤 사람들은 여전히 그렇게 믿고 있으며, 어떤 사람들은 실제로 사이버 공간을 저항의 장소로 바라본다.

인터넷을 정치 참여도를 높이는 수단으로 사용하고자 하는 수십 개의 프로젝트들이 존재한다. 미국의 '시민실천 네트워크' '미네소타 e-민주주의' '열린 만남' '정치참여 프로젝트' '공공 의사소통기술 프로젝트' '웹 액티브' '보트 스마트 웹' 같은 것들이 이에 해당한다. 〈데모크라시 온라인Democracies Online〉이라는 웹진이 '유나이티드 킹덤 시티즌 온라인United Kingdom Citizen Online'과 '말레이시아.넷Malaysia.Net' 같은 다른 단체들의 소식도 보도한다. 이 모든 프로젝트들은 대의 민주주의의 전통적인(그리고 많은 사람의 견해에 따르면 실패한) 방식을 '사이버화'하려고 하고, 청원, 집회, 투표를 조직한다. 하지만 기술과학적인 문제에 대한 대중의 목소리를 높이려는 목적으로 설립된 로카 연구소Loka Institute의 리처드 스클로브Richard Sclove는 《민주주의와 기술Democracy and Technology》에서 넷net에 깊게 빠져 있는 사람들은 소속 공동체와의 연결고리를 상실할 가능성이 있으며, 그들의 삶을 지배하는 외부적 힘에 저항할 능력이 더욱더 저하될 것이라고 주장한다.

대의 민주주의는 특수 이익단체의 돈과 얄팍하고 조작적인 대중매체가 뿌려대는 산성비에 녹아내리고 있다. 대중매체는 근본적으로 오락물이기 때문에 정보를 전달하기 이전에 재미를 주어야 한다. 노암 촘스키Noam Chomsky와 에드워드 허먼Edward Herman은 대중매체의 이 불편한 발달을 분석하면서 이것을 '동의 생산하기manufacturing of consent'라고 부른다. 프랑스 시사평론가들은 이것을 '화려한 구경거리의 사회society of the spectacle'라고 부른다. 작가 벤자민 바버Benjamin Barber는 '맥월드McWorld'라고 부르며, 그것의 냉소주의와 소비주의가 근본주의의 역반응을 불러일으킨다고 주장한다. 그의 견해에 따르면 지구 정치의 상당 부분이 맥월드 대 지하드jihad인 이유가 바로 이것이다. 오늘날 소비주의와 근본주의는 많은 사람들의 주목과 충성심을 식민지화했다. 희망, 자유 그리고 관용은 사방에서 공격을 받고 포위당했다. 그렇다면 동의를 어떻게 생산할 것인가? 우리의 암내를 없애줌으로써 우리에게 힘을 실어주는 상품들 혹은 사들이면 대단한 체할 수 있게 해주는 상품들에 유혹된다.

"마약은 그냥 안 돼"라고 공식적으로 말하는 사회에서 어떻게 모든 청량음료와 간편한 먹을거리들은 몽롱하고 황홀한 경험을 약속할 수 있는 것일까? '당신이 구매하는 것이 곧 당신you are what you buy'이라는 말은 거짓이다. 당신이 수많은 자동차와 탈취제를 구입한다 하더라도, 아름다운 금발머리들이 그깟 상표명 하나 때문에 당신을 위해 예쁘게 차려 입지는 않을 것이다. 하지만 전부 거짓말은 아니다. 자동차는 '당신'에게서 연장된 일부이며, 탈취제 또한 마찬가지이다. 그런 것들이 누군가에게(어쩌면 금발머리에게) 아주 조금씩이나마 영향을 미쳐서 당신을 만나고 싶게 만들지도 모른다. 그리고 가까운 미래에 신체 첨가물을 구입하는 것이 가능해진다면 당신은 실제로 당신이 구매하는 것 자체가 될 수도 있다.

프랑스의 행위예술가 생트 오를랑Saint Orlan이 증명해 보인 것처럼 궁극적인 소비는 자신을 사이보그화하는 것이다. 그녀는 〈모나리자〉나 다른 유명 미술작품들이 추구하는 미의 이상을 좇기 위해 성형수술을 여러 번 받았다. 흥미로운 일이지만, 위대한 예술은 아마도 스스로를 추하게 만드는 성형수술일 것이다. 하지만 그런 일은 있음직하지 않다. 사이보그들도 아름다워지길 원한다. 그리고 그들은 기술이 자신들을 아름답게 해줄 뿐만 아니라 힘도 부여해줄 것이라고 굳게 믿고 있다.

기술적 해결_ 원격 공동체에서 전자투표에 이르기까지

/

특정 기술들이 정치적으로 긍정적인 변화를 가져올 것이라고 생각하는 학파의 힘이 점점 커지고 있다. 전기, 라디오, 텔레비전 이 모두가 더 나은 공동체와 더 강한 민주주의로 이어질 것으로 기대되었다. 최근 들어 컴퓨터, 그중에서도 특히 인터넷은 이런 주장을 열렬히 고취하고 있다. 이 이론을 '사이버 민주주의'라고 부르는데, 여기에는 실제로 어떤 알맹이가 들어 있을 수도 있다. 인터넷은 텔레비전과 다르다. 인터넷은 사람들 간의 의사소통을 조장하는데, 바로 이 부분이 정치의 관심사이기 때문이다.

헝가리계 미국인이자 억만장자인 조지 소로스George Soros의 소로스 재단Soros Foundation은 슬로베니아에 '열린사회 프로젝트'라는 사이버 카페를 개설한 것부터 구 소련제국의 모든 대학교에 인터넷 연결선을 부설하는 것에 이르기까지, 민주주의를 촉진하기 위한 모든 사업에 막대한 돈을, 특히 동유럽에 쏟아부었다. 이런 접근방식은 시민사회, 기술변화, 사회기반시설 등의 이론에서 가르침을 얻은 것으로, 부분적으로는 우리의 역사 경험에 기반을 둔다.

많은 역사가들은 활자매체가 민중정치에 엄청난 영향력을 행사했다고 주장한다. 그 일은 많은 프로테스탄트 개혁가들의 주된 요구사항이던 유럽어로 번역된 성경이 대량 출판되면서부터였다. 일단 일반 사람들이 '신의 말씀'에 쉽게 접근할 수 있게 되자, 매개자의 역할을 자처해오던 가톨릭교회는 설 자리를 잃었다. 많은 사람들은 성경을 읽기 위해 글을 깨우쳤으며, 대자보나 신문, 책 같은 것들도 읽기 시작했다. 종종 그런 문헌들은 모든 사람이 동등하게 신과 직접적인 관계를 맺을 수 있었듯이, 정부와도 이와 유사한 직접적인 관계를 맺어야 한다고 주장했다. 1700년대에는 토머스 페인Thomas Paine의 《상식론Common Sense》 같은 급진적 민주주의에 대한 책들이 인기를 끌었다. 북아메리카의 영국 식민지들에서는 오로지 성경만이 광범위하게 읽혔다. 매우 현실적인 의미에서, 우리가 알고 있는 참여 민주주의는 활자매체가 없었더라면 생각할 수도 없었다.

컴퓨터 기술이 정치에도 이와 같은 연쇄하강효과cascade effects를 불러올 수 있음을 암시하는 사례들이 늘어나고 있다. 하버드대학교의 마크 본첵Mark Bonchek이 창시한 '정치참여 프로젝트를 위한 연구'는 컴퓨터 네트워크가 의사소통과 협력은 물론이고, 정보비용을 줄이고, 집단 형성, 집단 효율성, 회원 모집 그리고 회원 유지를 원활하게 만들어 민중들의 조직화에 크게 도움이 될 수 있음을 입증했다.

하지만 현재의 과정들을 자동화한다고 해서 변화가 바로 일어나는 것은 아니다. 1998년 코스타리카는 전자투표를 실험했다. 하지만 스티븐 밀러Steven Miller가 '사회적 책임을 다하는 컴퓨터 전문가 모임CPSR, Computer Professionals for Social Responsibility'이라는 뉴스레터에 투고한 기고문 〈전자투표는 전자 민주주의가 아니다〉를 보면, 이 논의에서 가장 중요한 모임 중 하나인 CPSR은 민주주의가 다른 어떤 특수한 기술들보다는 박식하고 적극적인 시민역량에 더 많이 의존한다는 것을 강조한다. 기술은 민주주의가 '정보를 가진 활동적인 유권자 집단'을 구현하는 경우에만 도움을 줄 것이다.

사이버 민주주의의 잠재력을 예찬하는 사람들은 숨겨진 정치적 의도를 갖고 있거나, 하나의 기술에서 너무 많은 것을 기대하는 것 같다. 모든 문제에 대해, 심지어 재판에 대해서도 모든 사람이 전자투표를 실시해야 한다는 공화당 주장의 배후에는 이해당략이 놓여 있는 것이 아닐까? 특수 이해집단과 대중매체가 그런 종류의 중우정치를 지배할 것이다. 미국 시민을 대상으로 한 맹검연구blind study 결과, 많은 사람들은 〈권리장전〉의 조항들조차 인정하지 않는다. 권력을 단순 다수결로 직접 넘겨준다는 것은 끔찍한 권력남용이며 또 다른 내전으로 이어질 수도 있다.

한편, 사이버 공간이 물질적인 현실과 맞춤하게 대응한다고 생각하는 사람들은 덜 위험하지만 여전히 방향을 잘못 짚고 있다. 멕시코 남부 치아파스 주의 사파티스타zapatista(처우 개선을 원하는 멕시코의 반정부 투쟁단체)들이 후원한 '전자불복종극단EDT, Electronic Disobedience Theater'이라는 집단을 보라. 이들은 토착 원주민들에게 기술을 지원하고, 각종 예술행위들 그리고 체화된 저항 등의 훌륭한 일을 수없이 제공한다. 이들은 또한 '사이버 연좌시위cyber sit-in'의 잠재력을 연구하고 있다. 이를테면, 전 세계 사람들이 힘을 합쳐 목표로 설정한 웹사이트나 전자우편에 과부하가 걸리도록 계속 방문하고 메일을 보내는 것으로, 가끔은 자동화된 수단이 이 일에 동원되기도 한다. 이런 행위들을 '서비스 거부공격denial of service'이라고 부른다. 하지만 '전자불복종극단'이 실제로 자신들이 목표로 정한 웹사이트를 완전히 박살내려 시도했던 적은 없다.

나는 '전자불복종극단'의 목적에 동의하지만, 그럼에도 그런 전략은 우리가 얻을 수 있는 것보다 더 많은 것을 위험에 빠뜨린다고 생각한다. 웹은 정치의 변두리에 있는 사람들에게 훌륭한 자원이지만 대기업이나 거대 정부에게는 여전히 장난감에 불과하다. 거대 조직들은 그 어떤 해커의 공격도 물리칠 수 있으며(실제로 해커의 재능은 매우 저렴하게 구입가능하다), 저항자들에게 훨씬 더 효과적으로 반격하고, 그들이 넷에 접속하지 못하도록 차단할 수 있는 자원을 갖고 있다. 이런 일은 이미 '전자불복종극단' 캠페인에서 벌어지고 있다. 1998년 봄, 멕시코 정부기관에 맞서기 위해 전자 저항의 무대로 사용된 일부 웹사이트들은 사이버 공격의 대상이 되었고, 사이트들은 은행이나 대사관 같은 곳들과 사정이 달라서 공격에 제대로 맞설 수 있을 정도의 재원이나 장비를 갖추고 있지 않았다. 1998년 10월의 사이버 연좌 시위는 '연좌sit-in'라는 명령어에 자동으로 대응하는 플러드넷floodnet이라는 프로그램을 만났다. 이 프로그램은 그 어떤 사이버 시위도 차단해버렸다.

1998년 9월 9일 전자불복종극단은 멕시코 대통령 에르네스토 세디요Ernesto Zedillo, 프랑크푸르트 증권거래소 그리고 펜타곤의 웹사이트에 과부하를 일으키기 위한 계획을 세웠다. 하지만 그렇게 되기는커녕 실제로는 미 국방부가 뉴욕대학교에 그 학교 웹사이트가 이번 공격을 지원하는 데 사용되고 있다면서 항의하는 일이 벌어졌다. 뉴욕대학교의 웹사이트가 일부 전자불복종극단 프로그램들의 호스트로 사용되었던 것이다. 오스트리아의 미디어아트 페스티벌 '아르스 일렉트로니카Ars Electronica'에서는 정보전 관련 국제회의가 열렸는데, 여기에 참석한 전자불복종극단의 주동자 리카르도 도밍케즈Ricardo Dominquez는 "우리는 네가 누군지 안다. 우리는 네가 어디에 사는지 안다. 우리는 네 가족이 어디에 사는지도 안다. 이건 장난이 아니다." 같은 생명의 위협을 받았다고 했다. 플러드넷의 반격이 개시되자, 모든 메시지는 반송되었고, 가끔은 저항자들의 컴퓨터가 망가지기까지 했다. 엉성하게 구성된 하드 드라이브에 과부하를 걸어 파괴하기도 했다. 누군가 미 국방부를 위해 만들어준 어떤 똑똑한 프로그램 덕분이었다.

전자불복종극단이 노력하고 있는 이런 측면에 대해 나의 주된 의견불일치는 철학적인 차원이다. 이런 유형의 저항을 시도하는 이들의 목표는 자기들이 반대하는 사람들의 표현의 자유를 인정하지 않으려는 것처럼 보인다. 이들 웹사이트에는 치아파스에서 자행되는 억압의 본질적 요소들이 전혀 없으며, 이런 점에서 이들의 저항은 단지 상징적인 것에 불과하다. 이런 상징주의는 잘못이며, 나쁜 선례가 될 것이다. 이것은 틀림없이 결국에는 부메랑이 되어 돌아올 것이며, 반제국주의 노선의 다른 대안 웹사이트들도 차례로 공격을 당할 것이다. 이런 위험성은 2000년 2월 e-비지니스 전반에 걸친 엄청난 해킹공격으로 이미 확연히 드러났다.

누군가 야후, 이베이, ZDNet, 아마존닷컴 그리고 다른 여러 유명 인터넷 회사나 사이트들에 대한 서비스 거부 공격을 감행했다. 그들은 해킹으로 잠입해 수십 개의 기계장비들을 빼앗았고, 이것들을 이용해 문자 그대로 수십억 번의 '누름' 명령을 목표 웹사이트로 전송했다. 이 공격이 정치적이었다는 증거는 없다. 이것은 실제로 반달리즘vandalism, 즉 파괴를 위한 것이었다. 일부 젊은이들이 지방 학교에 쳐들어가 창문을 부수며 난동을 부리는 동안, 이 집단은 명백히 그보다 더 큰 규모의 저항을 원했다. 보안이 허술한 네트워크에 침투하는 요령이 적힌 지침서나, 플러드넷같이 쉽게 활용할 수 있는 프로그램들도 무료로 제공되기 때문에, 해킹에 어떤 고도의 정교함이 요구된 것은 아니었다. 하지만 결과는 꽤 인상적이었다.

목표물이 된 여러 사이트들이 심각한 서비스 저하를 겪었고, 그런 공격들로 인해 인터넷이 전체적으로 심하게 느려졌다. 3일째 되던 날, 웹페이지에 접속하는 데 걸리는 시간은 평소보다 평균 26퍼센트 느려졌다. 많은 측면에서 인터넷은 단지 현실세계의 일부일 뿐이다. 그곳에서도 저항이 발생하고, 자본주의가 발생하며, 반달리즘 또한 발생한다. 하지만 그곳은 특별히 취약한 부분이기도 하다. 기술에 전적으로 의존하며, 그곳을 파괴하지 않기로 한 참여자들 간의 동의에 의존한다. 누구나 현실의 실체를 위험에 빠뜨리지 않고도 인터넷의 조직을 철저히 붕괴시킬 수 있다. 현실세계에서는 결코 불가능한 일이다.

이것이 바로 전자시민불복종이 훌륭한 정치운동이 아닌 이유이다. 그것은 해악이자, 저급한 태업이고, 효과적인 선전수단에 불과하다. 나는 훌륭한 선전활동에는 대찬성이지만, 늘 비용에 유념해야 한다. 시민불복종은 자기 자신을 직접 전면에 내세우는 일이지 웹사이트에서 숨어 하는 일이 아니다.

근본적인 정치적 변화를 유도할 만한 잠재력이 있는 저항은 체화된 저항이다. 이것은 풍부하고 무시무시한 신체감각의 경험으로, 적들마저도 인정하고 존중하고 귀 기울이게 만드는 희생이자 헌신이다. 간디는 그것을 사티아그라하satygraha, 즉 '진실의 힘'이라고 불렀다. 우리는 우리의 몸으로 진실을 증언한다. 우리의 권리는 진정한 희생에 따라 주어지는 보답이어야 한다. 그것이 바로 시민권의 의무이다.

이것은 그저 철학적인 토론만을 의미하는 것이 아니라, 비폭력적인 사회변화가 어떻게 이루어질 수 있는지에 대한 논증이다. 천층만층의 효과를 보기 위해 시위운동은 언론을 꾀어들일 수 있는 무대와 대중에게 이해될 수 있는 저항의 논리가 필요하다. 설득하고자 하는 대상과 대면하고 소통하는 것이 좀 더 효과적인데, 무엇보다도 몸을 전면에 내세우는 것이 필요하다. 그렇지 않으면 아무도 귀담아 듣지 않을 것이다. 포스트모던 정치이론가인 하킴 베이Hakim Bey는 그의 논문 〈정보전쟁The Information War〉에서 이 점을 강조한 바 있다. 그는 이렇게 말한다. "몸은 아직도 부의 기반이다." 가장 커다란 부는 자유이며, 오로지 몸으로서만 그것을 획득할 수 있다.

하지만 이것이 기술을 이용해야만 수행 가능한 엄청나게 많은 일들의 존재 자체를 부정하는 것은 아니다. '크리티컬 아트 앙상블critical art ensemble'이나 '브레드 앤 퍼핏 시어터bread and puppets theater' 같은 그룹은 기존 기술과 신기술의 결합을 통해 사람들의 행동과 사유에 영감을 불어넣는다. 이보다 더 중요한 것은 힘없는 사람들의 의사소통을 촉진하기 위해 컴퓨터가 할 수 있는 일들이다. 체코슬로바키아에서 벨벳혁명이 일어나던 당시, 컴퓨터가 국내적으로는 네트워크를 형성하고, 국외적으로는 정보를 얻게 해주는 등 광범위하게 사용되었다. 오늘날에도 컴퓨터는 큰 힘을 가지지 못한 그곳 사람들에게 여전히 중요하다.

체코의 환경단체인 '두하Duha(체코어로 '무지개'라는 뜻)'는 오스트리아 국경 근처인 테멜린에 건설하고 있는 원전시설을 반대하는 장기적인 시민불복종 운동에 개입했다. 공산주의 정권시대의 프로젝트인 이 설비는 주로 보수주의 여당인 '자유시장' 정당 등을 등에 업은 민간 전력회사가 여전히 강행하고 있다. 이 회사는 구 체코슬로바키아

비밀경찰 출신인 일급 감시 전문가들을 고용했다. 그래서 두하는 내부 교신을 '프리티 굿 프라이버시PGP, Pretty Good Privacy'라는 프로그램을 이용해 암호화한 전자우편으로 주고받았다. 널리 통용되는 이 소프트웨어는 엄청난 노력과 뛰어난 컴퓨터 기술을 이용해야만 해독할 수 있는 메시지를 일반 사람들도 보낼 수 있게 해주었다.

미국인이 개발한 PGP는 전 세계에 널리 퍼졌으며, 미국 정부는 이 프로그램을 '무기'라고 주장하며 더 이상의 유출을 막으려고 노력했다. 이는 미국 정보기관이 필요로 하는 경우라면 언제나 모든 통신을 가로채 해독할 수 있도록 해야 한다는 클린턴 행정부의 시도 중 하나였다. 정부 접속을 허용하는 부품인 '클립퍼 칩clipper chip(통신 데이터 암호화 표준장치)'을 미국에 있는 모든 컴퓨터에 집어넣으려던 계획이 실패로 돌아가고, PGP 마크가 들어간 티셔츠가 불티나게 팔리자, 미국 정부는 한발 물러섰다. 하지만 정부를 위한 전자투명성은 여전히 그들의 목표이다.

전력회사가 환경주의자들은 물론이고, 체코 대통령까지 불법 도청했다는 사실이 결국 만천하에 드러났다. 하지만 두하는 내부적으로나, 동유럽의 다른 반핵단체들과 교신을 할 때나 계속해서 PGP를 사용하고 있다. 그 이유는 이 프로그램이 사생활을 보장할 뿐만 아니라, 컴퓨터로 하는 의사소통이 분명 전화나 편지를 통한 접촉보다 확실하기 때문이다. 그래도 두하는 컴퓨터 통신만으로 충분하지 않다는 것을 배웠다. 몇 달마다 개인적으로 사람을 만나는 수고는 그만한 가치가 있다. 두하가 사이버 공간을 통해서만 소통하려 한다면, 이해의 질은 계속 떨어질 것이다. 의사전달의 사소한 오해가 온라인에서는 '플레임 워flame war(인터넷 상의 상호비방을 가리키는 말—옮긴이)'로 번지기 때문이다. 이런 다툼은 인간이 지난 수천 년의 세월 동안 발전시켜온 비언어적인 모든 실마리들에 힘입어 단 몇 분간만 얼굴을 맞대면, 금방 해소할 수 있다. 가상 공동체보다는 현실 공동체가 더 좋다. 하지만 인터넷과 이를 뒷받침해줄 또 다른 보완적 의사소통이 진짜 공동체를 더 나은 방향으로 이끌 수는 있다.

인터넷은 1996년과 1997년에 있은 세르비아의 국민저항 운동에서 탁월한 역할을 수행했다. 합법적인 선거를 통해 지방관료를 임명하라고 정부를 압박했던 것이다. 노회한 공산주의자 우두머리들이 이끄는 유고슬라비아의 우파 잔당 정부가, 크로아티아와 보스니아의 내전에 반대하며 널리 확산되어가던 세르비아인들의 저항을 분쇄한 적이 있었다. 당시에는 텔레비전과 라디오를 철저히 통제할 수 있었기 때문에 그 일이 가능했다. 국민들이 선거를 거부하던 1996년에도 대중매체에 대한 강력한 압박이 충분히 먹힐 것이라고 자신했다. 하지만 그들은 틀렸다. 저항세력은 대학교 한 곳과 라디오 방송국 한 곳의 인터넷 노드node를 이용해 국내의 집단적 저항을 조율해내는 동시에 국제적 지원세력도 얻을 수 있었다. 저항세력의 통신을 차단하는 유일한 방법은 모든 컴퓨터를 압수하거나(세르비아와 마케도니아만 해도 수십 만 대가 있었다) 전화선을 차단하는 것이었다. 하지만 정부가 이런 대책을 감지했을 때는 이미 싸움에 진 뒤였다.

〈와이어드Wired〉 지의 기자인 데이비드 벤노엄David Bennahum은 사이버 민주주의를 주제로 한 협의회에 참석했다가 곧장 세르비아로 갔다. 사이버 민주주의의 전반적인 개념에 의구심을 가지고 있던 그에게 세르비아의 경험은 그의 마음을 바꿔놓기에 충분했다.

이제, 근래의 생생한 사례 연구를 통해서 볼 때, 인터넷 접속이 전체주의와 양립할 수 없고, 정보시대의 혜택을 바라면서도 정보 통제라는 자물쇠를 풀지 못하는 역설에 전 세계 정권들이 직면해 있음이 분명하다.

1980년대 말 중국에서 팩스와 비디오테이프가 저항운동의 큰 부분을 차지했던 것처럼, 컴퓨터는 중앙정부의 통제를 우회하는 또 다른 방법을 제공한다. 실제로 오늘날 중국은 벤노엄의 역설과 투쟁하고 있다. 산업화는 컴퓨터에 의존하지만, 아직도 중국의 지도자들은 웹을 정치적으로 활용하는 것을 원하지 않는다. 제재하는 것이 불가능할 수도 있다. 웹이 점점 더 강력해질수록, 그것의 정치적 효과들도 계속해서 커질 것이기 때문이다.

〈와이어드〉와의 대담에서 데이비드 브린은 미래의 월드넷worldnet이 민주주의의 자양분이 될 것이라고 강조하였다. 하지만 그것은 또한 고통스러운 일이 될 것이라고도 경고했다.

전 역사에 걸쳐 인간은 오류에 맞서는 단 하나의 치유법을 발견했다. 바로 비판이다. 그러나 비판은 고통스럽다. 우리는 남에게 호통치는 것에는 무신경하면서도, 본인이 비판받는 것은 싫어한다. 우리는 어려운 교훈을 배웠다. 그 어떤 지도자도 조사나 논평이나 피드백 없이 판단을 내릴 수 있을 만큼 현명하지 않다는 것이다. 우연찮게도, 월드넷은 그것들을 빗발치듯 제공해줄 딱 알맞은 필수품이다. 전 세계 데이터베이스에 접속할 수 있는 권한과 정교한 모델을 만들 줄 아는

능력을 갖고 있고, 오류를 반증하거나 잘못을 폭로하는 일에 힘을 쏟고 있는 시민대중을 마음에 그려보라. 이것은 혼돈의 공식이거나 아니면 혁신적이고 흥분되는 민주주의의 공식이다. 사람들이 충분히 성숙하기만 하다면 말이다.

사람들이 '혁신적이고 흥분되는 민주주의'를 향해 나아가기를 바랄 수 있겠지만 기술의 힘으로 수리를 마친, 낡고 지친 민주주의에도 강한 매력이 있다. 어쩌면 너무 강력할지도 모르는 이 매력 때문에 더 많은 기본적인 문제를 기술에 의존해 고치려는 유혹에 빠질 수 있다. 대부분의 '기술적 해결technofix'에는 근본적인 약점이 있다. 예를 들어, 아서 크로커Arthur Kroker와 마릴루이즈 크로커Marilouise Kroker 형제는 자동화된 결정론적 여론조사에 대한 뉴트 깅리치Newt Gingrich의 신념을 공격했다.

그는 집단토론에 근거한 민주주의의 모든 개념을 분쇄하고 싶어 한다. 그의 생각은 사실상 버튼 누르기식 민주주의이다. 53퍼센트의 사람들이 의회가 이 일을 처리하기를 바란다, 뭐 이런 식으로? 인정한다. 여론조사자에게 권력을! 이것은 디지털 민주주의와는 대척되는 발상이다.

크로커 형제는 또한 사파티스타들에게 '디지털 연대'는 오로지 제한적인 효력만을 가질 뿐이라고 말한다.

멕시코 바깥에 있는 사람들이 실제로 어떻게 멕시코 정부의 박멸식 파시스트 정책에 맞서 개입할 수 있을까? 이것은 90년대식 삶의 특이성이다. 디지털 미디어가 전 지구적 의식을 조장하는 동시에, 세계 각지는 암흑 속으로 퇴보한다.

하지만 세계는 여전히 하나이고, 기술의 올바른 사용은 우리가 이 점을 이해하는 데 도움을 준다. '위트니스Witness'라고 불리는 집단이 있다. 그들은 전 세계 인권운동가들에게 비디오 촬영기술을 제공했다. 이를 통해 운동가들은 자신들의 나라에서 벌어지는 악습들을 기록할 수 있었다. 2000년 2월 위트니스는 운동가들에게 받은 동영상 기록들을 인터넷에 올리기 시작했다. 정부억압 혹은 인종청소의 모든 잠재적 희생자들의 모습이 생중계될 때, 사이보그 기술은 우리의 정치현실에 근본적인 변화를 불러올 것이다. 그때까지는 인터넷과 이것이 길러낸 정치철학들이 어떻게 우리의 사유와 선택을 구성해나갈 것인지 조심스럽게 생각해볼 필요가 있다.

생태지역, 정보영역, 넷, 웹, 임시 자치구역 그리고 공동체

/

우리는 넷을 모든 정보와 의견이 오고 가는 전송의 총체로 정의할 수 있다. 그중 일부는 특권처럼 엘리트들에게만 접근이 허용되며, 이것은 넷에 위계를 부여한다. 이를 제외한 다른 모든 전송은 모두에게 개방된다. 그래서 넷은 수평적인, 즉 위계적이지 않은 양상 또한 갖는다. 군대와 정보기관의 자료는 제한되며, 은행거래와 통화通貨 정보나 그밖의 유사 정보들도 마찬가지이다. 하지만 대개의 경우 전화, 우편시스템, 공공 데이터 뱅크 등은 누구에게나 접근이 허용된다. 이렇게 해서 넷 안에는 그림자 같은 카운터 넷counter-net이 등장하기 시작했고, 우리는 이것을 웹이라 부르게 될 것이다(넷은 그물망이고 웹은 넷의 틈새나 망가진 그물을 엮어 만든 거미줄과 같다).

하킴 베이(1996)

1985년, 하킴 베이는 '임시자치구역TAZ, Temporary Autonomous Zone' 이란 개념을 분석했다. 이것은 스펙터클 국가 혹은 정보 국가 내부에 존재하는 현실적이지만 일시적인 자유지대를 가리킨다. 이 시기를 기점으로 넷과 웹은 기하학적인 성장을 거치며 급격히 확장되었다. 넷과 웹을 구분하는 것은 충분히 가치가 있다. 왜냐하면 '넷' 안에 '웹'이 숨어 있기 때문이다. 웹은 계속해서 번성할 것이고, 상호연결된 컴퓨터들이 TAZ를 육성하는 완벽한 기술이 될 것이라는 베이의 직관은 이미 확인되었다. 급진적인 사람들은 넷 그 자체가 지금까지 보아온, 세상에서 가장 거대하게 살아 있는 무정부주의 시스템이라는 점을 즐겨 지적한다. 하지만 역설적이게도 넷의 기원은 군사적인 측면이 매우 강하고, 넷의 현재는 너무 자본화되어 있다.

일부 역사가들은 인터넷의 역사를 고집스럽게 무시하거나 고쳐 쓰려고 하지만, 미국 군대가 다음의 두 가지 목적에서 인터넷을 개발했다는 데는 의심의 여지가 없다. 첫째, 정보 '패킷packet'의 분배를 골자로 만들어진 분산 네트워크 개념을 시험해, 그런 시스템이 핵전쟁 발발 시에 군대를 통제할 수 있는지를 알아보고자 한 것이었다. 둘째, 연구소와 일류 대학교에서 일하는 군사문제 연구자들을 연결해 더 나은 상호소통을 도모하자는 것이었다. 통제할 수 없을 정도로 커진 넷은 미국 국립과학재단National Science Foundation으로 이관되었다(한편, 국방부만 사용 가능한 군사넷인 '밀넷milnet'이 마련되었다). 넷은 계속 통제되지 않는 상태로 남았고, 결국 자원봉사자 집단과 졸부 예술가들로 이루어진 이상한 무리에 넘어갔다.

어떤 사람들은 넷과 사랑에 빠진 나머지, 넷이 그들의 사고방식에 영향을 미칠 정도가 되었다. 〈와이어드〉가 좋은 사례이다. 이 잡지는 시민의 계승자라는 뜻의 '네티즌netizen'을 널리 퍼뜨렸다. 이것은 믿을 수 없을 정도로 공허한 개념으로, 다른 무엇보다 청년 기업가들의 넷 접속과 호출을 중요하게 여기며, 정치적 쟁점들에 대한 그들의 생각을 혼란스럽게 만드는 데 크게 기여한다.

가장 마음에 드는 〈와이어드〉의 또 다른 신조어가 넷의 진정한 쟁점을 다루는데, 바로 '디제라티digerati'라는 말이다. 이것은 '디지털 일루미나티digital illuminati', 즉 학자인 체하며 모든 허세를 부리되 정작 학자다운 깊이는 갖추지 못한 디지털 경제의 엘리트들로서 어딘가 멋져 보이는 패거리들을 의미한다. 디제라티는 컴퓨터를 어떻게 켜는지조차 알지 못하는 기술농노들이나 기술치들의 머리 꼭대기에서 주인 행세를 하는 정보 귀족들이다. '타이어드(기술에 '지친' 사람들)' 대 '와이어드('접속'된 사람들)'가 맞서고 있는 셈이다.

사이버 공간의 관점에서는 가진 자와 없는 자가 확실히 존재하는데, 이런 사람들이 '실제공간meatspace'에서는 별 차이가 없는 사람들이기 십상이다. 넷과 웹은 궁극적 정치단위인 인포스피어infosphere(디지털 정보 개체들이 거주하는 영역을 가리키는 신조어—옮긴이), 가이아(지구 전체를 하나의 거대한 생명체로 보는 시각—옮긴이), 메타인간(인간과 기계가 통합된 슈퍼 유기체—옮긴이), 세계 등과 같은 더 커다란 전 세계적 시스템의 일부일 뿐이다. 생태학자들이 선호하는 '생태지역bioregion'이란 단어도 같은 개념군에 속한다. 이것은 생태학이라는 학문의 심장이라 할 수 있는 인공두뇌학적 사유에 기반을 둔 것이다. 생태지역주의는 분산화를 강조하고, 어떤 결정이든 그것이 영향을 미치는 생태계 내에서 이루어져야 한다고 주장한다. 하지만 지구 자체가 하나의 생태지역이기 때문에, 일부 결정들은 전 지구적인 것이다. 민주주의가 작은 규모에서 가장 쉽게 작동한다는 사실은 생태지역주의적 사유가 역사의 선물인 기괴한 국민국가를 대신할 수 있는 많은 훌륭한 이유 중 하나이다. 하지만 다음 두 가지를 잊어서는 안 된다. 첫째, 생태지역이란 극소생태계의 중간에 위치한 방대한 영역을 거쳐 행성 전체까지 이르는 전부이다. 그리고 둘째, 생태지역은 자연과 문명으로 구성된다. 즉, 사이보그 시스템이다.

특이하게도 사이보그화된 기이한 가짜 생물계pseudo-biosystem가 새롭게 등장하고 있다. 바로 사이버 공간이다. 이 공간의 미래를 위한 정치투쟁은 매우 중요하다. '텔레비전 랜드television land'가 그렇게 되었듯이 이 공간도 그저 소외된 자들을 위한 또 다른 마약이 되어 강력한 초대형기업들을 위한 또 다른 이윤창출의 중심지가 되고 말 것인가? 아니면 자율성과 민주주의를 장려할 수 있는 가상구역으로서, 사람들이 의사소통하고 더 나아가 공동체를 건설하는 장이 될 것인가?

'사회적 책임을 다하는 컴퓨터 전문가 모임'은 매우 중요한 제안을 발의했다. 이것은 '하나의 행성, 하나의 넷'이라는 주제를 중심으로 한 원칙들로 다음과 같다.

1. 세상에는 오로지 하나의 넷만이 존재한다.
2. 넷은 모두에게 개방되고 모두가 이용할 수 있어야 한다.
3. 사람들은 의사소통할 수 있는 권리를 가진다.
4. 사람들은 사생활의 권리를 가진다.
5. 사람들은 넷의 관리인이지 주인이 아니다.
6. 어떤 개인이나 조직, 정부도 넷을 지배해서는 안 된다.
7. 넷은 인간의 다양성을 존중해야 하며, 획일화해서는 안 된다.

CPSR은 넷의 미래에 대한 가장 강력한 목소리 중 하나로 진보주의자들, 사회주의자들, 무정부주의자들, 자유주의자들, 심지어 일부 관용적인 공화당원들까지도 포함하는 수많은 정치 성향들 간의 합의를 표방한다는 점에서 더욱 강력한 힘을 갖는다. 오늘날 컴퓨터 전문가들과 사이버 운동가들 사이에서 넷의 자율성 문제와 관련된 수많은 핵심쟁점들을 놓고 깜짝 놀랄 만할 협조가 이루어지고 있지만, 이것이 지속될 수는 없다. 다양한 정치적 관점들 간의 차이에 따라 결국은 제 갈 길로 돌아갈 것이다. 이들 중 하나는 특별히 새로운 것으로서, 믿을 수 없을 정도로 넷 상에 널리 퍼져 있으며(특히 디제라티들 사이에서), 많은 사람들에게 유난히 혼란을 주고 있다. 바로 자유주의이다.

그렇다면 바로 지금이 사이버 공간 그리고 더 나아가 사이보그 시민권에 대한 모든 진지한 정치토론에서 반드시 다루어야 하는 자유주의를 분석하기 알맞은 시점이다. 자유주의자들은 넷 상에 온통 널려 있다. 이들은 엑스트로피언들처럼 조직화된 집단을 이루기도 하고, 〈와이어드〉에 기고하고 대화방에 들락거리고, 뉴스 그룹에 글도

게시하는 개인들이다. 자유주의Libertarianism(대문자 'L' 사용)는 주로 미국의 광적인 친자유시장주의 정치관(미국의 자유당이 이런 관점을 표방하지만 여기에 국한되는 것은 아니다)을 의미하지만, 여기에는 국민국가라는 매우 껄끄러운 견해를 포함한 고전적 자유주의의 많은 측면들도 혼재되어 있다. 이것은 스페인과 이탈리아에서 이야기하는 자유주의와는 다른 것으로, 이 나라들에서는 이 용어가 무정부주의자들을 가리키는 다른 명칭일 뿐이다. 실제로 친자본주의적인 미국의 자유주의는 전 세계로 널리 퍼져나가고 있는데, 대부분의 지역에서는 확산이 느리지만 넷을 통해서는 빠르게 퍼지고 있다. 넷에서는 그것이 미래의 주된 전망이며, 온 세상의 청년 실업가들 사이에서는 더더욱 그렇다. 무정부주의자인 나는 자유주의의 몇 가지 양상들에 대해서는 매우 동조하지만, 그 심장부에서는 강한 인상을 받지 못했다. 애덤 스미스Adam Smith의 '보이지 않는 손'이 발휘하는 마술적인 힘을 믿을 수 없을 정도로 확신하는 사람들이 있다. 최근에 보이지 않는 손은 〈와이어드〉의 주요 주제인, 복잡성이론이 자본주의를 좌우한다는 주장들로 업데이트된 상태이다. 물론 복잡성이론을 해석하던 일부 자유주의자들은 이 이론이 애덤 스미스의 '수평을 맞추는 손'에 위배된다는 이유로 거부하는 경우도 있었지만 말이다. 맞다, 경제는 시스템이다. 맞다, 경제는 특정 규칙들을 따른다. 맞다, 경제는 자체 내장된 역학을 갖고 있다는 의미에서 '통제를 벗어나' 있다. 하지만 이것이 모든 사람의 이윤과 편의를 추구하는 것이 가능한 최선의 세계로 이어진다는 의미는 아니다. 그것은 사실상 정신 나간 생각이다. 단지 사이버 공간이라는 '없는 게 없는 나라never-never land'에서나 있을 법한 이야기이다. 이곳에서는 아무것도 진짜가 아니며, 완벽한 정보, 완전무결한 엘리트 계층 그리고 서로를 보듬어주는 보이지 않는 손이라는 자유주의의 환상들이 충족의 문턱에 있는 것처럼 보인다.

고삐 풀린 이기심, 즉 탐욕이 완벽한 경제 시스템으로 이어질 것이라고 말하는 자연법칙은 없다. 돌아가는 경제를 들여다보면, 독실한 신도를 제외한 모든 사람들의 다른 모습을 보게 된다. 복잡계(수많은 변수가 복합적으로 상호작용하여 큰 효과를 일으키는 체계—옮긴이)의 역학이 자동적으로 '완벽한' 시스템으로 이어지지 않는다. 종종 시스템은 붕괴한다. 흔히 안정성은 완벽성에 못 미치는 형태로 성취되곤 한다. 그렇다면 자유주의자들은 그들의 신앙을 어디에서 얻는 것인가? 자유주의가 어떻게 자본주의 국가에 반대하기는커녕 자본주의에 우호적인 입장이 되어버린 것일까? 어떻게 개인의 절대적 자유와 자연과 인간 모두를 착취할 수 있는 자유 둘 다 인정할 수 있을까? 한번 열심히 설명해보겠다. 자유주의에는 두 가지 핵심 전제가 있다. 머리 로스바드Murray Rothbard의 책 《새로운 자유를 찾아서For a New Liberty》가 그것을 아주 직설적으로 제시한다.

> **자유주의 신조의 핵심 골자는 모든 사람의 절대적인 사적 소유권을 확립하는 것이다. 첫째는 자신의 몸에 관한 것이고, 둘째는 이전까지 사용되지 않던 것을 자신의 노동을 통해 처음으로 변형시킨 천연자원에 관한 것이다.**

그런 다음 자유주의자들은 자신의 인격을 통제할 수 있는 개인의 권리에서 재산권이 나온다는 것을 증명하고자 노력한다. 우리는 이런 정신적 곡예를 곧 살펴볼 것이다. 하지만 먼저 주목할 것은 자유주의에서 말하는 '시민의' 자유는 개인적 자유의 원리에서 나온다는 것이다. 자본주의, 상속, 인간의 자연지배 그리고 타인의 노동을 착취할 수 있는 권리의 옹호는 두 번째 원리, 즉 절대적인 재산권에서 발생하는 것이다. 자유주의 재산권의 핵심에는 소위 '마술적인 노동 사유화이론'이라고 부르는 것이 있다. 자유주의자들은 우리가 일상적인 의미에서 직접적인 노동의 결실을 당연히 보상받는다고 믿는다. 뿐만 아니라 '이전까지 손길이 닿지 않은' 그 무엇이든 간에 일단 우리의 노동에 영향을 받거나, 혹은 먼저 영향을 준 무언가에 계속해서 영향을 받게 되면 그것은 영속적으로 우리와 우리 후손의 재산이 된다고 믿는다. 로스바드는 존 로크의 말을 득의양양하게 인용한다. 로크는 이렇게 주장한다.

> **즉, 다른 사람들과 마찬가지로 내 장소에서 내 말이 뜯어먹는 풀, 내 시종이 자르는 잔디 그리고 내가 파낸 광석은 누군가의 양도나 승인 없이 내 재산이 된다.**

존 로크의 늙은 시종이 자른 잔디가 어떻게 존 로크의 것이 되는지에 대해서는 정확한 설명이 없다. 그저 우리는 말과 마찬가지로 시종 또한 로크가 소유한 것이기 때문이 아닐까 상상해볼 뿐이다. 마찬가지 방식으로, 노동자들이 기업에 가져다준 가치는 노동자들의 것이 아닌 자본가의 것이다. 왜냐하면 자본가가 임금을 치름으로써 그들과 그들의 노동을 '소유'하기 때문이다.

몇 가지 단순한 발상들이 이 유쾌한 오만의 핵심에 함께 자리하는데, 무엇보다 재산권은 획일적이고 영속적이라는 것이다. 로스바드는 이것을 절대주의적인 측면에서 바라본다. 모 아니면 도인 것이다. 재산권의 분할 같은 것은 없다. 오로지 한도만 있을 뿐이다. 한도(이를테면, 숲을 불태워버릴 수 있는 권리)는 당신의 권리(연기 없는 공기를 들이마실 수 있는 권리)가 다른 사람의 권리와 충돌하는 지점에서 설정된다.

누가 이런 쪼갤 수 없는 지분권을 갖는가? 로스바드는 짐짓 부끄러운 체하며 이렇게 주장한다. ① '창조자'가 그것을 갖거나 혹은 ② '무력으로 그것을 선점한 다른 사람이나 사람들의 무리'가 갖거나 혹은 ③ '세계의 모든 개인이 평등하게 할당된 몫을 갖는다.' 이것은 수많은 가능성을 그대로 남겨둔다. 세계 전체보다 작은 단위인 마을이나 도시, 노동자 단체 등이 보유한 재산권, 한 집단이 재산권 일부를 소유하고 별개의 다른 집단이 나머지 재산권을 소유하는 경우, 소유권 규정의 일부로서의 사용권, 혹은 소유권 규정 일부로서의 필요성 등의 가능성들을 말이다.

이런 복잡성이 당혹스러울 수도 있지만 조금 더 현실적인 문제이기도 하다. 자연스러운 현실론의 결여가 재산권에 대한 자유주의적인 입장 즉, 자연세계에서 개인들은 이것저것 모든 것을 완벽하게 소유할 수 있고 또 그래야만 한다는 발상의 중심에 자리 잡고 있다.

자연을 정복하고 소유할 수 있다는 것이 인간의 당연한 권리로 여겨졌으며, 이런 생각은 성경에서부터 마르크스를 거쳐 다국적 석유

화학기업인 엑슨모빌Exxon Mobil Corporation에 이르기까지 전 역사에 걸쳐 내내 발견된다. 이것이 바로 호모 사피엔스가 행성 전체를 파괴의 문턱까지 이끌어간 주된 이유들 중 하나이다. 만약 우리가 자연을 착취의 대상으로 보는 태도를 멈추지 않고, 우리 역시 자연의 일부를 구성하고 있는 유기적·인공두뇌학적 총체라는 사실을 깨닫지 못한다면, 우리는 금방 저 문턱을 넘어가게 될 것이다.

사회를 바라보는 자유주의자들의 태도는 믿을 수 없을 정도로 환원주의적이다. 그들은 사회 같은 것은 없다고 주장하며, 단지 '상호작용하는 개인들'의 모음이 있을 뿐이라고 말한다. 자유주의자인 프랭크 초도로프Frank Chodorov는 "사회는 집합적 개념일 뿐 대단한 것이 아니다. 개인이 사라지면 그 총합도 곧 그렇게 된다. 그 총합은 별개로 존재하는 것이 아니다"라고 했다. 물론 사람들이 없는 사회라는 것은 없지만, 사회가 단지 원자화된 개인들이 증식되어 있는 상태를 의미하는 것은 아니다. 보이지 않는 손에 대한 자유주의적 신념을 정당화한다는 점에서 같은 이론인 체계이론의 관점에서 생각해보면, 대체로 전체가 부분들보다 더 크다는 것은 분명하다. 그것이 요점이다. 현실세계에는 사회만 존재하는 것이 아니라 수많은 개개의 표본들이 있다. 자유주의자 개개인의 몸도 한 양동이의 물, 한 무더기의 단백질, 한 단지의 콜레스테롤로 해체될 수 있다. 그렇다고 이런 것들이 살아 있는 몸과 동등할 수 있는가?

자유주의자들이 갖고 있는 자본주의에 대한 믿음과 비즈니스에 대한 고지식한 태도는 강압적인 민족국가에 반대하는 그들의 주요한 주장을 훼손한다. 자유주의자들은 이윤과 '자유시장'이 오늘날의 정경유착을 낳았다는 사실을 직시해야 한다. 만일 국가가 없었다면, 자본가는 그것을 발명했을 것이다. 이윤을 극대화하는 최선의 방법은 시장을 규제하고, 경쟁자들을 제거하거나 그들과 합세하며, 비슷하거나 우월한 상품을 억압하고, 당신이 배출하는 공해나 당신 같은 노동자들의 산업재해 같은 소위 외부효과externality(의도하지 않은 부작용을 의미하는 경제용어 — 옮긴이)를 무시하는 것이다. 자유시장에서 '자유'는 다른 모든 사람의 희생을 등에 업고 이 모든 일들을 처리해낼 수 있는 자유를 말한다.

자유주의자들은 이런 수많은 근본적인 모순들을 감추기 위해 자포자기식 해결책들을 내놓는다. 로스바드는 민영화된 거대 법률 시스템이 대양의 환경파괴는 물론 살인에 이르는 모든 분쟁을 다룰 수 있다고 주장한다. 이제 악몽 같은 현실이 찾아온다. 순수한 법률가들이 정부를 대신하는 것이다.

핵심을 들여다보면, 자유주의자들은 오로지 자기가 부자가 될 수 있는 재능이나 행운을 가졌을지 모른다고 생각하는 사람들에게만 호소한다. 모든 자유주의자는 자기 자신을 멋진 상품을 개발해 찬미하는 대중에게 판매하고 막대한 이윤을 얻는, 허세 넘치는 기업가쯤으로 생각한다. 이것이 자연스러운 인간의 상태인가? 내 경험으로는 아니다. 대부분의 사람들은 음식과 잠자리 그리고 설탕이나 헤로인 등의 약물을 사기 위해 사람을 말려 죽이는 살인적이고 무의미한 노동에 끊임없이 나선다. 자유주의자들은 착취당하지 않는 쪽을 선택하지만, 그러려면 그들 역시 누군가를 착취하지 않아야 한다는 사실을 이해하지 못한다. 소유주들의 자유주의적 세계에는 소유되는 것들이 늘 있기 때문이다. 이제는 이 모든 것을 넘어서서 나아가야 할 시점이다. 알베르 카뮈와 함께 이렇게 말해야 할 시간이다. "주인도, 노예도 되지 마라."

또한 우리는 기술과학의 노예가 되지 않겠다고 말해야 한다. 그리고 실제로 우리가 기술과학의 주인이 되어야 한다. 말하는 것은 쉽지만 실천에 옮기는 것은 어렵다. 우리 사이보그 사회의 핵심적인 일군의 단층집합들 중 하나가 인식되지 않는 이유는 그것이 낡은 정치적 범주들 안에 감추어져 있기 때문이다. 이 단층들은 기술과학을 완벽하게 증오하는 사람들과 무비판적으로 사랑하는 사람들을 가른다. 그리고 나머지 우리는 모두 그 사이 어디쯤에 자리한다. 반대론자에는 무정부주의-원시주의자들과 네오주의자들이 포함되는데, 이런 사람들의 글은 미국 미시간주 디트로이트시 계간지인 〈제5계급 The Fifth Estate〉에서 찾아볼 수 있다. 1960년대 정신이 살아 있는 이 멋진 글들은 기술에 대한 탁월한 분석을 내놓는다. 여기에는 산업주의를 비롯해 컴퓨터 같은 비교적 최근의 분노 대상들도 포함되어 있으며, 글, 언어, 수 같은 기본적인 '발명들'에 대해서도 꽤나 설득력 있는 비판들이 실려 있다. 그리고 전부는 아니어도, 기술과학에서 이룩한 상당히 많은 새로운 성취가 터무니없는 발상에 불과하다고 주장하는 네오러다이트들을 포함한 다른 사람들의 분석도 싣는다. 선도적 네오러다이트인 커크패트릭 세일Kirkpatrick Sale은 미국 인구의 약 25퍼센트가 이런 쪽에 속하는 '기술-저항자들'이라고 추산한다.

엑스트로피언들은 '경계 없는 팽창, 자가변형, 역동적인 낙관주의, 인텔리전트 테크놀로지 그리고 자생적 질서'에 대한 믿음을 갖고 반대쪽 극단에 위치한다. 이런 기술유토피아주의techno-utopianism는 인간냉동 보존술을 통한 불멸성, 의식을 기계나 다른 사이보그 장치들에 업로드하는 일, 우주탐험 그리고 자유시장과 자유주의 철학의 완성 등에 대한 광적인 믿음으로 해석될 수 있다.

약간 덜 극단적인 사람들로는 〈와이어드〉에 글을 투고하는 대부분의 저술가들과 디지털 국가에 열광하는 비즈니스와 컴퓨터 세계의 수많은 기술 애호가가 있다. 그들은 기술에 집착하고 새로운 기술을 이전 기술이 야기한 모든 문제에 대한 해답으로 간주하지만, 자신들이 영원히 살 것이라는 기대를 갖고 있지 않으며, 아이스 캔디처럼 냉동되는 곤경을 겪고 싶어 하지 않는다. 기술이 가까운 미래에 번영의 세월을 맞이하게 해줄 수 있다는 점은 인정하지만, 그렇다고 그것이 완벽한 사회로 이어지리라 전망하지 않는다. '디지털 시민권' 발상의 주요 옹호자인 존 카츠Jon Katz는 디지털 국가에 강하게 접속되어 있는 사람들과 일반적으로 접속되어 있는 사람들이 인구의 약 10퍼센트에 해당한다고 추산한다. 62퍼센트는 반만 접속되어 있는데, 그는 이 부류도 잠재적 디지털 국가의 구성인자들이라고 생각한다.

하지만 기술에 반대하는 사람techno-resister들 대부분이, 전혀 접속되지 않은 나머지 28퍼센트가 아니라 이 어중간한 반 접속 부류에 속하리라는 사실을 CPSR 회원들처럼 카츠도 인정할 것이다. 이것은 단순히 누가 무선호출기와 인터넷 계정을 갖고 있는가의 문제가 아니다. 문제는 그들이 그런 기술들에 대해 어떤 감정을 느끼는가이다. 디지털 국가와 기술저항자들 사이에 나머지 사회가 자리한다. 아마도 전체의 절반은 될 것이다.

여러 학자와 저술가들은 소위 '기술실재론technorealism'이라는 학파를 형성하여 이 중간층을 조직화하려고 시도했다. 사이버 공간의 쟁점들에 대한 그들의 입장에는 다음과 같은 주장들이 내포되어 있다.

- **정보는 보호되기를 원한다.**
- **학교를 넷에 연결하는 것이 학교를 구원하지 않을 것이다.**
- **공공 재화의 더 많은 사적인 사용을 원한다.**

요점은 정부가 사이버 공간의 주역을 맡아야 한다는 것이다. 그런 점에서 이들은 사이버 공간의 논쟁에서 터져 나오는 대부분의 적극적인 정치적 목소리들과 등을 지고 있는 셈이다. 무정부주의적이거나 자유주의적인 가정들에서 제기되는 목소리들이 정부의 역할을 최소한으로 묶어두고자 노력하는 것과는 정반대인 것이다.

실제로 정부가 사이버 공간이나 기타 사이보그 쟁점들을 그냥 방관할 위험성(혹은 희망)은 거의 없다. 왜냐하면 바로 그 정부가 사이버 공간과 사이보그화를 창조하는 데 중대한 역할을 해오고 있기 때문이다. 사이보그화에 대한 정부의 가장 의미심장한 공헌은 정부가 독점하는 무대 안에서 이루어진다. 바로 전쟁이다. 아주 적절하게도 전쟁이 다음 장의 주제이다.

chapter 4

사이보그 전사들

이런 포스트모던 시대에 우리는 종종 우리가 마치 인공두뇌학적 유기체인 것처럼 행동한다. 기계적인 것과 유기적인 것, 내면적인 영역과 외부적인 영역, 시뮬레이션과 현실, 심지어 전지전능과 무능력이 뒤섞여 있다. 사이보그 세계들은 마치 힘에 대한 군사적 패러다임들로 구축된 것 같다. 정보기술에 대한 군사적 구조가 특히 그렇다.

레스 레비도 Les Levidow**와 케빈 로빈스** Kevin Robins

인간이 전쟁을 한다고만 볼 것이 아니라, 전쟁이 인간을 만든다는 점을 상기하라.

바버라 에런라이크 Barbara Ehrenreich

포스트모던 전쟁과 평화

/

시민권에 대한 우리의 생각은 전쟁과 밀접하게 연결되어 있다. 빅터 핸슨Victor Hanson은 《서구식 전쟁The Western Way of War》에서 고대 그리스와 로마 공화정 시기에 시민은 곧 군인이었음을 알려주었다. 여성, 노예, 외국인 그리고 극빈자 들은 시민이 될 수 없었는데, 그 이유는 그들은 전장에 나가 싸우지 않았기 때문이다. 북유럽인들도 이와 유사한 전통이 있었고, 이들 두 조류에서 현재의 시민권제도가 생겨났다. 기원이 모든 것을 결정하는 것은 아니지만, 매우 중요하다. 시민권과 전쟁은 비록 고대에서와 똑같은 방식은 아니더라도 여전히 밀접하게 연결되어 있다. 전쟁은 변하고 있으며, 아마 사라질 것이다. 그리고 이제 시민권은 전쟁과 결별해야 한다. 하지만 그것이 희생 의무와의 결별을 의미하는 것은 아니다. 장기적인 관점에서 시민권이 작동되게 하려면, 우리에게는 적어도 윌리엄 제임스William James가 언급했던 것처럼, 전쟁의 도덕적 등가물이 필요하다. 우선은 포스트모던적인 전쟁을 이해해야 하는데, 이것이 시민권의 미래를 구체화하기 때문이다. 포스트모던적인 전쟁을 이해한다는 것은 현대의 전쟁을 정의하는 것에서 시작한다.

현대의 전쟁은 기술과 과학의 혁신에 몰두하고, 전쟁을 위해서 사회를 완벽하게 총동원하며, '정치적 도구'라는 전쟁의 근본적인 유용성에 믿음을 갖고 총력전을 이끌어갈 추진력으로 이런 요인들을 결합시킨다는 점에서 고대의 전쟁과 차별화될 수 있다. 초강력 무기들, 그중에서도 가장 강력한 원자폭탄의 등장과 더불어 총력전은 더 이상 현대 국가들이 추구할 수 없는 불가능한 목표가 되었지만, 여전히 현대 전쟁의 다른 핵심적인 발상들은 살아남아 있다.

포스트모던적인 전쟁에는 지금 논의와 직접적 연관이 있는 두 가지 특징들이 있다. 첫째, 포스트모던적인 전쟁은 병사와 무기 간 새로운 차원의 통합에 의존한다. 소위 인간-기계 무기 시스템이라 부를 수 있는 것으로, 다른 말로 하면 바로 사이보그 전사들이다. 컴퓨터 활용을 극대화하고 전사-무기 인터페이스가 완벽해짐으로써, 군사 분석가들은 전쟁이 다시 한번 유용해질 것으로 전망한다. 둘째, 현대 전쟁의 발흥은 현대 국가와 현대 과학의 부흥 및 서구 식민체제의 세계적 확산과 부합한 현상이다. 마찬가지로 히로시마와 나가사키에 투하된 원자폭탄으로 방점을 찍은 현대 전쟁의 종말 역시 유럽의 식민주의가 종지부를 찍고, 현대 과학과 현대적인 국민국가 그리고 시민권이라는 제도에 엄청난 변화가 촉발되었다는 사실과 부합한다.

이러한 변화들은 포스트모더니티에 흔히 귀속되는 변화들을 반영한다. 상이하고 심지어 모순적이기까지 한 요인들(브리콜라주)이 확산되고 있고, 단일한 설명체계와 사상에 대한 보편적인 믿음이 붕괴(거대 서사의 종말)하고 있으며, 정보와 그 하부 범주들의 중심적 역할이 인식(시뮬레이션 그리고 컴퓨터화)되고 있다. 우리는 정치에서 새로운 형태의 조직과 복잡한 충성심을 발견하고 있으며, 이 모든 것은 새로운 의사소통과 이동기술들이 한데 접목시킨 세계의 맥락 속에서 벌어진다. 어떤 측면에서는 수천 가지의 분야로 잘게 부서지고 있는 과학이 또한 정보학informatics을 중심으로 통합되고 있는 상황이다. 인공두뇌학적 원리들은 대부분의 분야에서 핵심적인 요소가 되었고, 이는 우리 현실에서 컴퓨터가 필수불가결해진 것과 마찬가지이다. 이것은 모더니티의 주요 엔진인 기술과학이 과거 어느 때보다 더 중요해졌으며, 우리가 기술과학의 가장 중요한 산물과 마주해야 한다는 것을 의미한다. 바로 '사이보그적'이라고 가장 잘 명명될 수 있는 인간과 우리 기술들 간의 관계이다.

루이스 멈포드Lewis Mumford는 최초의 기계는 군대였다고 주장했다. 이 기계의 가동 부분은 군인들과 그들의 무기들로 이루어진다. 초창기의 그런 원형적 기계는, 멈포드가 저주하는 20세기 '메가머신megamachine(기술이 지배하는 거대 사회)'처럼, 수상쩍은 사이보그로 보인다. 특별한 태세를 갖춘 무기들, 개별 군인들을 깔끔하게 작동하는 부품들로 만드는 훈련 그리고 군대가 촉진한 산업화와 자동화가 모두 인간과 기계를 통합해 효과적인 복합체로 만드는 추진력에 힘을 보태왔다. 제2차 세계대진은 컴퓨터의 잉태와 믿을 수 없을 정도로 복잡한 인간-기계 시스템인 함선, 함대, 비행기, 날개, 무기 팀, 군대 등의 정교화에 힘입어 이 과정을 절정으로 이끌었다. 마침내 사이보그가 탄생했다.

군대는 포스트모던 전쟁의 정체성 위기에 대한 해결책을 찾고자 기술을 바라보았다. 하지만 첨단 무기들과 무혈 정보전쟁은 꿈에 불과할 뿐, 사이보그 병사들이 새로운 현실이 되었다. 사이보그 병사들은 보통의 병사들처럼 죽기 때문에, 오늘날 전쟁의 중심에는 기본적인 문제가 그대로 남아 있다. 게다가 미 해군 군함 빈센스 호가 이란 항공기 655호를 격추한 것에서 증명되듯, 사이보그 무기 시스템도 끔찍한 실수를 저지른다. 미국의 최강 순양함이 정기 스케줄에 따라 정상항로로 순항 중이던 민항기를 격추한 것이다. 이 비극은 미 해군의 최첨단 컴퓨터 시스템인 '이지스aegis'를 믿고 이란 영해로 침투하는 작전을 처리하던 중 발생했다. 인간과 컴퓨터가 상호작용하는 지점에서 실수가 있었던 것이다. 전장에서 언제나 나타나는 공포와 이지스 시스템에 대한 믿음은 시나리오를 이행할 근본적인 판단과 분석의 오류로 이어졌고, 무고한 시민 수백 명을 죽음으로 몰아갔다. 전쟁 문제에 기술적인 해결책이란 없다. 사이보그화도 역시 마찬가지이다.

인간-기계 무기 시스템

/

《남성의 환상Male Fantasies》에서 클라우스 테벨라이트Klaus Theweleit는 제1차 세계대전 당시 우파의 준군사조직이던 프라이코프에 들어가 싸운 독일군 참전용사들의 심리 상태를 조사했다. 그는 참전용사들 가운데 새로운 유형의 인간이 등장했음을 알렸다. 그들은 기계화에 대하여 매우 에로틱하고 양면적인 관계를 맺은 유형의 인간들이었다. 테벨라이트는 이 새로운 인간을 '체형은 기계화되고, 정신은 제거되거나 단단한 방탄복 안으로 쫓겨 자리한 생명체'로 간주한다. 이런 자기-기계화는 군인들을 위해 매우 중요한 기분 좋은 기능을 수행한다. 사람을 죽이고 자신의 목숨을 거는 행동을 발산하도록 허용해준 것이다. 테벨라이트의 이야기를 들어보자.

기계적 갱생 배후의 핵심 충동은 발산을 바라는 욕망인 것 같다. 그리고 발산은 총체화된 기계와 이것의 구성요소들이 전장에서 폭발할 때 성취된다.

정말이지 잔혹한 카타르시스이고, 살아 있는 기계인 병사나 군대의 자체 내장형 퇴출작용인 셈이다. 이 비유는 세월이 흐르면서 외려 말 그대로 사실이 되었다. 제2차 세계대전 중, 인간-기계 시스템은 운영 연구operations research(시스템이나 조직운영의 개선에 관한 최적의 해답을 제공하는 과학적인 기법 — 옮긴이)와 과학적 관리법의 실행을 통해 제도화되었고, 그 뒤로 컴퓨터에 의해 결정적으로 변화했다. 포스트모던적인 군대에서 인공두뇌학은 지배적 은유이며, 컴퓨터는 가장 중요한 전력 증강자이고, 사이보그는 인간-기계 무기의 이상理想이다. 군대는 엄청난 자원을 투입해 군인들을 사이보그로 변모시킨다. 이미 인간-기계 인터페이스는 믿을 수 없을 정도로 개선되었으며, 이제 정보는 전면 유리, 마스크, 심지어 무기 조작자의 눈에 직접 표시된다. 가상현실이라는 분야는 바로 이 연구에서 파생된 것이다. 또한 포스트모던 전쟁이라는 극히 치명적인 전쟁에서 두려움 없이 싸울 수 있도록 병사들을 탈바꿈하는 정신의약적인 개조 방법을 연구하는 프로젝트들도 있다. 원격제어복exoskeleton을 착용한 보병들을 위해 마음-컴퓨터 간 직통 교신방법을 개발하는 연구도 있다. 이 기술은 탱크 운전병, 잠수함 조타수, 항공기 조종사 등에게도 적용된다.

이러한 기술적 개입은 전투에서 평화유지로, 전사에서 경영자 겸 기술자로 초점이 전환되는 시류와 더불어 군인들 자체의 사회적 구성을 크게 변화시켰다. 그중에서도 특히 젠더적 측면의 변화가 두드러진다. 군인들이 점점 사이보그가 되어갈수록 그들 젠더의 정체성 또한 변화한다. 일반적인 사이보그들은 남성이거나 여성일 수 있고, 물론 둘 다이거나 중성이거나 아예 새로운 무엇일 수도 있으며, 이 모든 것을 넘어서는 그 이상의 사이보그일 수도 있는 잠재력이 있다. 반면 군대의 사이보그들은 우리의 문화코드 안에서 여전히 꽤나 남성적이다. 하지만 대부분의 포스트모던 군인들은 기술자들이기 때문에, 군인의 새로운 정체성인 '남성다움'은 물리적 힘의 행사자로서 폭력에 쉽게 접근할 수 있고 다른 남성과 모든 여성을 직접 복속시키는 자라는 전통적인 남성의 역할보다는, 기계를 고치고 기계와 함께 작업하는 등의 기계화를 중심으로 형성되는 경향이 커지고 있다. 예전에는 여성들이 낡은 남성적 범주에 들어갈 기회를 갖는 것은 거의 불가능한 일이었다. 하지만 이 '새로운 남성'의 유형에 적응하는 것은 비교적 쉬워 보인다. 여성 병사의 정체성이 일반 군인의 페르소나로 와해된 것처럼, 복장과 몸짓은 모호하게 남자이고 지위는 모호하게 여자이며, 역할과 이미지는 모호하게 남성-기계적인 존재가 되는 것이다.

컴퓨터를 이용해 죽이거나 혹은 그냥 죽임을 당하는 것과 반대되는 직접적인 살인은 수사학적으로는 여전히 남성의 육신을 위해서 보존된 영역이며, 대부분의 군대에서 여성들의 역할이 '비전투요원'에 한정되어 있다는 사실을 통해서도 이 점을 알 수 있다. 그러나 이 보호구역은 점점 줄어들고 있다. 비밀스런 게이들, 남성적인 우정, 여성혐오와 동성애혐오증의 악의에 찬 혼합물로 전위된 동성애적 욕망 등으로 이루어진 대단히 동성애적인 하부문화가 공개적인 동성애로 대체될지도 모른다는 가능성이 이 영역을 위협하고 있다. 시민권과 군복무라는 오래된 연결고리는 어째서 전미여성기구National Organization of Women 같은 여성 단체들이 군대 내의 성 평등을 강하게 주장해왔는지를 설명해준다. 포스트모던 전쟁과 사이보그 군복무의 실상은 여성들이 대체로 성공을 거둔 이유를 설명해준다.

미군은 아마도 전 세계에서 가장 사이보그화되어 있으며, 이 점은 포스트모던 전쟁의 수많은 정치적 위기를 반영하는 것이다. 이를테면, 군대 내 여성 및 남성 동성애자들을 둘러싼 분쟁들, 조금의 사상

자도 원하지 않는 군대와 정치 지도자들의 저항, 결과적으로 최첨단 반자동 무기들을 강조하는 것은 물론이고, 살상 역할을 직접 맡는 사람이 거의 없을 정도로 군 인력을 무수히 많은 기술적 특수 분과들로 세분화하는 조치 등이 그런 위기에 해당한다. 조만간 벌어질 분쟁들은 군인의 정체성 혼란과 포스트모던적인 인간-기계 무기 시스템의 무시무시한 파괴력을 백일하에 드러낼 것이다.

정체성 혼란과 기술적으로 정교해진 전문 직업군대에 대한 의존성 심화 그리고 포스트모던 전쟁 그 자체의 불안정성은 시민사회와 군사영역 간의 간격을 더 넓힐 수밖에 없을 것이다. 20세기의 많은 나라에서는 합법적으로 선출된 정부가 별개의 목표와 세계관을 가진 군대조직에 의해 타파되는 일들이 벌어졌다. 이런 추세는 계속되고 있으며, 북미와 유럽의 민주국가들이라고 해서 이런 군사 쿠데타가 일어나지 말라는 법은 없다. 미래의 사이보그 군인들을 다룬 로버트 하인라인Robert Heinlein의 소설 《스타십 트루퍼스Starship Troopers》에서는 오로지 참전용사들만이 투표권을 가진 시민이 될 수 있다. 이것은 미래 분쟁의 끔찍한 잠재력을 고려할 때, 일부 군인들과 군사 지도자들이 확실히 분별력과 공평성을 발휘할 것이라고 보는 것이다.

미래의 분쟁_ 핵, 화학, 생물학, 정보 그리고 나노

/

앞서 대략적으로 제시한 힘들이 미래 전쟁을 만들어갈 것이다. 대량살상 무기들이 동반되는 한, 전쟁은 더욱 비인간적인 일이 될 것이며, 계속 확대되는 평화유지 작전들과 소위 정보전의 영역 내에서 점점 더 전쟁답지 않은 모습으로 흘러갈 것이다(아마 정치와 비슷해질 것이다). 이 두 가지 흐름, 즉 종말을 향해가는 흐름과 거기에서 멀어지려는 흐름은 미래의 시민들과 직접 관련이 있다. 대량살상 전쟁의 위험은 냉전이 그랬던 것처럼 민주주의를 간접적으로 좀먹고, 우리의 생존을 직접적으로 위협한다. 정보전이나 저강도 냉전이라는 이와 유사한 이론들, 심지어 무폭력 분쟁 또한 대결이라는 지속적인 상태를 부과하여 정치를 직접적으로 군사화한다. 게다가 평화조성과 평화유지를 위한 군사화는 평화에 대한 개념을 한낱 전쟁의 부재쯤으로 격하시킨다. 장기적인 해결책으로 유일한 방법은 정치에서 전쟁을 내치는 것이지만, 그것이 지극히 어려운 일임을 곧 알게 될 것이다.

미래 분쟁의 세 가지 양상, 즉 대량살상 무기, 정보전의 고안 그리고 나노기술의 도래는 특히 중요해질 것이다. 나노기술은 인간과 기계의 통합을 완벽하게 시도하는 것으로, 전쟁에 대한 전혀 새로운 기술적 접근을 야기할 것이다.

1989년, 이라크군은 겨자가스와 신경가스를 가지고 할라브자라는 쿠르드족 마을을 공격했다. 이 마을이 쿠르드족의 자치권을 지지했다는 이유에서였다. 어린이들을 포함해 5천 명이 즉사했다. 이 학살

현장의 사진을 한 번이라도 본 사람이라면 부모의 품에 안겨 죽어 있던 아기들의 모습을 결코 잊지 못할 것이다. 미국의 텔레비전 뉴스쇼 〈60분60 Minutes〉은 그 사건의 의료분석 결과를 입수해 처음 공개했는데, 당시의 독극물로 인해 지금까지도 계속 돌연변이가 태어나고, 발암물질들로 인해 사람들이 죽고 있으며, 인근 지역들도 이 오염 때문에 불모지로 남아 있다는 소견이었다.

할라브자는 지나간 역사인 동시에 우리의 걱정스러운 미래이기도 하다. 이 미래가 훨씬 더 심한 공포를 불러올 것은 자명하다. 문제는 이중적이다. 하나는 포스트모던 전쟁의 중심에는 군사적으로 사용할 수 없는 대량살상 무기들이 실제 존재하며, 계속 확산되고 있다는 사실이 놓여 있다. 화생방 무기들은 모두 엄청난 살상력을 보여주지만, 이들 중 역사적으로 제대로 효과를 보여준 유일한 병기는 핵이었으며, 핵무기는 제조하기가 매우 어렵다. 구소련 제국 치하의 어느 지방에서 어느 누군가가 엄청난 돈으로 핵무기 재료들을 확보한다고 하더라도, 그것들을 조립해 핵무기라는 '기계장치'로 만들기는 여전히 쉽지가 않다.

이런 이유로 오직 국가들만이 효과적인 핵무기 제조 자원을 갖고 있는 것이다. 그런 국가가 핵무기를 사용하기 전까지, 혹은 비국가 조직의 테러리스트가 핵무기를 사거나 훔치기 전까지, 사용될 가능성이 가장 큰 형태의 핵무기는 폭발력이 크지 않은 이른바 더러운 폭탄dirty bomb(고폭발탄이나 비료폭탄 같은 재래식 폭탄에 방사능 물질을 채운 일종의 유사 핵무기—옮긴이)이다. 이 폭탄의 간악한 효과는 재래식 폭탄을 원자력 발전소에 투하하는 것으로 쉽게 성취할 수 있다. 하지만 국제 정치가 근본적으로 변화하지 않는 한, 결국에는 핵무기가 사용될 것이다. 가장 그럴듯한 시나리오는 중동에서 '제한적인' 핵전쟁이 벌어지는 것이다. 아마도 사태는 테러리스트가 텔아비브를 먼저 공격하고 이스라엘군이 '되로 주고 말로 받는' 식의 대응에 나서면서 트리폴리, 테헤란, 바그다드, 다마스쿠스 그리고 어쩌면 카이로를 향해서까지 출격하면서 시작될 것이다. 또 다른 가능성은 인도와 파키스탄 간의 분쟁이다. 서로 적대적인 힌두교와 이슬람교 근본주의자들이 두 나라에서 모두 강력한 힘을 갖고 있기 때문이다. 그밖에도 몇몇 위험한 지역들이 있다. 그런데 핵전쟁이 끔찍해 보이기는 해도, 현재 우리가 직면한 가장 가능성 높은 악몽은 핵전쟁이 아니다.

할라브자가 화학무기의 끔찍한 결과를 보여주지만, 과학과 기술이 상당히 발전했음에도 불구하고 화학무기는 아직도 기후와 우연적 요소에 상당한 제한을 받는다. 운수 좋은 날이라면, 핵무기와 화학무기의 위험은 충분히 감당할 만하다. 하지만 생물학무기라면 이야기가 다르다. 복제와 여타 경이로운 일들을 해낸 유전공학의 생물학 혁명은 다른 대량살상 무기들보다 훨씬 더 무시무시한 위험을 드러낸다.

사람들은 유전공학이 거두고 있는 성과를 실감하지 못한다. 관련자들조차 이 분야의 발전속도에 경악하곤 한다. 신문의 머리기사들은, 해파리의 유전자를 생쥐에게 주입해 어둠 속에서 빛이 나게 만들고, 생쥐의 등에서 인간의 귀가 자라나게 만들고, 동물들에게 인간의 유전자를 주입한 후 천연 의학물질을 생산하도록 발육시키는(복제 양

돌리 같은 동물복제의 목적이다. 이 모든 이야기는 chapter 8에서 다룰 것이다) 등 눈부신 성과들을 보여준다. 하지만 이런 기괴한 성과들의 배후에는 유전자를 얇게 썰고, 자르고, 이어붙이는 유전자 합성기계의 개발 같은 유전공학 기술의 멈춤 없는 진보와 이와 관련된 유전학과 여타 생물학적 발전에 대한 우리의 높아진 이해가 있다. 더 효과적이고 특수한 생물학무기들의 개발은 하루하루 점점 더 쉬워지고 있다. 당장 오늘은 아니더라도 조만간 장비를 제대로 갖춘 유능한 대학원생이 이런 악몽 같은 물건을 만들어낼 것이다.

테러리스트 같은 포스트모던 국가들과 포스트모던 테러리스트들이 가장 분명한 위협이지만, 근본적인 문제는 현대 사회가 정치적인 결정을 내리는 방식에 있다. 진정한 전면전의 시대가 도래하기 이전이라면, 의견 불일치를 대부분 피로 해결하는 것이 효과적일지도 모른다. 하지만 대량살상을 저지르는 광기의 집단이 점점 소규모화 되어가는 요즘, 그런 방법은 통하지 않는다. 대량파괴가 가능한 무기의 위협을 끝내는 유일한 방법은 진정한 민주주의와 국제협력의 꿈을 실현하는 것이다. 하지만 군대는 이런 위기에 맞서 기술적인 측면이나 이론적인 측면을 더 발전시킨 위험한 해결책을 추구하려고 했다. '정보전'의 고안이 바로 그 해결책이다.

군사 담론에서 정보전이란, 전쟁을 사이버 공간 안으로 가지고 와 한편으로는 무혈의 분쟁으로 만들고, 다른 한편으로는 완전히 문화적인 무언가로 변모시켜 전쟁을 면하게 하려는 시도를 가리킨다. 하지만 이것은 파멸의 운명을 지닌 위험천만한 노력이다. 그 어떤 충돌도 컴퓨터 해킹 공격을 가하는 정도로는 그치지 않을 것이다. 정보전의 이런 실상은 진짜 전쟁의 또 다른 양상이 될 것이다. 레이더 시스템이나 통신망을 망가뜨리려는 시도는 모두 실제 전투에 기여하게 될 것이다. 전쟁은 사람을 죽이고 몸을 못 쓰게 만든다. 만일 이런 일이 일어나지 않는다면, 그것은 전쟁이 아니다. 중국의 전략가 손자孫子 이래로 늘 인식되어왔듯이, 정보도 그런 전쟁의 목적에 기여할 수 있으나, 그것이 체화라는 섬뜩한 역할을 대체할 수는 없다. 하지만 '형체 없는 정보전'이라는 환상이 정책 결정자들을 속여 끔찍한 판단 착오를 저지르게 만들고, 그저 시뮬레이션으로만 탐닉하고 있던 진짜 전쟁에 대한 생각을 떠올리게 할 수도 있다.

이에 못지않은 정보전의 또 다른 위험성은 정보의 모든 조작이 전쟁의 합법적인 측면이라고 주장하는 데 있다. 이때 과장된 선전과 역정보는 그 한계가 없을 것이다. 이것은 자국의 미디어를 포함해 문화의 모든 것을 전장으로 끌어들이고, 모든 갈등을 전쟁으로 변모시킬 것이다. 이것이 바로 포스트모던 전쟁의 궁극적 논리, 즉 모든 것의 군사화를 뜻한다.

깊은 차원에서 보자면 정보전은 정보기술이 야기하는 놀라운 변화에 대한 사회혼란을 명백히 보여주고 있다. 이런 혼란은 정보, 지식, 예술 같은 개념들에 관한 논쟁과 인간 대 기계, 자연 대 인공 그리고 진짜 전쟁 대 정보전 등과 같은 단순한 이분법이 빚어내는 긴장 속에서 특히 명확하게 드러난다. 정보전 독트린은 다양한 인간적(혹은 포스트휴먼적) 생존양상과 더 나아가 유토피아까지도 구현할 수 있는 진정한 기회가 있다는 사실을 숨긴다. 그리고 그런 세상에서 얻을 수 있는 무엇보다도 중요한 진정한 평화까지도 숨겨버린다.

정보전은 전혀 에로틱하지 않은 개념들의 집합을 가리키는 섹시한 용어이다. 이 발상은 군비예산과 선정적인 통속 잡지들을 이롭게 하는 반면, 실제로는 새로운 유형의 전쟁을 묘사한다기보다 현대식 전쟁의 위기 자체를 숨기고 있다. 점점 더 커지고 있는 무기 시스템의 위력은 오늘날의 국제관계를 만들어낸 포스트모던적 전쟁 시스템으로 이어졌다. 대개의 경우 이것은 냉전 때의 전투 방식처럼 제한적이고, 오히려 테러에 가까운 재래식 전쟁, 혹은 대리자들이 나서는 분쟁으로 회귀하는 결과를 빚었다. 그러나 이것은 또한 군부 안에 엄청난 기술 애호가들을 양산했다. 공상과학소설에나 나올 법한 위력을 가진 신무기들에 대한 욕망, 전통적인 방식의 충돌에서처럼 정치적 대가를 치를 일이 없는 새로운 유형의 전쟁을 바라는 욕망이 끓어오르고 있었다.

정보전 독트린은 인간 문화의 근본적인 변화와 자신을 연결 짓는 강력한 논증을 성립시킨다. 동력원에 따라 규정되는 네 가지 시대에 개요를 둔 온갖 유형의 책략들이 존재하지만 대다수 군사이론가들은 특히 미래학자인 엘빈 토플러Alvin Toffler와 하이디 토플러Heidi Toffler의 작업에 눈을 돌린다. 이들은 인간의 문화가 원시시대, 농경시대, 산업시대를 거쳐 새로운 정보시대로 옮겨갔다고 주장한다. 명성에 걸맞게 토플러 부부는 전쟁에 관한 그들의 책에서 반전反戰이라고 부른 평화의 필요성에 초점을 두면서도, 그 못지않게 정보시대가 제공하는 갈등의 새로운 기회에 대해서도 주목한다.

많은 반전 운동가들은 정보혁명이 전쟁과 권위주의보다 평화와 민주주의에 더 유리하다고 믿는다. 물론 그럴 수도 있지만 아직 입증된 것은 아니다. 사이버 민주주의의 발의들과 우주탐험, 원격통신 같은 다양한 기술들 그리고 생태학에서 나온 이론들에 힘입은 지구 공동체의 상호연결은 확실히 긍정적이지만, 많은 평화운동가들은 평화가 당연하다고 생각하는 것 같다. 하지만 전혀 그렇지 않다. 전쟁운동은 여전히 평화운동보다 훨씬 더 강력하며, 정보혁명을 똑같이 열렬하게 수용한다. 분명히 전쟁과 평화의 미래는 아직 써지지 않았으며, 이것은 나노기술이라는 새로운 초강력 분야에 의해 증명될 것이다.

나노기술은 미소규모microscale에 대한 공학이다. 이 기술은 너무 작아서 대개의 경우 눈에 보이지 않는 기계들을 만든다. 그중에는 더 작은 기계들을 만드는 기계들도 포함된다. 하나의 기술과학으로, 여기에는 chapter 13에서 탐구할 시민 사이보그의 수많은 함축들이 들어 있다. 그러나 이 깜짝 놀랄 새 분야는 아마도 전쟁의 규모 또한 바꿔놓을 것이다. 군사적인 나노기술이 전적으로 새로운 것은 아니다. 전자식 전장이 그렇듯 화생방 전쟁도 모두 나노기술에서 생겨난 것이다. 그러나 이 기술은 몇 가지 대단히 획기적인 발전의 첨단에 서 있다.

가장 흥미로운 나노기술 무기는 이미 개발 중에 있는 사이보그 벌레 전사들이다. 일본인들은 '로보로치(33쪽 그림 참조)'라는 로봇 바퀴벌레를 만든 적이 있는데, 이것은 나노기술 무기들의 할아버지뻘쯤 된다. 이런 무기들이 단지 사람만을 겨냥한 것은 아니다. 전도성傳導性 거미줄을 치는 거미는 컴퓨터에 버그를 일으키는 일을 잘 해낼 것이다. 발의된 나노기술 무기들 대부분은 기계를 겨냥한다. 생물학무기란 결국 인간을 죽이는 가장 이상적인 나노무기인 셈이고, 사람들은 한참 전부터 그런 무기를 만드는 작업을 해오고 있다.

만일 먼 미래에도 전쟁이 사라지지 않는다면, 우리는 복잡한 나노전쟁을 상상해야 한다. 그것은 현재의 인간-기계 무기 시스템이 하고 있는 모든 일을 대신할 수 있는 대단히 정교한 기계들을 전적으로 내세워 치르는 전쟁이다. 하지만 이것이 전쟁의 기본적인 문제를 해소하지는 않을 것이다. 대량살상 무기들을 괴롭히는 바로 그 역설들이 나노전쟁에도 적용된다. 또한 구체적으로는 정보전쟁, 일반적으로는 컴퓨터 전쟁이 직면한 동일한 아이러니와 망상들 때문에도 나노전쟁은 곤경을 겪을 것이다.

가장 첨예한 문제들로 이런 것들이 있다.

- **병사를 사이보그, 즉 무기 시스템의 일부로 변환시키는 것.**
- **정신 나간 전면전. 가장 효과적인 나노무기들은 핵무기나 생물학무기와 마찬가지로 더 이상 사용될 수 없다**(미치광이들은 예외지만, 결국 그들이 그런 무기들을 손에 넣을 것이다).
- **군인 사상자에서 시민 사상자로의 전환.**
- **전쟁 지역, 즉 공간의 확대. 이제는 단지 세계전쟁이 아니다. 바다 저 밑에서의 전쟁이고, 대기권 저 높은 곳에서의 전쟁이고, 우주에서의 전쟁이다. 또한 미시세계에서의 전쟁이기도 하다. 높은 고도**(우주)**와 심해**(탄도미사일 잠수함들과 비밀항로를 위한)**는 엄청난 군사적 이득을 주며, 초소형 사물들도 마찬가지이다. 미시세계를 통제하는 자가 정상 세계도 통제할까?**

- 군대와 문화, 혹은 둘 중 어느 하나가 기술적으로 발전할수록, 우리는 핵공격이나 정보전 공세 또는 나노기술에 의한 공격에 더 취약해진다. 정보전과 생물학전에 관한 효과적인 방어망을 구축하려는 시도가 아마도 나노 능력 성장의 주된 동기가 될 것이다.
- 공격이 방어보다 이롭다.
- 포스트모던 전쟁은 과도기적이다. 포스트모더니즘 그 자체는 분명히 근대와 미래 사이의 아주 짧은 기간에 불과하다. 같은 이야기가 포스트모던 전쟁에도 적용된다. 전쟁은 우리를 파멸시키거나(그래서 나노는 당치도 않다) 아예 금지될 것이다(나노는 감시기능을 통해 이런 결과를 내는 데 큰 역할을 할 수 있을 것이다). 혹은 태업 같은 낮은 수준의 분쟁과 잘 위장된 정보 혹은 생물 공격으로 변모할 것이다. '쿨 워Cool War(냉전보다는 조금 '따뜻한' 수준의 전쟁으로, 주로 첨단 과학기술 경쟁 등을 위미함 — 옮긴이)'는 프레더릭 폴Frederick Pohl이 쓴 공상과학소설의 제목이다. 쿨 워를 도시국가와 국민국가만이 치르지는 않을 것이다. 쿨 워의 주요 선수들은 회사들일 것이고, 그런 회사들은 아마 대부분의 국가들만큼이나(전부 다라고는 말 못해도) 중요한 위상을 가질 것이다. 나노기술은 물론, 생물학과 정보기술의 은밀한 잠재력이 냉전을 가능하게 할 것이다. 나노전쟁의 위험이 '단일 세계 국가'를 탄생시킬 수도 있다. 아마 끔찍할 정도로 효율적인 정부일 것이다. 그렇지 않다면, 정부가 무슨 의미가 있겠나?
- 기술의 경이에 대한 두려움은 군대로 하여금 치명적 잠재력을 지닌 모든 기술과학에 돈을 쏟아붓도록 부추길 것이다. 여기에 나노기술도 포함된다. 이미 일어나고 있는 일이다.
- 최첨단 무기들이 지닌 효율성에 대한 망상은 베트남과 아프가니스탄에서와 같은 재앙으로 이어진다. 그런 무기들이 엄청난 이점을 제공한다고 생각하는 나라들에서 특히 그렇다. 정글이든, 도시든, 도시 밖이든, 사막이든, 우주이든, 어디에서든 현실 속 기술의 산물들은 톰 클랜시Tom Clancy의 소설처럼 완벽하게 작동하지 않는다. 무기들은 실패하고, 전쟁은 여전히 정치놀음이며, 나노전쟁의 경우도 마찬가지이다. 얻을 것이 가장 많고 가장 많은 것을 기꺼이 잃을 준비가 되어 있는 문화가 대부분의 전쟁을 승리로 이끌 것이다. 하지만 반드시 그런 것만은 아니다. 그런 나라더라도 지도자들이 멍청하면, 결국

쉽게 지고 말 것이다.

내가 본 나노전쟁에 대한 일부 분석들은, 나노기술이 싸울 만하거나 이길 만한 전쟁들을 하게 할 것이라고 주장한다. 하지만 그렇지 않다. 컴퓨터에 관해서도 이런 이야기를 얼마나 많이 들어왔던가? 모든 조건이 똑같다면, 전투 시스템 안으로 새로운 무기를 가장 먼저 효과적으로 통합한 군대가 초반에는 승리할 것이다. 이것이 바로 제2차 세계대전 초반에 독일군이 승리를 거둔 이유였다. 그들은 탱크들을 넓게 펼치지 않고 전차군단을 만들었다. 그리고 가장 강력한 공군력을 전략 폭격에 활용하지 않고, 그 자원을 지상군을 지원하는 데 사용했다. 하지만 그들은 패배했다. 그 이유는 전쟁이 단지 기술로만 이기는 것이 아니기 때문이었다.

어쨌든 우리는 가장 효과적인 나노기계들이 무기의 기반이 되기보다는 감시나 조준용 장비가 될 것으로 기대할 수 있다. 기동성 없이 그저 무언가가 다가오기를 기다리는 많은 것들은 무력해질 것이다. 나노만큼은 아니지만 크기가 작은 기계들이 점점 더 흔해질 것이고, 일부는 살상력을 가질 것이며, 많은 것들은 원격으로 조종할 수 있을 것이다.

대다수의 사이보그 기술들처럼, 나노기술 역시 대개는 군사적 욕망과 패러다임들이 동력을 제공할 것이다. 이것이 미래에 어떤 종류의 사이보그와 사이보그 병사들이 존재할 것인지를 정해줄 것이다. 이러한 가능성과 이런 유형의 전쟁이 제기하는 정치 군사적 위험들은 사이보그 시민권에 반드시 영향을 미칠 것이다.

오늘날의 포스트모던 전쟁은 사업상의 경쟁, 정치와 전쟁 그리고 범죄 간의 경계선을 흐릿하게 만들기 시작했다. 나노전쟁과 정보전은 혼란을 더욱 가중시킬 것이다. 나노전쟁에 관한 나의 주장들 가운데 꽤 많은 사안들은 분명 범죄와의 전쟁에도 적용된다. 회사들과 자국의 정부기관들은 손쉽게 나노감시nanosurveillance 기술과 나노사보타주를 전개할 수 있다. 하지만 나노기술에는 분명 좋은 측면도 있는데, 더 길고 더 나은 삶을 제공한다는 것이다. 왜냐하면 사이보그 의료의 돌파구들은 상당수가 나노기술들을 통해 이루어지고 있기 때문이다. part 2에서 우리는 이런 측면을 탐구할 것이다.

cyborg
citizen

Part 2

널리 퍼져가는 사이보그들

chapter 5

정보의료와 새로운 신체

물론, 명확한 의미에서, 장기이식은 입을 쓰지 않는 식인주의의 한 형태이다.
즉, 한 사람의 살과 피를 빼앗아 다른 사람에게 주는 것이다.

스튜어트 영너 Stuart Youngner

디지털 육체

/

유죄 판결을 받은 살인자 조셉 저니건Joseph Jernigan이 자신의 몸을 과학에 바쳤을 때, 상황은 〈데드맨 워킹Dead Man Walking〉에서 '데드맨 디지털화'로 바뀌었다. 1993년, 텍사스의 이 죄수는 '비저블맨visible man'이 되었으며, 오늘날에는 그야말로 그에 대한 모든 것이 책과 CD 그리고 인터넷을 통해 전시되고 있다. 저니건이 15기가바이트의 데이터로 변신해 불멸하게 된 이유는, 그의 강도행각을 저지하던 75세 노인을 살해한, 극에 달한 그의 범죄인생을 기리기 위해서가 아니다. 그가 화학물질로 깔끔하게 처형당한 39세의 건장한 남성이었기 때문이다. 리사 카트라이트Lisa Cartwright는 그의 죽음을 이렇게 묘사한다.

교도관들이 저니건의 왼손에 정맥관을 꽂았다. 그리고 뇌의 호흡 조절 기능을 효과적으로 억제하는 약물을 주입했다. 정맥관은 텍사스 주의 징벌용 인공의수처럼 기능했다.

사형이 집행된 뒤, 콜로라도에 있는 '휴먼 시뮬레이션 센터Center for Human Simulation'로 신속하게 수송된 그의 시체는 젤을 채운 보관함 안에서 섭씨 영하 160도로 냉동되었다. 그는 수많은 후보 중 최고의 시체로 선택되었고, 그래서 네 등분되었다. 중세 시대에는 형벌이었을지 몰라도 지금은 단지 그의 불멸화 과정 중 하나의 단계에 불과했다. 네 개의 덩어리는 다시 1871개의 얇은 슬라이스로 썰어졌고, 각각의 슬라이스들은 비디오로 촬영되어 디지털 처리된 후 세밀한 데이터베이스의 일부가 되었다. 이로써 그의 몸을 3D로 아주 정교하게 재조립하는 것이 가능해졌다. 어찌나 정교한지 그의 가슴에 새겨진 용 문신을 보고 모두들 감탄할 정도였다. 해부학적으로 말해, 이 살인범은 이제 원형인간이다.

'비저블 우먼'은 살인자가 아니라 메릴랜드에 살던 59세 주부였다. 그녀 역시 사망한 뒤에 동일한 방식으로 처리되었다. 차이점은 기술의 진보 덕분에 그녀의 시신은 5천 개의 슬라이스로 잘렸다는 것이다. 이들 '비저블 맨'과 '비저블 우먼'은 현재 찾아볼 수 있는 디지털 처리된 신체 중에서도 최상의 사례들이다. 혈액가스 성분이든, 맥박수이든, 뇌파이든, 유전암호 그 자체이든, 인간의 모든 측면이 컴퓨터 정보로 전환되고 있다.

현대의학은 인체의 이런 수식화에 의존한다. 그리고 앞으로 과학자들이 실시간 스캐닝 도구들을 발전시키고, 다른 한편으로 우리의 육체에 생기를 불어넣고, 우리의 감정에 동력을 부여하고, 우리의 사유를 가능하게 하는 이 모든 나노 과정에 더 깊게 파고들어 갈수록, 이 과정은 계속해서 증가일로가 될 것이다. 이런 디지털화를 수반하는 모든 하이테크 의학은 결국 사이보그 의학이다.

의학을 통해 우리 자신을 개조하는 일 역시 점점 더 일상화되고 있다. 지방을 흡입하거나 삽입하고, 더 나은 외모를 만들기 위해 얼굴을 조각하고, 면역체계를 증진시키는 등 타고난 몸을 개선하기 위해 매년 수백만 건의 개입이 이루어진다. 이 모든 일들은, 사전동의의 성격에서부터 누구는 기초적인 케어도 받지 못해 죽어가는 마당에 엉덩이를 보기 좋게 만들겠다고 의료자원을 사용하는 지혜로운 판단까지 아우르는, 중요한 정치적 문제들을 제기한다. 사이보그 정치학의 또 다른 핵심 문제들은 번식, 퇴화, 죽음이라는 오래된 삶의 주기와 연결된다(사이보그의 생활주기를 추적한 chapter 6과 7을 보라). 발기보조기, 바이브레이터, 성전환수술 같은 의학의 발전 덕분에, 섹스 또한 사이보그적인 문제가 되었다(chapter 7과 9에서 설명할 것이다). 하지만 우선은 사이보그 의학에서 가장 빠르게 성장 중인 한 가지 양상을 살펴보자. 그것은 우리의 행동과 신체의 화학과정을 대대적으로 수정하기 위한 약물의 사용이 점점 증가하고 있다는 것이다.

향정신성 약물이나 기타 약물 사용의 폭발적인 증가는 다음의 세 가지를 바탕으로 한 획기적인 발전에서 비롯된다. 첫째, 호르몬과 기타 화학물질들의 균형을 조절하는 몸속 화학과정에 대한 상세한 이해이다. 예를 들어, 의식의 생화학에 대한 수학적 모형화는 특정한 정신적 효과를 불러일으키는 약물의 설계를 가능케 할 뿐만 아니라, 그런 약물이 신체에 야기할 효과들을 능률적으로 통제할 수 있음을 의미한다. 둘째, 활동 중인 뇌와 몸을 관찰하는 기술의 혁신이다. 실시간 3차원 뇌 스캔이 가능한 지금, 관찰한 내용을 과학자들이 완전히 이해하는 것은 아니지만, 어쨌든 이것은 약물의 측정이 개선되고 진척될 수 있음을 의미한다. 마지막으로, 사회에서 '나쁜' 것들로 소문난 불법적인 약물에 대한 증오가 공식적으로 허가 받은 '착한' 약물들에 대한 사랑과 짝을 이룬 것이다. 단지 뼈 손상이나 요실금이나 두통을 치료하기 위해서가 아니라, 정신을 맑게 하기 위해서 혹은 단지 행복한 기분을 느끼기 위해서 약을 먹는 것이 사회적으로 허용되었다.

제도화된 의학 없이 그저 영혼을 달래고 치유하는 것만이 가능하던 때 이후로 약물은 인간의 의식과 몸을 개조하는 데 사용되어왔다. 면역체계를 재설계하고(chapter 6을 보라) 보다 많은 약리적 개입이 가능해진 의학은 고통을 차단하고, 침입한 바이러스와 박테리아를 죽이고, 신체적 과정들을 개조하는 방대한 약물의 역사 위에 건설된 것이다. 일부 개입은 매우 위험한 부차적 결과들을 낳았는데, 인간의 신체와 다른 유기체들 간의 복잡하고 투과적인 인공두뇌학적 관계들을 조금 더 잘 이해했더라면 이런 결과들을 피할 수 있었을 것이다. 적당한 예로 항생물질을 들 수 있다. 인간이나 동물을 치료할 때 항생물질을 과다 사용하는 것은 우리가 죽이려고 했던 유기체가 새로운 저항 변형체로 진화하는 미세환경microenvironment을 만들어낸다.

새로운 이해는 전혀 새로운 차원의 특효약물들의 탄생으로 이어지고 있다. 프로작과 비아그라가 좋은 예들이다. 1998년 히트 상품인 비아그라는 인생을 더 길고 더 좋게 만들어줄 것으로 기대되는 '베이비붐' 세대 약물의 새로운 물결 중 하나이다. 그밖에도 이들 세대의 약물로는 프로페시아Propecia(탈모), 리피토Lipitor(콜레스테롤 저하), 에비스타Evista(골다공증) 그리고 데트롤Detrol(방광 조절) 등이 있다. 이런 약들이 지닌 극도의 시장성은 불멸을 바라는 인간의 공통적인 욕망, 시대를 막론하는 젊음에 대한 동경 그리고 자본주의의 잔인한 이윤 추구에서 나온다.

제약사업은 엄청난 수익을 가져다준다. 미국 제약회사들이 1998년 한 해 동안 연구에 쏟아부은 돈은 2백억 달러가 넘는다. 화이자 사는 비아그라 출시 이전인 1997년에도 22억 달러의 수익을 올렸다. 제약사업의 이윤은 믿을 수 없는 속도로 커지고 있다. 약품 생산과 이윤 간의 관계가 언제나 분명한 것은 아니다. 예를 들면, 대형 제약회사들은 시장성이 크지 않을 것이라는 추정으로 새로운 항생물질 연구를 중단했다. 하지만 기존에 생산한 항생제를 정량 이상으로 과도하게 처방하라고 부추긴 제약회사들로 인해, 평범한 박테리아조차 가장 강력한 항생물질에 저항하게 되었고, 이런 현실에서 앞선 추정은 잘못된 것으로 밝혀졌다. 하지만 새롭고 더 강력한 항생제는 아직 준비되지 않은 실정이다. 21세기 초기의 매우 중대한 건강위기가 될 수 있는 이 사태는 이윤의 극대화라는 절대적 명령에 따라 그 결론이 내려질 것이다. 경제는 언제나 정치적이며, 특히 이윤이 의료정책을 결정할 때는 더욱 그렇다. 설령 박테리아의 진화나 다른 외부요인들에 의해서 인과고리가 복잡해진다 하더라도 그렇다.

약물과 관련된 많은 정치적 문제들은 예측이 훨씬 수월하다. 미국의 민영의료보험 조직인 HMO 몇 곳이 비아그라에 대한 의료보험 처리를 거부했다가 즉시 공격을 받았다. 이것은 나이든 남성의 비율이 압도적으로 높은 국회 입법자들이 열의를 갖고 있는 쟁점이다. 하지만 그랬던 사람들이 여성에게 산아제한이나 임신 관련 서비스를 제공하도록 HMO를 압박하는 일에 같은 에너지를 쏟지 않는 사실이 놀랄 일은 아니다. 의료는 공짜가 아니며, 그래서 의료의 배분에는 당연히 계층의 문제가 개입한다. 정부 차원의 건강정책의 경우에는 더욱 그렇다. 더 많은 사이보그 기술들이 이용 가능해졌을 때, 누가 그런 기술들을 더 쉽게 접할 수 있을 것인가? 오로지 부자와 보장보험이 잘된 사람들이지 않을까?

새로운 향정신성 약물들 또한 놀라운 정치적 파급효과를 불러일으킨다. 프로작처럼 기분을 끌어올리는 약물들이 범람하는 판국에 마약전쟁의 의미는 도대체 무엇일까? 우울증 치료와 환각 상태의 경계는 무엇인가? 가벼운 우울증이 화학적으로 치료될 수 있다면, 이것을 정신질환으로 분류해야 할까? 행동이 다소 엉뚱한 사람을 위한 미용 차원의 인격수술이 존재할까? 신체 생화학에 대한 우리의 이해가 엄청나게 증가했다는 것은 개입 가능한 범위가 급속하게 확대되고 있음을 의미한다. 언짢은 기분부터 노화에 이르기까지 모든 것을 치료하길 원하는 유혹은 실제로 매우 강렬해질 것이다. 사이보그의 직접적인 개입이 이미 놀라운 범위까지 확대되어 있는 것을 볼 때, 우리의 몸 전체가 개선될 여지는 이미 충분하다.

의학적인 개조

/

사이보그들에 집중해서 TV를 본다면, 그들이 거의 매주 〈ER〉이나 〈시카고의 메디컬〉 같은 의학 드라마에 출연한다는 사실을 알게 될 것이다. 유전공학부터 이종異種 기관 이식술까지, 거의 매 회 전형적인 사이보그 의료의 모든 문제들이 집중적으로 다뤄진다. 하지만 〈시카고 메디컬〉 속 '반신인간half-man'처럼 가끔은 나조차 놀라는 이야기가 주제일 때도 있다. 주인공은 인종차별주의자 소방관으로, 암에 걸려 죽고 싶어 한다. 그때 시카고 메디컬의 친절한 의사들은 그와 사이가 소원한 그의 아들을 데려오고, 그는 의사들이 제안한 지독한 수술을 견디기로 결심한다. 하반신 절단 수술로 목숨을 건진 그는 기계에 끼워진 채 자신의 아들이 인종차별주의자로 성장하는 모습을 보겠다는 걸까? 드라마는 심지어 흑인 의사의 도움으로 그 소방관이 혹시 인종차별주의에서 벗어날 수 있지 않을까 암시하기까지 한다. 사이보그화된 반신인간으로 그에게 인종은 그리 중요한 것이 아닐지도 모른다. 어쨌든 그의 세계관은 확실히 변할 것이다.

이런 '반신半身'이라는 선택권은 사이보그 기술이 사람들을 개조할 수 있는 많은 방법들 가운데 하나일 뿐이다. 머리에서 발끝까지 인간의 몸을 빠르게 훑어보라. 의학이 인간을 개량할 수 있는 방법들이 얼마나 많을지 금방 떠오를 것이다.

머리 부분에서 가장 발전된 인공이식은 귓속 달팽이관을 대체하는 백금이나 유리 소재로 만든 전극이다. 이 전극이 소리 파장을 포착해 청각 신경으로 직접 중계해준다. 연구자들은 이 정보를 음성처리용으로 이식된 컴퓨터들과 연결하는 방법도 연구하고 있다. 정신적 외상을 입은 피해자에게는 반영구적 신경 프로브neural probe를 설치해 대뇌 분비액의 압력을 모니터하고, 그에 따라 약물을 직접 공급하게 한다. 더 나아가 전기 자극과 생화학적 자극을 이용해 신경기능장애를 치료하는 '뇌신경 조종기brain pacemaker'에 대한 의미 있는 연구도 진행 중이다.

연구자들은 또한 인공안구 연구가 뇌의 시각피질에 직접 부착된 전자패치를 통해, 시각정보를 제공하는 극소형 카메라의 탄생으로 이어지기를 희망한다. 인공기도氣道가 이식되고 있으며, 현재 인공흉선胸線과 인공 림프샘에 대한 광범위한 연구도 이루어지고 있다.

심장은 생체역학적 개입이 이루어지는 주요 장소이다. 전 세계적으로 수백만 개의 심장박동 조절장치와 인공판막뿐만 아니라, 수십만 개의 제세동기가 심장에 삽입되어 있다. 이런 미니어처 심장소생용 기계들은 심장발작의 발생 가능성을 감지했을 때 심장에 즉시 전기충격을 가한다. 비록 인공심장이란 것이 실제 심장을 이식받기 전까지 환자들이 생존할 수 있도록 하는 임시 가교의 역할로만 성공을 거둔 상태이지만, 이외에도 다양한 심장보조기기들이 있다. 그중 상당수는 영구 이식장치로 사용되는 피드백 회로들이다. 인공심장은 인공신장과 인공간에 대한 이야기들과 함께 논의할 것이다.

몸을 따라 아래로 더 내려가면, 인공방광과 인공괄약근에 대한 의미 있는 연구도 이루어지고 있다. 성전환자들이나 상해를 당한 남성들에게 활동력 없는 인조 고환이 적용되고 있으며, 다음 장에서 설명하겠지만, 음경 이식에 대해서도 상당히 많은 노력이 성과를 거두었다. 또한 말 그대로 수백만 개의 인공관절들이 엉덩이, 무릎, 발목, 팔꿈치 그리고 손목에 이식되어 있다.

몸에 심는 전기자극 시스템들은 점점 더 정교해지고 있다. 횡경막을 자극해 수면장애, 호흡장애와 싸우고, 배뇨를 유발하고, 배변을 개선하고, 하반신 마비 환자들의 발기를 촉진하고, 하반신 마비 환자와 사지마비 환자들의 위축된 근육을 자극한다. 외골격 다리, 보속 감지장치, 컴퓨터 보행 프로그램의 조합을 통해 하반신 마비 환자들이 걸을 수 있게 되는 경우도 있다. 신경, 근육 그리고 전기역학적 긴장도 측정기를 함께 이식해 안면이나 여타 부위의 마비 증상을 치료한 초기 실험들에서는 희망이 보였다.

복합생체 재료들, 그중에서도 고분자로 선腺, 세포, 관管, 피부, 뼈, 연골 같은 생체조직을 모방하는 연구가 진행 중이다. 이런 것들은 대개 포유류의 감염세포가 고분자 젤polymeric gel이나 지지체scaffold로 자랄 수 있게 해주는 '하이브리드'들이다. 혈액의 해독을 위해 활성

탄을 매우 얇은 세포막에 넣어 혈류에 주입했던 1969년 이후, 인슐린, 항체, 항콜레스테롤 화합물, 효소 그리고 요소尿素 변환기가 들어가 있는 원형세포를 포함한 인공세포의 발전이 꾸준히 이루어져왔다.

이런 인공기관 의술의 물결이 어떤 의미를 갖게 될지 이해하는 데 도움이 될 몇 가지 구체적인 기술들로서, 의족과 의수, 인공신장, 인공간, 인공심장을 차례로 고찰할 것이다. 여러모로 인공기관의 사용은 인간이 아니라 시스템의 완전성을 추구하는 것이다.

최근에서야 비로소 중세의 인공기관을 넘어서는 진정한 발전이 이루어졌다. 1967년 뛰어난 연구자였던 D. S. 매켄지D. S. McKenzie는 이렇게 예측했다.

> **내가 보기에는 중앙신경계를 인공기관 통제 시스템과 '온라인'으로 연결하는 것이 가능해졌을 때에야 비로소 외부동력으로 움직이는 사지의 진일보가 이루어질 것이다.**

매켄지 박사는 '잘 설계된 갈고리가 수많은 소위 기능적인 손들보다 더 잘 기능'하며, 자가동력의 인공두뇌학적 사지들이 과연 재래식 신체 동력 인공사지보다 조금이라도 더 나을 것인지는 "실제로 매우 의심스럽다"는 점을 인정했다. 하지만 그는 위치를 통제하는 서보servo 장치와 공기압축 밸브에 대한 연구 작업이 '인간-기계 인터페이스를 제일 먼저 침해하게 될 것'으로 내다보았다. 그가 옳았다. 1990년대에 이르러 자가동력 인공기관들은 훨씬 더 효율적으로 개선되었을 뿐만 아니라, 인간의 신경계가 전기자극과 모니터링을 통해 '온라인on line'됨으로써 절단수술 환자들과 하반신 불구자들, 심지어 전신마비 환자들도 자신의 근육이나 신경 활동 혹은, 이 두 가지를 모두 이용해 사지를 통제할 수 있게 된 것이다.

오늘날 근육 안팎으로 설치된 감지기들은 근전도 신호들을 포착해 자가동력 인공기관으로 전달되는 구체적인 명령들로 전환한다. 뇌에서 직접 잡히는 뇌파 신호들이 쉽게 통제되거나 이해되지는 않지만, 이런 것들도 특히 군대에서 실험을 통해 현재 검사되고 있는 중이다.

머리의 움직임(가속도계가 추적하는)과 음성 명령을 이용해 미리 프로그램화되어 있는 행동을 하게 만드는 프로젝트들은 이보다는 덜 '침해'적이다. 이를 통해 컴퓨터 유도식 인공기관들을 통제하고, 불구자들이나 공군 조종사들, 운전병들이 로봇 팔을 자기 마음대로 부릴 수 있게 한다. 불구자들은 먹기 위한 동작들, 전화걸기, 그 밖의 다른 많은 소소한 집안일까지 수행할 수 있다. 군대는 무기를 조준하고 발사하는 일, 하늘을 날고 차량을 운전하는 일, 시각 디스플레이를 불러내는 일 그리고 피해 통제 활동에 초점을 맞추어왔다. 현재는 인공기관들이 환자의 생존을 위해 원래 기관의 기능들을 복구하는 수준에만 머물고 있지만, 새로운 인터페이스들과 인공기관 기술들은 인간의 능력을 단지 복구하는 것 이상의 잠재력을 가지고 있다.

신장이나 간이 완전히 손상되었다면, 피를 청소하는 기능은 진짜 기관이나 진짜에 아주 가까운 모조품을 필요로 한다. 하지만 그런 기관들의 발전이 늘 생명이 죽음을 이기는 확실한 결과를 낳는 것은 아니다. 때로는 연장된 죽음과 연장된 생명 사이에 현재진행형의 긴장이 존재하는데, 이것은 인공신장의 발전 과정에 확실히 적용되는 이야기이다. 저명한 연구자인 닐스 알월Nils Alwall 박사는 초창기의 어떤 사례를 들며 이 점을 인정했다. 그리고 "그 치료의 기술적인 결과는 만족스러웠다. 하지만 환자는 그다음날 죽었다"라고 덧붙였다.

인공신장은 최초의 인공장기였지만, 발명 당시에는 그다지 효과적이지 않았다. 1913년에 시작된 연구는 거듭된 실험 끝에 1944년이 되서야 비로소 성공적인 인공신장을 만들어냈다. 당시 윌렘 콜프Willem Kolff는 나치 치하의 네덜란드에서 회전통 투석기를 만들었다. 콜프의 첫 환자들은 거의 대부분 사망했다. 투석이 시작된 초창기에는 다른 요독증 치료법들이 신장 기계보다 훨씬 더 좋은 성공률을 보여주었다. 1949년 〈브리티시 메디컬 저널British Medical Journal〉은 50퍼센트의 성공률을 보인 식이요법과 5퍼센트의 성공률을 보인 혈액투석을 비교했다. 그 해에 《의료연감》은 인공신장에 관해 통용되고 있던 지식에 문제를 제기했다. 그리고 영국과 네덜란드에서 혈액투석이 중단되었다. 하지만 결국에는 인공기관의 연구가 신장 기능 장애의 가장 효과적인 치료법을 낳을 것이라는 인공기관 옹호자들의 약속이 옳았다.

많은 연구자들은 휴대용 인공신장을 연구하고 있지만, 투석환자 대부분은 일정 시간 신장기계에 연결되어 있어야 한다. 이런 종류의 간헐적 혹은 일시적 인간-기계 공생을 '세미 사이보그'라고 이름 붙일 수 있다. 이 사이보그의 범주는 가정 투석이 더욱 일상화되고, 음식물 공급이나 약물주입 혹은 혈액청소(인공간을 가지고 하는 것과 같은) 같은 다른 기술들이 발전할수록 더 확대될 것이다.

유기체와 비유기체 간의 이런 교섭에는 동물들도 포함된다. 인공간은 '기계-인간-동물' 공생의 분명한 사례를 제시한다. 비록 아직은 효과적인 인공장기를 생산해내지 못하고 있지만 말이다.

뛰어난 인공간 연구자인 일본의 모토카즈 호리Motokazu Hori는 자신이 직접 경험한 연구 역사를 다루면서, 인공간에는 세 가지 발전의 흐름이 늘 있었다고 언급한다. 그것은 생물학적인 발전, 인공적인, 즉 비유기체적인 발전 그리고 혼성적인 발전이다. 간은 믿을 수 없을 정도로 복잡하기 때문에 생물학적이고 혼성적인 접근이 가장 성공적이었다. 비유기체적인 혈액정화 기법들은 때로 간성혼수hepatic coma에 빠진 환자들의 의식을 되찾아주곤 하지만, 환자의 간을 구해주지는 않는다. 아직까지는 생체 간세포들만이 담당할 수 있는 다양한 신진대사기능들을 대행할 수 없기 때문이다. 호리는 약간 변명조로 이렇게 결론을 내린다.

난관에 부딪힐 때마다 완벽한 인공장기를 개발하는 '전능자'인 척하는 것은 불가능하다. 그렇기 때문에 혼성 시스템의 개념과 구체적인 기술들을 적용할 수 있는 길을 찾아야 한다.

실제로 1956년에 만들어진 최초 인공간은 '이종異種 혈액투석기와 합체된' 살아 있는 개의 간을 인간에게 이식한 것이었다. 그 이후의 모든 성공적인 인공간 시스템 역시 혼성적인 형태였으며, 대부분 일본에서 개발되었다. 1979년 일본은 국가적 프로젝트로 인공간 개발에 본격적으로 나섰다.

장기이식이나 혼성 시스템에 동물들을 직접 이용하면서 연구용 동물의 역할은 더욱 중요해졌다. 그간의 인공장기 연구에서 동물실험은 결정적이었고 여전히 그렇다. 토끼, 양, 돼지, 송아지, 개, 쥐, 햄스터를 포함한 다른 모든 동물들은 인공장기를 시험하는 데 셀 수 없을 만큼 사용되었다. 특히 송아지들은 인공심장 연구에서 핵심적인 역할을 했으며, 시범적인 원형 인공심장들의 성공여부는 주로 송아지를 얼마나 오랫동안 살아 있게 하는지를 기준으로 판단된다. 이런 작업은 필연적으로 매우 잔인한 경우가 많고, 많은 동물들의 고통과 때로는 끔찍한 죽음이 수반된다. 인공심장이 너무 높은 혈압을 일으켜 말 그대로 송아지가 터지는 일들이 벌어졌던 것이다.

동물연구와 이종기관 이식은 사이보그의 의학적 해결책들이, 설령 인간에게 완벽하게 적용된다 하더라도 유기체의 고통에서 자유롭지 않다는 것을 증명한다. 이런 해결책들은 또한 경제적으로나 심리적으로 혹은 정치적으로도 자유롭지 않은데, 인공심장 이야기가 이 점을 가장 잘 입증해준다.

인공심장

/

기계심장은 거의 공상과학소설이나 소망에 가깝다.

덴튼 쿨리 Denton Cooley **박사가 최초 인공심장 이식수술을 집도하기 아홉 달 전에 하스켈 카프**Haskell Karp**에게 한 말**

1969년 4월 8일경, 하스켈 카프는 텍사스 주 휴스턴에 있는 성聖 누가 병원에서 덴튼 쿨리 박사와 도밍고 리오타Domingo S. Liotta 박사를 비롯한 여러 의사들이 집도한 실험적 수술의 결과로 사망했다. 동물실험에만 승인된 장비를 사용한 피고소인들은 카프의 몸에서 심장을 적출하고, 여기에 기계장치를 이식했다. 기계심장은 실제로 동물에게조차 적절하게 시험한 적이 없었으며, 인간을 대상으로 한 것은 당연히 이번이 처음이었다.

불법행위에 의한 사망 건으로 하스켈 카프 부인의 고소문

인공심장은 인공신장에 비해 의료적 파급력이 확연히 떨어지지만, 신화적이고 은유적인 반향들을 낳은 바람에 가장 널리 알려져 있다. '완전한 이식이 가능한 인공심장TIAH'은 1957년 미국의 클리블랜드 클리닉에서 최초로 사용되었다. 윌렘 콜프와 테츠즈 아쿠츠Tetsuze Akutsu가 개의 심장을 두 개의 소형 심장 펌프로 교체했다. 이 개는 약 90분간 생존했다. 이후로 TIAH에 대한 연구가 지속적으로 이루어졌고, 그 안에는 송아지, 돼지, 양, 개 그리고 사람을 대상으로 수십 개의 상이한 모형들을 사용한 수천 건의 수술도 포함된다. 이 연구는 다른 '보조' 장치들의 발전과 중첩되었다. 특히 대부분의 펌프 작용이 이루어지는 심장의 좌심실에 쓸 장치들이 그랬다. 다양한 동력원들이 고려되었고, 그중에는 열을 생산하는 핵 방사성 동위원소, 체내 골격근 그리고 가장 성공적인 것으로 리튬전지를 비롯한 여타 개선된 축전지들이 포함된다. 혈액 친화적인 인공심장 소재와 인공심장 혈관에서도 엄청난 진보가 있었고, 아직까지 완벽한 TIAH에 이르지는 못했지만, 수만 명의 심장병 환자들이 혜택을 받았다. 최근에는 소형화된 조절 시스템들이 개발되어 바이오피드백biofeedback이나 외부 프로그래밍(혹은 그 두 가지 방법 모두)을 통해 심장을 몸의 요구에 일치시키고 있다.

인공심장 연구재원의 상당액은 미국 국립보건원NIH에서 나온다. 클리블랜드 클리닉 같은 독립적인 비영리 의료기관들, 재단들 그리고 베일러대학교, 라이스대학교, 유타대학교 같은 대학 의료 프로그램들 또한 인공심장 연구에 의미 있는 자원을 제공했다. 마찬가지로 몇몇 의료복합기업들과 인공심장 연구자들이 직접 설립한 신생 회사들도 그런 일을 하고 있다.

인공심장은 정치적이고 심리적인 영향들뿐만 아니라 아주 커다란 경제적 이해득실 때문에도 주목받았다. 마이클 스트라우스Michael Strauss가 그의 논문 〈인공심장의 정치적 역사The Political History of the Artificial Heart〉에서 자세히 밝힌 것처럼, 인공심장 그 자체는 생물의학의 혁명에서 탄생했다. 그것은 '대체로 정치적 성격의' 혁명이었으며, '이해관계가 있는 의원들, 힘 있는 NIH 국장들 그리고 달변인 과학 로비스트들로 이루어진 연합군'이 이루어낸 것이었다. 1970년대 후반에 이르러, 인공심장 프로젝트는 일정 정도의 자율성과 과학적이고 정치적인 측면 모두에서의 추진력을 얻었다.

종종 무시되곤 하는 또 다른 요인은 지역적 문화역학이다. 르네 폭스Renée Fox와 주디스 스웨이지Judith Swazey는 유타 주가 인공장기 연구의 중심지가 된 것은 그곳이 모르몬교의 정신적 고향이기 때문이라고 주장한다. 모르몬교는 토마스 오데아Thomas O'Dea가 '가장 미국적인 종교'라고 부른 교파이다. 모르몬교는 문제를 바라보는 매우 진취적인 태도, 전통적인 진보사상에 대한 대단한 신념 그리고 몸의 완전성에 대한 믿음을 가진 종교이다. 윌리엄 드브리William DeVries를 비롯해 인공심장 프로그램에서 주도적인 역할을 하고 있는 많은 사람들은 모르몬교도들이다.

인공심장을 비롯한 대부분의 최첨단 사이보그 개입 사례들에서 주목해야 할 두 가지 경제적인 쟁점이 있다. 첫째, 인공심장을 개발하고 사용하는 데 쓴 돈이 다른 곳에 사용되었더라면 더 많은 목숨을 건질 수도 있었다는 것이다. 예방의학이나 빈곤층 의료 서비스를 예로 들 수 있다. 인공심장을 찬성하는 사람들은 흔히 인공심장의 수혜자들이 다시 경제활동에 참여하면서 얻게 될 이득을 추정한 결과로 개발 프로그램을 옹호하는 반면, 예방의학과의 비교는 결과가 눈에 뻔히 보인다는 이유로 피하려 한다. 자원이 무한하다면야 인공심장을 개발하기 위한 긴급 계획은 당연히 의미 있는 일이겠으나, 실상 의료자원은 유한하다.

두 번째 경제적인 요인은 인공기관들이 큰 수익을 가져올 가능성이 있기 때문이다. 이런 이유로 자금을 지원하는 신생 제약회사와 연구자들이 늘어나고 있다. 당장 눈앞에 이윤이 있는 것은 아니지만, 선전 효과를 통해 얻는 이득이라는 측면에서 화려한 인공기관 연구의 진흥은 꽤나 공들일 만한 일이 된다. 그 예로 미국의 의료 서비스 업체인 휴매나 사는 유타대학교의 심장 전문의 윌리엄 드브리 박사를 영입했다. 그는 유타대학교 자체 연구센터에서 바니 클락Barney Clark에게 유명한 인공심장 이식수술을 집도했던 인물이다. 그가 휴매나에서 첫 번째 이식수술을 집도하고 나자, 그 업체가 운영하는 HMO에 등록한 회원수가 여섯 달 만에 두 배로 증가했다. 당시 〈비즈니스위크Business week〉 지가 지적한 대로, 그의 영입은 이미 확실하게 본전을 뽑았다.

휴매나의 회장인 윌리엄 체리William Cherry는 영리추구만이 자극제는 아니었다고 강하게 항변했다. 그는 "나의 심장은 다른 사람의 심장만큼이나 윤리적이다"라고 했다. 하지만 드브리가 단지 윤리적인 이유 때문에 자리를 옮긴 것은 아니다. 드브리는 유타대학교에 환멸을 느끼고 있었다. 인간 피실험자들을 대상으로 하는 모든 실험을 승인하게 되어 있는 교내 임상시험심사위원회IRB가 클락의 이식수술을 여러 가지 근거에서 비판했기 때문이다. 유타대학교의 여섯 건의 이식수술이 미연방 약물관리청FDA에 의해 사전 승인되었는데도 불구하고, 유타대학교의 IRB는 한 번에 한 건씩만 승인해주었다. 휴매나의 이사장인 데이비드 존스David Jones는 드브리를 영입하는 과정에서 그에게 이렇게 물었다. "잘 작동하는지 판단하기 위해 얼마나 많은 심장이 필요하시오? 열 개면 충분하겠소?" 드브리가 그렇다고 하자, 존스는 "열 개가 충분하다면, 당신에게 1백 개를 드리죠"라고 대답했다. 드브리가 오자마자, 휴매나의 IRB는 그에게 여섯 건의 이식수술 집도를 추가로 허가했다. 하지만 결국 세 건밖에 수술하지 못했고, 세 건 모두 실패했다. 그렇다면 경제성만이 실험적 이식수술의 유일한 동기일까? 절대로 그렇지 않다. 심리적인 이유도 존재한다.

인공심장 연구에 동기를 부여하는 주요한 요인은 아마도 죽음일 것이다. 콜프는 다음과 같이 말했다.

> **사람들은 죽고 싶어 하지 않는다. 그리고 어떤 정부위원회도, 어떤 FDA 규제도, 어떤 도덕적이거나 신학적이거나, 심지어 경제적인 고려들도 그 소망을 꺾지 못한다.**

죽음은 기금운영자들을 자극하고, 특히 심장질환을 앓고 있는 노령의 정치인들에게 더 자극적으로 다가온다. 죽음은 환자들을 포기하고 싶지 않은, 그리고 아마도 다른 사람들만큼이나 죽음을 두려워할 의사들도 자극한다. 그리고 죽음은 결국 임상실험 대상자로 생을 마감하고 마는 수많은 환자들을 확실히 자극한다.

아마 명예와 부에 대한 욕망도 인공심장 연구자들 사이에서는 죽음을 정복하고자 하는 욕망만큼이나 중요할 것이다. 덴튼 쿨리 박사가 분명한 사례이다. 인공심장을 인간에게 이식한 최초의 외과의사가 되고 싶은 열망 때문에 그는 NIH 및 다른 감독기관의 규정들을 수없이 위반했고, 심지어 다른 연구팀의 심장을 가로채는 일까지 저질렀다. 1969년 쿨리 박사는 자신의 환자인 하스켈 카프에게 인공심장을 이식했다. 이 심장은 이식할 심장을 구하게 될 때까지 '임시적인' 역할을 하는데 불과했지만, 어쨌든 이 수술로 쿨리 박사는 역사의 한 토막을 장식할 수 있었다. 하스켈 카프는 인공심장을 달고 3일간의 유쾌하지 않은 삶을 살다가 기증받은 심장으로 하루를 더 살고 사망했다. 인공심장이 이미 그를 죽음으로 몰고갔던지라, 기증된 심장은 그저 낭비에 불과했다.

다이애나 듀튼Diana Dutton은 '그 환자에게 과학적인 진보나 혜택을 합리적으로 기대할 수 없었다'는 점을 들어 쿨리의 행위가 윤리적으로 수상쩍다고 지적한다. 쿨리가 가로챈 심장을 만들었던 연구팀의 책임자 마이클 드베이키Michael Debakey는 쿨리를 베일러대학교에서 쫓아냈다. 하지만 쿨리의 경력에는 전혀 문제가 되지 않았다. 그는 텍사스 심장연구소Texas Heart Institute로 자리를 옮겼고, 심지어 다음해에는 미국인공장기협회ASAIO, American Society for Artificial Internal Organs 연례총회에서 동료들의 기립박수까지 받았다.

10년이 더 지난 뒤, 유타대학교 연구팀이 곧 또 다른 인공심장 이식수술을 시도한다는 소식을 접한 쿨리는 자기가 먼저 수술을 집도하려고 황급하게 서둘렀다. 이번에도 역시 유기체 장기이식의 임시가교 역할을 할 인공심장 이식이었다. 그의 환자는 일주일 동안(그중 이틀은 인공심장을 단 상태였다) 고통에 시달리다 결국 사망했다. 이번에도 쿨리는 지역 IRB의 승인을 받지 못한 상태였고, 허가 없이 새로운 의료장비를 사용함으로써 FDA의 규정을 위반했다. 그는 FDA의 경고를 받았으나 대중 앞에서 그 경고를 조롱했다.

쿨리는 확실히 파렴치하고 거만한 인간이었다. 다른 사람들도 FDA 규정 등 여러 규정들을 위반하긴 했지만, 어떤 인공장기 연구자도 그렇게 적나라하게 대중적 인기에 대한 열망을 드러내며 환자들의 생명을 무시한 적은 없었다. 하지만 정도는 덜 하겠지만 쿨리의 오만과 의욕은 모든 연구자들에게 나타난다. 어떤 이는 쿨리 논쟁에 대해 이렇게 말했다.

> 인공심장에 매달리는 사람이라면 누구든 매우 야망에 가득찬 사람임에 틀림없다. 일이 잘 풀리기만 한다면, 곧장 불멸의 명성을 얻을 가능성이 생기기 때문이다.

이 이야기는 모든 형태의 유기체 장기이식에 적용 가능하다. 그 대상이 산 사람이든 죽은 사람이든, 사람으로부터이든, 아니면 이종 기관 이식의 경우처럼 동물로부터이든 말이다.

자연 이식

/

1992년 장기이식의 사회적 의미에 대한 연구를 선도하던 두 명의 학자 르네 폭스와 주디스 스웨이지는 이 분야를 떠나며 이렇게 말했다.

우리는 장기 교체를 통해 사람들을 고치고 재건해서 생명을 끝없이 영속화하는 일에 우리가 의학적으로나 사회적으로나 지나치게 열광적으로 몰두하고 있다는, 누구나 다 아는 이 사실을 의도적으로 남의 일인양 도외시하고 있다. 그런 검증되지 않은 과도함이 결과적으로 야기할 수 있고 또 이미 야기하고 있는 인간의 고통과 사회적이고, 문화적이고, 정신적인 해악에 대해서도 마찬가지이다.

이식 전문의와 그 수혜자들을 몇 년간 관찰한 뒤, 폭스와 스웨이지는 세 개의 '주제'가 그 장기 거래를 지배한다고 말했다. 주제의 불확실성, 선물 교환 그리고 희소자원의 할당이다. 이 세 가지 힘의 상호작용은 매우 정치적이다. 불확실성은 최첨단의 사이보그적 관행들이 지닌 수학적인 현실들을 대변한다. 결과를 확실하게 예측할 수 없다면, 누가 그것을 결정할 것인가? '선물 교환gift-exchange'을 핵심요인에 포함한 것은 정치가 희소 자원의 할당을 결정한다고 하는, 자주 간과하곤 하는 사회 현실을 전면에 부각시키기 때문이다.

이식에는 언제나 불확실성이 존재한다. '고형 장기' 이식의 성공 사례는 최초의 성공적인 신장 이식(1951), 간 이식(1963), 심장 이식(1967) 그리고 폐 이식(1981)으로 이어지며 꾸준히 증가했다. 하지만 이식수술은 아직도 종종 실패한다. 발전 초기에는 이런 수술의 실패가 거의 1백 퍼센트에 달했다. 이런 수술을 선도한 과학자들에게 '실패할 용기'가 필요했던 이유이다. 환자들에게 죽을 용기는 필요치 않다. 그들은 이미 죽어가고 있었기 때문이다. 환자들에게는 고통 속에서 희망을 갖는 용기가 절실히 필요하다.

면역체계에 대해 완전한 이해가 있기 전까지는, 일란성 쌍둥이가 서로 장기를 이식하는 것이 아니라면, 모든 장기이식에 거부반응이 있을 것이다. 하지만 폭스와 스웨이지는 '이식 공동체'가 이런 논의를 피하고 있으며, 거부반응이란 대체로 짝이 맞지 않는 경우에만 발생하는 현상인 것처럼 수혜자들이 추측하게 만든다는 것을 관찰했다. 수술 후 신장 거부율은 10년 이내에 50퍼센트이며, 심장의 경우에는 5년 이내에 거의 비슷한 비율이 나타난다.

기증자의 수 때문에 이식 가능성은(여기에는 췌장과 심장-폐 결합 이식도 포함된다) 극히 제한적이라서, 의사들은 지속적으로 새로운 장기 공급원을 탐색하고 있다. 이를테면 임시방편으로 손상된 장기를 수선해 재활용하거나, 혹은 도미노식 기증 수술을 시행하는 것이다. 즉, 기증받은 장기를 한 환자에게 이식하면서 그에게서 적출한 장기를 다른 환자에게 이식하는 것이다. 이 모든 방식들은 불확실하다.

확실한 것은 이식이 성공적이든 아니든 간에, 살아 있는 기증자에게서든 죽은 사람에게서든 장기기증은 한 사람이 다른 사람에게 줄 수 있는 최고의 선물이라는 것이다.

선물 관계의 중요성은 '살아 있는' 사람이 온전한 신장과 간 혹은 폐엽을 기증하는 경우에 특히 분명하게 나타난다. 대부분의 살아 있는 기증자들은(대개는 친척들이다) 위급한 목소리를 듣고 그 어떤 심사숙고도 없이 자신들의 장기를 제공한다. '생명'이라는 선물을 제공하려는 이 욕구가 너무 강하기 때문에 심리적인 이유나 사회적인 이유에서 기증자를 거부해야만 할 때, 흔히 의사들은 그 잠재적 기증자가 생물학적으로 적합하지 않다는 식으로 둘러서 통보하곤 한다. 그런

'살아 있는' 기증자들에게는 가혹한 결과가 닥칠 수도 있는데, 여기에는 죽음도 포함된다. 이런 위험을 접하는 많은 생명윤리학자들은 예를 들어, 부모가 자녀에게 장기를 기증을 할 때 이 기증 동의가 강요된 것이 아니라고 분명하게 말할 수 있는지를 우려한다.

극단적 암치료법인 골수 이식의 경우, 부모가 아픈 아이에게 생물학적으로 잘 맞는 짝을 구해준다는 희망에서 새로 아기를 갖는 경우도 증가하고 있다. 1984년부터 1989년까지 최소 40명의 아기가 죽어가는 형제자매를 살리려는 목적으로 태어났고, 그중 여덟 명은 기증자가 되었다. 이식을 통해 스무 살 언니의 생명을 구한 멜리사 아얄라Melissa Ayala라는 아기의 이야기는 아주 유명하다. 아얄라의 부모가 이 아기를 원한 것은 어쨌든 사실이지만, 이런 사례들은 많은 사람들이 우려할 만한 수많은 쟁점을 야기했다.

폭스와 스웨이지는 '강압적인 선물'이 낳게 될 파급효과와 만약 그 선물이 실패한다면 그 가족이 과연 어떤 감정을 가지게 될 것인지에 대해서도 의문을 가진다. 물론 다른 역할도 있겠지만, 어떻게 보면 새로 태어난 아기는 어쨌든 일종의 생물학적 공장이기 때문이다. 이 쟁점은 연구자들이 바이오파밍bio-pharming(의약품으로 사용하기 위해 유전자를 조작한 식물을 재배하는 것, chapter 8을 보라)의 발전을 깨달을 때 더 분명해진다. 아마도 우회적인 골수 생산방식은 곧 구닥다리가 될 것이기 때문이다.

선물 수용 역시 수혜자의 변형으로 인해 복잡해진다. 생물학자들은 여러 명의 유전적 기증자들이 제공한 조직들을 가지고 유기체를 설계하고, 서로 다른 두 종에서 나온 유전물질을 가지고도 유기체를 설계하고 있다. 이런 유기체들을 머리는 사자, 꼬리는 뱀, 몸통은 염소로 이루어진 신화 속 괴물을 본 따 '키메라'라고 부른다. 이식이 성공한 경우에는 장기에서 나온 세포들이 수혜자의 몸으로 옮겨가는데, 그 반대도 마찬가지이다. 그래서 이식을 받은 환자들 또한 키메라인 것이다. 장기 수혜자가 기증자의 특성과 욕구를 습득하게 된다고 말하는 도시 전설이 점차 확산되고 있다. 이런 식으로 횡행하는 '이식장기들에 관한 마법적이고 물활론적인 사유'는 의료제도의 심한 저해요소가 되었고, 1980년대에 들어서는 장기기증에서 '생명의 선물'이라는 측면이 경시되며 이식연구에 심리학자들과 정신과 전문의들의 참여가 줄기 시작했다. 폭스와 스웨이지는 이것은 실수이며, 이런 수술의 절차가 이제는 틀에 박힌 것이 되었다 하더라도 여기에는 여전히 강렬한 감정이 수반된다고 주장한다. 하지만 정책 입안자들은 장기 부족을 유일한 문제로 보고 있을 뿐이며, 이들 중 상당수는 시장이 이 문제를 해결해줄 수 있으리라 생각한다.

이식할 장기들이 몹시 절실하게 필요해졌기 때문에, 가난한 사람들이 눈이나 신장을 판다거나 심지어 장기를 암시장에 상품으로 제공하기 위해 대량살인이 이루어진다는 등의 보도들이 수면 위로 떠올랐다. 이와 관련된 가장 무시무시한 사례는 방글라데시와 아르헨티나에서 전해졌다. 1992년, 아르헨티나 경찰은 부에노스아이레스 인근의 한 정신병원에서 장기 적출을 목적으로 자행된 광범위한 학살음모를 발각했다. 수백 명의 환자들이 살해되고 장기들이 수확되었다. 그리고 1994년 〈아시아위크Asia Week〉 지는 방글라데시의 치타공에서 4백 명의 실종 아동들이 신장 때문에 살해된 것으로 추정된다는 기사를 전했다.

장기를 얻기 위해 납치와 살해가 이루어졌다는 도시 괴담은 확인된 사례보다 훨씬 많이 떠돌아다닌다. 묘지 강도의 역사에 관한 전문가인 루스 리처드슨Ruth Richardson은 1800년대 초 해부용 시신을 얻기 위해 이루어진 대량 살인 역시 당시에는 괴담으로 분류되었지만, 잠시 후에 보게 되는 바와 같이, 이것 역시 결국은 끔찍한 진실로 밝혀졌다고 경고한다. 이와 비슷한 사례들이 더 많이 드러나더라도 놀란 척 말아야 한다.

또한 리처드슨은 시신을 해부용으로 사용하려던 몇 세기 전의 유사한 시도들이 광범위한 저항에 부딪혀 시신 기증자의 수가 급격하게 줄어들었던 것처럼, 법률이나 매수를 통해 장기기증을 강요하는 시도들은 실패할 것이라고 주장한다. 합법적인 경로는 완곡하게 '승인 추정presumed consent'이라 불리는 것으로, 반대 증거가 존재하지 않는 이상 의사들은 사망자가 장기기증에 동의했다고 추정할 수 있다는 규정이다. 물론 이 규정을 존중해서 수거되는 시신들은 대개 빈민층의 것이다. 금전적 유인책은 완전한 공개시장부터 장기 선물先物(돈을 지금 미리 지급받고 나중에 장기를 제공하는 것)을 구입하거나 기증자의 보호자에게 시신 매장 비용을 제공하는 등 다양하다. 이 모든 것들이 장기를 선물膳物처럼 기증하는 관계를 파괴할 것이고, 또한 인간 신체에 대한 상품화와 탈신성화에도 직접적으로 영향을 미칠 것이다.

리처드슨은 1675년에서 1725년 사이 영국에서 "인간의 시신이 다른 상품들처럼 사고 팔리기 시작했다"고 말한다. 이것은 시체도둑 혹은 부활시키는 자resurrectionist라는 시체 도굴꾼 '사업가'들의 탄생으로 이어졌다. 급기야 이들 중 일부는 시체 도둑질을 그만두고 시체를 생산하는 일에 뛰어들었다. 바로 집단 살인이었다. 1800년대 초 시체 경제학을 극적으로 변화시킨 여러 건의 사례가 만천하에 드러났다.

영국의 에딘버러에서 할로윈 파티에 참가한 손님들이 진짜 시체 한 구를 발견했다. 이 시체는 버크와 헤어라는 악명 높은 2인조 강도가 녹스 박사라는 의사에게 해부용 시신을 공급하기 위해 살해한 열여섯 명 중 마지막 희생자였다. 헤어는 죄를 덜기 위해 공범에게 불리한 진술을 했고, 버크는 결국 처형당했다(그리고 해부되었다). 몇 년 뒤, 또 다른 버킹burking(살인마 버크에게서 유래한 단어로, 해부용으로 쓰기 위해 질식사시키는 살인 방법을 가리키는 말 — 옮긴이) 사례가 밝혀졌다. 이번에는 런던에서였고, 희생자는 60명이었다. 리처드슨은 "가난한 사람들이 살아 있을 때보다 죽었을 때 더 가치 있는 존재가 되었다는 사실이 사회적으로 갑작스럽게 부각되었다"라고 말했다.

결국 시체를 공개적으로 판매하는 시장은 금지되었지만, 의회 차원의 해결책은 시설(구빈원, 병원, 정신병동 등)에서 보호를 받다가 매장하는 조건 없이 사망한 사람의 시신에 대해서는 해당 시설에게 소유권을 부여하는 것이었다. 이런 초창기 형태의 '승인 추정'에 대한 저항은 시신 수급의 실질적인 저하로 이어졌으며, 많은 자발적 모금 활동가들이 등장하고 폭동이 발생했다.

현행 시스템은 장기를 기증하는 사람에게 의존하며, 대개는 그들 사후의 일이다. 하지만 수혜자 측면에서 보면 아직도 고소득 백인 남성에게 유리하다. 그들은 수많은 지역별 기증자 명단을 입수해 선수를 치거나, 암거래 시장에서 장기를 구입할 수 있는 자원을 갖고 있기 때문이다. 제3세계에서는, 그리고 어쩌면 북미와 유럽에서도, 대개는 누가 이식을 받을 것인지를 재력이 결정할 것이다. 이것을 소위 '그린 스크린green screen'이라고 부르는데, 어떤 사람이 검사, 치료, 그리고 장기에 대해 비용을 직접 지불할 수 없거나 대신 지불해줄 사람도 없는 형편이라면, 그 사람은 이식을 받을 수 없다는 의미이다.

미국이 전 세계 기증 장기의 5퍼센트에 이르는 분량을 수출하고, 이것들이 부유한 환자들에게 전해지고 있다는 증거가 있다. 이런 장기들은 질이 떨어진다는 주장이 간혹 있지만, 이식성공률을 보면 그런 말이 무색하다. 한 환자에게 여러 개의 장기를 주거나 이미 한 번 이식에 실패한 환자에게 새로운 장기를 거듭 제공하는(1차 실패자의 3분의 1이 장기를 다시 공급받으며, 때로는 최대 다섯 차례나 재이식이 이루어지기도 했다) 관행을 둘러싸고도 논쟁이 불거지고 있다.

마지막으로 '자격기준'의 문제가 있다. 투석 기회를 배분했던 1970년대의 위원회는 '신의 집단'이라 불렸다. 사회심리적인 기준에서 벗어나려는 움직임이 있지만, 여전히 어려운 결정들을 내려야만 하는 상황이다. 장기의 수급이 수요를 따라가기에 급급하기 때문이다. 맞추기에는 턱없이 부족하다.

이 모든 요인들이 환자들을 실험대상으로 전락시키고, 장기기증이 선물에서 상품으로 변모하는 데 일조했다. 폭스는 이것을 모독이라고 보았다. 어떤 사람은 이런 상황 전개로 죽음 자체가 모독을 당하고 있다고 생각한다. 또 어떤 사람들은 산 사람과 죽은 사람 사이의 구분이 점점 더 몹시 불명확해지고 있다고 지적한다.

이종 이식 덕분에 인간과 동물의 경계도 흐려지고 있다. 동물의 장기와 조직을 인간에게 사용하는 것은 오늘날 사이보그가 번성하는 데 점점 더 큰 역할을 하고 있다. 사이보그주의란 사이보그들과 다른 괴물들의 당연한 번성 속에서 기계, 인간, 동물과 같은 전통적인 구분을 향해 전면적인 공격을 가하는 입장이라 설명할 수 있다. 이런 문제를 논의하기 위해 채택된 수사학은 치유healing보다는 수리reparing라는 비유를 사용한다. 동물의 장기나 조직이 이식에 사용될 때, 그 조직은 유기물질이 아닌 기계적 요소로 개념화되며, 일련의 도구들과 부속물들을 이용해 수혜자의 기계-몸 안에 합체된다. 놀랄 일도 아닌 것이, 유기체 면역체계의 '프로그래밍'이 더욱 쉬워지면서 이종 간의 이식 사례도 확실히 늘어날 것이고, 그 수는 현재 인간끼리 실시된 이식의 횟수를 가볍게 넘어설 것이다. 왜냐하면 인간들끼리 하는 이식의 중대한 제약은 장기의 수급 가능성에 있기 때문이다.

돼지의 연골, 심장 혈관, 안구 수정체 등이 성공적으로 이식되고 있기는 하나, 동물의 장기를 통째로 온전하게 인간에게 적용하려는 이 시도는 1905년 이후 그 어떤 사례도 완벽하게 성공하지 못했다. 가장 유명한 이종 장기이식은 1984년의 베이비 페이baby faye 사례일 것이다. 당시 개코원숭이의 심장은 어린 소녀를 20일간이나 살게 해 주었다. 1992년 토머스 스타즐Thomas Starzl 박사가 이끄는 수술팀이 개코원숭이의 간을 인간에게 이식했다. 그들은 FK-506이라 알려진 새로운 항면역약물을 기존의 세 가지 약물과 조합해 사용했다. 성공하지는 못했지만, 면역억제 요법의 효과적 양성이나 유전공학의 새로운 돌파구가 결국 다양한 동물 장기들의 폭넓은 이식 가능성을 열어줄 것이다. 그중에서도 돼지와 개코원숭이의 장기이식이 특히 그렇다. 하지만 폭스와 스웨이지에게 이것은 악몽이다.

1980년대에 이식된 고형 장기들의 수와 종류와 조합 및 여타 신체 부위들은 통상적으로 사용되고 검사되고 설계되는 일련의 체외 이식 장비들과 더불어, 우리 사회를 공상과학소설에서 고전적으로 묘사되던 '재조립 인간들'의 세계에 더욱 더 근접하게 만들었다. 이런 세계 속 인간들은 서로 주고받은 이식 기관들로 만들어진다. 인간을 '인공장구'화 하고, 인간이 만든 장기를 인간화하는 '인간-기계 합체'가 되는 것이다. 특히 불편한 마음이 드는 점은 바로 '예비 부품'의 실용주의, '교체 가능한 몸'과 무제한적인 의학 발전의 전망 그리고 이런 식으로 사람들을 수선하고 재생산하는 생명 구원의 선善을 향한 상승하는 열망이다.

장기이식만이 사이보그 의학에 해당하는 것은 아니다. 앞으로 살펴볼 chapter 6과 chapter 7에서는 오늘날의 기술과학적인 수정에서부터 기계-매개적인 죽음에 이르기까지, 인간의 생활양식을 모방한 자연스러운 사이보그 생활양식이 존재한다는 것을 알 수 있다.

chapter 6

인공두뇌학과 생식

사이보그 임신

/

정자와 난자에서 시작해보자. 설마 인간의 난자와 정자까지 기계화되고, 디지털화되고, 상품화되고, 사이보그화될까라고 생각할 테지만, 그런 일이 바로 지금 벌어지고 있다. 인간사의 대부분 기간 동안 난자와 정자의 춤판은 몹시 오해받았다. 한때는 정자 안에서 작은 아기들이 난자를 환영할 준비를 하면서 웅크리고 있다고 믿었다. 혹은 거꾸로 난자가 아이를 품고 있으며 정자는 자양분의 역할을 한다고도 믿었다. 난자와 정자가 합쳐져 아기를 만들게 된다는 새로운 사실이 밝혀지고 난 뒤에도, 대부분의 전문가들은 정자가 적극적인 참여자이고 난자는 단지 수정되기를 기다리는 대상에 불과하다고 추측했다. 마침내 세세한 실상들이 빛을 보면서 난자가 정자보다 활동적이라는 사실이 세상에 알려졌다.

에밀리 마틴Emily Martin은 〈난자와 정자The Egg and the Sperm〉라는 논문에서 이 모든 것을 훌륭하게 설명한다. 이 논문은 문화적인 태도가 '과학적' 설명에 얼마나 많은 측면을 형성하는지 보여준다. 그러나 지금은 과학이 문화를 형성하는 역방향을 우려할 시간이다. 마틴이 정자와 난자의 '로맨스'라고 부른 그 과학 이야기는 몇십 년 전과 비교해 더욱더 정확하게 생식生殖의 과정을 설명하고 예측하고 개입한다. 기술자들은 난자를 제거하고, 새로운 핵을 삽입하고, 자극을 가해 분열시킬 수 있게 되었다. 그들은 정자를 고르고, 분류하고, 세척해서 원하는 대로 삽입한다. 정자와 난자 둘 다 검사해서 냉동했다가 나중에 사용할 수 있으며, 혹은 열등하다고 판단되면 폐기할 수도 있다. 로맨스는 이제 끝난 것 같다.

정말 그럴까? 어쩌면 사이보그 생식에도 로맨스가 있을 수 있다. 적어도 기계 사이에 사랑이 존재하는 경우라면 가능하다. 로비 데이비스-플로이드Robbie Davis-Floyd와 조셉 더밋Joseph Dumit은 기술과학적 인간생식을 주제로 한 《사이보그 아기들Cyborg Babies》이라는 논문집에서 이 문제를 비롯해 여타의 사이보그 관련 쟁점들을 탐구한다.

그들은 머리글에서 사이보그는 물론 사이보그 시민들과 직접 관련된 중요한 사안들을 구분한다. 첫째, 그들은 사이보그 생식기술에 대해 논의할 때 '상호의존성interdependence'이라는 단어 대신에 '공의존성codependence'이라는 단어를 사용한다. 그들은 더 많이 알려진 상호의존성이란 용어가 사이보그 기술들과의 관계 속에 담겨 있는 강력하고도 중독적인 성질을 충분히 담아내지 못한다고 설명한다. 사람들이 기술과학적인 개입들을 고를 때 정확히 어느 정도나 선택권이 주어지는 것일까? 이것은 사이보그를 열몇 단계의 부류로 설정하는 일보다 더 많은 노력이 요구된다. "안녕하세요, 저는 크리스입니다. 저는 사이보그 기술에 중독되었습니다." 이건 아니다. 아무 생각 없이, 가능한 모든 최첨단 기술의 개입을 사용하고 나서 뒤늦게 '내가 정말 이 음료를… 아니, 이 사이보그 기술을 원한 건가? 정말 이 사이보그 기술이 내게 필요한가?' 등을 질문하는 일의 위험성을 자각할 필요가 있다.

이와 관련해 데이비스-플로이드와 더밋은 개선과 절단 간의 경계를 주의 깊게 살펴볼 것을 요청한다.

> **우리는 사이보그에 푹 빠졌다. 우리의 언어, 우리의 매체, 우리의 기술 그리고 우리의 존재 방식들은 사이보그들로 가득 채워졌다. 그러면서 그들은 우리가 답할 수 없는 질문들을 던진다. 부정적이고 파괴적인 방식으로 자연적인 과정을 '절단'하는 일과 그 과정을 '개선'하거나 혹은 '증강'하는 일 사이를 가르는 확실한 경계선은 정확히 어디에 위치하는 것일까.**

비록 이 경계선을 긋는 일이 불가능할지도 모르지만 그래도 우리는 그 선을 계속 찾아야 한다. 그리고 사이보그 기술들이 어디에 직접 사용되는지뿐만 아니라, 그 기술이 영향을 미치는 대상들(주변환경, 사이보그가 아닌 사람들, 사이보그화를 통해 변화된 사람들)도 모두 찾아야 한다. 각각의 구체적인 기술이 곧 하나의 선택지가 되기 때문이다. 세부사항들이 엄청나게 중요하다.

데이비스-플로이드와 더밋은 바바라 로스먼Barbara Rothman의 연구를 예로 든다. 그녀는 '기술적인 선택지들이 더 많아질수록, 기술을 수반하지 않는 선택지들을 고를 가능성은 줄어든다'는 것을 보여준다. 이것은 사회가 그런 기술들에 중독되어 있다는 것을 반영한다. 새로운 기술이 이용 가능해졌을 때, 자동적으로 지지자들이 생긴다. 기술 개발자들, 기술 집행자들 그리고 그 기술을 믿으며 인생의 불확실성 중 어떤 작은 부분이라도 떨쳐버릴 수 있는 사람들이라면 누구든지 그렇게 된다(정말 광고대로 잘 될지는 또 다른 문제이다). 우리는 불확실성을 두려워한다. 좋은 결과를 원하는 의사와 환자에서부터, 소송을 두려워하는 의사와 변호사에 이르기까지 모두 그렇다.

사이보그화의 매력은 이것이 가끔은 유익한 결과를 가져다준다는 데 있는데, 이것은 단지 우리를 기분 좋게 하는 그 이상의 일이다. 그리고 생명을 구한다. 그것은 태어나지 못했을 아기들에게 생명을 부여해주며, 생물학적으로는 절대 불가능한 부모의 역할도 허용한다. 간혹 그런 기술들의 사회전복적인 잠재력이 전복되고 오히려 지배적인 문화양식에 기여하게 되는 것도 사실이지만, 예를 들어 동성애자 부부가 아이를 가질 때마다 당대의 지배적인 문화양식이 망가지는 것 또한 사실이다. 우리의 이원적인 젠더 체계 같은 일부 영역들에서 사이보그화의 전반적인 효과는 파괴적이고 부정적이며, 이를 보여주는 증거도 점점 증가하고 있다. 단순화된 남녀의 범주들은 너무나 많은 사이보그 기술이 충동질하는, 너무나 많은 사람의 다양한 욕망들에 맞서 버틸 수가 없다.

하지만 많은 영역에서 최종 결과들은 결코 분명하지 않다. 사이보그는 데이비스-플로이드와 더밋이 언급한 바대로 '교묘한 용어이자 교활한 주제'이기 때문이다. 그들은 다음의 네 가지 상이한 관점들이 현실적으로 사이보그를 어떻게 전파하는지 언급한다. ① '긍정적인 기술과학의 진보'인 훌륭한 사이보그 ② '절단자'인 나쁜 사이보그 ③ '중립적 분석 도구'인 특징 없는 사이보그 ④ '당대 포스트모던 시대의 상징'인 시대적 표상으로의 사이보그.

데이비스-플로이드와 더밋은 이 네 가지 상이한 의미를 분석하면서 우리가 자체적으로 사이보그화의 규정을 발전시킬 때 명심해 둘 만한 몇 가지 요점들을 제시한다.

- 순수하고 긍정적인 진보로서의 사이보그화에 대한 우리의 신념은 '과학과 기술의 모든 자원'을 사용해야 하며, 그러지 않으면 좋은 결과란 자연분만처럼 단지 '운'에 좌우될 뿐이라는 지나치게 성급한 결론으로 이어진다.
- 《사이보그 아기들》에 서술된 피터 레이놀즈Peter Reynolds의 '기술주의의 원투펀치one-two punch of technocracy'라는 개념은 사이보그화는 곧 단절이란 관점이 얼마나 역동적일 수 있는지를 보여준다. 첫째, 레이놀즈에 따르면 기술이 어떤 일을 저지른다. 이를테면 나이 많은 여성이 임신을 할 수 있게 한다. 이것이 첫 번째 펀치이다. 성공적인 임신과 아기의 탄생을 위해 더 많은 기술이 필요하다. 두 번째 펀치이다. 레이놀즈는 이것을 역동적인 '단절과 보완'이라고 부른다. 기술은 병도 주고 약도 준다.
  이어 기술은 우리의 삶에 더 많은 통제를 가할 것이라는 상식적인 믿음으로 연결된다. 실제로는 정확히 바로 그 기술 때문에 통제불능 상태에 있음에도 불구하고 그렇다. 시속 128킬로미터로 차를 몰고 있는 운전자를 생각해보라. 달리던 차가 미끄러진다. 그는 ABSAnti-lock Brake System 장치가 작동하기를 원한다. 이 장치는 그를 구할 수도 있고 아닐 수도 있다. 하지만 애초부터 그를 위험에 처하게 만든 것은 기술이다. 진짜 안전이란 빠르게 달리는 차에 절대로 타지 않는 것이다. 하지만 우리는 자동차를 포기하지 않을 것이다. 설령 기술이 우리 삶을 예상보다 많이 통제하지 못하더라도 더 많은 통제력의 환상을 계속해서 제공할 것이다.

- 사이보그가 '중립적인 분석 도구'의 모습을 보여줄 수 있는 가장 의미 있는 방법은 은유로 사용될 때이다. 데이비스-플로이드와 더밋은 인류학자인 클리포드 기어츠Clifford Geertz가 생물학적 동물인 인간이 참여적 진화를 시작하기 위해 문화를 인공 보철물로 사용한다는 '문화적 진화의 은유'를 사용했다고 지적한다. 사이보그의 개념을 은유로 사용한다는 것은 사이보그가 본래 선하거나 악하다는 주장이 아니다. 단지 그것이 기존에 알려진 실재와 어떤 관계를 맺고 있음을 보여주는 것이다. 은유는 세계를 이해하는 기본적인 방식에 속하기 때문에, 언뜻 보는 것보다 더 중요한 의미가 있다. 그렇긴 하지만 은유가 현실의 기술들보다 결코 더 큰 의의를 지닐 수는 없다.
- 사이보그를 '포스트모던 시대의 기표'로 바라보는 것은 데비이스-플로이드와 더밋이 도나 해러웨이의 작업에 기대어 공상과학소설의 책략을 활용하는 것이다. 이것은 현재를 과거의 불가피한 산물로 그리지 않으면서 지금에 관한 이야기를 할 수 있게 하며, 또한 아직 미래가 결정되지 않았다는 것을 의미하기도 한다.

그들은 이렇게 결론 내린다.

이렇듯 사이보그는 하나의 역설을 대변한다. 사이보그들은 잠재적으로 인간보다 더 낫고, 우리의 정체성 상실을 위협한다. 만약 우리의 많은 부분이 사이보그가 된다면, 우리는 더이상 인간이 아니게 되는 것일까? 이전 것들의 증강자 겸 전달자로 동시에 기여하는 사이보그들, 특히 이런 사이보그적 번식의 양상은 해러웨이의 또 다른 그럴싸한 구절을 인용하자면, '괴물들의 약속'을 대변한다.

아델 클락Adele Clark이 의학적 번식에 대한 저술에서 주장한 대로, 이 '약속'은 포스트모던적인 약속이다. 의학으로 연결된 인간생식의 사이보그화를 연구한 클락은 몸과 신체구조에 대한 통제력을 얻거나 증가시키는(혹은 둘 다이거나) 일의 모던적 패러다임은 생식적인 육체들에 대한 설계, 재설계 및 변형에 초점을 맞춘 포스트모던적 접근방식에 의해 보완되어왔음을 보여준다.

그녀는 낸시 쉐퍼-휴즈Nancy Scheper-Hughes와 마가렛 락Margaret Lock의 말을 빌려와 문제의 그 몸이란 언제나 세 개의 현실적인 몸들이라고 지적한다. 개인의 살아 있는 몸, 사회적이며 상징적인 몸 그리고 정치적인 몸이 그것이다. 모던에서 포스트모던으로의 전환은 개인들, 의미들 그리고 사회 그 자체에 힘이 작용하는 차원이 모두 일치하게 된 것을 뜻한다. 부분적인 변화를 형성하는 힘은 통제력의 한 유형이지만, 명령통솔권이라는 군대식 패러다임과는 반대로 구체적이고, 간접적이고, 집단적이고, 제한적이다.

이런 포스트모던적인 통제력의 사례가 바로 '테크노 정자technosemen' 기술이다. 이 기술의 원래 목적은 생식 과정이 정상적으로 기능하지 않을 때 이것을 제대로 작동하게 하려는 것이었다. 하지만 의료사회학자인 매튜 슈미트Matthew Schmidt와 리사 무어Lisa Moore가 《사이보그 아기들》에 실은 그들의 논문 〈잘 낚는 법 고안하기Constructing a Good catch〉에서 입증한 것처럼, 그 목적은 우월한 사회를 위해 우월한 어린이들을 낳는 것으로 아주 빠르게 바뀌었다. 그 바람에 남자다움의 정의와 첨단기술이 인종과 계급의 편견들을 구체화하는 방식도 극단적으로 변화하였다. 이 작용은 불임인 사람들은 물론 모든 남성을 기이하게도 정력으로 서열화하고 분류하기 시작했다.

> **사이보그가 될 수 있을 정도로 훌륭한 정자는 일부에 지나지 않는다. 그렇기 때문에 테크노 정자는 가장 본질적인 측면에서부터 불화를 초래한다. 오로지 엘리트 정자의 표본만이 새로운 생식기술들의 단련 과정을 거치도록 허용된다. 사이보그로 만들어진 정자를 통해 여러 범주들 전반에 걸친 남성들의 정력에 대한 서열이 확립된다.**

어떤 의미에서 정자는 제작되고 있다. 청결처리와 분류를 포함한 각종 조치들로 인해 천연 체액은 가공처리된 제품으로 변모한다. 인공수정을 위해 추출된 난자들에도 같은 일이 일어난다. 이렇게 정자와 난자가 선별되고 난 뒤에도, 수정된 난세포들은 보통 착상되기 전후로 다시 한 번 걸러진다.

인공생식의 전체 과정은 상상이 불가능한 부분까지도 기술적으로 연결된다. 그리고 이것은 창조에 대한, 그리고 조금 더 확대하자면 창조자로서의 여성에 대한 우리의 사고방식을 아직은 그리 분명하지 않은 방식들로 철저히 전환시킨다. 불가피하게 이것은 태아와 아기들에 대한 우리의 생각 또한 변화시킨다.

포스트모던 임신

/

수정이 이루어졌으니 이 사이보그의 생애주기는 태아를 고려하는 문제로 옮겨갈 차례이다. 사이보그 기술과학 덕분에 과학자들은 태아에 대한 완벽한 이론을 발전시킬 도구를 갖게 되었다. 오늘날 태아는 너무나 많은 사이보그 기술을 통해 조작되고 있다. 이를 본 또 다른 의료사회학자 모니카 캐스퍼Monica Casper는 "과학과 의료가 사이보그 태아와 테크노 엄마의 과다한 출현을 가능하게 했다"라고 했다. 일부 테크노 엄마들은 법적으로는 죽어 있는 상태이며, 일부 사이보그 태아들도 마찬가지이다. 미래가 전도유망하든 그렇지 않든, 이들 범주에 속하는 모든 괴물들을 상세히 설명할 수 있는 지면은 없다. 하지만 태아-사이보그 기술의 일부 함축적 의미들은 매우 중요하다.

초음파의 경우 매우 충격적이다. 자궁 안에 있는 태아의 영상을 볼 수 있는 능력이 가족과 사회 일반에 미치는 영향이란 무엇일까? 자궁에 있는 아이와 시각적인 관계를 맺는 것은 태어나기도 전에 태아의 '인격성'을 확립하는 데 도움을 주는 것처럼 보인다. 이것은 태아가 그 어머니와 동등한 지위를 가져야 한다는 생명권의 주장에 공헌한다. 태아는 본질적으로 사이보그가 되었고, 가족은 기계를 통해 부분적으로나마 아이와 의사소통을 한다. 이것은 초음파 기계가 그 아이를 표상할 뿐만 아니라, 예전에는 출생 이후에나 가능했던 일, 즉 태아가 아이로 성장하는 일에도 도움을 준다는 것을 의미한다. 이런 이야기는 모든 태아 모니터링과 태아에 대한 외과적 개입에도 적용된다.

매우 제한적인 의사소통 시스템이기는 하지만, 일종의 그림자라 할 수 있는 표상적인 이미지를 보여주는 기계가 그 아이를 대신하는 상징이 되고, 그 가족은 그 기계와 영상이 마치 아이인 것처럼 어느 정도 상호작용을 한다는 사실이 흥미롭다. 여배우 디어드리 홀Dierdre Hall은 대리모가 임신한 자신의 첫 아이 초음파 영상을 처음 보았을 때, 마치 믿기 어려운 인생의 경험이 그 방에서 막 시작된 것 같았다고 했다. 누군가가 한 일이라고는 기계의 전원 버튼을 누른 것뿐이었다. 그리고 홀은 법적인 어머니일 뿐 생물학적 어머니도 아니었다.

태아의 세포조직 자체는 많은 특별한 성질을 제공하는데, 수술 상처가 흉터 없이 치유되는 것을 예로 들 수 있다. 태아의 세포조직은 때로 면역반응이 결여되어 있기도 하다. 태아 단계의 뇌와 다른 세포조직은 성숙해진 이후 하지 않을 일들, 이를테면 성장을 한다. 과학자들은 그런 특성들에 착안하여 이상한 실험을 수없이 시도하게 되었다. 캐스퍼는 이렇게 말했다.

> **많은 과학자에게 태아의 세포조직은 쉽게 조작이 가능하고, 온갖 종류의 기괴한 사이보그 형태로 만들 수 있는 플레이도**Play-Doh(어린이들이 공작할 때 사용하는 합성 점토의 유명 상표명 — 옮긴이) **같은 것이다.**

정치적인 함축들은 실로 위력적이다. 낙태는 극히 민감한 정치쟁점이며, 태아는 이 논쟁의 불가피한 일부분이기 때문에 많은 나라에서 태아 연구는 부분적으로든 전면적으로든 불법이다.

더 미묘한 정치적 의문은 사이보그적인 개입들이 태아와 어머니의 의미를 얼마나 바꿔놓을 수 있을까, 하는 것이다. 캐스퍼는 기술을 이용해 태아들을 사이보그로 변모시키는 것이 그들을 더 '자연스러운' 인간으로 만드는 데 기여할 수 있을 것이라고 주장한다. 반면 이미 죽은 어머니를 아기가 태어나기 전까지 사이보그 자궁으로 계속 살아 있게 할 수 있다는 사실은 태아의 권리와 비교했을 때 여성 권리에 대한 가치절하로 이어질 수 있다. 만일 법정이 죽은 어머니에게 사이보그 자궁이 되라고 명령할 수 있다면, 살아 있는 어머니를 우선 자궁으로 규정해야 한다는 주장도 그리 엉뚱한 소리가 아니다.

임신부가 위험에 처해 있거나 죽었을 때 얼마만큼의 의료 개입을 원하는지는 가족이 결정해야 한다. 설령 많은 가족들이 거부의사를 표명한다고 하더라도 병원 측은 일정 정도의 기술들을 당연히 사용할 것이다. 의료시설들은 전문성과 합법성이 잘 어우러진 이미지를 갖고 있다. 의료 개입, 특히 병원에서 일어나는 개입들은 비용이 꽤 많이 들고 종종 심각한 위험이 따르기도 하지만, 그럼에도 불구하고 사람들은 의사들이 언제나 최선의 결과물을 제공한다고 믿기 때문에 그런 개입들이 기계적으로 처방된다. 이 말이 항상 옳은 것은 아니다. 의사인 로버트 멘델스존Robert Mendelssohn 박사는 하나의 의료 개입이 또 다른 의료 개입으로 이어진다고 경고한다. 특히 병원에서 진통을 겪고 분만을 하는 경우에 그렇다. 멘델스존은 여성들이 가능하면 가정에서 출산을 하고 이 과정에서 불필요한 의료 개입은 가급적 피할 것을 촉구한다. 그는 사이보그적인 개입이 덜할수록 아이가 더 건강해진다고 믿기 때문이다.

대부분의 병원에서 채택하는 의료기술, 약물, 마취, 수술 그리고 조산과 관련한 그밖의 우여곡절들이 산모와 아기를 불필요한 위험에 노출시킨다는 많은 증거가 된다.

그는 의료시설들이 지나치게 기술 지향적이라고 생각하지만, 모든 의사가 사악하고 탐욕스러운 것은 아니라고 말한다. 대신 그들에게 개입 중심의 진료를 주입시킨 의료 교육을 비난한다. 예방보다는 개입에 몰두하고 약물과 기술에 열중하는 의과대학과 이런 학교에서 엄격한 커리큘럼과 수련을 이겨내고 살아남은 모든 학생들의 뇌에 눌어붙어버린 옹호할 수 없는 의례와 관행, 자기본위의 태도 때문에 제일 먼저 피해를 입게 되는 사람들은 환자가 아니라 의사 본인들이다. 의료기관의 개입주의적인 철학에 일단 걸려들고 나면, 대부분의 의사들은 무비판적으로 사이보그 개입의 우월성을 신뢰한다. 이에 의문을 제기하는 사람들은 그들 사회에서 추방되어 직업을 버리고 망명길에 오르는 위험을 감수해야 한다.

멘델스존은 과학자들이 장기적인 효과나 결과를 판단하지 않고 새로운 절차들을 너무 빨리 개발하고 사용하고 있으며, 긍정적 결과의 외양만을 유지하기 위해 데이터를 조작한다고 말한다. 임신, 산통, 분만 그리고 출산 직후에 사용되는 많은 기계와 검사[질산은silver nitrate, 페닐케톤 요증 검사(유아기에 지능장애가 나타나는 유전성 대사질환 — 옮긴이)

그리고 헥사클로로펜hexachlorophen 비누, 빌리루빈bilirubin 광선, 포경수술, 항생물질] 들이 불필요하고 더불어 심각한 위험을 동반함에도 불구하고, 의사들은 이런 것들을 부모에게 관행적으로 제시한다.

종종 빈약한 성공 확률을 근거로 치료가 시행되곤 한다. 성공 확률이 너무 낮다는 이유로 어떤 병원이 아이의 치료를 거부한다면, 그 부모는 치료를 꺼리지 않을 다른 병원을 찾아갈 것이다. 이런 결정들에서 보통은 이윤이 은밀한 고려대상이 된다.

안젤라 레이크버그와 에이미 레이크버그Angela and Amy Lakeberg는 쌍둥이로 1993년 6월 29일에 태어났다. 임신 중 부모는 태아들의 몸이 붙어 있다는 말을 들었고, 낙태를 선택할 수 있다는 제안도 받았다. 하지만 그들은 거절했다. 아기들이 로욜라 의과대학병원에서 태어났을 때, 의사들은 쌍둥이가 손상된 심장과 간을 공유하고 있기 때문에 분리수술을 할 수 없다고 결정했다. 그러자 부부는 쌍둥이를 분리시켜줄 다른 병원인 존스 홉킨스를 찾았다.

의사들과 부모는 좀 더 건강한 안젤라에게 생명의 기회를 주고자 에이미를 희생시키기로 결정했다. 이런 수술은 지금까지 단 한 번도 성공한 적이 없었다. 이전의 환자들은 수술 후 5일 이내에 모두 사망했다. 두 소녀를 향한 온정이 쏟아지기 시작했다. 쌍둥이는 다섯 시간의 수술을 받고 분리되었다. 에이미는 수술이 시작되고 몇 분이 지나지 않아 죽었고, 에이미의 세포조직 일부는 안젤라의 장기를 치유하기 위해서 사용되었다.

열 달의 시간과 130만 달러에도 불구하고, 안젤라는 끝내 심장과 폐의 문제들에 굴복하고 말았다. 아기는 수술을 받기 위해 다른 병원으로 이송될 때를 제외하고 단 한 번도 병원을 떠나지 못했다. 아기는 지독한 사이보그적 삶을 고통스럽게 살았다. 안젤라는 수술 집도의들에 둘러싸여 죽음을 맞이했다. 그들은 스스로를 안젤라의 '대리 부모들'이라 칭했고, 그녀를 '귀여운 꼬마 아가씨'라고 불렀다. 아기가 죽었을 때 친아버지는 경찰에 체포된 상태였고 친어머니는 남편을 보석으로 석방시키기 위해 시내에 나가 있었다. 대리 부모들은 친부모가 몇 주나 병원을 찾지 않았다고 전했다. 안젤라의 새로운 가족이었던 의료진들은 그녀를 유쾌하고 다정다감한 꼬마 소녀라고 묘사하면서 아주 많이 사랑해주었다. 이것은 기술이 창조한 사이보그 가족의 훌륭한 사례로 chapter 10에서 자세히 논의할 것이다.

안젤라의 유산은 심장과 간을 공유했던 샴쌍둥이가 분리수술 후 가장 오래 생존한 기록을 남겼다는 것뿐이다. 그녀는 에이미 곁에 묻혔다. 부모들, 해당 의료진들 그리고 해당 병원의 입장과는 다른 제3자의 입장에서 지켜본 사람이라면 이렇게 물어야 할 것이다. 안젤라와 에이미가 짧은 삶이지만 함께 살고 함께 죽게 하는 편이 더 좋지 않았을까?

언론이 이 이야기를 어떻게 다루었는지를 보면 흥미롭다. 〈뉴욕타임스〉가 수술의 신비라고 묘사한 그 수술은 아기들을 그냥 내버려둘 수 없고, 둘 중 한 명이라도 살 수 있다면 무슨 일이든 할 용의가 있는 애정 어린 부모들의 결정으로 묘사되었다. 하지만 열 달 후 신문기사 속 레이크버그 부부는 완전 다른 사람들로 묘사되었다. 비극적인 결정을 해야만 했던 헌신적인 부모는 온데간데없이, 이 부부는 자기 아이를 찾아보지도 않는 냉담한 부모가 되어 있었다. 이처럼 언론은 부모들을 첨단 의료조치를 선택할 때에는 영웅으로, 아이가 죽었을 때는 악당으로 만들기를 좋아한다.

베이비 라이언Baby Ryan은 사이보그 의학의 또 다른 사례이다. 신장과 신경계의 손상 가능성을 안고 라이언이 6주 만에 조산으로 태어났을 때, 워싱턴 주 스포캔 시의 성심병원 의사들은 아기가 너무 심한 손상을 입어서 도저히 살릴 수 없다고 말했다. 다른 두 곳의 병원들도 같은 진단을 내렸다. 하지만 라이언의 부모는 병원을 상대로 재판을 걸어 신장 투석을 계속하도록 만들었다. 의사들은 이런 조치는 아이에게 무익하고 고통만 줄 뿐이며 아이를 계속 치료하는 것은 잔인한 일이라고 주장했다. 부모는 병원이 자기 아이의 목숨을 하찮게 여긴다며 비난했고, 병원은 부모의 잔혹성을 비난했다.

결국 오리건 주 포틀랜드에 있는 에마뉴엘 병원의 한 의사가 라이언의 소송 이야기를 듣고 아이를 치료하는 데 동의했다. 그는 라이언의 신장이 생각보다 크게 손상되지 않았다는 사실을 발견했고, 극단적인 사이보그 개입은 필요하지 않았다. 라이언은 내장과 뇌의 손상으로 고통을 겪고 있지만 아직은 살아 있다. 라이언의 삶이 앞으로 얼마나 정상적일지는 아무도 모른다. 하지만 라이언이 적어도 많은 의사들이 생각했던 '실패한 대의'는 아닐 것이다. 라이언의 경우는 가능한 모든 의료조치들을 수용하겠다는 인내와 적극성이 결국 보상을 받았지만, 안젤라에게는 의료 기술자들과 그들의 기술로 이루어진 새로운 사이보그 가족이 그녀의 고통을 중심으로 형성되었고, 그것이 그녀의 짧은 생존기간에 그나마 최소한의 위안을 제공했다.

사이보그 어린이를 프로그래밍하다

/

강도 높은 사이보그 개입을 겪는 경우가 단지 안젤라처럼 비정상이거나 라이언처럼 매우 아픈 아이들에게만 해당되는 것은 아니다. 부모들은 아이들의 면역체계도 잘 관리해야 한다는 엄청난 압박을 느낀다. 백신이 어린이들이 처음 접하는 의료 개입은 아니지만, 그것은 잠재적으로 더 위험하고 가장 광범위하게 받아들여지는 개입에 속한다. 백신은 근본적으로 신체의 면역체계를 '개선'하는 목적을 지닌 온건한 기술이다.

어떤 백신은 공중보건의 큰 이점을 갖고 있는 반면, 또 어떤 백신은 효과가 없고 위험하고 어리석은 짓거리에 불과하며, 여러 증거들이 이를 강하게 뒷받침한다. 간혹 백신은 기대되는 면역성을 제공하지 않아서 무용지물이 되는 경우가 생긴다. 또한 돼지독감 접종과 일부 백일해 백신처럼 질병과 죽음을 막는 것이 아닌 오히려 더 큰 위험성을 야기하기도 한다. 어른들이 걸리는 경우가 아니라면, 일반적으로 위험하지 않은 홍역, 풍진, 수두 같은 어린이 질병들을 백신으로 막는 일은 어리석은 짓이다. 백신이 천연 면역력의 획득을 방해한다면 오히려 그런 질병이 발생할 확률은 훨씬 높아질 것이다. 의사들이 면역체계에 대한 백신의 일반적인 효과를 완전하게 이해하지 못하고 있으며, 다양한 면역장애들이 백신접종과 관계가 있음을 보여주는 강력한 증거가 있다.

이런 쟁점에도 불구하고, 불과 생후 몇 주밖에 되지 않은 아기들에게 엄청나게 복잡하고 이해도가 떨어지는 백신들을 주사하라며 부모에게 가해지는 압력은 엄청나다. 기본 가정은 천연 면역체계에 어떤 식으로든 결함이 있으며, 의료과학이 그것을 개선하는 다양한 방법들을 고안했고, 우리는 질병과 싸우기 위해 면역체계를 개조해야 한다는 것이다. 그래서 우리는 기계적으로 면역과정에 개입하게 되었다. 월렌 제임스Walene James는 백신에 대한 의료기관들의 태도를 이렇게 묘사한다.

> **백신은 침략자인 질병을 퇴치하고 정복당할 위기에 놓인 우리를 구원한 기적의 무기이다. 그들은 질병, 불구 그리고 죽음이라는 끔찍한 위협에 맞서 싸우는 인간의 영원한 투쟁에 앞장선 영웅들 중 하나이다.**

어떤 이들은 그런 백신들이 치명적인 어린이 질병 대부분을 소멸시켰다고 주장한다. 하지만 다양한 증거들을 보면 소아마비나 디프테리아의 발병률 하락은 백신이 광범위하게 접종되기 이전부터 시작했음을 알 수 있다. 그것은 아마 공중위생의 개선에서 기인한 결과일 것이다. 실제로 1952년, 소아마비 예방용 소크 백신Salk Vaccine이 도입된 이후 소아마비 발생률이 약간 증가하기도 했다.

또한 재앙 같은 백신접종 프로그램들도 일부 있었다. 돼지독감이나 천연두 백신을 예로 들 수 있는데, 천연두 백신의 경우 질병이 사라지고 난 이후 30년간 천연두 관련 사망자 발생의 유일한 원인이었던 것으로 밝혀졌다.

일부 의사들은 이런 면역 프로그램들이 야기할 잠재적이고 파괴적인 문제들이 수없이 많다고 믿는다. 로버트 멘델스존 박사가 그런 관점을 다음과 같이 요약한다.

> **상대적으로 무해한 어린이 질병들을 막고자 면역 백신이 대량 접종된 이후 자기면역성 질병들이 우려할 정도로 증가했다. 이 결과에 백신의 책임이 있을 것이라는 의혹이 점점 증가하고 있는데, 그 결과란 암, 백혈병, 류머티스 관절염, 다발성 경화증, 루게릭병, 홍반성 낭창 그리고 길랭바레 증후군**(감염 등에 의해 몸 안의 항체가 말초신경을 파괴해 마비를 일으키는 신경계 질병 — 옮긴이) **같은 무시무시한 질병들이다.**

정부가 후원하는 예방접종 공공캠페인은 어린이들에게 백신을 주사하지 않는 부모는 자녀의 건강에 별로 관심 없는 게으른 엄마, 아빠들임을 은근히 내비친다. 예방접종을 부추기는 수사법은 예방접종을 통해 자녀를 안전하게 지키라고 요청한다. 예방접종을 하지 않는 것은 자녀를 위험에 빠뜨리는 것이라고 넌지시 암시하는 것이다.

버지니아의 아동복지국은 제임스의 손자에게 백신을 반드시 접종할 것을 명령했다. 제임스의 딸이자 아이의 엄마인 타냐는 명령을 거부했고, 당국은 그녀를 법정에 세웠다. 타냐는 판사에게 예방접종이 자기 아이의 건강에 위협이 된다는 것을 증명해야 했고, 마침내 그녀는 자기 아들에게 백신을 접종하지 않을 '권리'를 얻었다. 재판이 끝난 후, 그들을 도왔다는 이유로 그들의 주치의는 의사면허를 박탈당할 뻔했고, 버지니아 비치 의료협회Virginia Beach Medical Socitey는 그 아이의 예방접종 거부를 돕는 비윤리적인 행동을 했다며 그를 소환하기도 했다.

재판, 사생활 침해, 자기 아이를 보살필 적절한 방법을 선택할 수 있는 부모의 권리가 부정되는 이런 현실은 제약회사, 정부기관 그리고 의료시설들이 벌인 매우 강력한 캠페인의 결과이다. 이 연합세력은 또한 백신 산업 이윤구조의 핵심적인 부분에도 힘을 불어넣었다. 즉, 백신의 해로운 효과에 대해 제약회사의 책임을 제한적으로만 인정한 것이다.

기술적인 해결책이란 항생제나 백신처럼 분명히 효과적일 수는 있지만, 때로는 이런 개입들에 따른 결과들이 훨씬 나중에 가서야 분명해지기도 한다. 하지만 그런 기술들의 사용방식에 관한 분명한 규정 같은 것이 존재하지 않는다. 어린이들에게 항생제를 사용하는 것이 감염 질병들을 치료할 수는 있지만, 그들의 면역체계를 손상시키거나, 장기적으로는 항생제에 내성이 생긴 병원균들의 진화에 분명 일조할 것이다.

백신접종과 관련된 사이보그 차원의 윤리적 문제는 특정 어린이나 어른에게 최선인 것과 일반 대중에게 최선인 것 사이의 긴장이다. 만약 일반 대중에게 면역체계가 확립되었다면(질병의 전염을 방지하는 정도의 효과적인 백신이나 천연 면역성 덕분에, 혹은 그 둘 다에 의해), 자기 자신이나 자식들에게 백신접종을 하지 않는 것이 더 안전하다. 백신의 위험을 피할 수 있고, 그러면서도 대중의 면역성이 주는 안전함도 얻을 수 있기 때문이다. 이것은 예방접종이 개인에게 가하는 위험과 백신을 맞은 어린이들과 어른들로 구성된 질병 확산 저지의 특정한 한계선이 확보되길 바라는 공동체의 인지된 요구 사이에서 균형을 맞춰야 하는 어려운 정치적 선택이다. 부모들의 권리는 무엇인가? 부모들의 책임은 무엇인가?

개인적 이익과 사회적 이익 간의 이런 긴장은 사이보그 기술과학이 작동하는 곳이라면 어디에서나 발견된다. 다음 장에서 보겠지만, 이것은 특히 사이보그화에 의해 변형된 광범위한 인간 집합에 해당하는 이야기이다. 여기서 말하는 사이보그화란 잃어버린 신체 기능을 복구하는 것일 수도 있고, 혹은 아주 죽은 것도 아니고 살아 있는 것도 아닌 새로운 피조물들을 창조하는 문제일 수도 있다. 식물인간들과 산송장들이 바로 그 예이다.

cyborg
citizen

chapter 7

살아 있지만 죽은, 생명조력장치 부착형 사이보그들

인간의 형상과 기술의 진정한 결혼은 죽음이다.

마크 파울라인 Mark Pauline

미래에는 '죽는다'는 것이 무엇을 의미하게 될까? 어떤 이는 살아 있는 인간을 결빙 상태에 가깝게(혹은 그 이상으로까지) 냉각하는 일이 곧 가능할 것이라고 예측한다. 어쩌면 그렇게 해서 미래의 어떤 시점에는 그 사람을 되살려내는 일도 가능하리라는 것이다. 사실, 그런 일은 이미 원시적인 기준에 의해 일어나고 있다. 체온저하법을 그 예로 들 수 있다. 그러다 구더기들로 가득 찬 보존용기를 열게 될 수도 있다고 생각하면 끔찍해진다. 그럼에도 불구하고, 미숙한 단계의 '인간냉동 보존술'을 열렬히 옹호하는 사람들은 '아날로그 세계에 이진수의 법칙들이 어찌 통하겠는가?'라고 물으면서 도덕적인 난제와 죽음의 엄격한 정의들에 응답한다.

데이비드 브린 David Brin

장치 부착형 혹은 보조형 사이보그들

/

1992년 나는 토실토실하고 수염이 덥수룩하게 난 사이키델릭 스타일의 오토바이광을 만났다. 그는 손가락 두 개가 흔적만 남아 있는 불구였다. 그는 가끔 의수를 착용하지만, 보통은 착용하지 않았는데, 꼬마들을 위해 괴상한 꼭두각시 시늉을 할 때 특히 더 그랬다. 이 인형술사의 이름은 밴디트로, 그는 능숙한 음향공학자, 컴퓨터광이자 오토바이 정비공이었다. 그의 손은 태어날 때부터 '달랐다'. 그래서 그는 그런 손을 위해 수많은 인공 부착물을 만들었다. 그것들은 기계들을 작동하기 위한 것, 전자기기들을 조작하기 위한 것, 대형 오토바이를 타기 위한 것, 파티에 참석하기 위한 것 등으로 특화되었다. 밴디트는 인공장구와 불구자들에 대한 흥미로운 이론을 갖고 있었다. 그는 사지나 사지 일부가 없이 태어난 사람들이 인공장구와 매우 믿음직한 관계를 맺고 있다는 사실을 관찰했다. 인공장구는 그들에게 원망의 대상이 아니었다. 그런 것들의 부품은 무엇보다 흥미로웠는데, 제거와 조정은 물론 교체도 가능했기 때문이다. 밴디트의 경험에 따르면, 사지 절단으로 정신적 충격이 컸던 사람들은 인공장구를 받아들이고 인정하는 데도 훨씬 더 큰 어려움을 겪었다.

그후로 대학교의 특별 연구원으로 있을 때, 그런 사지 절단의 상실을 겪은 사람과 함께 일한 적이 있다. 그는 자신의 인공장구를 증오한다고 대놓고 말하지는 않았지만, 확실히 나의 연구를 그리 중요하게 생각하지 않았다. 사실 그는 사이보그학이라는 발상 자체를 증오했고, 그 안에 쓸모 있는 것은 아무것도 없다고 늘 말했다. 그것은 마치 나를 거부하는 것 같았다. 사람과 인공장구 간의 관계에 대한 나의 연구와 일화들을 증거로 고려할 때, 사이보그 정치학에 대한 매우 의미심장한 심리역학이 발생하고 있는 것이 분명하다.

크리스토퍼 리브가 겪은 변화의 과정을 고려해보라. 초기에 일었던 분노와 거부가 가라앉고 나서, 그는 자신에게 도움이 되는 기술에 적응했다. 그는 "나는 이제 의자에 익숙해졌습니다. 이건 내 몸의 일부 같습니다"라고 말했다. 여전히 그는 신체의 자율성을 원했다. 등 아래쪽에 종기가 돋았을 때, 상처가 너무 심해서 그는 "(종기가) 뼈까지 파고들었고, 너무 커서 손이 들어갈 정도"라고 했다. 의사들이 피부이식 수술을 권했지만, 그는 "무언가가 내 몸을 또다시 침범한다는 생각 자체를 증오했다. 그것은 무기력함을 한 번 더 드러내는 일이다"라며 거절했다. 또 한 번은 반사부전증dysreflexia의 여러 가지 증상들이 발현되는 고통을 겪었는데, 신장과 방광의 과부하가 치명적인 혈압 상승으로 이어진 것이다. 그는 "나는 내 자신의 진지한 학생이 될 수밖에 없었다"라고 언급했다. 결국 리브는 공포와 거부를 거쳐 자율성과 자기인식을 위한 투쟁으로 발전해나갔다.

연구자들은 병원에서 생명연장 기술에 의존해 살아가는 사람들인 생명조력장치 부착형 사이보그enabled cyborg(철제 호흡보조기를 부착한 소아마비 환자들, 신장 투석 환자들 그리고 인공호흡기와 여타 보조장비를 부착한 말기 환자들을 말한다)와 병원 바깥에서 다양한 기계들의 도움을 받아 살아가는 조력장치 보조형 불구자들(사지가 절단된 사람들과 다양한 병력을 지닌 하반신 불구자들 및 일부 소아마비와 투석 환자들도 포함한다)의 심리를 연구했다.

고통스럽고 값비싼 사이보그 기계를 통해 생명을 유지하고 있는 빈사 상태의 사람들과 법적으로 사망한 사람들은 심각한 윤리적 문제와 자원 배분의 문제를 대변한다. 국립생명윤리센터National Center for Bioethics 원장인 브루스 힐튼Bruce Hilton에 따르면, 오늘날 병원에서 일어나는 사망의 무려 70퍼센트가 생명유지 장치 사용의 철회 결정에 의한 것이다. 예를 들어, 신장 기계들과 공생하며 살아가는 사람들의 3분의 1 이상(36퍼센트)은 심장마비가 발생했을 때 심폐소생술을 거부한다. 투석기에 의존해 살아가는 말기 신장병 환자들(연구에 따르면 8퍼센트)은 치료 중단을 선택하는데, 이것은 일종의 자살인 셈이다.

인공장기의 아버지로 불리는 윌렘 콜프 박사는 인공심장 수혜자들을 대상으로 한 '승인유예정책'을 옹호한 적이 있다. 수술에서 깨어나 심장이 뛰는 소리를 듣게 되는 환자들이 그로부터 스물네 시간이 경과하기 전까지는 몸에 부착된 기계식 펌프를 끄지 못하게 하라는 것이었다. 그는 그런 환자들의 결정을 객관적으로 판단하길 바라면서 동료들에게 "정상적인 신장과 심장을 가진 사람들도 삶을 도저히 견딜 수 없어 자살하는 경우가 있다"고 상기시켰다. 이런 사이보그 기술들은 물론이고, 그 밖의 광범위한 생명유지 장치들은 자살에 대한 우리의 태도에 커다란 변화를 불러왔다. 오늘날 대부분의 사람들은 자살을 개인의 자율성과 권리의 행사로 간주한다.

수많은 연구는 투석 환자들에 비해 신장이식 수혜자들이 훨씬 더 상태가 양호하고, 가정투석을 하는 환자들이 통원치료 환자들보다 훨씬 더 잘 지낸다는 것을 보여주었다. 환자의 삶이 정상적일수록 그들은 더 큰 행복을 느낀다. 환자들은 자신의 삶의 질이 물리적으로나 혹은 정신적으로 빈곤해짐을 느낄 때 생명유지 장치를 거부하곤 한다. 독일 연구자인 짐머만Zimmer-mann 박사는 "치료를 목적으로 기술과 장비에 의존하는 것은 환자의 삶에 대한 중대한 침입을 상징한다"라고 말한다. 다른 중요한 요인들은 다음과 같다. ① 투석 환자들의 연령(나이가 많은 환자들일수록 삶을 지속하고픈 의지가 약하다) ② 직업이 있는지의 여부. 그리고 의미심장하게도 ③ 그들의 젠더. 여러 연구들은 남성이 여성보다 부당한 지위에 적응하는 데 더 큰 어려움을 겪는다는 점을 보여준다. 특히 이런 변화에 수반되는 제공자에서 의존자로의 역할 전도와 기계에 의존하는 새로운 신체 때문에 그렇다.

소아마비 환자들이 생명유지 기술과 맺는 관계에 대한 연구는 많은 의료 사이보그가 기계 인공장구들을 감수하게 되기까지 여러 단계를 거친다는 사실과, 기계적인 시스템들이 해방을 가져다줄 수 있다는 점을 드러낸다.

조셉 코퍼트Joseph Kaufert와 데이비드 로커David Locker는 1950년대 급성 소아마비에 걸린 열 명의 환자들의 회복과정을 추적하는 연구를 수행했다.

처음 발생하고 나서 환자들에게 여러 단계의 이력들이 이어졌다. 처음에는 '급성' 단계가 찾아왔다. 환자들이 살고자 처절하게 싸우는 단계로, 생존을 위해 엄청난 육체적 노력을 기울이고 철제 보조 호흡기에 의존하게 된다. 그런 다음 '재활', 즉 회복단계가 찾아온다. 이 시기 환자들은 철제 보조 호흡기나 다른 기계들에 의존하는 것을 독립성에 대한 방해로 간주했다. 이어서 '안정' 단계가 뒤따랐다. 이 단계에서는 의료기계에 대한 의존성을 줄이거나 아예 의존하지 않기 위해 항상 운동을 하고 의식적으로 호흡을 하는 등의 일이 수반된다. 이 환자들이 나이가 들어 '과도기'에 들어섰을 때, 건강상의 문제는 휠체어에 장착이 가능한 휴대용 인공호흡기 같은 새로운 장비의 개발로 상쇄된다. 기계장치 없이는 자력으로 버틸 수 없는 환자들이 휴대용 기계들의 도움을 받아서 점점 더 자립성을 키워간다. 스스로 호흡을 할 수 있는(물론 엄청난 노력을 통해) 환자들도 휴대용 인공호흡기를 사용함으로써 삶의 질이 향상된다는 사실을 깨닫는다.

역설적이게도 이런 자립성은 기계장치에 대한 의존성을 점점 더 심화시킨다. 그리고 그런 기계장치들이 고장이라도 난다면 이것은 곧 의료적인 비상사태의 발생을 뜻하는 것이므로, 그럴 때 도움을 줄 수 있는 친구나 가족들에 대한 의존성 역시 커졌다. 환자들은 '재활'과 '안정' 국면의 극단적인 노동관인 반드시 손수 무언가를 해야 한다는 생각을 극복할 필요가 있었다. 왜냐하면 이런 태도가 기계 의존성에 대한 거부로 연결되기 때문이다. 코퍼트와 로커는 이렇게 적었다. "재활의 이념 안에서 덕이란 기계의 유혹을 거부하는 것이다. 즉, 자기 자신이 아니라 장비에 의존하는 것은 질병 앞에 나태하게 굴복한 것으로 묘사되었다."

일부 환자들은 휴대용 인공호흡기 대신 영구적으로 인공기도를 삽입하는 것에 가장 큰 거부반응을 보였다. 인공기도 삽입은 신체에 상당한 변화가 불가피했다. 이는 '기계에 몸을 직접 연결하는 일'을 수반하기 때문이었다. 하지만 이 과정을 겪어낸 환자들은 대체로 '치러야 할 작은 대가'라고 생각하곤 했다. 그 기계를 받아들이는 것이 단순한 과정은 아니었다. 환자들은 '기계의 리듬에 순응해야만' 했다. 한 환자는 "아무도 당신에게 말해줄 수 없어요, 아무도 당신에게 가르쳐줄 수 없어요, 당신이 직접 기계를 배워야 합니다"라고 말하기도 했다. 더군다나, 환자들은 여생 동안 기계를 상당히 의식하며 살아야 했다. 그들은 기계의 기능에 귀를 기울이고, 공기의 압력과 진동을 통해 기계가 작동하는 것을 느끼고, 기계를 고치거나 수리할 준비를 갖추어야만 했다.

결과적으로, 기계와 그 기계가 요구하는 것에 주의를 기울이는 일이 일상생활의 중심이 되었다. 게다가 기계와 함께하는 삶의 부정적 측면들이 있더라도, 그것들이 삶의 질을 최소한의 상태 이상으로 증진시켜주는 기계의 역할을 손상시키지는 않았다.

심지어 기계는 환자의 가장 은밀한 순간들도 공유하게 되었다. 최근에 결혼을 한 어떤 여성은 이 말이 자신과 남편에게 무엇을 의미하는지를 이렇게 기술했다.

우리가 혼인서약을 하였을 때, 의사들은 내게 부부관계를 할 때 나의 호흡이 증가한다는 사실을 말해주지 않았어요. 그들 자신도 그것을 몰랐던 거죠. 기계는 1분에 열 번 내지 열한 번 정도의 호흡을 불어넣어줄 뿐이에요. 그런데 나는 1분에 열여섯 번의 호흡이 필요하고, 그 시간 동안 더 많은 공기가 필요한 거에요. 남편과 나는 이것을 또 다른 경험으로 받아들여야 했어요. 속도조절 버튼을 켜고, 압력을 올리는 등 그이는 인공호흡기에 더 많은 신경을 쓰곤 했었죠. 그리고 온갖 것을 계속 챙기려고 애썼어요. 한참 관계를 즐기다가도 갑자기 속도조절 버튼을 올려야 했던 거죠.

그래도 인간은 곧 적응하게 된다. 코퍼트와 로커가 이것을 깨달았다.

인공기도가 달린 인공호흡기 부착 단계까지 갔던 모든 환자들은 그것이 자신들의 삶에 긍정적인 효과를 미쳤다는 점에 기꺼이 동의했다. 삶의 질 차이가 너무도 극명해 휴대용 인공호흡기 사용자들은 종종 소아마비 증후군 환자들을 설득해 똑같은 기계로 바꾸게 하려고 노력할 정도였다. 변형된 자아감각은 기계에 대한 새로운 의존성과 환경 및 그 안에서 거주하는 사람들과의 변화된 관계를 동반했다.

사이보그적인 삶을 선택한 환자들은 더욱 자립적이 되었다. 그들은 기계장치에 대한 전통적인 두려움과 학습된 재활의 윤리를 극복함으로써 병원에서 벗어나 다시 적극적인 시민이 될 수 있었다. 코퍼트와 로커의 결론처럼, 이 새로운 사이보그 이념은 환자들 본인의 의료적인 상태만큼이나 매우 중요하다.

응답자들이 경험했던 이해득실의 성격과 범위는 개인별 기능적 상태의 편차 및 문화적으로 깊게 뿌리내린 기술의존성에 대한 기존의 믿음을 어느 정도 바꿀 수 있느냐에 영향을 받는다.

의미심장하게도 휴대용 인공호흡기를 사용했던 환자는 이후 캐나다에서 장애인의 권리를 옹호하는 선구자가 되었다. 발전하는 기술에 의존하며 얻게 되는 이런 역동적인 자립성은 장애인 권리운동을 뒷받침하는 결정적 요인이다.

소아마비 환자들은 더 낡고, 더 침해적이고, 제약이 많은 기술들로부터 해방되고자 오랜 세월 노력한 후에야 비로소 새로운 기술을 대면했다. 사지 절단술을 받은 사람들은 움직이는 의지(義肢, artificial limb)의 혜택을 오래전부터 받아왔다. 제롬 실버Jerome Silber와 시델 실버맨Sydelle Silverman이 1958년에 수행한 이 연구는 인공장구를 부착한 사람이 그 장비들을 어떻게 생각하는지에 대한 내용을 최초로 담은 주요한 성과물 중 하나이다. 연구 결과에 따르면, 61퍼센트에 이르는 많은 사람들이 대부분의 시간 동안 자신이 사지 절단자라는 사실을 잊고 있었다고 주장했으며, 심지어 7퍼센트는 항상 그 사실을 잊고 산다고 주장했다. 뒤이어 진행된 세심한 심리검사는 앞선 수치들이 다소 과장되긴 했지만 사지 절단자들(이번에는 참전용사들이다)이 극기를 통해 '신체의 통일성과 적절성'의 감정을 유지함으로써, 새로운 상황에 적응하는 엄청난 능력을 갖고 있다는 사실을 보여주었다. 더욱 놀라운 것은 거의 절반에 가까운 사지 절단자들이 비사지 절단자들과 다를 바 없이 일을 할 수 있다고 주장했고, 14퍼센트는 어쩌면 더 많은 일을 할 수도 있다고 주장했다. 저자들이 유사한 극기의 패턴으로 간주한 자료를 보면, 사지 절단자의 61퍼센트는 갈고리가 기계처럼 보여도 눈에 거슬리지 않는다고 했고, 13퍼센트는 그것들이 어떤 손 못지않게 자연스럽게 보인다고 했다.

사지 절단자의 의수의족 선호와 사용습관이 자신의 기능적이고 사회적인 결핍에 대한 객관적 진단에 전적으로 기초해 있는 것은 분명 아니다. 그가 의수의족 착용에 부여하는 의미에서 발생한 감정적인 요인들도 거기에 영향을 미친다.

이런 설문조사는 의수의족을 착용한 신체의 모습과 기술들을 대하는 문화적 태도들이란 사회나 그 하위문화들 속에서 거듭 재구성되는 것으로서, 상대적으로 유동적이라는 사실을 다시 한 번 증명한다.

현대의 의료 사이보그들은 자신들이 경험한 기술을 실용적으로 바라보며 그런 다음 그것을 이념화한다. 인간과 기계의 통합에 대한 태도들은 유동적이다. 삶의 질은 주관적이지만, 환자들이 모두 상이한 결정을 내리는 데서 보여주듯이, 그것은 외부로부터 영향을 받는다. 기계와의 통합과 삶의 질 저하는 자살로 이어질 수 있다. 반대로 기계와의 통합과 삶의 질 향상은 자립성과 활동량의 증대로 이어질 수 있다. 생존과 쾌락 간에는 분명한 구분이 없다. 그래서 발기보조기 수혜자들의 반응이 다른 의료 사이보그들과 동일한 반응 패턴을 보인다는 사실은 그리 놀랄 일이 아니다. 성능이 정치에 선행한다.

인공음경

/

환자들의 요구는 새로운 사이보그 기술들의 발전을 재촉하지만, 의사들과 관료들 그리고 사업가들이 이것을 통제한다. 사이보그 의료 연구에서 언급하고 설명되는 수백 명의 핵심인물들 가운데 여자는 거의 전무하다. 여자들은 기술의 사회적 파급효과를 판단하는 역할을 한다. 간호사나 기술자, 혹은 환자와 환자 아내로는 등장하지만, 의사 겸 발명가, 외과의사, NIH 관리, 혹은 회사의 경영자로는 거의 모습을 찾아볼 수 없다. 이렇게 몸을 발명하고 외과적으로 개입하는 문제에 나타난 성적인 차이는 현대 과학기술에 깔려 있는 가부장적 토대에 대한 여성주의적인 분석을 지지한다. 따라서 제대로 기능하지 않는 음경에 그런 개입의 주된 초점이 맞춰진 것이 놀랄 일로 다가오지 않는다.

초창기에는 매우 남성적인 이 질병을 치료하기 위해 미약이나 약초 같은 내복약을 복용하거나 대리 배우자(성경에 따르면 되도록 처녀들이 선호되는데, 성경은 이 방법을 다윗 왕의 실패로 끝난 치료법으로 기술하고 있다)를 이용했다. 레흐니어 데 흐라프Regnier de Graaf(네덜란드 의사 겸 해부학자—옮긴이)는 근대적인 주사기에 해당하는 도구를 발명했는데, 1688년 이것을 가지고 음경에 용액을 주입함으로써 죽은 사람도 발기시킬 수 있다는 사실을 발견했다.

1900년대까지 눈에 띄는 발전이 거의 이루어지지 않았으며, 이 무렵에 이르러서야 비로소 의사들이 음경을 직접 수술하기 시작했다. 1908년부터 1935년 사이에 의사들은 손상된 기관을 재건하기 위해 인간과 동물의 뼈나 연골을 이식하는 수술을 여러 번 시도했다. 그리고 1936년 늑골 연골을 이용한 이식수술에 최초로 성공했다. 1950년에는 인공 진피이식에 성공했고, 1960년에는 페어맨Pearman 박사가 다공多孔 아크릴 소재를 사용해 음경의 이식 조직을 개선했다. '페어맨의 음경'은 개발자의 이름을 따 인공음경을 명명하는 매력적인 전통의 시작이었다.

인공음경 기술이 그 다음으로 거둔 위대한 진보는 진공음경이었다. 음낭에 숨긴 작은 펌프를 이용해 음경을 부풀리거나 수축시킬 수 있었다. 베일러 병원의 브랜틀리 스콧Brantley Scott 박사와 그의 수술팀은 '이식 가능한 가동식 인공 괄약근'을 개량해 '이식 가능하고 팽창 가능한 발기보조기'를 발명했다. 도미나 랜쇼Domeena Renshaw 박사는 〈전미의학협회 저널Journal of the American Medical Society〉에서 스콧의 팽창하는 발기보조기는 오늘날에도 미국에서 남근숭배사상이 아주 잘 살아 있다는 사실을 보여주는 사례라고 말했다.

인공 남성 생식기의 이러한 확산에도 불구하고, 일부 이론가들은 음경이 사라지고 있으며 우리에게 남성성의 위기가 닥쳤다고 주장한다. 캐나다의 포스트모던 철학자들인 아서 크로커와 마릴루이즈 크로커는 그런 '공황적인 음경'이 현재 미국의 '공황적인 섹스' 시스템의 일부라고 언급했다.

> **늙은 남성의 음경은 더 이상 가부장적 권력의 특권적 상징이 아니다. 남근의 이념 속에서 이미 소멸되어버린 기호론자의 탈중심적 음경의 꿈은 더더욱 아니다. 그것은 병, 질환 그리고 폐물의 상징적 기호가 된 포스트모던적인 음경, 돌출물이자 이념으로서의 그 음경은 이미 힘을 잃었다.**

그래도 여전히 음경은 계속해서 일어서고 늘어지고, 또 일어서고 다시 늘어진다(때로는 작은 펌프 덕분에). 실제로 가부장성이 무너지는 조짐들이 보이기는 하지만 아직 해체된 것처럼 보이지는 않는다. 음경이 단지 '탈중심화'되는 것만으로도 어떤 사람들은 세상의 종말을 운운하고 두려워할지 모른다. 하지만 걱정할 필요는 없다. 기술과학이 그들을 구원하러 왔기 때문이다. 알코올, 스트레스, 나이 그리고 시간의 상처들로 남성다움이 쇠약해진 남성들에게 현대의 생물의학은 그들의 육욕肉慾을 채워주기에 적합한 인공음경을 제공한다. 어쩌면 이것은 사랑을 위한 것일 수도 있고, 힘을 과시하는 상징이 될 수도 있다. 사이보그 음경은 포스트모던 가부장제에 꽤나 잘 어울리는 기호이다. 위협도 받고 일관되지도 않지만 결국에는 적응하게 되고, 기술이 뒷받침해줌으로써 계속 기능하게 되는 것이다. 하지만 이런 포스트모던 음경이 개별 사이보그 인간에게는 어떤 쓸모가 있는 것일까?

음경 정형 수혜자들에 대한 연구는 몇 가지 흥미로운 결과들을 밝혀냈다. 이들 중에는 타인에게, 심지어 성관계 상대에게도, 자신의 정형 사실을 밝히지 않은 사람들이 상당했다. 우리 안에 존재하는 비밀 사이보그들! 어떤 환자는 성관계 상대들이 왜 그렇게 음경이 크냐고 물었을 때 "바로 당신이 내게 주는 느낌 때문이지"라고 말하곤 했다. 그리고 수혜자들의 20퍼센트는 화장실을 이용할 때 낯선 사람들에게 자신의 음경을 감추려고 했다. 단단한 이식조직 때문에 음경이 평소에도 반 발기상태이기 때문이다. 더 놀라운 것은 거꾸로 10퍼센트에 해당하는 사람들이 노출주의자가 되었다는 것인데, 일부 남성들은 외출하기 전에 자신의 진공식 이식 음경을 일부러 부분적으로라도 부풀렸다고 한다. 많은 연구 결과에서 인공음경에 대한 남성들의 만족도가 꽤 높은 것으로 보여지지만(어떤 연구에서는 거의 90퍼센트에 이른다), 성관계 상대들도 포함한 조금 더 조심스런 연구결과에서는 실제 만족도가 예상보다 훨씬 더 낮게 나오기도 한다. 예를 들어 한 연구에서 검사자의 40퍼센트는 기능부전, 이식물질이 파열하는 상상 그리고 몸 안에 이물질이 들어온 것에 대한 불안감을 드러냈다. 진공식 이식 음경에 대해 매우 솔직했던 한 환자도 상당한 고민을 털어놓았는데, 그는 허풍을 통해 자신의 불안을 덜어내는 것 같았다. 다른 남자들에게 "약오르지?" 하면서 자기는 '펌프 인간'으로 불린다고 떠벌리는 식이었다.

하지만 의사들은 어떻게 될 것인지 결과를 알려주었을 것이고, 실제로도 그는 고민하지 않았을 것이다. 리처드 매닝 박사(가명)는 자신이 사이보그 연인으로 변신한 것을 통제력과 남성성 그리고 이것들의 조화를 다시 한번 얻게 된 사건이라고 묘사했다. 그가 수술 전에 주치의와 나눈 내용을 여기에 상세히 적어본다.

잠깐만요. 일단 시술을 받고 나면 어떤 느낌일까요? 내가 달라지는 걸까요? "그러기를 바라야죠!" 이것이 그의 답변이었다. 그는 한 달 뒤면 내가 원하는 어느 때이든 발기할 수 있다고 말했다. 내가 원하는 어느 때이든 말이다. 이것은 대부분의 남성들이 누리는 것보다 더 많은 신뢰도와 지구력을 주었다. 이런 이유에서 이 이식이 완전히 나쁜 것만은 아니었다. 돌이켜 생각해보면, 젊을 때에도 내가 원했던 바로 그 순간에 발기가 안 된 적이 여러 번 있었다. 이런! 일단 이식을 하고 나면 변명의 여지가 없겠군. 하지만 이제 변명이 필요하거나 굳이 변명을 해야 할 필요가 있을까? 대단히 즐거운 생각이었다.

수술을 받고 난 뒤, 그 멋진 박사는 자신을 스스로 '이식음경 인간'이자 '사랑하고 싶은 단단한 남자'라고 부르곤 했다. 그는 사이보그가 된 후 아내와 가진 첫 번째 잠자리를 묘사하면서, 수많은 '첫날밤'의 성적 만남이 완벽과는 거리가 멀지 않냐고 언급했다. 그런 만남들에는 "불안, 서투름 그리고 남자의 경우에는 발기 실패 같은 문제들이 잔뜩 내포해 있기" 때문이다. 하지만 이런 문제들이 실리콘 도우미를 둔 남자에게는 해당되지 않는다. 그는 스스로를 통제할 수 있기 때문이다.

우선, 인공음경 인간은 적어도 자신의 연인이 흥미를 갖는 동안 만큼은 자기가 그에 상응하는 충분히 적절한 남자가 되리라는 큰 자신감을 갖고 출발한다. 그는 당연히 시들지 않을 것이며, 이것은 그녀의 신뢰를 높혀주는 것은 물론, 긴장을 풀도록 돕는다. 성불능이 탄로나기 전까지 성공적인 연인이었을 그가 이제는 결과를 걱정하느라 에너지를 낭비할 일은 없을 것이다. 인공음경 인간은 KY제製 같은 성기능 개선 수용성 윤활제를 반드시 곁에 챙겨둔다. 그는 자신의 성관계 시간이 오래 걸린다는 것을 기억한다. 시간이 길면 길수록 더 좋다. 그는 자신의 인공 음경을 그때그때 팽창시켰다 수축시킨다. 그는 파트너에게 완전히 집중한다. 그리고 십중팔구 성공한다.

상대에게 '완전히' 집중하면서 정확히 어떻게 '그때그때' 그 복잡한 사이보그 섹스 기술을, 특히 자신의 몸에 달린 그 기술장비를 다룬다는 것인지 나는 모르겠다. 그것은 분명 테크노 의사technodoc들이 완벽한 음경을 창조하고자 염원하는 이상에 불과하다. 하지만 불행하게도 다수의 펌프 인간 혹은 인공음경 인간에게서 알 수 있듯이 완벽함이란 아직 도달할 수 없는 목표이다. 하지만 적어도 쾌락은 가능하다.

음경 정형은 많은 남성들이 상대와 '르 프티 모르le petit mort('작은 죽음'이란 뜻의 프랑스어로 오르가슴을 비유하는 말)'를 반복해서 공유할 수 있게 해주었다. 하지만 사이보그 기술이 누군가의 삶의 질을 향상시켰을지 몰라도, 다른 누군가의 삶에는 그저 고통스럽게 죽음의 기한을 연장시킨 것에 불과했다. 불멸에 대한 온갖 환상에도 불구하고, 결국 죽음은 인간들처럼 사이보그 생활이력에서도 마지막에 자리한다.

식물인간, 산송장 그리고 불사신

/

린다 호글Linda Hogle의 대학원 과정은 사람들이 죽는 것을 관찰하는 일과 관련이 있었다. 그녀는 미국과 독일을 오가며, 장기기증을 결정한 말기 환자들의 방에서 그들과 그들 장기에 어떤 일이 벌어지는지를 관찰했다. 이것은 매혹적이면서도 두려운 경험이었다. 환자들이 살아 있는 동안 간호사들은 용기를 내라며 그들을 위로하곤 했다. 하지만 심장과 폐가 멈추자 모든 상황은 달라졌다. 조달 전문가들로 불리는 새로운 의료팀이 중환자실 의료팀을 대체했다. 그들은 특수장비들을 들여오고 장기 기증자로 신분이 바뀐 사망자의 얼굴과 성기를 천으로 덮는다. 이제 살아 있을 때보다 더 많은 사람들이 그의 몸을 상대로 작업을 한다. 만약 이 단계에서 문제가 생기면, 의료직원들은 기계들과 협의하게 될 것이다. 이제 이 사이보그는 '단순 사망' 상태이다.

화학물질들과 기계들이 시체가 현 상태를 유지하도록 돕는데, 물론 장기를 보존하기 위해서이다. 법적으로 아무런 문제가 없는 뇌사 진단을 받게 되면, 이제 본격적으로 수확을 시작한다. 물론 이 시점에서는 장기들을 살아 있게 하는 일이 훨씬 더 어려워진다. 이것이 '이중 사망' 상태이다. 마지막으로 계통이 무너지고 장기가 부패하기 시작한다. 이런 것들은 더 이상 거둘 수가 없으며, 이것은 곧 '삼중 사망'을 의미한다.

사이보그화는 죽음의 양상을 극단적으로 변모시키고, 전혀 새로운 의료윤리의 쟁점들을 양산했다. 환자에서 기증자-사이보그로 변신하고 그로 인해 결국 비인간화되는 과정, 차별화된 장기 수요의 관리 그리고 기증자-사이보그의 '부속품들'이 어떻게 새로운 사이보그의 씨앗이 되는지 등 삶과 죽음을 가르는 경계, 인간과 비인간을 가르는 경계가 이보다 더 모호했던 적은 없었다.

'새로운' 죽음을 다루는 뛰어난 논객 스튜어트 영너는 〈누군가는 죽어야 한다Some Must Die〉라는 글에서 '재닛'이란 환자의 치료를 소개한다. 그녀가 임신 22주째에 접어들었을 때 자발성 신파열 뇌동맥류로 뇌혈관이 터졌다. 24시간이 지나지 않아 의사들은 그녀에게 뇌사 판정을 내렸지만, 그녀의 태아는 아직 살아 있었다. 병원은 우수 간호 인력을 선발해 출산이 가능할 때까지 그녀와 그녀의 아이를 돌보게 했다.

재닛은 법적으로 사망했지만, 간호사들은 그녀가 음악을 들을 수 있으리라고 확신했고(이에 대한 반응으로 심장박동에 변화가 있는 것 같았다), 어떤 이들은 그녀의 '영혼'이 아직 머물고 있다고 믿었다. 그녀가 이미 죽었다는 것은 알지만 "그녀가 살아 있다고 느꼈다." 그녀의 머리카락과 손톱은 계속 자랐고, 그녀의 아기 역시 자랐다. 이런 경우처럼 건강한 생명이 죽음으로부터 탄생할 수 있다면, 죽음이란 대체 무엇인가?

영너는 일부 보건 전문가들이 '뇌사'라는 용어를 별로 좋아하지 않는다고 말한다. 그 이유는 뇌의 죽음과 그냥 죽음 간에 차이가 있음을 내포하기 때문이라는 것이다. 하지만 그것이 맞는 말이 아닐까?

어떤 의미에서 재닛의 몸은 여러 기계들 덕분에 죽지 않은 것이었다. 그녀의 지능은 사라졌지만, 아마도 그녀의 영혼은 아닐지도 모른다. 사이보그로서 그녀는 인간이라기에는 덜하고 죽었다고 치기에는 더한 존재였다.

오늘날 어떤 사람들은 만일 죽음을 맞이한다면 자신의 인간다움을 기꺼이 희생해서라도 재닛 같은 준생명의 상태로 남는 쪽을 택할지도 모르지만, 그보다는 의료기술 때문에 죽음이 불필요하게 지연될 것을 두려워하는 사람들이 훨씬 더 많다. 오리건 주와 네덜란드에서 제정된 '죽을 권리'에 대한 법률이 높은 지지를 얻은 것 또한 같은 이유에서이다.

죽음에는 세 가지 상이한 정의가 있다. 심장과 폐가 정지했을 때, 뇌 전체가 활동을 멈추었을 때, 그리고 고차적인 뇌higher brain가 활동을 중단했을 때이다. 장기기증을 촉구하는 추세는 사회를 더 진보적으로 몰아간다. 오늘날의 장기들은 '심장이 뛰지 않으나 다시 뛸지도 모를 송장들'에게서 거둬지고 있다. 어쩔 수 없이 우리는 이렇게 물어보아야 한다. '우리는 기술을 이용해 아직 살아 있는 사람들에게서 장기를 떼어내고 있는 것인가?'

1960년대 미국과 유럽 대부분의 나라에서는 장기 수확을 용이하게 하고, 인공호흡기의 사용 중단을 정당화하고자 '뇌사'가 죽음의 지배적인 정의가 되었다. 많은 뇌사자들의 심장은 당연히 뛰고 있다. 그들은 '심장이 뛰는 송장' 혹은 '식물인간'이라고 불린다. 때로는 심장이 멈추었을 때 다시 뛰게 만들 수도 있고, 혹은 기계들이 그 역할을 대신할 수도 있는데, 이런 경우 일부 의사들은 '심장 박동 없는 송장'이라고 부른다. 하지만 만약 의사들이 '심장의 멈춤은 곧 죽음을 의미한다'라는 규준을 적용한다면, 그들은 설령 뇌가 아직 활동을 한다고 하더라도 장기들을 수확할 수 있다.

피츠버그대학교 의료센터는 다음과 같은 원칙을 적용하려고 시도했다. 즉 그들은 장기를 보존하는 데 도움이 되는 모든 종류의 소생술을 허용한 것이다. 심지어 환자가 그런 조치들을 원하지 않는다고 구체적으로 명시한 경우에도 개의치 않았다. 그래서 자연스럽게 죽음을 맞이하고자 했던 사람이, 심장이 멈추고 호흡이 멈춰 사망이 선고된 상태에서 부분적으로 소생하는 상황에 처할 수도 있게 되었다. 그래야만 장기이식에 필요한 최적의 신선도를 유지할 수 있기 때문이다. 보통 심정지가 6분에서 7분 가까이 계속될 때 사망선고를 내리지만, 피츠버그대학교 의료센터는 2분만 지나도 죽은 것으로 규정하고 싶어 했다. 그것은 일부 환자들의 '권리를 침해하는 것은 물론, 그들이 잠재적인 고통과 피해에 노출되어 있음'을 의미했다. 르네 폭스는 이것을 '규정에 의한 죽음'으로 간주한다. 그리고 폴 램지Paul Ramsey의 말을 인용해 그런 정책은 우리 모두를 '유용한 예비 송장들'로 만드는 것이라고 말했다.

결국 이 의료센터는 기증자의 가족들이 임종을 지키고, 환자가 평화롭게 죽고 난 이후 장기를 적출했다. 이런 변화는 기존 방식의 의심스러운 윤리관 때문만이 아니라, 그런 식의 개정이 가족들의 스트레스나 불평은 덜어주고, 더 많은 장기를 얻을 수 있도록 도와주었기 때문이다.

더 좋은 장기를 더 많이 적출하라는 압력은 잠재적 장기기증자들의 건강과 존엄한 죽음과 늘 충돌할 것이다. 장기들을 보존하기 위해 죽어가는 환자들에게 약물을 처방하는 병원의 행태들을 포함한 다른 추문들도 표면화되었다. 일리노이 지방의 장기은행은 병원들이 장기 사용허가를 받기 전이라도 새로 적출한 환자들의 신장을 더 좋은 상태로 만드는 약품으로 보존처리할 수 있게 허용함으로써 사전 동의 원칙을 크게 제약하는 규정을 시행하려 했다. 지속적으로 비판이 제기되자 이 은행은 결국 그 정책을 철회했다.

저 위대한 죽음의 십자군, 잭 케보키언Jack Kevorkian 박사는 자신의 안락사 찬성운동을 장기이식 문제와 연결시켰다. 그는 사형선고를 받은 범죄자들의 장기 기증을 허용해야 하며, 의사조력자살 프로그램의 한 가지 구체적인 목표는 활용 가능한 장기의 수를 늘리는 것이라고 주장했다.

1994년 미국의학협회AMA, American Medical Association는 뇌간은 있지만 뇌가 없는 채로 태어난 무뇌증 영아들에게서 장기를 수확하자는 주장을 지지했다. AMA의 주장을 인용해보자.

> **통상적으로 장기 수확은 기증자가 반드시 법적으로 사망한 상태여야만 허용된다. 무뇌증 영아를 살아 있는 기증자로서 이용하는 것은, 이 영아가 결코 의식을 가진 적이 없고 앞으로도 결코 그럴 일이 없다는 사실에 따를 때, 그 일반적 기준의 제한적 예외가 된다.**

스튜어트 영너는 AMA가 그 영아들을 죽은 것으로 규정하는 것이 아니라, 단지 그들은 인간이 아니며 그래서 장기를 얻기 위해 죽임을 당할 수도 있다는 것이라고 지적한다.

우리는 죽음의 정치학과 이식의 정치학이 밀접하게 뒤엉켜 있음을 알 수 있다. 어떤 이의 죽음이 다른 이의 생명을 결정한다. 죄수들이 장기를 기증하도록 해야 할까? 환자들이 자살을 선택하고 장기를 기증하도록 해야 할까? 사용 가능한 장기들을 최대한 많이 확보하기 위해 의사들이 생명, 의식과 죽음 그리고 비인간의 정의들을 필요에 따라 선택할 수 있게 해야 할까?

하지만 죽음은 다른 차원에서도 매력적일 수 있다. 예술가 마크 폴린이 언급한 대로, 많은 사람들이 기술을 사랑하는 이유는 기술이 자신과의 결혼을 통해 죽음을 극복할 방법을 약속하는 것처럼 보이기 때문이다. 파시즘 동조자들인 이탈리아의 미래학자들은 또한 죽음과 기술 사이에 이런 연결고리도 만들었다.

> **우리는 인간의 육신을 금속제 모터와 분리하는, 겉으로 보기엔 극복할 수 없어 보이는 적대감을 극복하게 될 것이다.**
>
> **필리포 마리네티** Filippo Marinetti

이것은 '죽음이여 영원하라'는 스페인 파시스트들의 외침과 기독교나 이슬람교 일부 근본주의자들이 천국에 이르는 유일한 방법으로 간주하는 죽음에 대한 사랑 속에서 그대로 되풀이된다. 프로이트는 죽음에 대한 사랑을 의미하는 '타나토스'를 근대의 인간에게 특별히 나타나는 심리적 일탈이라고 생각했다. 그때는 그랬는지 몰라도, 오늘날에는 죽음에 대한 증오와 두려움이 죽음을 사랑하거나 수용하는 태도보다 훨씬 더 강한 것 같다. 영국의 비평가인 데렉 모건Derek Morgan은 죽음의 법적 정의에 대해 논의하면서 이렇게 지적한다. "죽음에 대한 본능적인 공포로 보이는 무언가가 섬뜩한 침묵 속에서 법적인 측면에 반영된 것 같다. 이런 죽음에 대한 두려움이 많은 일들을 시행하게 한다."

두려움은 흔히 행동에 영감을 준다. 생명무한확장론 같은 운동들은 불멸성을 하나의 근본적인 정치적 입장으로 변모시켰으며, 그런 운동들은 그 목적을 실현하기 위해 사이보그 기술에 의존한다. 우리 문화는 불멸성을 강하게 꿈꾼다. 인기를 끄는 영화나 TV 드라마에 흡혈귀들이나 불사신적 존재인 하이랜더가 늘 나오는 것만 봐도 알 수 있다. 불멸성은 공상과학소설의 주된 소재이다. 물론 SF는 불멸성의 불리한 요소들을 증명하는 데에도 특히 탁월하지만 말이다.

만약 사고만 당하지 않는다면 불멸할 수 있다고 할 때, 우리 모두가 얼마나 엄청난 겁쟁이가 될 것인지를 잘 보여주는 이야기가 있다. 운전으로 목숨을 수십 년 단축시킬 수 있는 위험을 감수하는 것과, 수천 년의 세월을 상실할 위험을 감수하는 것은 전혀 다른 문제이다. 말할 필요도 없이, 그 이야기에서 암벽 등반과 전쟁은 전혀 없는 활동이다.

피터 알드리지Peter Alldridge가 관찰한 바대로, 불멸성에 대한 갈망에는 확실히 한계가 있다.

> 오랫동안 많은 사람들에게 영향을 미쳐왔고, 또 많은 전설의 모티프가 된 공포란 바로 '죽지 않는 자'가 되는 것이다. 죽지 않는 사람에게는 산 자와 죽은 자의 성질이 모두 결여되어 있다. 의료기술의 발전, 잔혹한 법정 그리고 원형질에 집착하는 광기의 결합체인 자칭 '친생명'학파는 죽지 않는 자들의 무리에 속하게 될 전망을 그 어떤 흡혈귀나 늑대인간들보다도 훨씬 더 현실적인 것으로 만들었다.

르네 폭스와 주디스 스웨이지는 불멸성의 충동이 생명존중보다는 죽음의 공포에 기반을 둔 것이라는 사실에 관심을 더 가져왔다. 그들은 '죽음이 늘 저항해야 할 악은 아니다'라는 종교적 신념을 가진 신학자 폴 램지의 저서를 인용한다. 램지는 소크라테스를 끌어들인다.

> 이제 우리가 갈 시간이네, 나는 죽으러, 자네들은 살러 말일세. 하지만 우리 중 누가 더 행복한 미래를 가진 것인지는 신 말고 아무도 모를 일이라네.

그는 죽음에 대한 이런 식의 이해가 '영원한 생명으로 가는 우리의 길을 마음대로 주무르고 싶은 개선장군의 유혹'에서 의사들을 구원할 것이라고 말한다. 하지만 과연 과학자들이 영생의 길을 '접합'하고픈 유혹에서 벗어날 수 있을까? 불멸성을 구체화할 가능성이 가장 높은 기술과학은 DNA를 삽입하고 접합하는 일을 하는 유전학이다. 바로 다음 장의 주제이다.

chapter 8

유전공학의 괴물들

가능할까? 누가 알겠어? 자연스러운 건가? 그래서 어쨌다고.

그건 착한 과학일까? 물론이지.

영화 〈주니어Junior〉 속 과학자 대니 드비토가 남성이 아이를 임신할 수 있도록 개조하면서

생명의 수사학_ DNA와 프랑켄슈타인 박사의 꿈

/

유전학처럼 사이보그 과학기술 안에서 진보가 이루어질 때마다, 우리는 멋지게 머리를 빗어 넘기고, 프랑켄슈타인을 언급하는 대중 평론가 떼거리들을 믿고 의지해볼 수도 있다. 프랑켄슈타인 박사와 그가 창조한 이름 없는 괴물도 제대로 구분 못하는 저들을 말이다. 우리가 두려워하는 것이 프랑켄슈타인의 괴물이라는 것을 왜 이렇게 유념하기 어려운 걸까? 이것은 우리 마음속에서는 그 박사도 괴물과 다름없음을 의미한다. 메리 셸리가 실제로 프랑켄슈타인을 박사로 칭한 적이 없다는 사실 또한 의미심장하다. 그녀는 그저 빅터 프랑켄슈타인 혹은 프랑켄슈타인 남작으로 불렀을 뿐이다. 하지만 오늘날 우리가 두려워하는 대상은 바로 박사들이다. 그래서 우리가 프랑켄슈타인을 괴물만이 아니라 박사로도 만들어버린 것이다.

여성들은 임신을 통해 새로운 생명을 창조할 수 있는 기회를 가져왔다. 하지만 이 과정은 통제가 불가능했으며, 아직도 남성들에게는 허용되지 않는다. 앞장에서 논의한 생식기술과 유전공학의 약속에 힘입어, 오늘날 우리는 슈퍼어린이부터 기괴한 키메라에 이르기까지, 가장 극단적인 창조의 욕망들을 성취하는 꿈을 진지하게 가져볼 수 있게 되었다. 현재의 유전공학이 정확히 어느 정도나 정교해진 것인지 알고 있는 사람은 거의 없다. 요구에 따라 DNA의 염기서열을 생성하는 기계들이 존재한다. 또 어떤 기계들은 DNA를 정확하게 '썰고 베면서' 인간이라면 족히 며칠은 걸렸을 일들을 단 몇 분 안에 수행한다.

유전자를 조작할 수 있는 능력은 유전자가 무슨 일을 어떻게 하는지에 대한 우리의 이해를 앞질러 돌진하는 중이다. 이 간극을 메우기 위해 미국 정부는 인간게놈프로젝트를 출범시켰다. 이 수백만 달러짜리 계획은 DNA 염기서열 분석기술과 생물정보학(생물학적 정보의 컴퓨터정보화) 장비의 완벽함을 목표로 인간게놈의 모든 것을 범주화했다. 인간 DNA의 염기서열은 본래 유용한 지식이지만, 진정으로 중요한 정보는 DNA의 어느 부분이 어떤 일을 하는지 알아내는 것으로, 이는 이 프로젝트의 범위를 넘어서는 일이다. 한편, 많은 민간기업들이 인간 DNA의 이해에 초점을 맞추었다. 그들은 이것에 대한 정보를 가지고 싶어 한다.

앤드류 킴브렐Andrew Kimbrell은 《휴먼 보디숍The Human Body Shop》이라는 무시무시한 책을 썼다. 그는 인간 몸의 상품화가 도대체 어느 정도까지 진전되었는지, 노예제를 포함하는 긴 역사를 통해 보여준다. 노예제가 계약노역으로 존속하고, 여성 '인신매매'라는 끔찍한 전통이 오래도록 남아 있는 상황에서, 인간의 몸은 충분히 매매 가능하고 따라서 이윤도 낼 수 있는 또 하나의 상거래 물품 공급원으로 다시 정의되고 있다.

이 모든 것은 혈액에서 시작했다. 피는 실제로 시장이 조성된 최초의 신체 상품이었다. 1972년 그리스를 여행하던 중 나는 테살로니키의 한 유스호스텔에서 혈액 매매 시장을 경험하고 충격을 받았다. 나는 유고슬라비아에서 그리스행 기차에 올랐는데, 루마니아 사람들이 나눠준 살구 브랜디 때문에, 실제로 어떻게 유스호스텔에 도착했는지조차 기억하지 못했다. 다음 날 아침, 피로에 지친 몸을 이끌고 그리스의 햇살 속으로 들어갔는데, 검은 콧수염을 길게 기른 남성들이 내게 다가오더니, 내 피를 사려고 엉터리 영어로 소리쳤다.

하지만 혈액형이 표시된 내 여권을 보여주자, 그들의 관심은 누그러졌다. 내 혈액형은 너무도 흔한 O형이었다. 그들은 내게 길 아래로 가면 많은 돈을 받고 피를 팔 수 있다고 알려주었다. 그리스 사람들은 헌혈을 선호하지 않는 것으로 알려져 있다. 특히 희귀 혈액형의 피를 수혈 받아야 하는 자녀를 둔 아버지들은 서유럽이나 북미에서 온 젊은 여행객들이 기꺼이 자신들의 피를 팔 용의가 있다는 사실을 알았다. 그래서 매일 아침 유스호스텔 앞을 찾아와 나 같은 새로운 잠재적 기증자들을 찾았던 것이다. 때때로 귀한 혈액형의 소유자들이 같은 혈액형의 피가 간절히 필요한 아이 아버지들 사이에서 경매 전쟁을 불붙이기도 했다. 정말 끔찍한 광경이었다. 여러 명의 젊은 남녀가 그런 수요에 부응했고, 아침마다 마주쳐야만 하는 아버지들의 고민을 덜어주려는 무모한 의도에서 안전한 수준 이상의 헌혈을 했다. 내가 아는 어떤 사람들은 자기가 간염 보균자임을 알면서도 피를 팔았다.

그런 파렴치한 중에 젊고 매력적인 상류층 영국인이 한 명이 있었다. 그는 네팔의 카트만두에서 여러 해를 보내면서 가진 돈을 모두 하시시hashish(대마초로 만든 인도의 마약 일종 — 옮긴이)에 탕진하고 고향으로 돌아가는 길이었다. 우리는 함께 혈액은행으로 갔는데, 나의 흔하디 흔한 피에도 17달러에 해당하는 돈을 준다고 들었기 때문이었다. 가난한 여행자에게 그 정도면 아주 괜찮은 돈이었다. 하지만 나에게는 문제가 있었다. 평소 피만 생각해도 현기증이 나는데, 피를 내준다고 하니 거의 졸도할 지경이 된 것이다. 그들은 내가 아프다고 생각했는지 내 피를 받지 않았다. 하지만 마약 때문에 피부가 노랗게 물든 그 영국 사람에게는 1파인트의 피를 아무 걱정도 하지 않고 기쁜 마음으로 뽑아냈다. 막 나가는 자본주의는 그런 단순한 배정 오류들을 저지르기 십상이다.

영국의 경제학자 리처드 티트머스Richard Titmuss는 혈액이 어떻게 수집되는지 명민하게 분석하여 그 점을 증명했다. 그는 혈액은행에 피를 팔러 온 사람들보다 헌혈 지원자들에게서 질 좋은 혈액을 훨씬 더 많이 얻는다는 사실을 알게 되었다. 영국은 거의 모든 피를 자발적으로 모은다. 강력한 기증 프로그램을 운영함에도 미국은 상당량의 피를 가난한 사람들에게서 구입한다. 영국의 혈액 재고량은 양적으로나 질적으로나 미국을 훨씬 능가한다. 그런데도 많은 사람들은 무엇이건 가격이 붙을 때만 가치를 지닌다고 전제한다. 피에는 돈을 지불할 가치가 있지만, 가난한 사람들의 목숨은 그렇지 않다면 어떻게 될까? 그러면 그들은 죽을 때까지 피를 흘리게 될 것이다.

바로 니카라과에서 일어났던 일이다. 신문사 논설위원인 페드로 차모로Pedro Chamorro가 플라즈마페러시스 혈액 클리닉의 스캔들을 폭로한 것이다. 독재자 소모사Somoza 집안 소유인 이 클리닉이 마나구아에 사는 극빈자들에게서 혈장을 너무 많이 뽑아내는 바람에 많은 이들이 사망했다. 그 피는 모두 미국으로 팔려갔다. 차모로는 이 스캔들을 폭로한 뒤 피살당했고, 이로 인해 '흡혈귀 소모사!'라는 슬로건을 내건 민중봉기가 발발하여 플라즈마페러시스 클리닉을 불태웠다. 18개월 뒤 소모사 정권은 붕괴하였다. 이 폭동에는 다른 원인들도 많았고, 확고한 산디니스타 혁명운동이 없었다면 불가능했을 것이다. 하지만 독재자의 혈액은행(그런 기관을 가리키기에 얼마나 훌륭한 이름인가!)이 중요한 촉매 역할을 했다.

미국에서는 피가 상품인지 아닌지를 놓고 오랫동안 법적투쟁이 이어졌다. 초창기 판례들은 피를 상품이 아니라고 했고, 법원은 의학계가 혈액과 혈액제품을 규제하도록 했다. 하지만 시간이 지나면서 가치가 높아지자, 피는 점차 상품화되기 시작했다. 앤드류 킴브렐은 1980년대 중반 미국은 주요 혈액 수출국이었으며, 당시 시장 규모는 20억 달러에 달했다고 전한다. 미국은 혈액제품의 생산에서도 전 세계 총량의 60퍼센트를 충당한 주도적인 나라였으며, 그래서 '피의 오펙OPEC'이라는 이름을 얻었다. 미국은 특히 값이 나가는 희귀한 인자들을 얻기 위해 피를 가공처리했다. 적십자사도 공짜로 모은 수백만 리터의 혈액을 판매하며, 4백 곳이 넘는 상업적 성격의 혈액센터들도 가난한 사람들에게 피를 사고팔았다.

희귀 혈액인자 시장으로 인해 혈액 상품화는 또 다른 중요한 단계로 넘어갔다. 마가렛 그린Margaret Green의 혈액은 희귀한 마이너스 AB형이다. 그녀는 혈청을 팔기 위해 시어러로지컬스 사를 방문한 것은 물론, 특별 식단과 의약품을 구입한 데 쓴 비용을 모두 업무상 지출이라고 소득신고서에 적었다. 결국 조세재판소는 그녀의 주장을 받아들였고, 그녀에게 '혈액 보관용기'의 지위를 인정했다. 덕분에 그녀는 여행경비를 완전히 공제받을 수 있었다. 하지만 법정은 자신의 광물자원을 소모했다는 그녀 주장은 받아들이지 않았고, 그녀의 몸은 '지질학적인 광물자원'이 아니라고 판결했다.

이런 '몸의 상품화' 문화의 거침없는 확산에는 이식 문화만이 아니라, 앞에서 쭉 살펴본 생식의 상업화도 포함된다. 유전학은 자연적 과정들을 실제로 특허화함으로써 이 과정을 극한으로 몰고 갔다.

킴브렐이 이런 이상한 특허법 이야기를 조심스럽게 추적했다. 1971년 제너럴일렉트릭 사에서 일하던 한 미생물학자가 제너럴일렉트릭과 공동으로 기름 먹는 미생물에 대한 미국 특허를 출원했다. 미국 특허청은 이 신청을 기각했지만, 미국 관세특허 상고재판소는 특허 대상이 살아 있는 것이라는 데 '법률적 중대성이 있지 않다'고 판결하면서 이 기각 결정을 파기했다. 1980년 미국 대법원은 이 판결을 확정했다.

1988년 미국 특허청은 하버드대학교에 살아 있는 동물과 관련된 특허번호 4,736,866을 내주었다. 그것은 닭과 인간의 유전자를 모두 가진 유전자 이식 생쥐였다. 이 대학의 연구자들은 그 생쥐를 암에 걸리기 쉽게 만들었고, 그래서 이름도 발암생쥐oncomouse(onco는 종양이라는 뜻의 접두어 — 옮긴이)라고 붙였다. 이 연구에 자금을 지원한 듀퐁사가 이 특허를 구입했다. 발암생쥐는 생식세포 계열 차원에서 변형되었고, 이것은 그 쥐들이 짝을 짓거나 클론이 만들어질 때마다 변이들도 함께 복제된다는 것을 의미한다(반면 체강 개조는 후손에게 전달되지 않는 유전공학적 간섭이다). 미국 특허청은 그릇되게도 하버드대학교와 듀퐁의 변호사들이 희망사항으로 집어넣은 많은 말들을 수용했다. 이 특허는 실제로 하버드대학교와 듀퐁이 암에 걸리기 쉽도록 개조한 세포들의 모든 '유전자 변형 비인간 포유류'에 대한 권리를 인가한 것이다.

4년 뒤인 1992년에는 유전공학적으로 설계된 생쥐 세 마리에 대해서 추가로 특허가 떨어졌으며, 그중에는 하버드대학교가 출원한 두 번째 생쥐도 포함되어 있었다. 이 생쥐는 향후 전 세대에 걸쳐 전립선 비대로 고통을 겪게 될 것이다.

기름 먹는 미생물의 특허를 허가했을 때, 대법원은 인간이 특허의 대상이 될 수 없다는 점을 정확히 명시했다. 헌법 수정조항 13조에서 노예제를 금지하기 때문이다. 하지만 '유전적으로 설계된 인간의 조직, 세포, 유전자'에 대해서는 전혀 언급하지 않았다. 킴브렐은 이런 이유 때문에 공학적으로 설계된 신장이나 팔 또는 다른 신체부위가 합법적으로 특허출원의 대상이 될 수 있었다고 지적한다. 존 무어John Moore의 슬픈 사례가 잘 보여주듯, 이는 유전자에도 확실히 적용된다. 다른 사람이 그의 유전자를 특허낸 것이다.

백혈병 환자였던 존 무어는 1976년 UCLA에서 비장을 제거했다. 그의 주치의이자 연구자였던 데이비드 골드David Golde와 셜리 콴Shirley Quan은 떼어낸 비장 일부를 이용해 무어의 백혈구 세포를 배양했다. 무어는 곧 회복했고, 그의 백혈구 세포가 강한 항암 항균성 생화학물질을 만들어냈던 것으로 밝혀졌다. 1981년에 골드, 콴 그리고 UCLA가 그의 세포에 들어 있는 유전정보에 관한 특허를 출원했다. 이후 몇 년에 걸쳐 그들은 여러 회사들에게 무어 유전자의 사용허가를 내주었다.

이 사실을 알게 된 무어는 훌륭한 미국인답게 소송을 걸었다. 캘리포니아 대법원은 비록 무어가 자신의 세포주細胞株를 갖고 있지 않고, 자신의 몸 조직에 대한 재산권이 있는 것은 아니지만, 마땅히 그에게도 일정한 보상이 있어야 한다고 판결했다. 왜냐하면 그가 서명한 동의서가 UCLA나 그의 주치의들에게 자신의 유전자로 이윤을 얻을 수 있는 권리까지 준 것은 아니기 때문이었다. 이런 비슷한 여러 가지 사례들은 개인이 자기 몸의 일부를 특허낼 수는 없어도 캘리포니아대학교 같은 기관은 가능하다는 것을 확인해주었다. 상황이 더 악화된 것이다.

특허번호 5,061,620은 피를 생산하는 골수 안에 들어 있는 줄기세포의 유전정보가 캘리포니아 팔로알토의 시스테믹스Systemix 사 소유임을 의미한다. 이 특허는 시스테믹스가 줄기세포에서 유전정보를 추출하는 방법(매우 어려운 처리과정)만을 보호하는 것이어야 했으나, 미국 특허청은 납득하기 어려운 이유를 들어 '줄기세포 그 자체를 보호하는' 특허를 인정했다.

1991년 국립보건원의 한 연구자가 2,337개의 뇌 유전자들에 관한 특허를 신청했다. 이듬해 그는 7천만 달러의 벤처자금을 모아 독립회사를 차렸다. 베일러 의과대학은 유럽 특허청에 유전적으로 변이된 인간의 젖샘에 대한 특허를 출원했다. 이밖에도 많은 사람들이 유전자에 대한 특허 획득을 시도했으나, 적어도 이 글을 쓰기 전까지는 그 어떤 특허도 인정되지 않았다. 하지만 최근의 역사를 돌이켜볼 때, 미래의 시도들에 대해서는 낙관할 수 없다.

당신의 몸을 특허내는 것이 유전공학의 유일한 정치적 쟁점은 아니다. 가장 폭발력 강한 것 중 하나는 '프랑켄슈타인의 음식' 즉, 유전적으로 변형된 곡식, 과일 그리고 야채이다. 이것은 유럽과 미국에서 주요한 공공의 논쟁거리가 되었으며, 유럽에서는 그런 음식임을 고지하는 표시가 곧 급격한 판매감소로 이어진다. 그런 음식을 섭취한 사람들에게 건강상의 어떤 위험이 있을지 알려지지 않았을 뿐만 아니라, 공학적으로 설계된 유전자들이 다른 종으로 새어들어 가거나 예기치 않은 결과들을 낳을 수 있다는 실질적인 위험이 존재하기 때문이다. 해충을 이겨내도록 유전자가 조작된 옥수수가 제왕나비까지 죽이는 것으로 밝혀졌다. 다른 쟁점들로는 다국적 기업들에게 제3세계의 농사용 곡식 품종들에 대한 특허권을 허용해야 하는지, 인체 부위가 부분적으로나 혹은 작동 단위 전체로 사거나 팔 수 있는 대상인지 등 여러가지가 있다. 유전자 치료는 사이보그 의료의 표준적인 정치적 쟁점들을 야기한다.

이 실험들이 정말로 사전동의에 근거한 것인가?
모든 사람들이 치료법을 공평하게 접할 수 있을까, 아니면 돈이 많고 보장보험이 잘 되어 있는 사람들에게만 가능한 것일까?
보험회사들은 '나쁜 유전자'를 가진 사람들을 구별하기 위해 유전적 지식을 사용할까?
환자의 생명의 질과 죽음의 질을 어떻게 견주어 평가해야 할까?

유전학은 다른 어떤 사이보그 기술과학보다 인간 대 포스트인간의 쟁점을 잘 보여준다. 유전학은 인공진화를 이용해 지능적인 비인간 생명체를 만들어낼 가능성이 가장 높고, 가장 효과적인 방법을 제공한다. 이런 유전공학의 위험성이나 다른 잠재적인 재앙들을 누가 감시하고 있는가?

chapter 4에서 논의한 바 있는 생물학전 연구나 부주의한 유전공학은 끔찍한 생물학적 사고를 유발할 수 있다. 과학자들이 어쩌다가 전형적인 감기처럼 치명적인 암의 일종을 만들어내기라도 하면 어쩔 텐가? 이런 시나리오가 실현될 가능성이 낮다고 하더라도, 기술적으로는 가능한 일이고 따라서 그런 위험을 방지하기 위해 노력하는 것은 의미 있는 일이다. 국립보건원이 유전공학을 규제하기도 하고 장려하기도 하는 미국에서 과학자들이 '중차대한 재정상의 이해관계나 개인적 이해관계가 얽힐 수도 있는 유전자 실험 혹은 처리절차의 타당성과 과학적 이점'을 판단하는 데 도움을 준 사례들이 있다.

1980년 캘리포니아대학교 출신 마틴 클라인Martin Cline 박사가 지중해빈혈thalassemia(적혈구 세포 수복 체계의 유전적 결함으로 인한 질병)을 앓고 있는 두 명의 여성을 유전공학적으로 설계한 세포를 이용해 치료하려 했다. 지역심사위원회가 이 치료법을 허가하지 않자, 그는 환자들의 동의도 없이 해외로 나가 치료를 강행했다. 치료는 실패로 돌아갔고, 국립보건원은 그를 징계했다. 이 일은 '의학과 생명의료 및 행동연구에서 윤리적 문제를 연구하는 대통령 직속위원회'를 출범하게 했다. 위원회는 여러 가지 쟁점들을 검토했지만, 결국 딱 한 가지, 인간-동물 혼종에 관한 연구만을 금지시켰다. 이런 '인어' 금지조치는 다소 회의적으로 받아들여졌다. 킴브렐이 〈뉴욕타임스〉 사설을 인용했다.

> **위원회는 누구의 연구 일정표에도 들어 있지 않은 인간-동물 혼종 연구를 대담하게 금지했지만, 더 구체적인 쟁점들에 관해서는 살금살금 발소리를 죽였다. 인어들을 금지조치에서 풀어주어라. 적어도 누군가가 그것들을 만들 진지한 계획을 세우기 전까지는 말이다. 더 실질적인 문제는 인간 유전자에 유전 가능한 변화들을 허용할 것이냐의 여부이다.**

역설적이게도 인어에 대한 금지 권고조차 무시되었다. 그래서 오늘날에는 그런 혼종들에 대한 연구도 활성화되고 있는 것이 사실이다.

1986년 세계교회협의회World Council of Churches는 '인간생식 계열의 유전공학을 수반하는' 모든 연구에 대한 금지를 촉구했다. 3년 뒤, 인간에 대한 유전공학이 암 환자들에게서 추출한 면역세포에 유전자 표지를 삽입하는 실험으로 시작되었다. 주입한 세포들은 환자가 죽었을 때도 여전히 활동하는 세포들이 어떤 것인지 도표로 만드는 데 도움을 주었다. 실험은 계속 진행되었으나, 과학자들과 제레미 리프킨Jeremy Rifkin 같은 대중 비평가들의 강도 높은 공개적 저항으로 인해 국립보건원이 어쩔 수 없이 연구 가이드라인을 개정하고 난 다음에야 비로소 실험을 이어갈 수 있었다. 개정된 지침에 따르면, 인간 유전자 실험에는 더 많은 검토가 필요하며, 특히 미래 세대에 영향을 줄 수 있는 사안들의 경우에는 더욱 그렇다.

하지만 1990년에는 더 심각하고 말이 많은 실험이 시행되었다. 프렌치 앤더슨French Anderson 박사와 국립보건원 연구팀은 버블보이 증후군bubble boy syndrome이라는 면역체계 기능부전을 앓는 한 소녀에게 새로운 유전자를 집어넣은 10억 개의 세포를 주입했다. 하지만 이 실험이 효과가 있었는지는 판단할 수 없었는데, 소녀는 그 증세를 치료하기 위해 이미 약물을 복용하고 있었기 때문이었다. 동료 유전공학자들은 앤더슨이 공개적으로 그 치료법을 사용한 것을 비난했고, 많은 과학자들도 그의 실험을 뒷받침하는 과학적 근거를 비판했다. 여러 해 동안 국립보건원의 유전자 연구 지원사업의 심사위원으로 활동한 앤더슨은 한 벤처 투자가와 함께 자신의 연구를 활용할 '유전학요법 주식회사Genetics Therapy, Inc.'를 설립했다. 이 회사는 1990년에 국립보건원 감독위원회의 전직 위원장을 영입했다. 고양이들이 생선을 맡기 시작한 것이다.

유전학적 스크리닝genetic screening(유전질환의 조기 발견과 예방을 위한 조치들) 같은 유전공학의 매우 직접적인 위험, 자연물 특허내기, 프랑켄슈타인 음식, 생물학 전쟁 같은 끔찍한 사고들에도 불구하고 대중의 상상력을 사로잡은 것은 바로 '복제'였다. 1997년 스코틀랜드의 연구자들은 프랑켄슈타인 남작처럼 전기 불꽃으로 성체 세포를 자극해 유기체 전체를 재생할 수 있는 단계로 복귀시켰다. 이것은 과학에 대한 규제와 인간의 미래에 관한 공개적인 논쟁을 또 한 차례 촉발했고, 지금도 논쟁이 진행 중이다. 하지만 이런 논쟁들이 기술과학 자체에도 큰 영향을 미칠지는 의심스럽다.

복제하기_ MES의 증식

/

캔자스 주 공화당 상원의원인 샘 브라운백Sam Borwnback은 '세상에 새로운 생명을 불러오려는 목적'으로 사람을 복제하는 것은 본질적으로 사악한 일이며, 절대로 금지해야 한다고 주장한다. 미주리주의 공화당 상원의원인 킷 본드Kit Bond의 악담은 딱 경멸적인 태도 그 자체이다. "과학은 우리에게 부분출산 낙태partial-birth abortion(태아의 몸통을 밖으로 직접 끄집어내는 방식의 낙태 방법—옮긴이)와 잭 케보키언 박사의 조력자살을 도와주었다. 이러한 과학적 진보에 대해 '안 돼'라고 말해야 하며, 인간배아의 복제에 대해서도 '안 돼'라고 말해야 한다."

캘리포니아 공과대학 학장이자 노벨상 수상자인 데이비드 볼티모어David Baltimore는 이렇게 믿었다. "어느 날 혁명으로 보이던 것이 그 다음부터 평범한 관행이 되며 대중은 아마 인간복제를 스스럼없이 받아들이게 될 것이다." 복제생물권리 연합전선The Clone Right United Front의 랜돌프 위커Randolfe Wicker는 하원위원회에서 "모든 사람의 DNA는 그 사람의 사유재산입니다"라고 말했다. 이것은 복제생물이 아니라 피복제생물들의 권리를 옹호하는 진술이다. 윌리엄 세일턴William Saletan이 《마더 존스Mother Jones》에서 지적한 대로, 이것은 당신이 당신의 복제생물을 소유할 뿐만 아니라, 부모 역시 자녀들을 '공동소유'한다는 것을 의미한다. 사이보그 권리선언에 따르면, 감각지각력이 있는 복제생물들은 자기 자신의 주인이며, 복제된 몸의 부분들은 DNA 기증자에게 속할 것이기에, 어느 쪽도 전매권한을 가질 수 없을 것이다. 이들 양극단 사이에 있는 생명체들, 예를 들어 부분적으로 인간의 뇌를 갖고 있는 개는 시민자격을 얻기 위해 사이보그 시민 테스트를 통과해야 한다. 하지만 시민권 없어도 다른 권리들을 부여받을 수 있을 것이다.

세일턴은 대부분의 사람들이 낙태전쟁이나 동성애자 육아문제를 둘러싼 갈등에서 비롯된 가정들을 가지고 복제논쟁에 접근한다고 말한다. 이것은 몇 가지 혼란스러운 결론들로 이어질 수 있다.

낙태 합법화를 지지하는 일부 사람들은 복제가 동성애자의 육아나 체외수정에서 단지 짧게 한 걸음 더 나아간 것에 불과하다고 말하지만, 그렇지 않다. 복제는 부모와 아이 간의 유전적 차이를 원천적으로 없앤다. 만일 동성애자의 육아가, 헤더에게 엄마가 두 명이라는 것을 의미한다면, 복제는 단지 헤더에게 엄마가 한 명뿐임을 의미하는 것이 아니다. 그것은 유전적으로 헤더 자신이 곧 엄마임을 의미한다. 그래서 헤더의 엄마에게 남편과 딸이 있다면, 유전적으로 헤더는 언니의 엄마이고 아빠의 아내인 것이다.

반낙태운동 세력은 일반적으로 복제에 반대하지만, 태아의 생명권을 존중하는 일부 운동가들은 복제는 수정에 관련된 문제가 아니므로 복제 생명체는 아예 살아 있는 것도 아니라고 믿는다! 유타 주 공화당 상원의원인 오린 해치Orrin Hatch는 복제생명들이 단지 "무성생식으로 생긴 전분화 세포totipotent cell들"이기 때문에, 자기는 그것이 과연 인간이 될 수 있을지 의심한다고 주장했다.

복제전쟁은 이제 막 시작되었다. 1998년 초 과학계의 적극적인 로비로 인간 복제를 불법으로 간주할 수 있는 법안이 무력화되었다. 이 법안은 물리학자인 리처드 시드Richard Seed가 복제를 시도하겠다고 발표한 것에 대한 대응으로 마련된 것이었다. 이 법안을 놓고 벌어진 논쟁은 몇 가지 놀라운 입장들을 드러냈다. 많은 과학자들이 바꾸기 어려운 법규와 입법 조치들 대신에 차라리 유전학자들과 바이오테크 회사들이 마음대로 주무르고 있는 연방기관을 이용해 복제를 통제하는 편이 더 낫겠다고 보았다.

빌 클린턴 대통령이 인간 복제 금지를 요청한 직후, 단 한번도 시험관 클리닉을 규제한 적이 없던 FDA는 앞으로 모든 형태의 복제 시도들을 차단할 것이라고 목소리를 높였다. 의외로 생명공학산업 단체에 소속된 750개 생명공학 회사들이 그런 움직임을 지지했다. 로리 앤드류스Lori Andrews의 설명대로, 그들은 이 금지 조치가 신경질적인 입법자들이 모든 복제 연구를 불법화하는 일을 막아줄 것으로 희망했다. "만약 FDA에서 인간 복제를 규제한다면, 일단 절차가 더 안전해졌을 때 복제를 허용할 개연성이 있다는 것을 깨달았다."

유럽에서는 프랑스의 주도로 19개국이 '살아 있는 상태이든 혹은 죽은 상태이든 다른 인간과 유전적으로 동일한 인간을 창조하고자 하는 모든 개입'을 금지하는 협약에 서명했다. 영국은 조건이 너무 엄격하다는 이유로 서명을 거부했고, 독일은 인간 태아 연구에 대한 자국의 기존 규제에 비해 조건이 너무 관대하다고 생각했다. 프랑스의 자크 시라크 대통령은 인간 복제 금지가 성공하려면 반드시 국제적인 협력이 있어야 한다고 강조했다.

아마도 만장일치라는 말을 보탰어야 했을지도 모른다. 왜냐하면 시드 박사는 이미 만에 하나 미국 당국자들이 자신의 인간 복제 시도에 개입한다면 자신은 멕시코의 티후아나로 이주할 것이라고 약속한 상태였기 때문이다. 보건복지부 장관인 도나 샬랄라Donna Shalala는 "시드 박사는 이 나라에서는 인간 복제를 하지 않을 것"이라고 발표했다. 시드 박사는 1999년까지 인간 복제를 완성하겠노라고 약속했는데, 그 시한은 이미 지나가버렸다. 또한 그는 자기와 계약한 불임 부부들 숫자에 고무되어 큰소리쳤지만, 몇 달 뒤 아내 리처드 글로리아Richard Gloria의 도움으로 자기 자신을 복제하고 있다고 발표했다. 당시 시드는 69세였고, 글로리아는 '폐경'이었다. 샬랄라 장관은 시드가 '미친 과학자'를 생각나게 한다면서, 하버드대학교 학위를 세 개나 갖고 있지만 그는 유전학에도, 생식 문제에도, 심지어 생물학에도 전문가가 아니라고 말했다. 돈이 시드 박사의 주된 동기 중 하나일 수 있으나, 그는 또한 많은 기술 애호가들을 뜨겁게 만든 자만심에 도취된 것이기도 했다.

> **신은 자신의 모습을 본떠 인간을 만들었다. 그러므로 신은 인간이 신과 하나가 되어야 한다고 했던 것이다. 인간은 무한한 생명을 가져야 하며, 무한한 지식을 가져야 한다. 그리고 우리가 그 일을 해낼 것이다. 그리고 지금이 그 한 걸음이다.**

복제에 대한 그의 옹호는 불멸성에 대한 요청이자, 무한한 지식에 대한 요청이다. 이것은 모든 형태의 사이보그화를 옹호하는 사람들 사이의 보편적인 주제이며, 일부 신학에도 잘 들어맞는 듯 보인다. 스웨덴 종교 집단인 라엘리언raelian(외계인이 지구를 창조했다고 주장하는 종교 집단—옮긴이)은 시드에게 복제를 위한 실험실과 자금을 제공했다.

한 무리의 친과학적 명사집단이 고등동물의 복제를 옹호하는 입장을 발표했다. '국제 휴머니스트 아카데미International Academy of Humanists'는 30명의 회원이 서명한 성명서를 발표했는데, 그 명단에는 프랜시스 크릭Francis Crick, 리처드 도킨스Richard Dawkins, 에드워드 윌슨Edward Wilson 그리고 커트 보네거트Kurt Vonnegut가 포함되었다. 몇몇 신학자들과 랍비들도 인간 복제가 도덕적일 수 있다고 주장한다. 일반 대중의 감정은 더욱 양면적인 것 같다.

복제는 복제 양 돌리의 탄생이 발표되면서 공공의 쟁점이 되었다. 하지만 중요한 몇 가지 쟁점들은 온갖 웃지 못할 상황과 저항에 부딪쳐 불투명해졌다. 첫째, 과학자들은 벌써부터 곤충, 파충류, 양서류 같은 생명체들을 복제하고 있다. 이것이 최종적으로 더 큰 포유류에게도 가능하리라는 생각은 유전학의 뒤를 밟아온 사람이라면 결코 놀랄 일이 아니다. 둘째, 더 중요한 것은 돌리가 언젠가 우리 자녀를 복제하거나, 장기들을 수확할 수 있는 뇌사 상태의 내 대역을 확보하려는 차원에서 복제된 것이 아니라는 점이다. 당연히 이런 일들도 생기겠지만, 돌리는 훨씬 단기 프레임의 투자이다. 돌리는 시제품 공장인 것이다.

과학자들은 대형 포유류를 복제하고 싶어 한다. 대개는 그들 안에 인간의 유전자들을 집어넣고 유전공학적으로 처리해서 인간이 원하는 것들을 생산해내려는 것이다. 이것을 '파밍Pharming'이라고 한다. 언젠가는 호르몬, 백신, 생물학적 치료제뿐만 아니라, 인간의 피부, 연골, 뼈, 골수, 망막과 신경조직도 팜 생산물 목록에 오를 것이다. 언젠가는 돼지나 다른 동물들도 인간에게 이식하기 적절한 장기들을 생산하도록 개조될 것이다. 모유에 항생물질이 함유되게끔 개조된 인간 여성은 당연히 '팜-여성'이 될 것이다.

이 산업은 전이유전자 동물들, 이른바 '동물기계들beast machines (TV 만화영화 시리즈의 이름을 인용한 것—옮긴이)'을 창조하는 데 여러 해를 보냈다. 그중에는 앞에서 논의한 발암생쥐, 슈퍼돼지 그리고 인간의 유전자를 집어넣어 통상적인 크기의 두 배로 자라게 한 슈퍼생쥐, 담배에서 추출한 살충 유전자를 주입한 양, 닭과 소의 성장호르몬을 집어넣은 연어, 얼굴과 뿔은 염소이고 몸통은 양인 '기프geep', 불나방 유전자를 주입해 어둠 속에서도 자랄 수 있게 한 담배 그리고 넙치 유전자의 동결저항 성질을 주입한 다양한 식물들이 포함된다.

과학자들은 이미 '세 마리의 진들three Genes' 같은 생산용 동물production animal(고기, 가죽, 털 등 특정한 제품 생산을 목적으로 길러지는 동물들 — 옮긴이)들을 만들어냈다. 진Gene, 진1 Gene 1, 진2 Gene 2는 1997년 후반에 ABS글로벌 사(황소 정자를 70여 개 나라에 수출해 연간 6,500만 달러의 매출을 올리는 회사)가 정자 제품을 생산하기 위해 복제한 황소들이다. 한 비평가는 진Gene이 "건사하는 비용이 아주 적게 드는 작은 공장"이라고 기술했다. 1998년 초 텍사스의 어드밴스드 셀 테크놀로지 사는 '조지'와 '찰리'라고 이름 붙인 두 마리의 복제 송아지를 생산했는데, 이들은 살아 있는 의약 시제품 생산 공장이었다. 다음 단계는 유전공학으로 혈액단백질인 알부민을 함유한 우유를 생산하는 젖소들을 설계하는 것이다. 돌리는 혈액응고 단백질 인자 IX를 생산하기 위해 인간 유전자를 이용해 개조한 '몰리'와 '폴리'의 선조였다.

조지와 찰리가 모습을 드러내기 며칠 전, 위스콘신-매디슨대학교의 과학자들은 다섯 가지 종(양, 돼지, 쥐, 붉은털원숭이 그리고 소)의 성체세포와 젖소의 미수정 난자를 이용한 복제에 성공했다고 발표했다. 어떤 종도 예정일까지 수태 상태를 유지하지 못했지만, 과학자들은 전이 유전자 복제의 마지막 장벽이 이들을 통해 극복될 것이라고 확신했다. 위스콘신대학교의 과학자들은 이것이 멸종생물을 되살려내는 길이 될 수 있다고 강조했고, 다른 전문가들은 또한 이를 통해 복제 인간을 다른 어떤 방법보다도 더 빨리 생산해낼 수 있을 것이라고 했다. 관련 기술들은 돼지의 고환에서 인간의 정자를 생산하는 일도 가능하게 할 것이다.

1997년 펜실베이니아대학교 생명윤리센터 소장인 아서 캐플란Arthur Caplan은 2005년쯤이면 인간 복제가 이루어질 것이라고 예측했다. 1998년 7월 하와이대학교의 과학자들은 성체세포를 가지고 50마리가 넘는 생쥐를 복제했다. 그중에는 사상 최초로 복제생명의 복제생명까지 있었다. 이것은 파밍 연구에서부터 애완동물의 불멸성에 이르기까지, 현실적으로 적용할 수 있는 모든 경우들에 복제의 가능성을 열어준 것이다.

1998년 8월 한 익명의 부부는 230만 달러를 텍사스A&M대학교에 기부하며 자신들의 애완견을 복제해달라고 요청했다. 대학 측은 '미시플리시티missyplicity'(마이클 키튼이 출연한 복제를 소재로 한 영화 〈멀티플리시티Multiplicity〉에서 따왔다)라고 명명한 이 프로젝트가 여러 가지 방식으로 복제를 한층 더 발전시킬 것이라고 강조했다. 개들의 생식과정은 매우 복잡해서 아직까지 복제에 성공한 적이 없기 때문이다.

대중의 의구심과 해괴한 가능성에도 불구하고 연구는 계속될 것이다. 처음으로 유전자가 복제된 1974년에는 체외수정이 처음 이루어졌을 때만큼이나 엄청난 소동이 있었다. 1993년 인간 태아가 처음으로 복제되었다가 사망했을 당시에도 마찬가지였으며, 심지어 〈타임〉에 표제 기사로 실리기까지 했다. 이제 우리에게는 돌리와 몰리 그리고 폴리가 있다. 그리고 새로운 발견은 이전보다 더 빨라지고 있다. 결국 이런 기술들은 받아들여질 것이다. 이것이 치료제는 물론 돈도 만들어낼 것이기 때문이다. 이를 방해할 눈앞의 문턱 같은 것은 없다.

리 실버Lee Silver의 《리메이킹 에덴》은 인간 복제가 얼마나 불가피한지를 보여준다. 살아 있는 다른 인간에게 생체시료를 기증하기 위해 인간을 낳는다면 화를 낼 텐가? 하지만 이런 일은 이미 1988년에 벌어졌다. 당시 로스앤젤레스의 고등학교에 다니던 아니사 아얄라Anissa Ayala의 부모는 딸의 목숨을 구하기 위해 아기를 가졌다(chapter 6을 보라). 누군가 세포를 훔쳐 복제하지 않을까 걱정되는가? 실버는 이것을 '마이클 조던 시나리오'라고 부르고, 이미 기술적으로도 가능한 일이라고 말한다. 올더스 헉슬리와 제레미 리프킨은 다루기 쉬운 군인-노동자로 개량하려는 정부의 욕망에 대해 피해망상을 갖고 있지만, 복제의 가장 큰 옹호자가 될 사람들이 바로 세상의 부모들이다. 그들은 이미 정부가 그런 연구에 대한 재원 제공을 거부했음에도 불구하고 대리모와 체외수정을 강력히 요청하고 있다.

미국에만 280곳이 넘는 시험관아기 클리닉이 있으며, 그중 절반은 복제장비까지 갖추고 있다. 인간의 난자가 개당 2천 달러인 반면, 젖소의 난자를 이용하는 복제기술은 현재의 방식보다 더 싸질 것이다. 복제 성공률은 5퍼센트에서 10퍼센트이며, 이는 인간 냉동 배아를 이용한 임신 성공률인 13퍼센트에 근접한 수치이고, 39세 이상 여성들의 임신 확률인 7퍼센트보다는 낫다. 복제 공정은 테이-삭스tay-sachs 병(신경계 이상으로 중추신경계가 점차 파괴되어가는 질병—옮긴이) 같은 유전질환을 훨씬 더 쉽게 제거해줄 것이다. 다수의 배아들을 배양함으로써 성공적인 유전자 수정을 더 이상 운의 문제가 아닌 지구력의 문제로 만들어줄 것이기 때문이다.

잠재적인 부모들만이 복제를 강하게 요구하는 것은 아니다. 1997년 배스대학교의 과학자들이 특정 유전자를 제거해 머리 없는 개구리 배아를 만들었다는 소식은 이식장기의 부족을 염려하는 사람들에게 환영을 받았다. 이런 발전은 뇌나 진짜 몸통을 갖지 않은 채, 핵심 장기들과 순환계만을 가진 부분 인간배아를 창조하는 쪽으로 나아가는 중요한 한 걸음이다. 일부 학자들은 이런 반 생명체의 장기를 적출하는 일이 누구의 권리도 침해하지 않을 것이며 모든 사람과 완벽하게 호환되는 이식 장기들을 확보하게 해줄 것이라고 주장한다. 하지만 옥스퍼드대학교의 윤리학자 앤드류 린지Andrew Linzey는 동의하지 않는다. "이것은 과학적 파시즘이다. 우리는 지배 집단에 대한 봉사가 유일한 존재 이유가 될 존재자들을 만들어내는 꼴이 될 것이다. 돌연변이 형태의 생명 창조는 도덕적으로 퇴보하는 일이다." 이 논쟁은 결국 모든 유전자 연구의 배후에 도사리고 있는 유전학의 쟁점을 수면 위로 떠오르게 했다.

멋진 신세계…… 계급?

/

《멋진 신세계》는 현실적인 가능성이 있어서라기보다 하나의 은유로, 현대사회의 조건에 대한 설득력 있는 패러디로 환호를 받았다. 오늘날 올더스 헉슬리의 전망은 빠르게 일상화되어가고 있다. 공학원리들과 대량 생산기술은 한때 신성시되었던 생명의 텍스트들을 침범하면서 생명체 왕국의 영토 안으로 저돌적으로 돌격해 들어오고 있다. 유전암호는 풀렸으며, 과학자들은 생명의 청사진을 다시 짜고 있는 중이다. 그들은 종에, 그리고 종들 간에 유전자 염기서열을 삽입하고, 지우고, 재조합하고, 편집하고, 프로그래밍하면서 제2의 창조를 위한 토대를 마련하고 있다. 이른바 시장의 위력과 상업적인 목표들을 염두에 두고 설계된 인공진화이다.

제레미 리프킨

그 멋진 신사회는 생물학적으로 설계된 계급, 즉 알파, 베타, 감마, 입실론 그리고 델타로 이루어진다. "나는 굳이 힘들게 일하는 알파가 되고 싶지 않아. 그들은 너무 힘들게 일해"라고 말하는 프로그램 처리된 만족, 합법적인 향정신성 약물인 소마soma의 확산 그리고 정부가 권장하는 문란한 성관계가 대부분의 소비자들(시민이라 말하기 어렵다)을 이 멋진 신세계에서 아주 만족스럽게 지내게 해준다.

이것이 정말 우리의 미래일까? 아마도 아닐 것이다. 만약 우리가 정말로 저지능 노동자들을 품종 개량하는 시점에 이른다면, 우리의 민주주의는 끝나 있을 것이다. 게다가 신세계적 질서 속에서 정부는 《멋진 신세계》에서처럼 철저하게 통제력을 행사하지 못할 것이다. 중앙정부가 주도하는 유전공학 대신, 반자유시장과 분산된 권위가 온갖 가능성들을 무분별하게 보급할 것이다. 우리는 단지 유전정보를 전달하는 육질의 기계들 내지 수단일 뿐이라는 주장과 결합한 상품화의 압박이 믿기 힘든 비인간화를 재촉할 것이다. 논평가인 로버트 르원틴Robert Lewontin이 유전공학 산업에 대해 다음과 같이 바른 말을 했다.

> **우리의 유일무이성과 자율성의 감각에 위협을 가하는 것들은 이안 윌머트 박사와 돌리가 아니라, 인간을 유전자의 통제 하에 '어슬렁거리며 돌아다니는 덩치 큰 로봇'으로 기술하는 리처드 도킨스 같은 인기에 영합하는 자들이다.**

만약 우리가 곧 우리의 유전자에 불과하다면, 장차 우리는 세상에서 가장 계획성 있게 선별한 후손을 배출하게 될 것이다. 그리고 설령 세상일이 겉으로는 '괜찮아' 보일지라도, 사람들이 수세기 동안 맞서 싸워온 인종주의와 성차별주의 같은 불평등이 과학의 힘으로 영원히 소중하게 간직될 것이다. 이것이 바로 공상과학영화 〈가타카〉가 그린 미래이다. 〈가타카〉는 양성우생학이 설계한 세상으로, 개량된 인간들을 번식시키고 공학적으로 처리한다. '열등한' 유전자를 파괴하고자 한 음성우생학은 나치주의의 핵심 발상이었다. 나치의 절멸주의는 오늘날 많은 사람들에게 도저히 상상조차 할 수 없는 일이다. 하지만 오늘날에도 동일한 증오와 과학적으로 어리석은 메시지를 전달하는 수많은 집단들이 활동하고 있다.

더 무서운 것은 다양한 문화권에서 극단주의자가 아닌 사람들이 음성우생학을 무비판적으로 수용하는 것이다. 예를 들어 봄베이에서는 약 4년 동안 약 8천 건의 아무 이상 없는 태아의 낙태수술이 시행되었는데, 이 가운데 7,999건이 여아였다. 그 결과 인도의 몇 개 주는 태아의 성별을 알려주는 행위를 범죄로 규정하는 법안을 제정했다. 이와 유사하게, 미국과 유럽의 의사들을 대상으로 한 설문조사 역시 대다수는 성별에 따른 낙태를 도울 수 있는 사연들이 있다고 인정했다. 어떤 부부에게 네 명의 딸이 있는데, 그들이 아들을 원하는 경우 등이다.

의사들이 훨씬 더 정확하게 태아의 유전암호를 분석할 수 있다면, 정상이 아닌 태아를 제거하려는 압력은 믿을 수 없을 만큼 커질 것이다. 결국 평균 이하의 지능이나 신장 그리고 외모를 지닌 태아들은 낙태될 것이다. 앤드류 킴브렐은 이 점을 이렇게 말끔하게 정리했다.

> 이번 세기 초반, 특히 나치 독일에서 가장 신봉했던 정치적 우생학이나 인종적 우생학은 이제 더는 없다. 대신 이윤을 노리는 클리닉, 연구소, 생명공학회사 등이 강요하는 '상업적인' 우생학이 시작되었다. 더 이상 '바람직하지 않은 사람들'의 결혼을 막거나, '부적합자'를 불임시키거나, 열등하다고 간주된 인종을 절멸하지 않는다. 대신 아이들의 유전형질을 선택할 수 있는 새로운 시장이 만들어지고 있다. 이것은 부모들에게 그들의 기대에 부합하지 않는 아이들의 탄생을 막으라고 부추기는 사업이다. 그리고 만약 아직 태어나지 않은 태아가, 이를테면 여아라든가, 비만이 될 소지가 다분하다든가, 혹은 살다가 수십 년이 지나서 질병의 희생양이 될 거라든가 하는 식의 '완벽한 신체'의 범위에서 벗어나 있다면 미리 파괴해버릴 산업이다.

하지만 나는 이런 '상업적'인 우생학이 '정치적'이지 않다는 킴브렐의 입장에는 동의하지 않는다. 남아선호사상 때문에 여아를 낙태하는 문제나, 사회적 편견에서 비롯된 것(키가 작은 것을 질병 취급하는 등)이 분명한 임의의 과학적 표준에 못 미치는 DNA를 보유했다는 이유로 태아를 제거하는 일 중에 정치적이지 않은 것은 하나도 없다.

그렇다면 유전공학은 정확히 얼마나 많은 일을 하게 될 것인가? 마이클 그루버Michael Gruber는 〈와이어드〉에서 1997년 2차 연례총회인 '게놈 이후after the genome'에서 드러난 몇 가지 경향들을 분석했다. 첫째, 종사자들과 투자자본 그리고 분석된 유전자의 수로 측정한 생명공학산업의 규모가 기하급수로 성장하고 있다. 둘째, 초고속의 생물학적 검사를 위해서 DNA 가닥들을 컴퓨터칩과 연결한다거나 필요하면 언제든지 수요에 맞춰 단백질을 만들어내는 기계를 건조한다거나 하는, 외견상 대단한 프로젝트들을 하며 많은 돈을 받는 박사들의 수가 이 분야에서 깜짝 놀랄 정도로 많다. 셋째,

> **소프트웨어 산업에 해를 끼치는 과대 광고도 생명공학의 호언장담에 비하면 아무것도 아니다. 생물학의 영역에서 상상 가능한 온갖 것들이 논의되고 들쑤셔졌으며, 과학은 까딱 넘어갈 정도로 각색되었다. 당연히 우리는 모든 질병을 치료할 것이고, 영원히 살 것이며, 우리의 외형을 바꿀 것이고, 깃털을 가지거나, 아가미를 단 채 해저에서 거주하게 될 것이다.**

어떤 유전공학자는 실제로 무슨 일이 일어날지 정확히 말하기는 어렵다고 인정한다. 누군가가 과감하게 새 프로젝트를 시도한다고

발표하면, 모두들 그건 이미 성취된 것이나 다름없다고 넘겨짚기 때문이다. 한 전문가는 그루버에게 비공개를 조건으로 다음과 같이 예측을 내놓았다. 2010년에는 포유류의 유전형질을 변경하는 일이 일상화되고 주요한 정치적 쟁점이 될 것이며, 2020년에는 인간의 생식계열이 비의료적인 이유에서 노상 변경될 것이고, 2030년쯤 되면, '지능, 수명, 외모가 개조된 첫 세대 어린이들'이 자라나고 있을 것이며, 그렇게 되면 세상은 정말로 재미있어질 것이라고 말이다."

그루버는 생물공학혁명이 인간사회에 어떤 파급효과를 불러올 수 있을지를 묘사하는 데 적합한 비유를 이리저리 찾는다. 그는 미개척지의 은유를 거부한다. 대신에 오히려 우리가 위대한 탐험의 시대에 진입하였다고 말한다. 그리고 유럽이 아메리카와 오스트레일리아를 식민지화한 것 역시 생물학적인 실험이었음을 상기시킨다. 그것은 신세계 토착인구의 90퍼센트를 제거한 '극악무도한 유전자 혼합 파티'였다. 그는 "정상적인 인간 규모를 넘어서는 강력한 힘이 일깨우는 애매한 감정들"이란 뜻의 이탈리아어를 부활시키고자 그 시대들로 기억을 거슬러 올라간다. "라테리빌리타la terribilita…… 얼마나 무시무시한가! 젠장, 얼마나 기적적인가!"

cyborg
citizen

Part 3
사이보그 사회

chapter 9

인공장구의 영토들

사이버 식민주의

오직 사이보그들만이 갈 수 있는 곳이 있다. 확실하게 말할 수 있는 곳은 사이버 공간, 수중공간(심해에서 살면서 일하는) 그리고 외계공간이지만, 이밖에도 인간을 거부하는 더 작은 공간들이 존재한다. 활화산 주변, 부서진 원자로 내부 그리고 분자와 원자들 사이나 그 내부의 극미한 공간 등이 역시 사이보그만이 갈 수 있는 곳이다.

이번 장은 처음 언급한 세 공간을 면밀히 살펴보려 하는데, 여기에 적용되는 정치적인 문제들은 다른 사이보그 공간들과도 관련이 있다. 이런 영토들을 누가 정하는가? 국경수비대는 누구인가? 이 영토들은 누구의 것인가? 이런 영토들을 탐험하고 활용하는 사이보그들을 어떻게 만들어낼 것인가?

이런 것들은 언뜻 모두 텅 빈 공간들을 식민지화하는 것처럼 보인다. 하지만 실제로 사이버 공간은 내용을 갖고 있을 때만 존재하는 것이며, 심해는 생명들로 충만하고, 심지어 외계공간도 완벽한 진공

상태는 아니다. 여전히 우리는 그런 공간들이 비어 있다고 생각하지만, 군사적 패러다임들, 사이보그들 그리고 우리의 꿈이 그런 공간들을 얼마나 빠르게 채울 수 있는지 보게 될 것이다. 결국에는 그런 새로운 공간들이 식민지 개척자들을 불러낼 것이다. 그런 공간들 중에서 우리가 가장 자주 방문하는 사이버 공간은 지금 당장도 '저 멀리에' 있지 않다.

사이버 공간_ 육체와 분리되거나 혹은 해체되거나?

/

여러 해 동안 컴퓨터 주변을 어슬렁거려왔지만, 사이버 공간을 제대로 경험한 것은 매우 역설적이게도 그 공간에서 사이보그에 관한 학술대회를 조직하고 있을 때였다. 그것은 이상한 탈육신의 경험이었다. 물론 정신적인 활동인 학술대회를 탈육신의 만남이라 부르는 것은 어쨌거나 지당한 소리라고 말할 사람들이 있을 것이다. 하지만 수사학적인 차원을 떠나서, 실제로 육신이 존재하지 않는 학술대회가 오늘날의 현실이고, 이것은 사람이 직접 자리에 앉아 있는 것과는 확실히 다르며, 어쩌면 더 나을지도 모른다. 학술대회장에서 여기저기 패널 토론을 쫓아다니다 보면 몸은 점점 수면상태에 빠진다. 그러다가 마침내 엄청난 양의 에스프레소를 마구 주입해도 심장박동을 끌어올리기에는 무리인 상태가 된다. 그런 대회에서 학자들에게 확실하고 유일한 자극제는 바로 대화이다. 혼수상태에 빠져 거의 반쯤 죽어 있는 교수를 단상 위로 올려보내 보라. 그러면 나사로의 부활 같은 기적이 벌어질 것이다.

이것이 바로 가상 학술대회의 즐거움을 잘 보여주는 부분이다. 가상 학술대회에서는 상당히 많은 '말'을 할 수 있다. 비록 여기서 '말'이란 컴퓨터 화면에 글자를 입력해 문자로 보내는 메시지이기는 하지만 말이다. 정말 기적으로 여겨질 수밖에 없는 것은, 모든 사람이 동시에 대화를 할 수 있다는 것이다. 나의 문자 메시지가 결국 다른 모든 사람들의 것과 함께 화면에 뜨기 때문이다. 질주하는 마음, 춤추는 손가락들과 함께 자리에 앉아 있는 내 몸이 할 수 있는 일이라곤 몸을 비트는 것이 고작이다. 이렇게 오랜 시간을 보내고 나면, 벌떡 일어나 팔을 휘두르며 절규하고 싶어질 것이다.

40대로 보이는 외모에다가, 거대한 컴퓨터실에 앉아서 푸에르토리코에서 한 친구가 로그인을 하자 큰소리로 "안녕"이라고 반갑게 소리치고, 그러다가 처음 만난 어떤 사람이 얼굴을 핥으니까 숨을 헐떡거리고, 이러는 와중에 자기가 지금 쓰고 있는 멋드러진 글들을 보며 미친 듯이 낄낄대고, 아까부터 1백 명의 학부생들이 에워싸 의심쩍게 쳐다보고 있는 상황이라면 확실히 권장할 만한 일은 아니다. 분명히 말하지만, 가상으로 얼굴을 핥는다는 이야기다. 하지만 심각한 소동이 일어나기는 매한가지이다.

온라인에서 대여섯 시간 동안 사이보그 상태로 있었더니 내 몸에도 엄청난 영향이 있었다. 밖으로 나가 비를 맞으며 길을 걸었더니 몸이 훨씬 가볍고 마치 내가 존재하지 않는 것처럼 느껴졌다. 하지만 이것은 나의 의식이 다른 참석자들과 서툴게 문자로 마주치던 그 사이버 공간 속 가상의 어딘가에 여전히 남아 있기 때문은 아니었다. 호주, 영국, 독일, 푸에르토리코, 뉴욕, 보스턴, 시애틀, 샌프란시스코에서 날아오는 시뮬라시옹들과 동시에 대화하는 동안, 나는 세상이 우주에 매달려 태양 쪽으로 차례차례 지면을 내보이며 돌아가고 있다는 정도 말고는 다른 생각을 할 수 없었다. 호주의 아침은 오리건의 오후이고 런던의 늦저녁이다. 이것은 모든 우주비행사들이 대기권 너머로 솟아오르고 나서 보이는 반응을 연상시켰다. 그들은 다른 우주비행 사이보그들처럼 감성적인 사람이 되지 않겠노라 스스로 다짐을 하지만, 막상 상황에 닥치면 기어이 이렇게 탄성을 내뱉고 만다. "야아! 이건 하나의 세상이야. 그냥…… 저 우주를 떠돌고 있을 뿐이라고!" 사이버 공간과 외계는 여러 측면에서 상당히 다르지만, 이상하게도 동일한 인식을 강요한다. 사이버 공간이 탈육신이라면 외계 우주는 과잉육화이지만, 두 장소 모두 기계에 의존하기 때문에 오로지 기계들만 거주한다. 물론 사이보그는 가능하다.

오늘날 수백만 명의 사람들이 사이버 공간을 방문하고 있으며, 사이버 문화 그 자체와 그것이 우리가 거주하는 현실에 어떤 영향을 미치는지 연구하는 새로운 분야가 성장하고 있다. '과학, 기술 그리고 사회'라는 주제의 MIT 연구 프로그램 담당 교수이자 이 분야의 선도적 연구자인 셰리 터클Sherry Turkle은 《제2의 자아The Second Self》에서 컴퓨터, 특히 인터넷은 무언가를 환기하게 하는 기술이라고 말한다. 한마디로, 마음과 육체의 잠재된 습관들을 끄집어낸다는 것이다. 터클에 따르면, 사람들이 컴퓨터에 연결되는 과정에는 두 가지 주요한 패턴이 있다. 바로 지배와 협력이다. 지배란 컴퓨터를 모든 측면을 통제할 수 있는 일종의 미시세계로 간주하는 것이다. 그리고 협력이란 컴퓨터를 창조와 의사소통 혹은 기타 과제들을 수행하는 동맹자로 여기는 것이다. 남자들은 기계를 정복하려는 경향을 보이는 반면, 여자들은 기계와 협력하고자 하는 성향이 있다. 하지만 이런 접근방식이 성차와 완벽하게 맞아 떨어지는 것은 아니다. 또한 터클은 컴퓨터가 어떻게 사람들의 의사소통을 놀라운 방식들로 매개하는지 탐구한다. 이를테면, 사람은 다른 사람보다 상대를 재단하지 않는 기계에게 비밀을 털어놓는 경향을 보인다.

《스크린 위의 삶Life on the Screen》에서 터클은 인터넷이 포스트모던적인 인격성을 생겨나게 한다고 주장한다. 이것이 지난 몇 세기 동안 기술문화를 지배해온 근대적 페르소나를 밀어내고 있다. 가장 근대적인 인격성은 적어도 표면적으로는 일원적이지만, 포스트모던적인 인격성은 융통성이 있고 쾌활하다. 모순적인 양상들이 하나의 브리콜라주 안에서 편안하게 공존할 수 있으며, 광기의 초기증상처럼 보이지 않는다. 그런 복잡성은 실재에 대한 포스트모던적인 이해와 실재의 지도를 정확히 그리지 못하는 제한된 능력을 반영하는 것이기 때문이다.

터클이 정치학에 집중하지 않은 반면, 다른 사람들은 사이버 공간의 정치적 함축들을 장황하게 궁리했다. 일부 분석가들은, 이를테면 제리 에버라드Jerry Everard의 《가상국가들Virtual States》처럼, 하나의 핵심 주제를 정확히 고찰한다. 이 책은 인터넷이 일부 측면에서 전통적인 국가 단위를 침식하고 있지만, 그것이 국가의 실종으로 이어지지 않고 오히려 국가의 재정의를 이룰 것이라고 주장한다. 마크 스미스Marc Smith와 피터 콜럭Peter Kollock의 《사이버스페이스의 커뮤니티Communities in Cyberspace》 같은 좋은 논문집들도 여럿 있고, 팀 조던Tim Jordan의 《사이버 권력: 사이버 공간과 인터넷 문화 그리고 정치Cyberpower: The Culture and Politics of Cyberspace and the Internet》 같은 단독 저자의 저서들도 있다. 이 모든 저술들은 사이버 공간이 야기하는 한 가지 핵심적인 정치적 쟁점에 대해 나름의 입장을 표명한다. 누가 사이버 공간을 통제할 것이며, 그 공간의 힘은 물리적 세계에 어떤 식으로 영향을 미칠 것인가? 이와 관련해 권력, 사생활, 가상 사회행동, 지적재산권, 소비자중심주의, 불평등(단지 성별, 인종, 계급에 기초한 불평등만이 아니라 기술에 무지한 사람과 디지털 지식인 사이의 불평등 역시 문젯거리이다) 등과 같은 구체적인 문제들이 제기된다. 요점은 사이버 공간이 현실 정치의 또 다른 현장에 불과하다는 점을 알면서도, 일부 열광자들은 로그온을 한다고 해서 현실의 몸과 물리적 세계를 정말로 남겨두고 떠나는 것이 아니라는 사실을 망각한다. 샌디 스톤Sandy Stone은 이렇게 경고한다.

> 사이버 공간의 개발자들은 몸을 잊게 될 날을 내다본다. 하지만 가상의 커뮤니티는 물리적인 공동체에서 유래한 것이며 반드시 원점으로 돌아가야 한다는 점을 기억하는 것이 중요하다. 다시 꾸민 가상의 몸이 제아무리 아름답든 에이즈에 걸린 사이버펑크족의 죽음을 늦추지는 못할 것이다. 아무리 기술사회적 주체의 시대라 해도 삶은 여전히 몸을 통해 살게 된다.

사이버 공간이 실재의 일부분이기는 하지만, 그 공간은 전적으로 새로운 관계맺기와 존재하기의 방식들을 개척한다. 예를 들어 사이버 공간에서는 지금 누구와 대화하고 있는지 알 수 없는 한, 인종과 성별을 구분하기가 어렵다. 유명 풍자만화에서 꼬집은 대로, "사이버 공간에서는 네가 개라는 걸 아무도 모른다." 사이버 공간이 모양새를 바꿔놓은 또 다른 전통적인 정치적 쟁점은 아주 이상하게도 재산권, 그중에서도 특히 지적재산권에 대한 문제이다. 컴퓨터 코드와 데이터베이스 소유권, 상표명의 활용, 인용구의 공정한 사용과 그 한계, 개인 정보 수집 등이 모두 격렬한 의견 불일치의 영역이다. 예를 들어, 출판사와 웹 이용자들, 도서관들 그리고 다른 이해 집단들 사이에서 출간자료의 접근 권한을 놓고 합의를 도출하려던 노력이 수포로 돌아간 적이 있다.

가상 '공간'에 대한 물리적인 통제는 가장 중요한 정치적 갈등 요인이다. 인터넷은 미국의 군사 네트워크에서 유래한 것이기에, 미국 정부가 상당한 통제 권한을 갖고 있었다. 하지만 사이버 공간의 실제 최초 거주자들은 군인들이 아니라 컴퓨터에 능통한 사람들이었고, 그들은 그곳을 무정부 상태의 자치공간으로 만들어버렸다. 넷을 통제할 수 없다는 것을 깨달은 국방부는 감독 권한을 미국 국립과학재단National Science Foundation으로 이양하면서, '도메인'을 다양한 민간단체들에게 할당하는 권한과 이와 관련된 잡무들을 위임해버렸다. 일부 권한들은 시장 독점을 통해 막대한 이윤을 얻을 수 있는 것들이다.

한편, 넷의 표준을 확립한 단체들과 '인터넷 소사이어티ISOC, Internet Society' 그리고 '사회적 책임을 다하는 컴퓨터 전문가 모임' 같은 이익단체들은 많은 유럽 국가와 합세해 넷의 지배를 민주화할 것을 요구했다. 그들은 미국 정부나 영리목적을 추구하는 이들이 '역사상 최고로 잘 작동하는 무정부 상태'라고 불리는 넷에 대한 통제권을 주장할까봐 두려워한다.

어떤 의미에서 넷은 고속도로라기보다 일종의 미개척지의 의미를 더 크게 갖는다. 하지만 그것이 정말로 무엇인지는 이렇게 기술할 수밖에는 없다. 바로 '넷'이라고 말이다. 이 말 자체가 최고의 은유이다. 물리적 미개척지와 달리 넷은 정말 무한하다. 더 많은 이들이 거주하면 할수록, 그곳은 '문명화'되는 것이 아니라 더 길들여지지 않는 공간이 된다. 사이보그화가 새로운 유형의 몸을 허용하듯, 사이보그적인 성격을 띠는 넷도 새로운 종류의 공간을 계속해서 창출한다.

인터넷에서는 주목이 매체를 대체하고 이동성이 공간을 대체한다. 그것들은 최고의 가치를 지닌 조직화의 은유들이다. 얼마나 자주 말을 하고 그 말을 얼마나 널리 전파하느냐가 중요한 것이 아니라, 얼마나 많은 사람들이 거기에 귀를 기울이느냐가 중요하다. 시골 컴퓨터 가게에서도 공간을 살 수는 있지만, 중요한 것은 얼마나 쉽게 그 공간에 접속할 수 있느냐이다. 이는 때때로 최고의 소프트웨어 기술과 하드웨어를 확보할 수 있는 능력에 의존하기도 한다. 따라서 기술은 현실세계에서처럼 힘을 발휘할 수 있으나, 힘의 원천은 다른 데에도 있다.

카리스마와 지식은 현실세계의 힘이며, 아마도 가상세계에서는 더 그럴 것이다. 넷에서 우리의 정체성은 변화할 수 있고, 지식을 조작함으로써 수사학적으로 만들어져 유지되거나, 혹은 해체된다. 이것은 특히 넷 상의 성적 관행들에 잘 들어맞는다. 어떤 이는 이것을 '타이니 섹스tiny sex(컴퓨터 통신에서 여러 사용자가 함께 사용하는 텍스트 형태의 가상현실 게임이나 프로그램을 통칭하는 머드MUD, Multi User Dungeon 상에서의 성적 관계를 가리키는 속어—옮긴이)'라고 부르지만, 이 단어의 정치적 함의는 결코 작지 않다.

타이니 섹스

/

열성적인 애호가들은 넷 상의 섹스가 가짜가 아니라 진짜임을 애써 강조한다. 물론 어떤 오르가슴이 진짜인지(오오오오오오!!!!)를 판단하는 것 자체가 불가능하지만 말이다. 기껏 해봐야 이것은 두 사람이 아네스 닌Anaïs Nin의 에로티시즘 소설을 읽으면서 각자 자위행위하는 모습을 서로 쳐다보는 것과 비슷하다. 하지만 아네스 닌만큼 글을 쓸 수 있는 컴퓨터광들은 얼마 되지 않으며, 정확히 성인 사이트를 쳐다보며 수음하는 경우가 아니라면, 이것은 사람을 보고 있거나 사람의 이미지를 보고 있는 것조차 아니다. 진정한 쌍방향 섹스는 대화를 기본으로 하는데, 이것은 또 다른 공통의 불만사항을 토해낸다. 정말로 훌륭한 넷 상의 섹스를 즐길 수 있을 만큼 빠르게 타자를 칠 수 있는 사람이 그리 많지 않다는 것이다. 특히 한 손으로 말이다. 하지만 폰섹스처럼 넷섹스도 진짜 사람과 진짜 몸이 연결된 것이며, 만약 행운이 따른다면 실제로 오르가슴도 동반된다. 단, 여기에서 한 가지만 경고하자면, 파트너가 진짜 남자 혹은 진짜 여자가 아닐 수도 있다.

브랜다이스대학교의 인류학과 교수인 데이비드 제이콥슨David Jacobson은 사이버 공간 속 성별의 가소성을 연구하고 있다. 그는 넷에서 젠더에 관한 몇 가지 놀라운 태도들을 발견했다. 제이콥슨과 그가 가르치는 대학원 여학생 한 명이 정치적이고 성적인 성격을 띤 다양한 채팅방들에 접속했다. 우선, 한 명이 반대 성으로 가장한 채 공개적으로 사이트를 방문하였다. 그 연구자가 채팅에 참여한 후 방을 나가면, 그 사이트에서 조용히 기다리고 있던 다른 한 명이 작업을 시작했다. 채팅방에 있는 사람들에게 방금 나간 연구자에게 궁금한 점이나 혹시 갖고 있을지도 모를 의심에 대해 질문을 던졌다. 그러고서 그들은 채팅을 했던 연구자의 진짜 성을 밝혔고, 사람들의 반응을 기록했다. 제이콥슨은 특히 섹스 사이트에서 속임을 당했다는 사실에 사람들이 상당한 동요를 보이며 분노를 표출할 것으로 예상했지만, 예상과 달리 가상의 섹스 파트너들은 조사자들의 실제 성이나 조작된 성에 거의 무관심한 모습을 보였다. 성적 만남에서 기만은 거의 예상되는 행위인 것 같았다. 이 실험은 정치적인 토론 그룹에서 가장 힘들었다. 사람들은 정치토론을 벌여왔던 '남성' 혹은 '여성'이 실제로는 '여성' 혹은 '남성'이었다는 사실을 알게 되자 강한 배신감을 느꼈다.

하지만 이런 성적 기만이 진짜 관계에 개입한다면, 성기능을 상실한 여자 양성애자로 가장했던 한 남자 정신과 의사의 경우처럼 실제로 매우 강렬한 분노를 불러일으킬 수 있다. 샌포드 르윈Sanford Lewin 박사는 그 일이 아주 우연히 일어났다고 말한다. 1980년대 초반에 그는 '쉬링크 Inc.'라는 핸들handle(온라인상의 개체들을 구분하기 위해 운영체제가 부여하는 단독 기호—옮긴이)을 사용하는 컴퓨서브CompuServe(온라인 정보 검색 서비스를 제공하는 미국의 컴퓨터 네트워크 회사—옮긴이)에 가입했다. 채팅방을 드나들고 얼마 지나지 않아, 그는 어떤 여자와 사적인 대화를 나누게 되었는데, 이 여자는 박사도 분명히 여자일거라고 생각했다. 르윈 박사는 자기가 예전에 나눈 그 어떤 대화와도 지금 대화가 비슷하지 않다는 것을 알아챘다. 젠더의 혼동 덕분에 그는 여성들이 어떻게 대화하는지 경험하게 되었다.

한 가지 생각이 다른 생각으로 이어졌고, 그는 곧 '조앤 그린'이라는 이름으로 두 번째 계정을 개설했다. 이 훌륭한 의사는 수줍음 많고 보수적이며 여성을 사랑하는 유대인 남성이었지만, 그린은 외향적이고 자유분방하며 심한 불구에다 양성애자인 무신론자였다. 곧 그녀는 컴퓨서브라는 사이버 공간의 주요인물이 되었다. 그녀는 최초의 여성 토론그룹 개설에 기여했고, 다른 많은 여성 친구들에게 상담과 조언을 해주었고, 그중 일부를 유혹해 자기와 타이니 섹스를 하도록 했으며, 심지어 성을 숨기고 있는 토론자들을 색출해 폭로하는 일종의 자경단을 출범시키기도 했다.

르윈 박사는 고심 끝에 조앤 그린을 죽이려고 했지만, 불치병 말기인 것처럼 가장한 첫 단계부터 그녀의 수많은 친구들이 너무나 큰 고통에 시달렸기 때문에 그 계획을 철회할 수밖에 없었다. 결국 기만은 무너졌고, 르윈 박사는 이로써 자신과 조앤 그린의 친구들 대부분을 잃었을 뿐만 아니라, 자기 자신의 상당 부분까지도 함께 잃어버렸다고 탄식한다. 이 가장무도회의 희생양들은 순전히 불구인 조앤을 불쌍히 여겨 가끔 그녀와의 온라인 자위행위 모임에 합류하곤 했던 이성애자 여성들을 겨냥한 르윈 박사의 성적인 언동에 관해서는 불평하지 않았다. 그녀들은 정서적 침범에 분노했다. 조앤의 충고와 후원 덕분에 그녀들 중 상당수가 더 나은 삶을 살아가게 되었다는 점을 인정했지만(예를 들어 대학에 복학한다거나), 그녀들은 르윈이 여성들의 정신적 공간에 넘어왔다는 사실 자체를 용서할 수 없었다. 섹스는 현실과 괴리가 있었지만, 우정은 무엇보다도 진짜였던 것이다. 넷의 만남들이 가상이기는 하지만, 진짜 관계의 유의미한 일부가 될 수 있다.

성희롱이나 심지어 성폭행 같은 성 문화의 다른 측면들은 넷 상에서 동시에 중차대한 것일 수 있다. 1993년에 있었던 유명한 '사이버 강간' 사고가 이런 측면을 잘 보여준다. '람바다무'라는 가상 공동체에서 활동하는 '미스터 벙글스'라는 이름의 회원은 '저주인형'이라고 불리는 컴퓨터 속임수 프로그램을 이용하여 두 명의 다른 회원인 '레그바'와 '스타싱어'로 가장한 뒤, 마치 그들이 이를테면, 부엌칼을 들고 남색짓을 하고, 자신들의 음모를 먹고, 다른 회원들과 성교를 하는 등의 불쾌한 가상 성행위들을 저지르고 있는 것처럼 만들었다. 사이버 공간에서는 아주 흔한 일이며, 특히 여성으로 간주되는 가입자들에게 더욱 그렇다. 스컴백scumbag(콘돔을 가리키는 속어로 비열한 쓰레기 같은 인간을 지칭하기도 한다—옮긴이)이라는 닉네임을 가진 어떤 이가 다가와 이렇게 말한다(타자를 친다). "내가 너의 옷을 다 찢어버릴거야, 그리고……." 당신은 잽싸게 "@gag scumbag"이라고 타자를 칠 수 있고, 그러면 스컴백의 가상공격은 당신에게 보이지 않게 된다. 하지만 그 방에 있는 다른 회원들이 '@gag'라는 명령어를 치지 않는다면 그의 공격 내용을 읽게 될 것이다. 하지만 저주인형의 접근 방식은 그런 기술적 해결책을 불가능하게 한다. 그리고 사이버 공간의 거주자들에게는 흔하디 흔한 언어폭력보다 다른 사람의 명의를 도용하는 일이 더 나쁜 짓이다.

'지피'라는 이름의 한 위저드wizard(통제 관리 프로그래머)가 마침내 미스터 벙글스와 그의 저주인형들을 특별한 명령어로 붙잡았다. 많은 사람들이 교류하는 멀티유저 도메인 사이트 가운데에서 가장 오래되고 가장 큰 규모인 람바다무의 회원들은 자기 집단에 대한 그런 식의 공격이 무엇을 의미하는지를 놓고 격렬한 토론을 시작했다. 이전까지 이 공간의 민주주의란 이 공간을 창조한 위저드인 패블 커티스Pavel Curtis가 강제했을 뿐이었다. 이 논쟁의 세부사항들과, 모든 권력이 위저드를 향해야 한다고 주장하는 위저드주의자들, 진보주의자들, 문제해결을 위해 새로운 기술을 고안한 테크노자유주의자들, 무정부주의자들 등의 제각기 상이한 기술정치학적 입장들을 줄리언 디벨Julian Dibbel이 《타이니라이프Tinylife》에서 상세히 논의한다. 이 책에는 저주인형 강간사건에 대한 최고의 설명도 들어 있다.

결국에는 저주인형을 통제하는 명령어 같은 새로운 기술들이 만들어졌지만, 그런 일이 생기기 전에, 이미 한 하급 위저드가 일방적으로 미스터 벙글스라는 이름을 제거해버렸다. 어떤 사람들은 이것을 살인이라고 했고, 처형이라고도 했으며, 또 어떤 사람들은 추방이라고도 불렀다. 던전 앤 드래곤Dungeons and Dragons이란 게임에는 '토딩toading'이라는 용어가 있는데, 이 게임에서 위저드들은 마음에 들지 않는 사람을 진흙을 뒤집어쓴 두꺼비로 곧잘 만들어버리곤 했다. 하지만 현재 '토딩'이라는 말에는 미스터 벙글스에게 시행되었던 가상의 사형선고 의미도 포함된다. 요사이 밝혀진 바에 의하면, 미스터 벙글스는 뉴욕대학교 기숙사에 사는 남학생 집단이었을 수도 있다.

미스터 벙글스의 현실세계 페르소나는 당연히 물리적으로 상처를 입지 않았고, 이것은 '레그바'나 '스타싱어'의 페르소나 역시 마찬가지이다. 하지만 가상 커뮤니티에 진지하게 참여하는 사람들에게 어떤 이의 아바타(사이버 공간에 창조된 넷 페르소나)를 소유하거나 강간하거나 처형하는 것은 매우 심각한 문제이다. 람바다무는 계속해서 민주주의를 실험해나가고 있는 반면, 페이블 커티스와 그의 일부 충성스런 위저드들은 초대 받은 사람들만이 접속 가능한 위계적인 그들만의 가상세계를 창조해, 가상 대중의 정신없는 소란을 겪지 않으면서 멀티유저 도메인 기술을 실험할 수 있었다.

이런 일들이 야기하는 정치적인 문제들은 매우 인상적이다. 문자적 세계에서 표현의 자유와 물리적 공격을 나누는 선은 무엇인가?

가상공간에서 마음과 육체의 차이는 무엇인가? 누군가 현실 생활에서는 훌륭한 시민이지만 동시에 가상현실에서는 반사회적 정신병자가 될 수 있는가? 가상성을 향한 참된 신앙인들이 갖고 있는 테크노도취에는 어떤 한계가 있을까?

컴퓨터광들의 오만을 생각해보자. 앨비 스미스Alvy Smith는 "현실이란 초당 8천만각형이다"라고 했다. 텍사스대학교의 마이클 베네딕트Michael Benedikt는 더 거리낌이 없다. 그는 우리 몸에 대한 원망이 사이버 공간을 지향하는 근본적인 추진력이라고 주장한다. 그는 몸의 '흙덩어리 같은 멍청함, 한계 그리고 최후의 반역행위인 죽을 운명'을 원망의 대상으로 꼽는다. 베네딕트에게 현실은 곧 '죽음'이다. 하지만 어쨌거나 우리는 죽을 것이고, 사이버 공간도 우리를 그 냉혹한 필연성에서 벗어나게 할 수 없다. 유기체적 지능을 기계 안으로 '업로딩'하는, 있을 법 하지 않은 일이 벌어지지 않는 한 계속 그럴 것이다. 베네딕트는 죽음이라는 현실을 종식하고, 우리에게 고속 컴퓨팅에 입각한 가짜 현실을 제공하기 위해 필사적으로 사이버 공간에 매달린다.

할 수만 있다면, 우리는 지구를 방랑하면서도 결코 집을 떠나지 않을 것이다. 아무런 위험 없이 대성공을 거두고, 선악과를 먹어도 처벌받지 않으며, 매일 천사들과 노닐고, 지금 당장 천국에 들어가도 죽지 않을 것이다.

하지만 대성공은 위험이 없는 척 가장한 것에 불과하고, 지식은 치러야 할 대가가 없는 것처럼 흉내 낸 것에 불과하며, 가상의 천사들은 가상의 천국에나 거주할 것이다. 그들에게 진정한 은총이나 구원은 없다.

만약 강요된 이원적 젠더와 평범한 성의 영토 안에서 진정한 지식과 참된 은총 그리고 테크노구원의 가능성에 관심이 있다면, 우리는 칼이라는 진짜 위험 앞에 자신의 몸을 실제로 희생한 사이보그들에 주목해야 한다. 그들은 바로 성전환자들이다(chapter 11에서 논의한다). 이제는 현실적으로 확실한 위험이 따르고, 오로지 사이보그들만이 갈 수 있는 그런 물리적 공간들에 주목해야 할 차례이다. 수중 공간과 우주공간이라는 가장 중요한 두 곳이 바로 전형적인 인공장구의 영토이다.

우주공간과 수중공간

/

우주는 자연스럽지 않은 환경으로, 이곳에서 번성하려면 자연스럽지 않은 사람들의 자연스럽지 않은 노력이 필요하다.

아프리엘

인간에게 우주는 자연스럽지 않은 환경이다. 사람들을 위해 그리고 사람들에 의해 건설된 순수한 의사소통부터 분비물 없는 섹스에 이르기까지, 다채로운 환상들을 구현할 수 있는 사이버 공간과는 달리 우주는 언제나 먼 곳에 있었으며 우호적이지도 않다. 그래서 사이보그라는 용어가 우주로 갈 수 있도록 개조된 인간들을 가리키기 위해 처음 사용되었다는 사실을 알게 되어도 그리 놀랍지 않다. 놀라운 것은 우주탐험을 둘러싼 정치학과, 우주탐험에서 인간-사이보그들의 역할에 대해 점점 증폭되어가는 논쟁이다.

NASA가 지금껏 피해나갈 수 없었던 두 가지 주요한 정치적 쟁점이 있다. 첫 번째 주된 쟁점은 '미국의 우주 프로그램이 얼마나 군사화되어야 하는가'이다. NASA 초창기부터 군사화를 위한 지속적인 압력이 있었다. 실제로 NASA의 초기 활동은 군대의 자체 우주 프로그램에 들어 있던 것이다. 하지만 그들 내부에서도 이에 대해 매우 적절한 저항이 있었다.

두 번째 주요 쟁점은 우스개로 소위 '깡통인간'이라 불리는 우주 속 인간의 역할을 두고 벌어졌다. 훨씬 더 잘 기능하고 싸게 먹힐 기계가 있는데, 왜 굳이 인간을 우주로 쏘아 올려야 하나? 하지만 이 질문은 두 가지 계산에서 틀렸다. 첫째, 우주로 가는 것은 사람이 아닌 사이보그이다. 우주비행사들은 복잡한 시스템에 끼워 맞춰진 인간들이다. 둘째, 사이보그들이 기계들보다 많은 일들을 훨씬 더 잘 처리한다. 물론 항상 맞는 말은 아니었다. 우주 최초의 사이보그들은 단지 실험대상에 불과했고, 당시 그들은 인간도 아니었다.

'사이보그'라는 단어가 만들어지기도 전인 1950년대 후반의 우주항행학astronautics은 이미 완벽하게 구현된 최초의 사이보그를 생산해낸 바 있다. 바로 '햄'이라는 이름의 침팬지 우주비행사로, 도나 해러웨이의 설명에 따르면, 우주복을 입고 원격장비들을 달고 특수 전자회선 좌석에 앉혀져 우주선 캡슐 안에 집어넣어졌다.

햄은 사이보그이자 완벽한 우주의 아이이다. 우주 프로그램에서 인간 대신 지상에서 쏘아 올려진, 원격 조종되는 인공장구를 갖춘 이 침팬지보다 더 전형적인 사이보그는 있을 수 없을 것이다.

인간 사이보그들은 햄이 먼저 갔던 곳을 뒤따랐다. 그들은 인간이(혹은 포스트휴먼이) 우주를 식민화할 길을 닦고 있는 것이다. NASA는 우주가 또 다른 일터에 불과하다고 말하곤 하는데, 이것은 과장이다. 외계 우주와 수중공간은 특히나 더 무자비한 환경들로, 그런 곳에서 생존하려면 반드시 사이보그가 되어야 하고 또 매우 조심해야 한다. 하지만 그런 익살 안에는 일정 정도의 진실도 들어 있다. 민간기업들이 우주의 별들에 점점 더 많은 관심을 보이고 있기 때문이다. 게다가 대부분의 회사 경영자들은 이제 노동자와 기계를 통합하여 컴퓨터 복합 시스템으로 만듦으로써, 어디서나, 그중에서도 특히 자본주의적인 공간에서 효과적으로 일할 수 있도록 해야 한다고 주장한다.

톰 울프Tom Wolfe가 《필사의 도전The Right Stuff》에서 주장한 대로, NASA는 오로지 홍보 효과를 위해 우주비행사들을 원한 것이지만, NASA 이전에도 사람들은 우주탐험의 필요성을 늘 인식하고 있었다. 인간들이 기계와 조화를 이루어 작업하게 되리라는 것 역시 마찬가지였다. '시스템 구성요소로서의 인간'이라는 이 실상이 수많은 현장에서 성취되었다. 생명유지장치(우주선과 우주복, 전파수신 생물추적 장치, 원격조종 로봇장치), 통신, 임무 설계 등, 이 모든 것이 훌륭한 인간-기계 의사소통 및 인간을 다른 핵심 노드nod들처럼 늘 양호한 상태로 유지되고, 세심하게 준비되고, 지속적으로 감시할 필요가 있는 또 하나의 구성요소로 다루는 문제에 달려 있었다. NASA의 분석가인 D. R. 히치콕Hitchcock은 이렇게 지적한다.

> 실제 우주비행을 하는 동안, 우주비행사에게 요구되는 임무와 과제를 수행할 수 있는 능력이 지속적으로 측정되어야 한다.

무인 우주비행에도 흔히 사이보그들이 탑승한다. 이런 비행에는 저 멀리 지상에서 조종하는 장비가 동반되기 마련이다. 그런 시스템을 표현하는 다양한 용어들, 원격조종 로봇장치, 텔레퍼핏, 텔레치릭, 텔레팩터, 인공두뇌학적 인체모방 메커니즘CAMs, 주인-노예 기계들, 왈도(1942년 로버트 하인라인이 발표한 과학소설 《왈도waldo》에서 불구의 과학자가 발명한 장치의 이름으로 처음 등장했고, 오늘날에는 원격제어장치를 조종하는 기계를 통칭하는 말로 사용됨—옮긴이) 등이 사용된다. NASA의 과학자 에드윈 존슨Edwin Johnson이 이렇게 결론을 내렸다.

> 인간은 지구상에서 가장 성공한 기계이다. 하지만 공학자들, 심리학자들 그리고 생리학자들은 인간이 최적의 시스템과는 거리가 멀다는 것을 알고 있다. 인간은 목 위로는 훌륭하다. 목 아래로는 다른 기계들의 수행능력이 인간을 압도적인 차이로 앞지를 수 있다. 인간이 지닌 최고의 특징과, 다른 기계들이 지닌 최고의 특

징을 조합한 시스템이 기계로서의 인간의 성공에 보탬이 될 것이다.

물리적 시간 지연과 질 낮은 원격감지 정보 때문에 그런 시스템들만큼이나 효과적인 현장의 사이보그들이 필요하게 되었다. 아마도 언젠가는 포스트휴먼 사이보그들이 우주에서 바로 생존할 수 있을 것이다. 하지만 현재로서는 그곳에서의 작업을 위해 인간-사이보그들에게 우주비행선과 착용 가능한 우주복, 혹은 이런 장비들의 어떤 조합이 필요하다. 언젠가는 우리가 다른 행성들을 지구인이 살 수 있는 공간으로 바꿔놓게 될 것이다. 혹은 태양계를 완전히 떠날 수도 있다. 하지만 가까운 미래의 우리는 여전히 광속 이하의 속도로 살고 있을 것이다. 물론 영원히 그러지는 않겠지만. 만일 우리가 지구 대기권 너머의 공간을 정말로 식민화한다면, 전쟁, 부패, 정부 그리고 상이한 서식장소들에 맞춰 개조된 상이한 포스트휴먼들 간의 긴장까지(예를 들면, 달에 사는 사람들과 화성인들 사이의 긴장 같은), 지구에서 인간들을 괴롭혔던 동일한 문젯거리들 상당수가 우주의 사이보그들에게도 닥칠 것이다.

우주는 우리 행성을 벗어난 무한한 곳이기에, 여러 측면에서 심해와는 매우 다르다. 하지만 결정적인 측면 한 가지는 두 공간이 동일하다. 인간은 오로지 사이보그로서만 심연에서 생존할 수 있다는 것과, 인간-사이보그가 가는 곳이라면 정치도 따라간다는 것이다.

내가 테렌스 타이셀을 만나기 전까지는 심해 다이빙의 사이보그적인 함의들에 대해서 진지하게 생각해본 적이 없었다. 테렌스는 전직 네이비실 대원이자 세계에서 가장 숙련된 다이버들 중 한 명이다. 그는 해저동굴과 난파선을 탐험하고, 프리다이빙(여압복을 착용하지 않고 하는 다이빙)에 대한 수많은 기록을 보유하고 있으며, 그중에는 호흡용 혼합기체에 관한 실험과 기체상태를 계속 추적하는 컴퓨터의 개발 등도 포함된다.

혜엄치는 사람들, 항해자들, 잠수함 승조원들 그리고 다이버들까지, 인간이 바다를 탐험한 오랜 역사가 있다. 테렌스와 장시간 이야기를 나누면서 나는 바다가 육지와 정확히 어떻게 다른지 이해하기 시작했다. 바다 위에 있거나 특히 바닷속에 있을 때 하는 모든 일이 장비와 장비의 조작방식에 의존한다. 테렌스는 다른 다이버와 함께 해저동굴을 탐험할 때 일어났던 사건을 내게 이야기해주었다.

> **그 사람이 미친 듯이 자신의 목을 움켜쥐더니, 차갑고 시커먼 해수를 막아주는 얇은 잠수복의 목 부위 봉합 부분을 마구 찢더군요. 그를 채 붙잡기도 전에 잠수복의 방수 보전 상태가 파괴되었고, 그 틈새로 커다란 공기방울이 터져 나오면서, 잠수복의 보온기능과 부력조절 장치들도 사라져버렸습니다. 그는 내 아래 저 암흑 속으로 버둥거리면서 가라앉았습니다.**

마침내 테렌스가 그를 구조했다. 그는 동료의 망가진 잠수복에 다시 공기를 주입해 부풀리고, 또 다른 동료 다이버에게는 그를 너무 급하게 수면으로 끌어올리지 않도록 주의시켰다. 그래야 수압으로 인한 방향감각 상실현상, 즉 질소중독에 따른 잠수병 초기증세가 심연황홀증rapture of the deep(다이버가 오랫동안 깊은 수심에서 활동하다가 갑자기

부상할 때 방향 구분을 못하게 되는 착란 상태 — 옮긴이)이라는 치명적인 상태로 발전하지 않기 때문이다.

심해 자유다이빙을 하는 테렌스의 작업은 진지한 다이버들이 얼마나 기계에 의존하는지를 잘 보여준다. 이것이 매력적인 부분이다. 심해를 자신의 홈그라운드로 만들기 위해 기술의 힘을 이용하는 것은 자유 다이버들의 정신세계를 구성하는 결정적인 부분이다. 여압복을 입고 있거나 잠수정에 타는 것은 산소탱크와 컴퓨터 그리고 여타 장비가 부착된 잠수복을 입고 있는 것과 전적으로 다른 문제이다. 이것은 비행기를 타고 나는 것과 스카이다이빙을 하는 것의 차이, 혹은 더 적당한 말을 찾자면 땅위를 걷는 것과 차를 타고 운전을 하는 것의 차이이다.

우리는 땅위를 걸어 다니며 이곳에 거주한다. 우리는 실제로 공기 중에 거주하지 않는데, 단지 공기를 뚫고 지나다닐 뿐이다. 언젠가 많은 사람들이 바다에서 거주하게 될 것이다. 이미 소수의 사람들이 해저 연구소에서 살고 있는 것도 사실이다. 우선은 테렌스가 개발 중인 장비들 덕분에 그렇게 되겠지만, 결국에는 적절한 유전공학의 힘입어 포스트휴먼들이 물고기처럼 물에서도 숨을 쉬게 될 것이다.

수산자원의 감소와 해저와 바다 그 자체가 엄청난 유기물과 광물의 보고라는 인식은 해양에 대한 법률 제정 문제를 국제적 관심사로 만들었다. 사이보그화된 인간들이 바다에서 쉽게 살 수 있는 날이 온다면 이런 논쟁들은 어떻게 바뀔까? 사람들이 극지의 만년설이나 고산지대에서의 삶에 적응하게 될 때에도 동일한 쟁점들이 등장할 것이다. 사이보그 과학기술은 지구 구석구석을 인간의 식민지로 만드는 데 도움을 줄 것이다. 그리고 이것은 환경문제, 국경선 그리고 자기결정권과 같은 심오한 정치적 함의들을 낳게 될 것이다. 결국 이 새로운 공간들은 오늘날 사이버 공간에서 벌어지고 있는 것과 똑같은 새로운 유형의 시민권 개념을 만들어낼 것이다.

조금만 생각해보면 이것이 그리 놀랄 일도 아니다. 결국 그런 곳들이 사이보그의 영토인 것이다. 하지만 사이보그화는 언뜻 보기에 포스트휴머니즘과 그것을 가능하게 한 기술과학의 압력에서 꽤나 멀리 떨어져 있다고 생각될 수도 있는 사회의 다른 측면들 또한 변모시킨다. 인간제도의 결정판이라 할 수 있는 가족조차 사이보그화되고 있는 현실이 바로 다음 장의 주제이다.

chapter 10

사이보그 가족

가족이 해체될까봐 두려워하거나 그러기를 희망할 이유는 없다. 우선 가족이 무엇을 하길 원하는가에 대한 질문을 던져야 한다. 그렇게 우리가 갖고 있는 것과 우리가 희망하는 것을 구분함으로써, 비로소 우리는 우리에게 필요한 종류의 인간적 연대의 실현을 증대하거나 혹은 훼손하는 사회적 요인들을 분석할 수 있다.

제인 콜리어 Jane Collier, **미셸 로잘도** Michelle Rosaldo, **실비아 야나기사코** Sylvia Yanagisako

기술로 매개된 가족

/

'가족'은 우리 시대의 가장 주요한 정치적 쟁점 중 하나이다. 그 이유는 대체로 기술이 이 케케묵은 제도에 믿을 수 없는 변화들을 조성하고 있기 때문이다. 가족이란 무엇인가? 누가 가족을 가질 수 있나? 건전한 가족을 구성한다는 것은 정확히 무슨 의미인가? 사회과학자들은 의미의 공유, 관계, 젠더 그리고 친족을 중심으로 가족을 정의한다. 법적인 정의들은 관계, 정서적이고 재정적인 책임, 일상생활 그리고 상호의지를 포함한다. 보통의 사람들은 이런 식의 정의보다 더 포괄적이거나 훨씬 더 엄격하게 정의를 내린다. 한마디로 요약하자면, 가족의 의미는 사회적으로 결정되며, 오늘날 그 의미가 몹시 의문시되고 있다는 이야기이다. 가족에 대한 이런 의문은 지난 몇 세기에 걸친 가족의 쇠퇴에 대한 애도 속에서 명백하게 드러난다.

재앙이라 이야기되는 이 현상의 원인들은 이미 충분히 논의되고 있다. 가족붕괴의 주된 증거로 제2차 세계대전 이후의 이혼율 증가와 그와 무관치 않은 편부모 가족의 증가가 제시된다. 하지만 가족은 전혀 붕괴하고 있지 않다. 다만 극적으로 변하고 있을 뿐이다. 가족의 구조는 늘 진화해왔으며, 다만 오늘날에는 과학, 기술 그리고 의료행위들 간 상호작용의 결과로 그 어느 때보다 빠르게 변하고 있을 뿐이다. 가족들은 사이보그가 되어가고 있다. 기술과학이 바로 그 가족의 형식들을 매개하거나 결정한다. 오늘날 상이한 유형의 사이보그들이 번성하고 있듯이, 사이보그 가족들도 그렇다.

1950년대에 이르러 기술의 진보는 유럽과 미국의 가족구조에 극적인 변화를 야기했다. 의학의 발전은 여러 가지 방식으로 가족을 재구성하는 기본적인 인구학적 전환을 빚어냈다. 예를 들면, 위생에 대해 더 잘 알게 되자 유아 사망이나 산모 사망의 사례가 극단적으로 감소했다. 항생제의 발전, 수술기법의 진보, 질병의 진단과 처치에서 이룬 획기적인 약진들이 모든 가족 구성원의 사망률을 낮추었다. 결과적으로 사람들은 더 오래, 더 활동적인 삶을 살게 된 것이다.

스테파니 쿤츠Stephanie Coontz는 《우리가 한 번도 가보지 않은 길The Way We Never Were》에서 수명의 증가로 오랫동안 결혼생활을 할 수 있는 잠재력이 커졌으며, 그 바람에 더 많은 이혼으로 귀착되었다고 지적한다. 19세기에 평균적인 결혼생활 기간은 10년이었으며, 이렇게 된 주된 원인에는 높은 사망률이 있었다. 오늘날은 이혼율이 평균 40년의 결혼생활을 양산하는 기대수명을 상쇄하고 있다.

본질적으로 많은 결합의 종지부를 죽음이 아니라 이혼이 대신한다. 또한 쿤츠는 많은 역사적 증거가 안정적인 핵가족을 지지하지 않는다는 것을 보여준다. 가족의 황금기였던 19세기 초는 부모와 자식의 잦은 죽음과 빈곤가정과 노동자 계층의 가혹한 경제적 조건이 수많은 대가족, 혼합가족(이혼 후 재혼한 부모들로 인해 혈연관계가 없는 의붓 형제들이 생겨난 가족 — 옮긴이), 편부모 가족, 과도한 어린이 노동 그리고 공공시설로 보내진 어린이들의 비정상적인 비율(1940년에 10퍼센트에 달한) 등의 결과로 이어졌다.

오늘날 생식기술들은 전통적으로 가족을 정의해오던 성적인 부부관계와 핏줄이라는 혈연관계의 전통적인 강조를 희미하게 만들었다. 하지만 가족을 재편성하는 것이 단지 생식기술이나 사이보그 의학만은 아니다. 기술과학의 산물들 역시 가족구조에 영향을 미치고 있으며, 그것은 컴퓨터일 수도 있고, 장난감이나 게임일 수도 있고, 통신기술일 수도 있다. 쿤츠는 이렇게 주장한다.

> 이러한 인구학적이고, 문화적이고, 기술적인 지형이 존재하지 않는 '옛날의 그 땅'으로 되돌아간다는 환상을 꿈꾼다면, 새로운 가족과 결부된 문제들을 하나도 해결하지 못할 것이다. 새로운 가족 지형도의 많은 측면은 영구적이다. 이것은 판구조론이나 대륙이동설과 상당히 비슷하게, 지하에 있던 힘들이 대거 재편성된 결과이다. 여성들이 삶의 상당 시간을 가정에서 보내는 일은 이제 없을 것이다. 섹스와 번식은 더는 동일한 대륙에 속하지 않으며, 아무리 다그치고 떠밀어도 그 둘을 다시 한 대륙 안에 몰아넣을 수는 없을 것이다.

가족은 움직이는 표적으로 늘 진화하고 변화하는 제도이다. 생식의학의 기술과학적인 발전은 몇 년 전만 해도 말 그대로 불가능했던 새로운 가족을 만들어냈다. 바로 대리가족이다.

대리가족

/

오늘날에는 상이한 수많은 전략을 통해 부모의 지위가 성취되며, 그런 전략은 생식기술의 융합 및 부모와 다른 사람들의 신체(혹은 신체 일부)를 필요로 한다. 달리 말하면, 어린이를 생산하는 일은 꽃으로 장식된 침대 위에서 두 명의 벌거벗은 사람들이 체액을 교환하는 일에서부터, 다양한 기술과 수백만 달러짜리 실험실을 오가는 수많은 사람이 연관된 복잡한 의료절차에 이르기까지 다종다양한 상호작용들을 통해 성취될 수 있다.

경제적으로 여유가 있는 부부는 대리모를 고용해 대리모가 본인의 난자로 수정을 하게 할 수도 있고, 부모가 수정시킨 난자를 대리모에게 이식할 수도 있고, 기증된 정자를 부인에게 인공수정시킬 수도 있다. 이 과정에서 생물학적 연분 같은 전통적인 가족의 척도들은 흔히 제거된다. 캐슬린 비딕Kathleen Biddick은 이렇게 주장한다.

이제는 여러 명의 여성들이 출산이라는 모성적 과정에 공헌할 수 있게 되었다. 한 명의 여성이 생식을 위해 난자를 제공하고, 다른 여성이 태아의 양육과 출산을 위해 자궁을 제공하는 것이 가능하고, 여기에 아동양육시설 노동자들을 포함

한 또 다른 여성들이(그리고 남성들까지도) 유아의 사회적 어머니 역할을 담당하게 된다. 과거에는 수정, 임신, 출산이 모성이라는 지배적인 문화적 개념을 통합하고 '자연스러운' 후속 단계로서 사회적 육아로 연결되었지만, 이제는 그 세 단계가 생식기술 상의 상이한 절차들로 분화되었다.

양육권소송의 다양함과 과다야말로 사회가 법적으로 가족을 규정하는 부부간의 생물학적 규준을 혼탁하게 만드는 변화들을 솎아내고자 노력하는 이유가 되는 셈이다. 법체계는 가족을 철저하게 재정의하고 있는 기술의 진보를 따라잡을 수가 없다.

낙태된 태아에서 난자를 추출해내고 이미 죽은 사람들의 난자나 정자를 활용할 수 있는 능력은 법체계를 당혹스럽게 한 생식기술의 또 다른 성취이다. 수정 시점에서 부모 중 한 명 혹은 두 명이 모두 죽는 바람에 양육권을 놓고 수많은 법적 다툼이 벌어지는 경우도 있다. 예를 들어, 사회보장국은 주디스 하트Judith Hart에게 사회보장 급여의 지급을 거부했다. 그 이유는 루이지애나 주 정부가 그녀에게는 아버지가 없다고 선언했기 때문이었다. 하트에게는 아버지가 있었지만, 그녀는 아버지가 죽은 뒤 그의 정자를 추출해 수정된 아이였다. 아기가 태어났을 때, 낸시 하트Nancy Hart는 마치 자기가 죽음을 '속여넘긴' 것처럼 느꼈다. 분명히 정부는 새로운 종류의 사이보그적인 속임수가 발생하고 있다고 느꼈지만, 법적인 도전 끝에 정부의 입장은 누그러졌고, 주디스는 그녀 아버지의 진짜 딸로 인정받아 사회보장 급여를 받게 되었다.

부모라는 관념 역시 아주 심하게 변화한 상태이다. 오늘날에는 어머니와 아버지가 생식에 직접 관여할 필요가 없다. 역사적으로는 자손을 돌보고 기르는 일이 일상적인 것이었지만, 사이보그 생식의 선택지인 대리모 제도는 그런 일을 또 다른 차원으로 이끈다. 이런 일이 언제나 순조롭지만은 않다.

대리모가 마음을 바꾸고 아이를 포기하지 않겠다고 한 최초 사례는 '베이비 M'의 생모인 메리 화이트헤드Mary Whitehead의 경우였다. 행복한 마음으로 계약을 수행하는 대리모도 많지만, 오늘날에는 이런 일들도 흔하다. 이어질 두 가지 사례는 대리모 협약이 미묘한 방식과 미묘하지 않은 방식으로 가족의 정치학에 영향을 미칠 수 있는 방식과 그런 협약을 통해 얻을 수 있는 경험들의 범위를 잘 보여준다.

1995년, 탤런트인 디어드리 홀은 TV 쇼에 출연해 20년 동안 벌인 불임과의 '전쟁' 이야기를 들려주었다. 그녀는 시험관 수정을 여섯 차례나 시도했으나 모두 실패했다. 그러자 홀과 그녀의 두 번째 남편 스티브 소머Steve Somer는 혼자 아이 셋을 키우는 로빈 B를 대리모로 고용했다. 이들 부부와 로빈 B는 대리모 관계가 시작되자마자 매우 친해졌는데, 홀과 로빈이 유독 더 그랬다. 식단, 의사들 그리고 다른 의료적인 선택 등 임신과 관련된 모든 결정들에 홀은 깊이 관여했다. 로빈은 그 관계가 강렬했고 거의 결혼한 것이나 다름없는 수준이었다고 언급했다. 임신 말기에는 로빈과 홀 그리고 소머가 아예 함께 살았다. 출산 때는 홀이 로빈의 몸에서 나온 아기를 들어올렸다.

로빈은 최초 계약의 충족을 넘어서는, 이 관계의 지속에 대한 자신의 감정들을 설명했다. "결국에는 각자 따로 길을 갈 것인지, 아니면 가까이 지내면서 인생을 함께할 것인지 선택해야 했죠." 높은 적응성과 유연하게 넘나드는 각자의 영역들 그리고 건강한 의사소통은 세 명의 성인들이 친밀한 관계를 발전시키는 데 도움을 주었다. 이것은 그들에게 일시적이지만 두 가족을 잘 어우러지게 할 수 있는 능력을 제공했다. 계약은 매우 잘 이행되었고, 몇 년이 지난 뒤 이들은 두 번째 계약을 맺었다. 하지만 두 번째 임신이 이루어지기 전에 로빈이 연애를 시작했고, 그녀의 연인에게 그녀의 대리가족은 불편한 존재였다. 로빈의 남자친구는 사람들이 로빈의 임신을 자연스레 자신과 연결짓자 공공연히 곤란을 겪었다.

로빈의 삶 속에 또 다른 1차 관계가 도입된 것은 그 두 혼성가족들 간의 경계선을 바꿔놓았고, 그들은 훨씬 더 자율적인 상태가 되었다. 하지만 여전한 높은 차원의 적응력 덕분에 그들은 편안하게 새로운 관계를 이어나갈 수 있었고, 계약이 만료된 뒤에도 친구로 남게 되었다. 로빈은 첫 번째 아들이 태어난 그해 연말에 자신이 얻은 성취감을 이렇게 묘사했다. "전에는 여기 없던 가족이 지금은 존재합니다." 소머는 그것을 "가족의 영속성과 성취"라고 묘사했다.

많은 대리모 관계가 행복하게 끝을 맺지만, 모든 경우가 다 달콤하고 밝은 것은 아니며, 모든 부모가 이 관계를 사랑하는 것도 아니다. 다른 문제는 대리모 계약이 산모, 즉 대리모에게 충분한 대가를 지불하지 않고 그저 아기 낳는 기계취급을 하며 그녀를 착취하는 경우이다. 그리고 의료기술들은 대부분 값이 비싸기 때문에 부유한 사람들이 우선적으로 이용하게 된다는 것도 문제이다.

홀의 가족이 겪은 경험과는 대조적으로, 제임스 오스틴James Austin의 아들처럼 비극적인 경우도 있다. 1995년 오스틴은 어머니의 유산인 3만 달러로 아이를 낳기 위한 대리모 계약을 체결했다. 그는 태어난 지 하루된 4킬로그램의 아들을 전해 받았다. 5주가 지난 뒤 그 아기는 죽었다. 오스틴은 자기가 아들을 주먹과 옷걸이로 때려 죽였다고 인정했다. 아마도 그는 자기가 그 아이를 돈을 주고 샀기 때문에 아무 짓이나 해도 된다고 느꼈을지 모른다. 이 가족은 획일적으로 결착된 단단히 밀폐되고 융통성 없는 폐쇄공간이었다. 의사소통은 폭력이었다. 가족의 이미지들, 주제들, 경계선들 그리고 사회적인 쟁점들이 가부장적 살인으로 환원되었다. 물론 많은 생물학적 부모들도 자기 자식들을 살해하며, 이는 '전통적인 가족의 가치관'을 반대하는 좋은 근거가 되기도 하지만, 그렇다고 오스틴이 그 살인 피해자를 돈으로 사고 사육한 일은 어떤 의미로도 정당화되지 않는다. 우리는 아이들을 소유하거나 사육하거나 사지 않는다. 우리는 아이들을 기른다.

대리모와 인공수정의 또 다른 위험은 생물학적인 부모 혹은 그 누구이든 간에 정을 통하거나 하는 신체적 접촉 없이 아이에게 생명이 부여된다는 것이다. 아기 오스틴을 개인 소유의 노예와 구분하기란 어려운 일이다. 여러 가지 측면에서, 이것은 복제와 비슷한 것이었다. 복제는 부모-자식의 자기동일성이 훨씬 더 절대적이기는 하지만 친족관계에서 오스틴의 경우와 유사한 역학을 야기할 수가 있다.

대리모나 인공수정의 사례에서 보았듯이, 기술이 물리적이고 정서적인 친밀성(혹은 그중 적어도 하나)을 어느 정도 대체할 수는 있지만, 아마도 새로운 친밀성 관계들이 그것들을 대체할 것이다. 홀처럼 긍정적인 결과를 보여줄 수 있는 잠재력은 오스틴과 같은 비극이 점점 더 많이 발생할 가능성과 불가피하게 연결된다. 기술은 결코 중립적이지 않다. 어떤 기술들은 유익하지만(감기약, 공해 없는 에너지), 어떤 것들은 명백히 유해하다(대량 파괴 무기들, 고문기술, 마인드컨트롤 기계들). 하지만 대부분의 사이보그 기술을 포함한 대부분의 기술들은 이중적이다. 이것은 자애로운 부모가 아이를 가질 수 있게도 하지만, 끔찍한 역학(소유물로서의 아이들)을 구현하기도 한다. 그렇지만 그것이 중립적인 것은 아니다.

사이보그 가족의 가치들

/

지난 몇 년간, 우리는 가족의 가치라고 불리는 무언가에 대해 많은 이야기를 들었습니다. 그리고 많은 분들처럼, 저 역시 그것이 무엇을 의미하는지 규명해보려고 애썼습니다. 하지만 저는 사고가 난 뒤, 이치에 닿는 듯 보이는 정의를 하나 발견했습니다. 저는 그 정의가 우리는 모두 가족이고, 우리 모두가 가치가 있다는 뜻이라고 생각합니다.

크리스토퍼 리브가 민주당 전당대회에서

현대 가족의 사이보그화는 점점 더 낯설어질 것이다. 1995년 재레드 다이아몬드Jared Diamond는 〈디스커버〉에 '아버지의 모유'라는 글을 게재했다. 이 글은 호르몬 주사 몇 방과 젖꼭지 마사지를 통해 인간 아버지들을 쉽게 개조하여 유아들에게 젖을 먹이게 할 수 있는 근거와 방법을 아주 상세하게 서술한다. "경험은 모유를 생산해 젖먹이들에게 젖을 먹이는 일이 암컷 포유류에게만 해당하는 일이라고 말할지 모른다. 하지만 우리의 경험은 아마도 매우 제한적일 것이며, 생물학과 의학기술의 잠재력은 방대하다." 약간 더 어렵지만 마찬가지로 가능한 일은, 영화 〈주니어〉의 아놀드 슈왈제네거처럼 남성들도 아기를 가질 수 있도록 개조하는 것이다. 유전공학의 발전으로 유전자를 셋, 넷, 아니 백 명의 부모들에게서 물려받은 아기를 창조하는 일도 가능해질 것이다. 그런 가족이 적응할 수 있을까? 그런 가족이 반드시 우리의 가족과 비슷해 보인다는 법은 없지만, 이미 이루어져 있는 일들을 보면 그 답은 생각할 것도 없이 "그렇다"이다.

이미 오늘날의 가족 시스템은 사이보그화되었으며, 이런 시스템 속 가족의 이미지, 행복의 의미, 성장 그리고 더 나아가 가족이라는 존재 자체가 갖는 의미심장한 한 측면은 기술의 개입과 밀접하게 연결된다. 하지만 이것이 유일하게 중요한 요인은 아니다. 주디스 스테이시Judith Stacey는 《멋진 신가족Brave New Families》에서 기술을 제외한 다른 많은 요인이 새로운 가족을 구성하는 데 결정적이고 이것을 분명하게 보여주는 현대 가족에 대한 몇 가지 사례 연구를 제시한다. 이 사례에서 특히 중요한 것은 경제학과 여성주의 같은 이념들의 역할이다. 하지만 경제와 이념들도 결국엔 기술의 발전과 더불어 늘 함께 진화하기 마련이다. 여성주의자들이 가족 연구와 사이보그 이론 모두에 결정적인 공헌을 하고 있는 것은 우연이 아니다. 가족을 연구하는 다른 대부분의 학자들처럼 스테이시 역시 약간은 무시하고 있는 기술이 현대 문화의 핵심에 위치한다고 생각한다.

가족이 사이보그 기술과 맺은 관계들이 경제적이고, 혈연적이고, 정서적인 유대만큼 잘 이해될 때에만 오늘날 가족의 위치와 진로를 파악할 수 있다. 이것은 정치적 관계들에 중대한 함의를 가진다. 정치에 직결된 수많은 사이보그 가족 관련 쟁점들이 존재한다. 여기에는 낙태나 죽을 수 있는 권리를 둘러싼 잘 알려진 논쟁들뿐만 아니라, 인공수정을 지원하는 공공재원을 삭감하는 일 같은 덜 대중화된 결정들에 관련된 정치도 포함된다. 이런 논쟁들은 흔히 다음과 같은 질문을 중심으로 벌어진다. '도대체 가족이란 무엇인가?'

정부는 법제화와 재정지원을 무기로 합법적인 가족이 무엇인지를 정의할 수 있는 힘을 갖고 있다. 1995년 오리건 주의 한 의원은 미혼 여성들의 인공수정을 불법화하는 법안을 제출했으나 성공하지 못했다. 이 법안이 통과되었더라면 오로지 돈을 목적으로 하는 대리모 계약도 금지할 수 있었다. 동성 부부와 그들의 법적, 재정적 권리들을 둘러싼 논쟁 역시 유사한 쟁점을 불러일으킨다. 이런 이유들로 〈사이보그 권리선언〉에 '정부가 임의적인 법안들을 가지고 개입하지 못하도록 막아야 한다'는 조항을 포함시킨 것이다.

정부나 다른 당국자들의 축복 없이도, 많은 사람들은 계속 앞으로 나아갈 것이고 끝내 자신들이 원하는 가족을 구성하게 될 것이다. 어쨌거나, 인공수정에 필요한 기술은 추수감사절 저녁요리에 필요한 기술보다 덜 복잡하다. 더 난해한 절차들, 예를 들어 태아검진을 통한 성 감별 같은 기술도 현재는 광범위하게 활용 가능한 상태이다. 그리고 돈만 있다면 시험관 아기나 대리모도 가능하다.

핵심 쟁점은 정치적인 것이다. 누가 결정하는가? 엘런 굿맨Ellen Goodman이 수많은 신문 칼럼에서 주장한 대로 의료자원에 대한 자연적 제약 때문에 사회는 확실히 이런 논쟁들에 관심이 있다. 굿맨의 지적처럼, 그런 결정들은 흔히 탐욕과 자만에서 이루어진다. 가능한 모든 경우마다, 가장 직접적으로 관련된 사람들에게 궁극적인 발언권이 주어져야 할 것 같다. 그들이 바로 결과에 따라 살거나 죽어야 할 사람들이기 때문이다.

최선의 결정들이 사이보그를 선과 악으로 구분하는 등의 단순화된 범주에 근거를 두지는 않을 것이다. 사이보그적 변형이나 기술은 좋거나 나쁠 수 있다. 문제가 되는 것은 세부적인 것들이다. 왜냐하면 가족과 사이보그 기술과학의 모든 인터페이스는, 도나 해러웨이의 표현을 빌리자면, '상황적 지식situated knowledge'이며, 구체적으로 검토되어야 하는 것이기 때문이다. 쟁점들은 또한 공정성, 효율성, 행복 등과 같은 다른 규정들에 의해서도 평가되어야 한다. 톨스토이는 모든 불행한 가족들은 저마다 다 사정이 다르다고 주장하였다. 주디스 스테이시는 오늘날의 모든 행복한 가족들 역시 저마다 다 사정이 다르다고 덧붙인다. 사이보그화된 모든 가족은 저마다 특별하며, 반드시 그런 저마다의 특수성 안에서 이해되어야 한다.

많은 경우들에서 기술은 대단히 사이보그적인 절단과 인공장구의 순환관계에서 기존의 혁신들이 불러온 충격에 응답한다. 이것은 점점 개선되는 건강과 길어지는 수명에 근거한 선택지로서 여성들에게 나이가 들어도 아이를 가질 수 있는 힘을 부여한 경우처럼 미묘한 것일 수도 있고, 혹은 여성들이 이전 세대의 의료행위들이 야기한 출산의 난관을 극복할 수 있게 해준 경우처럼 직접적인 것일 수도 있다.

다른 경우 사이보그의 개입이 새로운 지평을 개척하기도 한다. 이를테면 동성애 여성들의 임신이나 그보다 더 우아하고 화려한 가족 구성, 즉 조부모, 고모, 삼촌 그리고 사촌들로 이루어진 대가족의 기쁨에 찬 승낙 속에 동성애 여성의 동성애 오빠가 여동생의 애인에게 정자를 기증하는 상황 같은 경우들이다.

발레리 하투니Valerie Hartouni가 우리에게 상기시켜주었듯이, '죽은 엄마가 출산을 하다'와 같은 기사제목들을 뽑아낼 수 있게 하는 기술들이 또한 우리 자신을 의식적으로 그리고 신중하게 고안할 수 있는 기회도 제공한다.

《사이보그 아기들》에 실린 앤 힐Anne Hill의 논문은 그런 기술적인 선택지들이 기술이 주는 쾌락과 힘을 수용하면서도 어떻게 자연에 대한(실제로는 자연과 하나됨에 대한) 우리의 사랑을 전혀 부정하지 않는, 섬세하고 정치적이고 정신적인 양육의 관행 안에 깊게 새겨질 수 있는지를 아름답게 설명한다. 그녀는 신이교주의적 분석을 이용하지만, 결국은 도나 해러웨이의 무신론적 무정부주의 선언문이나 유대교, 기독교, 이슬람교, 불교가 배출한 수많은 휴머니즘 사상가의 동일한 원리들(복잡성, 생명, 선택, 관용 그리고 권능부여)을 정당화하는 셈이다. 우리는 이런 가치들이 필요한데, 그 이유는 선택이란 언제나 의도하지 않은 결과들을 낳게 되기 때문이다. 예를 들어, 가족의 이념은 이성애 가족들만 생식기술을 활용할 수 있게 하고, 자본주의 이념은 그 기술을 돈이나 보험을 가져야 살 수 있는 것으로 만든다.

스테파니 쿤츠가 앞서 말한 대로, 우리는 그런 변화들이 존재하지 않던 '옛날 그 땅'으로 돌아갈 수 없다. 오로지 앞으로 나아갈 수만 있다. 하지만 책임감 있고 어리숙하지 않은 진정한 사이보그가 되고자 할 때, 우리는 기술을 이끌어가는 힘과 동기에 의문을 던져야 한다. 우리는 선과 악 사이에서 윤리적인 선택을 해야만 한다. 그리고 엘런 굿맨처럼 때로는 "이제 그만"이라고 말할 수 있어야 한다.

cyborg
citizen

chapter 11

섹스머신과 인간 그리고 그 중간에서

5년 이내에 음경은 퇴화할 것이다.

존 발리John Varley 소설 《스틸 비치Steel Beach》 속 신체 변형 세일즈맨의 이야기

인터섹스intersex 운동을 정체성 정치학의 또 다른 유형으로 정의내리기보다는 신체 몰핑morphing(화상으로 어떤 형체가 서서히 모양을 바꿔 다른 형체로 탈바꿈하는 기법 — 옮긴이) 시장에서 소비자를 위해 다양하고 더 나은 선택권을 제공하고자 하는 해방적 기술 프로젝트로 여기는 것이 더 적절하다.

스테파니 터너Stephanie Turner

딜도

/

이제 내가 올라탈 차례가 되었다. 솔직히 말해서, 모든 광고에도 불구하고 약간 염려가 되었다. 나는 꼭 공기압축식 드릴 같은 것이 내 몸 안에 들어오는 느낌이지 않을까 생각했다. 남편이 나를 잡았고, 데이브가 아주 천천히 전기를 집어넣었다. 처음에는 거의 아무 느낌도 받지 못했다. 처음 섹스를 할 때처럼 그저 부풀려진 과대포장이겠거니 생각했다. 대체 무엇 때문에 이렇게도 호들갑이었나? 그때 그가 전류의 세기를 올렸고, 감각들이 나를 덮쳐왔다. 나는 롤러코스터에 올라타 천천히 꼭대기까지 올라갔다가 현기증 나는 속도로 빠르게 내려오고 있었다. 나는 돌아올 수 없는 지점을 넘어서고 말았다. 오르가슴들이 터져 나와서 요란하게 서로 부딪혔다. 시간도, 공간도, 방 안에 있던 사람들도 모두 다 어디로 갔는지 몰랐다. 그저 입술과 손 그리고 가차 없이 나를 더 멀리, 더 멀리까지 몰아가는 내 몸 안의 저 멈출 수 없는 인간적인 그 무엇이 존재할 뿐이었다.

제시카 웨스트 Jessica West

제시카 웨스트의 몸 안에 들어온 '멈출 수 없는…… 그 무엇'은 전혀 인간적인 것이 아니었다. 그것은 플라스틱 좌석 위에 실감나게 만들어 설치한 고무 재질의 음경으로, '시비언Sybian'이라고 불리는 섹스머신의 일부였다. 이 제품명은 쾌락을 사랑한 시민들로 유명한 고대 그리스의 '시바리스Sybaris'라는 도시 이름에서 유래했다. 이 기계는 50분의 1 마력짜리 모터 두 개를 달고 있으면서 진동과 회전을 따로 통제할 수 있는 복잡한 기계였고, 가격은 1,395달러나 된다. 이 기계를 발명한 전직 무용강사 데이브 램퍼트Dave Lampert에 따르면, 이 기계를 설계하는 데 14년이 걸렸다고 한다. 그는 실제로 그 어떤 천연 남근들보다 뛰어난 능력을 갖춘 이 기계에 '섹스용품'이라는 명칭을 붙이는 것을 거부한다. 그는 이것이 인공 성관계의 획기적인 발전이라고 말하지만, 진실을 말하자면, 이 일은 최초도 최후도 아니다.

인공두뇌학적 섹스에 대한 대부분의 전망은 가상현실과 관련되어 있다. 그것은 전화나 모뎀 관련 기술들, 필리수트feelie-suit(촉감 센서들을 부착한 특수의상—옮긴이) 그리고 데이터 글러브dataglove(가상현실 이미지를 조작하기 위해 센서를 부착한 데이터 입력용 장갑—옮긴이)를 활용한 원격딜도공학이 약속하는 미래에 초점을 둔다. 하지만 섹스에 관해 현재진행 중인 중요한 발전은 인간-기계 섹스의 확산과 점점 더 정교해지는 기술이다.

섹스용품은 오랜 역사를 지닌다. 철이나 뿔, 혹은 나무로 만든 음경 보조기구가 《카마수트라Kāmasūtra》에 설명되어 있다. 고대 그리스인들과 로마인들은 이성애적인 삽입과 동성애적인 삽입 모두를 위해 가죽 딜도dildo(그리스어로는 올리스보스olisbos)를 사용했다. 아리스토파네스의 희극 〈리시스트라타Lysistrata〉에서 남자들에게 전쟁 종식을 강요하며 섹스 파업을 벌이던 여인들은 "밀레토스 사람들이 우리를 궁지에 빠뜨린 그날 이후, 나는 올리스보스에 눈길을 준 적이 없어요. 길이가 20센티미터나 되는 그것이 나름 가죽 맛을 보여줄 수도 있을 테지만요"라고 불평한다. 수천 년 전에도 섹스용품들은 정치적 도구로 사용되었다.

필리핀의 비사야족, 아프리카의 하우저족 그리고 일본인들을 포함한 많은 문화가 음경 모양의 자위기구인 딜도를 고안했다. 딜도는 금에서 납에 이르기까지 모든 금속으로 만들 수 있으며, 상아나 버펄로의 뿔, 부드럽고 깨끗하기만 하다면 나무로도 만들 수 있다. 다양한 버팀대들이나 벨트로 고정하는 완전한 모양의 튜브 역시 음경lingam(힌두교 시바 신의 표상인 남근상—옮긴이)을 강하고 크게 만드는 보조기구로 이용할 수 있다. 《카마수트라》는 한술 더 떠서 아예 그것들을 각각의 여성 질에 딱 들어맞게 고안할 수 있다고 전한다. 그리고 '아무 준비 없이' 붙들리더라도, 갈대나 조롱박이나 사과나무 가지같이 손에 잡히는 재료들을 가지고 즉석에서 아프라드라브야apradravya(남성 생식기 모양의 물건—옮긴이)를 만들어낼 수 있으니 안심할 것을 당부한다. 남근숭배제의는 훨씬 더 흔하고 일상적이며, 그중 상당수는 신성한 것이든 속된 것이든 성행위를 위해 활용되었다. 딜도로 음경 모양을 만들거나 보조기구를 대서 음경을 강하게 만드는 것에서 직접적인 수술이나 이식을 통해 음경을 개조하는 것까지 발전은 금세 이루어졌다. 성애적이고 인류학적인 문헌에서 음경 보조기구, 성행위용 딜도, 남근에 부속물을 삽입해 변형하는 행위 등은 거의 언제나 함께 기술된다.

남근의 확대변형은 간단히 구멍들을 뚫는 방법에서부터 나무에 사는 특정 곤충의 털로 남근을 두드리고 기름으로 문지른 다음, 구멍에 그것을 집어넣고 열흘 동안 애를 태워 영구적으로 부어오르게 하는 복잡한 과정에 이르기까지 광범위하다. 이런 상스러운 방법들은 모두《카마수트라》에 언급되어 있다. 문신을 하거나, 흉터를 내거나, 크리스털이나 뼈 그리고 그 밖의 다양한 유형과 모양의 금속을 삽입하는 등의 방법 역시 많은 문화권에 확산되어 있으며, 요즘같이 산업화된 세계에서도 사라지지 않고 있다. 세계 대부분의 대도시들에서 피어싱 업소들을 발견할 수 있으며, 심지어 북미나 유럽의 더 작고 많은 마을에서도 이런 곳들을 찾을 수 있다. 몬태나 주의 그레이트 폴스 같은 곳에서도 말이다.

세월이 흐르는 동안 가장 놀랄 만한 변화를 겪어온 것이 바로 딜도이다. 활동력이 없던 가짜 남근들이 동력을 얻게 되었는데, 1백 년도 더 전에는 증기와 물이 최초의 동력으로 활용되었다. 여성 히스테리에 대한 표준적인 치료법 즉, 의사조력 오르가슴을 기계화하기 위해서 최초의 증기·수력 진동기가 고안되었다. 히스테리나 기타 여성 질병을 치유하기 위해 여성 환자들의 음핵이나 음문 혹은 그 두 부위를 함께 문지르는 것은 적어도 고대로 거슬러 올라가는 치료법이다. 이 치료의 목적은 울분 에너지를 감소시키기 위해 '히스테리성 격발hysterical paroxysm'을 일으키는 것이었다. 이런 방법은 18세기와 19세기에도 아주 일상화되어 있었다. 그런 치료법을 무척 부담스러워했던 일부 의사들은 1860년대에 발명된 머니퓰레이터manipulator(사람의 팔과 유사한 기능을 가진 기계—옮긴이) 같은 증기동력 진동기와 수치료법hydrotherapy의 일종인 다양한 분사식 골반 주수법注水法들을 환영했다. 이런 치료법들은 질내 삽입을 수반하지 않았기 때문에 성적인 것으로는 간주되지 않았다. 하지만 일부 의사들은 이것이 실제로 치료가 아니라 성적인 행위에 불과하다는 것을 분명히 알고 있었고, 그래서 이런 치료법을 반대했다. 다른 많은 사람은 그것이 가장 높은 수준의 도덕성을 지닌 의사들만이 처치할 수 있는 과정이라고 경고했다.

1890년대에는 증기·수력 기계들보다 훨씬 저렴한 전기 진동기가 개발되었다. 히스테리가 병적 질환으로 받아들여졌고, 딜도는 수많은 전기치료 기계 중 하나에 불과했기 때문에, 이것의 성적인 측면들은 꽤 오랫동안 '위장된' 채로 숨어 있었다. 그러다가 일반 대중을 상대로 딜도가 판매되고, 히스테리 치료 효과에 의문이 제기되면서 그 가면이 벗겨지기 시작했다. 1913년에 이르자 〈모던 프리실라Modern Priscilla〉 같은 여성 잡지들의 광고들은 진동기를 이렇게 침이 마르게 추켜올렸다. 그 기계는 "힘이 샘솟고, 짜릿짜릿하게 온몸에 스며들어 생기를 되살리는 1분당 30만 번의 진동"을 제공하며 "일단 당신이 이것의 리드미컬한 진동이 전하는 생생한 약동의 촉감을 느끼고 나면, 이것을 갖고 싶은 억제할 수 없는 욕망에 사로잡힐 것입니다." 1960년대의 성혁명(효과적인 피임법들에 의존하는)이 진동기의 성적 기능을 공개적으로 떠벌릴 수 있게 해주기 전까지, 그것은 여전히 스웨덴식 마사지기계나 유사 의료기구들로 팔렸다. 성적 장애 치료기구에서 섹스용품으로의 이런 변화는 서구 사회에서 쾌락을 바라보는 방식의 변화를 나타낸다. 이제는 의료적인 문제에서 소비자 선택의 문제가 된 것이다.

고대 중국에서는 일부 모험정신을 가진 사람들이 여성의 몸 안에서 리듬에 맞춰 움직이고 쾌락을 불러일으키는, 특정한 크기와 재질 그리고 무게를 지닌 음도구陰道球(여성의 자위행위에 사용되는 공 모양의 기구—옮긴이)를 발명했다. 이런 것들은 오늘날 원격조종 섹스달걀 같은 형태로 개량되었다. 이것은 섹스용 기계류 중에서 상응하는 유사한 유기체가 없는 최초 사례이다. 대부분의 섹스용품들은 생체공학적이다. 즉, 성적 반응이 가능한 자연발생기관들에 기초해 있다는 뜻이다. 최근 들어서는 합성수지 주조기술의 발전에 힘입어 인공적이지만 실물과 똑같아 보이는 질, 음경 그리고 포르노 스타들을 본 딴 신체기관들이 확산되고 있다. 그중에는 '밀크 메이드' 같은 실물 크기의 인형도 포함되는데, 이것은 '깊게 빨아주는' 두 개의 진동 구멍뿐만 아니라 분비물을 분출하는 두 개의 젖가슴까지 갖추고 있다. 93.95달러밖에 하지 않는 '미스 퍼펙션Ms. Perfection'이라는 기구도 있는데, 미스 퍼펙션은 질이 회전운동을 하는 '실제 여성의 완벽한 복제물'이다. 알려진 바대로 미스 퍼펙션은 단지 질과 항문뿐이다. 이것이 누군가가 생각한 완벽한 여성형이거나 실제 여성의 형상일 수도 있겠다고 생각해보면 무시무시하다.

섹스용품들은 부부의 성생활을 돕는 보조기구일 수도 있고, 외로움을 달래주는 것일 수도 있고, chapter 7에서 논의한 발기보조기구가 될 수도 있다. 하지만 가장 큰 용도는 성적 교제만을 원하는, 상호 합의한 인간들 사이에서 유용한 인터페이스가 되는 것이다. 신체적인 젠더와 심리적인 젠더 간의 조화를 추구하는 사람들에게는 더 철저한 개입이 가능하다. 바로 성전환수술이다.

성전환

/

텍사스 오스틴대학교의 앨러퀘어 로잔 '샌디' 스톤Allucquere Rosanne 'Sandy' Stone 교수가 학술발표회에서 음핵을 손바닥으로 옮기는 일의 함의를 설명한다. 잘생기고 활동적인 성전환자인 사이보그 학자가 완고한 교수들과 비교적 전향적인 대학원생들을 다양한 농담과 통찰(악수는 어떤 의미가 될까? 등)로 부추겨, 자기가 손바닥을 비벼 극적인 오르가슴에 이를 때 장단 맞춰 지지의 찬가를 부르게 만드는 장면을 지켜본다는 것이 얼마나 놀라운 일인지 상상해보라. 스톤의 (수많은) 요점들 중 하나는 성적 측면이든 다른 어떤 측면이든 청중들이 성전환수술 같은 사이보그로의 변환이 우리의 미래에 부여하는 현실적인 의미와 직면하게 하는 것이다. 이런 그녀의 주장은 바로 본인이 남성에서 여성으로 성전환을 한 사람이라는 점에서 훨씬 설득력이 있다.

그녀는 주로 가상인격과 성전환수술로 가능해진 주체성 확립 간의 관계에 초점을 맞춘다. 그녀는 성전환수술이 그렇듯 사이버 공간도 젠더의 정체성을 조작할 수 있게 해주며, 그 둘이 결합하여 서구 문화의 핵심 전제 즉, 생물학은 운명이며 이 운명은 남자 아니면 여자라는 이원적 성격을 띤다는 가정을 공격한다고 주장한다.

생물학적 실재들에 대한 세심한 주목은 이미 이런 이원적 세계관을 심각하게 훼손했다. 성적 범주에 대한 탁월한 분석가인 앤 파우스토-스털링Anne Fausto-Sterling은 오래전부터 세상에는 최소한 다섯 개의 성이 있다고 주장해왔다. 남성, 여성 그리고 세 가지 유형의 양성체들인 헤름herm(자웅동체), 메름merm(위僞 남성), 페름ferm(위僞 여성)이 추가된다. 그녀는 이조차 다소 임의적이며 "성은 이 다섯 범주들의 제약을 무력화하는 광범위하고 무한히 펴고 늘릴 수 있는 연속체"라고 인정한다. 이들 생물학적인 배열들 중 어느 하나를 사람들에게 적용할 때, 또 그 사람들이 동성애나 양성애나 이성애적인 욕망 중 하나를 갖고 있을 것이고, 여기서 다시 그런 생물학적인 배열들이 젠더와 생물학적 조건이 일치하지 않는 사람들에게도 적용될 수 있으리라 생각해보라. 글쎄, 단순한 산수를 통해 우리는 5×3×2, 즉 30가지 유형이 있다는 결론에 도달하게 된다. 하지만 이런 범주 자체를 좋아하지 않는 독신주의자들처럼, 이런 식의 분류에 맞출 수 없는 상황이 분명 존재한다. 그 다음은 사이보그 과학이다. 이것은 젠더를 바꾸거나 심지어 아예 새로운 젠더들을 창조할 준비가 되어 있다.

다양한 요인들이 젠더와 섹스의 불변성이라는 우리 문화의 믿음에 도전했으며, 그 요인들에는 기저귀를 갈아주고 감수성이 풍부한 신新남성들이 후원하고 선동한 여성주의자들의 성역할 거부, 사람들이 자신의 성별을 선택할 수 있는 사이버 공간의 확대, 자신의 욕망 때문에 위협받는 사람들이자 동시에 가장 위협적인 존재들이기도 한 동성애자들의 권리운동, 성전환운동 그리고 간성자들의 반란 등이 포함된다.

간성자들은 양성애자들로서 아리송한 생식기를 갖고 있거나, 염색체나 호르몬에 이상이 있는 채 태어난 사람들이다. 혹은 그 두 가지에 모두 해당할 수도 있다. 이것이 도대체 얼마나 흔한 현상인지에 대한 추정치는 일반적으로 4퍼센트에서 시작하며, 그보다 더 많은 수치가 주장되기도 한다. 이 범주는 부정확하다. 의사들은 음경이 너무 작은 남아들(0.06센티미터)과 음핵이 너무 큰 여아들, 혹은 그 외의 혼동되는 생식기를 갖고 있는 아기들에게 성 지정 수술을 시행한다. 하지만 일반적으로 여아가 임신능력이 있어 보이면, 그 아이는 그대로 남겨둔다. 적합한 수술 대상으로 판단된 아이의 부모는 그런 수술을 가능하면 빨리 받으라는 압박을 받는다. 명목상으로는 '그 아이를 위해서'이지만, 사회적인 혼란이 그에 못지않게 중요한 요인이다.

젠더는 사회적으로 구성되는 것이기 때문에, 아이가 의사들이 선택한 젠더를 받아들이도록 사회화할 수 있다는 이론에 의료기관들은 큰 무게를 두었다. 하지만 쌍둥이로 태어난 한 아기가 포경수술 후유증에 따른 감염으로 성기를 절단한 유명한 사례를 생각해보라. 상해를 입지 않은 다른 쌍둥이 아기는 소년으로 길러졌다. 성기가 절단된 쌍둥이 아기는 성전환수술(남아 있는 남성 생식기의 부분들을 제거하고 질을 만들어주는)의 대상이 되었고, 여성 호르몬 치료를 받아 소녀로 길러졌다. 효과가 있어 보였다. 하지만 그 누구도 그 어린 '소녀'를 검진해보려고 하지 않았다. 그러다가 밀턴 다이아몬드Milton Diamond 박사와 키스 시그몬슨Keith Sigmondson이 성인이 된 '그녀'를 추적했다. 그녀는 늘 자신을 소년이라고 느꼈고, 자라면서 자신의 의료기록을 요구했고, 호르몬 치료를 통한 성전환을 원했으며, 여성과 결혼했고, 계부가 되었다는 사실이 밝혀졌다. 날카로운 칼로 어떤 이의 젠더를 강제로 주입하는 일은 이제 그만 행해져야 한다. 이런 폭로는 원래 '간성'으로 태어났음에도 이런저런 젠더 중 하나를 배정받게 되었다는 사실을 알게 된 아이들, 간성 아이들의 부모들 그리고 이런 성 지정에 저항하는 부모들이 점점 더 항의의 수위를 높여가던 와중에 이루어졌다.

1996년 북미간성협회Intersex Society of North America는 자신들을 "고집 있는 양성애자들"이라고 선언하면서, 미국소아전문의협회American Academy of Pediatrics 회의장에서 강요된 성 지정에 반대하는 시위를 주도했다. 그들은 일부 의료 전문가들, 젠더를 연구하는 수많은 학자들, 많은 여성주의자들, 특히 자신들의 의료적 운명과 자기인식을 통제할 수 있는 권리를 중심으로 조직된 트랜스젠더 활동가 집단 사이에서 즉각적인 동맹군을 발견했다.

성전환자들, 양성애자들, 여성주의의 이상들을 실현하고자 하는 걸음마 단계의 레즈비언들, 독신주의자들, 트랜스젠더 활동가들 등과 충분한 시간을 보내보면, 이원적인 관계에서 벗어나 생각하는 것이 가능해진다. 어떤 이의 배우자를 '반대 성'을 가진 사람이라고 단정지어서는 안 된다. 친구들에게 '독신 남자들'과의 만남을 주선하려 해서도 안 된다. 그들이 원하는 것이 바로 그것인지 알기 전까지는 말이다. 젠더와 정치학의 수행 양상은 너무 복잡하기 때문에 사람들의 성적 지향을 추측하려고 해서도 안 된다(혹시 맞추기 게임 같은 것을 하는 경우가 아니라면).

앤 발사모Anne Balsamo는 《젠더화된 몸의 기술Technologies of the Gendered Body》에서 잠재적인 젠더의 확산은 현실적으로 남성과 여성이라는 구식 이분법과 이것이 지지하는 가부장체계를 오히려 강화한다고 주장한다.

하드웨어, 소프트웨어 그리고 웨트웨어wetware(인간의 뇌를 가리키는 말 — 옮긴이)에서 소수의 해방이란 다수의 희생으로 이루어지는 것이 분명하다. 이런 기술적인 단계들은 실제로 매우 보수적이다.

하지만 순수하게 반동적이거나 해방적인 기술이란 거의 없다. 기술을 만들어내는 인간과 사이보그들이 순수하지 않은 만큼 기술 역시 순수하지 않기 때문이다. 다른 말로 하면, 기술은 전혀 순수하지 않다. 발사모의 견해는 불안정하며 일면적이다. 어떤 경우나 어떤 시기에서 사이보그 기술은 젠더, 계급 그리고 인종적 위계질서를 보존하는 가운데 사회적 관계들을 구현한다. 하지만 이에 못지않게 종종 그 반대의 일도 벌어지며, 이것은 샌디 스톤의 작업과 삶이 증명하는 바와 같다. 팻 캘리피아Pat Califia 역시 《성의 변화: 트랜스젠더주의의 정치학Sex Changes: The Politics of Transgenderism》에서 발사모의 주장을 반박하는 논리적이고 광범위한 주장을 펼친다. 그녀는 성전환이 상당히 정치적이며, 그 이유는 해방을 성취한 '억압된' 집단이 아니라 자신들의 성 정체성을 새로운 방식으로 생각할 수 있는 해방적인 잠재력을 발견한 개인들에서 찾아야 한다고 주장한다. 기술은 정신의 인공장구이다. 성전환수술의 가능성은 사람들이 자신의 젠더 정체성을 다시 생각하게 만드는 정신성적psychosexual 도구로만 기여할 뿐, 실제로 많은 사람이 수술을 요구하는 것은 아니다.

이제 단지 시작일 뿐이다. 일단 남성에서 여성으로의 변화가 일상화되고 나면, 사람들은 거리낌 없이 왔다 갔다 하게 될 것이다. 존 발리는 자신의 소설과 단편들, 그중에서도 《스틸 비치》와 〈선택지들Options〉에서 손쉽게 성전환수술을 하는 것이 가능한 미래를 탐험했다. 〈선택지들〉은 적극적인 이유와 소극적인 이유 모두 때문에 각자의 성을 바꾸면서 젠더의 소외, 만족 그리고 복잡성을 경험하는 두 연인을 추적한다. 이것은 끔찍하기는커녕 상당히 매혹적이다. 이런 이야기가 이상해 보인다면, 이색적으로 다가올 미래의 섹스와 한번 비교해보라.

미래의 섹스

/

오랜 세월 동안 인간은 우리가 보유하고 있는 몸에 적합한 가치들을 집단적으로 형성해왔다. 수많은 문화들마다 의례와 규칙들이 광범위한 다양성을 드러내지만, 그들이 만들어낸 몸들은 동일했고, 그들이 구축한 젠더들 역시 매우 유사했다. 오늘날은 몸이 사이보그적으로 만들어지기 때문에 젠더의 구축은 더욱 문화적이다. 미래에는 창조하며 살고 싶은 욕망과 죽음과 불임의 공포가 많은 상이한 젠더를 만들어내고 충동질할 가능성이 있다.

공학과 발명의 가치를 다른 무엇보다 높게 평가한다면, 그 이유는 그것이야말로 진정한 생식활동으로 보이기 때문이다. 죽음이 그렇게 두렵다면, 그 이유는 신념이 죽었기 때문이다. 전쟁이 불가피한 것으로 여겨진다면, 그것은 남성성이 여전히 전쟁을 중심으로 규정되기 때문이다. 젠더의 생산에서 성 재할당과 혁신으로 초점이 바뀌면서 자체적인 인공장구의 이중 논리, 즉 '공포와 흥분의 논리'를 지닌 새로운 변종의 미국식 몸 복합체로 이어졌다. 물론 남자들 사이에서는 조금 더 세속적인 감정들이 지배하겠지만, 특히 공포와 흥분이 수많은 성적인 경험을 설명한다. 하지만 만일 인공장구가 우리를 미래로 점점 더 빠르게 몰아간다면, 실제로 몸의 경계가 희미해질 것이며 새로운 몸들에서 새로운 젠더, 새로운 성이 만들어질 것이다.

어떻게 그럴 수 있을까? 신체의 해부학적 구조가 그렇게 쉽게 다뤄질까? 물론 그렇다. 토머스 라커Thomas Laqueur가 독창적 역사서인

《섹스의 역사Making Sex》에서 지적한 대로, 해부학적 구조는 운명이 아니다. 그것은 이중성의 아포리아이다. 그는 연구를 통해 "남성과 여성 혹은 남성 혹은 여성이라는 안정적이고 고정된 성적 동종 이형성의 근본적인 부정합성"을 발견했다. 서구 역사의 상당 기간 동안 오로지 하나의 성, 즉 남성만이 존재했으며, 여성은 단지 그 성의 변종일 뿐이었다. 남성과 여성이라는 양성의 상위규칙과 '생식기들이 성적 대립의 표시로서 중요하다'라는 생각이 서구 의학 천년의 전통 안에 삽입된 것은 불과 엊그제 일이다.

라커는 상이한 시기마다 다양한 성적 부호화가 강화되어왔음을 보여준다. 하나의 성을 갖는 '위계의 생물학', 두 개의 성을 갖는 '통약 불가능성의 생물학' 혹은 일부 여성주의 논증에서와 같이 '일반적으로 유의미한 성적인 차이란 존재하지 않는다'는, 즉 섹스란 없다는 주장 등이 그렇다. 오늘날 사이보그들의 성애학erotics은 수많은 성적 특성과 성의 현실적인 생체공학적 구축을 약속한다. 성전환 수술, 복잡하고 기계적인 성 보조기구들, 가상현실적인 텔레딜도닉스teledildonics의 마법에 힘입어 이제 성 정체성은 과거 어느 때보다도 융통성을 띠게 되었다. 해부학적인 구조가 수정될 때 젠더 역시 그렇게 되는데, 그 이유는 리사 무어와 모니카 클락Monica Clark이 지적한 것처럼 '해부학은 곧 인식론'이기 때문이다. 사이보그 인식론은 '정립, 반정립, 종합, 인공장구'로 구성된다. 젠더 이원론은 사이보그 해부학에 의해 타도된다. 단성 모형과 양성 모형은 남성성을 통해서 규정된 것이다. 무성無性과 다성多性 모형들은 둘 다 믿을 수 없는 감정의 전위 및 쾌락의 가능성과 더불어 성애적인 몸을 둘러싼 새로운 일군의 권력관계를 주장한다. 사이보그 몸의 부흥과 더불어 몸의 유의미성은 다시 한 번 공공연한 논쟁거리가 되었다.

인류학자인 애나 칭Anna Tsing은 1998년 미국인류학회에서 〈책임감 있는 페티시들responsible fetishes〉에 대한 요청을 제기했다. 우리는 열정의 노예가 될 수는 있지만, 이것이 곧 그런 열정을 정직과 관용 그리고 익살과 겸손의 정신으로 책임감 있게 추구해야 할 필요가 없다는 의미는 아니다. 마크 데리Mark Dery는 〈스타트렉〉의 보그족을 동성애 종족으로 재창조 혹은 폭로하려는 언더그라운드 팬 운동에 대한 글을 쓰면서 책임감 있는 페티시즘의 훌륭한 사이보그적 사례를 제공한다. 그들은 슬래쉬 보그slash borg(slash는 〈스타트렉〉의 여성 팬들이 쓰고 언더그라운드 팬클럽 잡지가 출판하는 기괴한 성애문학의 형식을 가리키는 속어이다—옮긴이)이며 그들의 슬로건은 '저항은 풍요다!'이다. 그들의 모토인 '무한한 조합을 통한 무한한 다양성'은 당연히 성들의 전쟁 대신 관용적이고 유동적인 젠더를 요청하는 것일 수 있다. 남자들은 화성에서, 여자들은 금성에서 왔을 수도 있지만, 생각할 수 있는 우주의 나머지 공간들이 존재한다. 사이보그들은 다른 모든 행성에서 온다. 기호나 페티시가 무엇이건 상관없이, 우리는 감내할 수 있는 미래를 갖기 위해 책임감 있게 행동해야 한다.

만일 현재의 기술과학이 지금의 사이보그적인 행로를 계속 유지한다면, 우리가 앞으로 따라가게 될 많은 경로들을 편안하게 예측할 수 있다. 저술가와 과학자들의 꿈 그리고 관료들과 행정가들의 계획을 통해서 판단해보건대, 우리는 현대전이란 전쟁터에서 단련된 '강철 남성들'의 환상을 충족시켜줄 전쟁과 우주 사이보그들의 등장을 예측할 수 있다. 또한 의학이 개선되고 발전된 사이보그 남성과 여성을 선물로 하사할 것이라고도 예측할 수 있다. 그 안에는 더욱 남자다운 남성과 슈퍼맘 여성뿐만 아니라 양성 간에 훨씬 수월해진 신체적 전환들(되돌아가는 것까지도 가능한)도 포함될 것이다. 마지막으로, 사이보그주의는 상이한 유형의 포스트휴먼들로 넘어가는 다리가 되어줄 것이다. 포스트휴먼들 중 일부는 남성의 몸을 가질 것이고, 또 일부는 분명히 여성일 것이며, 또 다른 일부는 자웅동체 양성일 것이고, 전혀 젠더를 갖지 않는 또 다른 부류의 사람들도 있을 것이다. 그리고 여기에 덧붙여 또 다른 새로운 성들이 생겨날 것이다.

성적 이형성二形性을 누린 생명체들에게는 엄청난 진화의 이점이 있어왔다. 이것은 진화론적으로 새롭고 유용한 조합들을 아주 많이 양산하기 때문이다. 인간은 참여적 진화에 흥미를 갖고 있으므로, 더 이상 남성과 여성의 몸이 필요하지 않다고 말하는 사람들도 있다. 이런 오만한 소리를 경계해야 한다. 대부분의 인간들은 자신의 미래를 계획하지도, 예측하지도, 통제하지도 못한다. 이 행성의 지배적 종의 진화론적인 궤적은 말할 것도 없다. 온갖 문제들에도 불구하고, 남성과 여성의 몸은 생식과 재창조를 위한 핵심적 역할로 인간의 현장에 남을 것이며, 새로운 모든 성들도 마찬가지이다. 남성과 여성이 단지 하나의 부호화일 수는 있으나, 이것이 우리의 쾌락과 미래를 일정 정도 구성한다. 우리가 여기에 무언가를 보탤 수는 있으나, 아직 때가

오기도 전에 그것을 폐기하게 내버려두어서는 안 된다.

미래의 섹스에 대한 믿을 수 없는 기술도취적 환상들은 아서 크로커와 마릴루이즈 크로커가 에이즈라는 기호 하에서 확산시킨 소위 '냉소적인 섹스' 혹은 '공포의 섹스'와 대조된다. 크로커 부부가 도취와 냉소처럼 상충하는 감정들을 전달하는 한 가지 방법은 현란하고 뛰어난 수사학적 신호들을 이용하는 것이다. 한 번 읽고 해독이 잘 안 된다고 걱정하지 마라. 복잡한 우리 현실과 충분한 관련성을 가지려면 그래야만 하는 법이다.

> **결과는 냉소적인 섹스의 생산, 즉 몸이 오로지 그 자신의 부정만을 약속하는 허무주의 문화의 완벽한 기호로서의 탈축적과 상실 그리고 희생이라는 이념의 현장으로서의 섹스 그 자체의 생산인 것이다. 이 문화에서는 성과 욕망 간의 예전 반사적인 관계를 세상의 종말을 위한 궁극적인 탈육체 경험으로서의 기관 없는 성관계**(프랑스의 미니텔 시스템Minitel System의 컴퓨터화된 폰섹스가 약속하는 과도현실hyperreal적이고, 대리적이고, 텔레마틱한 섹스)**라는 유혹적인 전망을 통해 단숨에 날려버린다. 그리고 여기서는 몰락한 몸의 표면들이 빚어내는 공포가 정반대의 것, 즉 우리 해방의 역설적인 징후로서 파국적인 황홀경과 분비물 없는 섹스를 환영하는 것으로 즉각 환언된다.**

하지만 이것은 실제로 '우리 해방의 역설적인 징후'라기보다 역설적인 해방의 징후이다. 미래의 섹스는 틀림없이 파국의 공포와 체액 없는 성관계를 포함하겠지만, 오히려 그것이 더 많은 것을 제공할 수도 있다.

사이보그의 환상이란 과연 무엇인가? 다중도착polymorphous perversity?

몸 무시하기? 많은 사람들에게 그것은 단지 잃어버렸던 것을 복구하는 것에 불과하다. 1998년에 불었던 비아그라 열풍이 "무도회를 시작하라 하세요." 그리고 "예전처럼 자연스럽게 응할 수 있어요." 같은 슬로건과 함께 모습을 드러냈던 것처럼 말이다.

이것은 실제로 작가 로버트 안톤 윌슨Robert A. Wilson이 꿈꾼 마릴린 먼로와의 가상 성관계나 영화 〈론머 맨〉에서 아주 노골적으로 묘사된 최후의 사이버 합체들보다 더 설득력 있게 들린다. 하지만 모든 것은 각자 취향이다. 마침내 '퍼지무FuzzyMoo'라고 불리는 가상공간까지 존재하는데, 이곳에서는 모든 아바타들이 꼭 껴안고 싶은 귀엽고 작은 동물들로, 저마다 이를테면, 햄스터를 갈망하는 여우들처럼 성적인 페티시들을 갖고 있다. 현재가 혼란스럽다면, 미래는 더욱더 그럴 것이다.

생명무한확장론의 지도자인 나타샤 비타 모어Natasha Vita More는 이 점에 대해 이렇게 생각한다.

> **오늘날 사회에는 양성애자들, 성전환자들, 동성애자들, 무성애자들 그리고 이성애자들이 존재한다. 곧 성거부자들**negasexual**, 자가성애자들**solosexual**, 테크노성애자들**technosexual**, 후성애자들**postsexual**, 다중성애자들**multisexual**, 가상현실성애자들**VRsexyak**, 혹은 20세기의 향수를 간직한 그저 평범한 구닥다리 성애자들도 존재하게 될 것이다. 우리는 무지개 색깔만큼이나 많은 젠더들 혹은 꽃의 무늬만큼이나 많은 생식기를 갖게 될 가능성이 있다.**

모어는 성이 점차 철폐될 것이라고 신중하게 말한다. 하지만 음경은 퇴화되지 않을 수도 있다고 결론을 내린다. 적어도 다음 몇십 년간은 그렇다는 것이다. 프로이트의 '다중도착'은 유년기의 성보다는 어른의 미래에 더 잘 작용될 것 같다.

성 선택권의 확산에 맞서 금욕주의적인 반동이 있게 될 것이다. 일부 사람들에게는 성적인 쾌락만큼 무서운 것도 없다. 가장 열성적으로 동성애를 혐오하는 자들이 자신의 동성애적 욕망을 억압하고 있다는 것을 보여주는 연구들이 좋은 예이다. 과학자들이 이런 사람들의 음경에 작은 발기 측정장비들을 부착한 뒤, 벌거벗은 남자들의 사진 앞에서 그것이 저절로 고집스레 솟아오르는 모습을 관찰할 때, 그들이 어떤 생각을 할지 상상해보라. 만약 이러한 약간의 자기인식도 사람들에게 영향을 미칠 수가 있는 것이라면, 사이보그적인 섹스의 약속과 불안정화에 맞서는 반동은 매우 극단적인 방향으로 나아갈 수도 있다. 결국 빌헬름 라이히Wilhelm Reich를 비롯한 몇몇 사람들은 억압된 성적 에너지가 파시즘의 동력이라고 주장했다. 분노하고 불만에 가득찬 이들이 사이보그적인 노동의 불공평성 같은 문제에서 다른 배출구를 찾게 되길 희망해보자. 바로 다음 장의 주제이다.

chapter 12

테일러화된 삶들

반 지능적 기계의 시대를 사는 마이크로 노예들과 슈퍼 영웅들

나는 도덕성이라는 것이 조금 혼란스럽다.

빌 게이츠

외로운 독수리들 혹은 앉아 있는 오리들

/

산업자본주의의 부흥은 노동자들을 단지 또 다른 하나의 생산요소로 전환시킨 최초의 과학적인 시도들을 증언했다. 이에 대한 인상적인 은유들 중 하나는 기술사가인 안손 라빈바흐Anson Rabinbach의 책 제목이기도 한 '인간 모터human motor'라는 표현이다. 그는 게으름을 반대하는 초기 기독교의 호소에서부터 징벌적인 통제를 거쳐 내면의 규율에 대한 오늘날의 강조에 이르기까지 노동자의 몸을 통제해온 역사를 추적한다.

결과적으로 영적인 권위나 직접적인 통제와 감시가 지배하는 노동자의 이상은 자신의 내적 기제가 인도하는 몸의 이미지, 즉 인간 '모터'의 이미지에 굴복했다.

산업혁명이 시작되었을 때, 농사라는 주기적인 노동 패턴에 익숙해져 있던 전직 농노들과 자작농들은 산업주의의 가차 없는 생산방식에 저항했고, 고용주들은 그런 태도를 도덕적 파산으로 여겼다. 하지만 의사들과 공학자들은 그것을 '피로'라고 재개념화하면서, 더 높은 생산성을 이끌어낼 수 있는 '처치들'에 주목하였다. 라빈바흐는 이런 식으로 문제를 '발명'하게 만든 근원적인 힘이 바로 '19세기 후반 중산층의 백일몽', 즉 '피로 없는 육신'이었음을 보여준다.

1800년대 중반부터 유럽과 북미의 지성인들은 노동, 구체적으로는 노동하는 몸을 과학적으로 분석하기 시작했다. 프랑스 내과의사 에티엔 쥘 마레Etienne-Jules Marey는 수력학과 시간-동작 사진촬영술뿐만 아니라 의료적인 측정에도 관심을 기울였다. 그는 최초로 '생명을 다룬' 공학자 중 한 명이었다. 이들 공학자들은 르네 데카르트René Descartes(몸-기계 동등성 은유의 가장 유명한 주창자)와 1748년에 《인간기계론L'Homme machine》을 집필한 라 메트리La Mettrie의 주장을 실현하고자 노력했다. 그들의 주장은 우리가 마레의 책 제목처럼 단지 '동물적인 기계'라는 것이다.

마레의 연구나 《인간적인 기계La Machine humaine》에서 수감자들의 식단을 분석하기도 했던 폴 베르Paul Bert 같은 의사들의 연구는 낡은 데카르트적 은유에 무게를 실어주었다. 유럽에서는 '노동의 과학'을 연구하는 광범위한 움직임이 활발했는데, 그 안에서 상이한 흐름들은 노동자들에 대한 감독을 강화해야 한다고 주장하기도 하고, 혹은 마르크스주의의 영향 아래 노동자들에게 더 큰 힘을 부여해야 한다고 주장하기도 했다. 무정부주의자들과 기독사회주의자들 같은 또 다른 좌파 노선들은 인간-기계라는 은유 자체를 거부했다.

마르크스주의 과학자이든 자본주의 과학자이든 다음 단계는 '인간-기계'의 노동을 '과학경영'의 초점에 맞춰 분석한 것이었다. 이런 단순화는 미국의 효율성 전문가 프레더릭 테일러Frederick Taylor와 그를 추종하는 수많은 사도들의 위대한 공헌 덕분이었다.

생기 있고 낭만적이며 개인주의적인 관점에 근거를 둔 유럽적이고 테일러적인 노동합리화의 형식들에 대한 저항은 마르크스주의의 과학적인 공언들을 등에 업은 좌파들에게 산산조각이 났다. 볼셰비키가 권력을 쥐자 레닌이 테일러주의를 열광적으로 받아들인 사실은 우연이 아니다. 하지만 노동의 개념화를 둘러싼 갈등의 결정적인 요인은 전쟁이었다. 마레의 연구로 돌아가보면, 프로이센이 프랑스에게 패한 것이 해결해야 할 주된 문젯거리였다. 테일러주의에 대한 미국의 강력한 노동 저항은 미국의 제1차 세계대전 참전 및 경제의 군국화와 더불어 가볍게 일축되었다.

산업주의의 역사는 근대적인 전쟁의 부흥과 완성이라는 측면과 분리될 수 없다. 산업화된 파괴는 산업생산을 필요로 한다. 규모의 경제에서 이득을 보는 산업들에게 관리와 경영을 맡은 관료조직의 발전이 거대한 상비군과 해군 전력 못지않게 중요하다. 교환가능한 부품들의 활용부터 조립 라인의 완성에 이르기까지 군사적인 사고와 물적 재화에 대한 갈증은 미국식 생산체계라고 불리는 것을 창조한 배후의 힘이었다.

'인간 모터'라는 발상의 승리 이후에는 몰락이 찾아왔다. 노동자들은 기계처럼 움직이지 않았으며, 제1차 세계대전이 종전에 이를 무렵 병사들이 기계처럼 정확하게 죽이거나 죽기는커녕 폭동을 일으켰을 때 이미 그런 결과를 예견했어야 했다. 그래서 노동을 기계화하려는, 아니 최소한 합리화해보려는 의도를 지닌 은유와 프로그램들은 수정될 수밖에 없었다. 일부는 '기계의 박자를 피의 리듬과 조화를 이루도록' 시도한 정신기술주의psychotechnicism라고 불리는 독일식 접근 방식처럼 파시스트적인 단호한 입장을 취했다. 다른 산업주의자들은 노동자들을 기계들로 완전히 대체하는 꿈을 꾸기 시작했다.

체코의 카페크 형제가 체코와 폴란드의 어휘 중에 '연한계약노동자'들을 가리키는 '로보트니크robotnik(폴란드어로 노동자, 공원 등을 의미함—옮긴이)'라는 단어에서 '로봇robot'이라는 용어를 만들어낸 것도 바로 이 시기였다. 로섬Rossum 박사가 '유니버설 로봇'을 발명해서 대성공을 거둔다는 이야기를 펼쳐낸 카렐 차페크Karel Capek의 희곡 〈R. U. R〉은 1920년대 세계를 휩쓸었다. 이 희곡의 성공은 노동자를 생산기계로 만들려는 산업주의의 오랜 시도를 대중이 어떻게 이해하고 있는지 보여준다. 세월이 흐르면서 생산공정과 통합체계는 변했지만, 기본적인 욕망은 결코 흔들린 적이 없다.

오늘날의 산업은 기술적이고 경제적인 인터페이스의 개선에 따른 컴퓨터화를 통해 노동자와 그들의 노동을 매끄럽게 통합하려고 시도한다. 기술적인 인터페이스들이 지속적인 혁신을 이루고 있지만, 자본주의가 노동자들과 형성한 포스트모던의 새로운 정치-경제학적 인터페이스가 그중에서도 가장 혁신적인 새로운 관계이다.

이것은 흔히 새로 묘사되곤 하는 계약직 노동자들의 확산으로 이어졌다. 그중 소수는 로키산맥에 사는 외로운 독수리들로서, 자신들이 선택한 계약 발주자들과 원격으로 소통한다. 나머지 다수는 '앉아 있는 오리sitting duck(공격하기 쉬운 대상을 가리키는 관용구—옮긴이)로서, 아무런 혜택도 없는 저임금 일자리라도 얻으려고 다툼을 벌인다. 새로운 최후고용-최초해고의 무리들인 것이다.

사람들은 돈을 벌기 위해 일자리에 의존하는 경향이 있는데, 회사들은 상당히 정신분열적인 조치들을 통해 통제와 생산성 모두를 극대화할 수가 있다. 노동자들은 품질관리서클quality circle(품질 분임조, 생산 품질의 관리 및 향상을 위해 의견을 나누는 소그룹—옮긴이) 같은 제도의 운영이 실제로 더 높은 효율성을 가져오기 때문에 이런 체제를 통해 자신들의 노동에 더 많은 통제를 받지만, 정작 노동자들 자신의 생활은 상대적으로 덜 통제된다. 노동자들의 생활에 개입하는 것은 마약검사, 심리프로파일링 그리고 컴퓨터와 휴대전화 모니터링 정도이다. 하지만 대기업들은 추가적인 스톡옵션(이것 때문에 초과근무도 독실한 신념으로 자원하게 한다), 현장에서 바로 치러지는 스포츠와 레크리에이션(괜히 회사 밖에 나갔다가 곤경에 빠지는 일은 없다—옮긴이), 무료로 제공하는 재무와 결혼에 대한 상담(문제 있는 노동자들을 거느린 관리자들의 경각심을 일깨워주는 초기 경고) 그리고 회사가 후원하는 교육(그만두기만 해봐라, 졸업증은 없다) 등과 같은 수단을 통해 '앉아 있는 오리들'과 반대 지점에 있는 사람들인 정규직 노동자들을 회사에 완벽하게 의존하도록 만든다. 하지만 이 모든 것을 정리해보면, 이것은 숨 막히는 회사 문화이며, 이런 문화에서 유일하게 찾아볼 수 있는 자립성의 흔적은 연재만화 〈딜버트Dilbert〉(평범한 30대 엔지니어 딜버트를 주인공으로 미국에서 샐러리맨의 일상을 풍자하며 선풍적 인기를 끌었던 신문 연재만화—옮긴이)뿐이다. 팬옵티콘의 시선 속에 있는 품질관리서클은 살찐 계약노예의 삶이자, 레이지보이Lazboy 사의 최신형 안락의자를 갖고 있는 로보트니크들, 컴퓨터산업의 암호로 이야기하자면, 기술노예microserf의 삶이다.

사회공학자들에 맞선 기술노예들의 반란

/

우리는 산업용 스프레드시트, 페인트 프로그램 그리고 워드프로세스 설비를 설계한다. 그리고 이것은 하나의 종種으로서 우리의 현재 위치를 말해준다. 인간의 정체성을 탐색하는 것이 아니라 다음에 출시될 아주 강력한 애플리케이션을 탐색한다는 것은 무엇을 의미할까?

danielu@microsoft.com 《기술노예》 중에서

지식경제에서 '공장들'은 정확히 얼마나 많이 바뀌었나? 기계화 이후 일터를 합리화하려는 그다음 시도가 바로 자동화이다. 산업계 지도자들은 자동화가 노조의 힘을 약화시켜주길 바랐고, 군사 이론가들은 공산주의자들의 생산력을 앞지르기 위해 그것이 필요하다고 생각했다. 이들은 또한 노동자들의 일을 단순작업화하고 그들의 힘을 박탈한다는 생각을 좋아했다. 노동자들은 모두 잠재적인 공산주의자들이었다. 하지만 복잡한 기계들은 똑똑한 노동자를 필요로 한다. 1950년대 공군이 보유한 수치제어식 금속공작 기계들의 경우에서 보듯이, 자동화는 정보처리능력의 결여로 초기부터 한계에 도달했다. 그래서 실제로 생산은 증가한 반면, 자동화는 완성되지 않았고, 노동자들은 상당한 힘을 그대로 가질 수 있었다.

만병통치약으로 불리던 자동화는 컴퓨터화에 밀려난 상태이다. 종이 없는 사무실의 신화는 컴퓨터 인쇄물더미에 묻혀버렸지만, 컴퓨터화는 노동을 믿을 수 없을 정도로 변모시켰다. 이로써 프롤레타리아가 없어지지는 않았지만, 지식 노동자 부류가 부상하고, 정보자원을 효과적으로 파악할 줄 아는 회사들은 그들을 '인포메이트'하는 데 활용했다. '인포메이팅informating(자동화에 상응하는 용어로 '정보화' 정도로 번역할 수 있음—옮긴이)'은 노동문제를 연구하는 뛰어난 사회학자 쇼샤나 주보프Shoshana Zuboff의 신조어로, 컴퓨터화를 통해 회사 자료의 모든 측면을 지렛대 삼을 수 있게 하는 것을 의미한다. 주보프는 품질관리 개선, 노동효율 극대화 그리고 시장에 대한 더 나은 이해를 강조한다. 인포메이팅은 또한 노동자들의 생산성을 분석하고 그들의 시간과 생산공정과의 통합을 세세하게 관리할 수 있는 훌륭한 기회를 제공하기도 한다. 이런 식의 통합을 지칭하는 이름은 많다. 이를테면 미국에서는 회사문화의 의식적인 창조라고도 부른다. 휴렛패커드의 'HP way'가 좋은 예이다. 사이보그화를 더욱 공개적으로 추구하는 일본에서는 '사회공학'과 '인간공학'을 이야기하면서, 포스트모던적 협력의 목표인 노동자와 산업 시스템의 근본적인 통합을 드러낸다.

학계보다는 주로 산업계가 다른 생명체들을 사이보그로 개조하는 일에 앞장서왔다. 관管을 탐색하는 바퀴벌레, 유전자 연구용 생쥐, 파밍Pharming용 복제 양, 혹은 기계에 밀착되어 있는 노동자들도 그에 해당한다. 그래도 아직은 사이보그 연구의 대부분 영역에서 정부가 산업계보다 앞서 있으며, 이런 현황을 주도한 것은 군사기술의 지속적인 혁명과 '기술적 기습technological surprise(신기술이나 신무기를 이용해 상대방에게 불의의 공격을 가하는 상황을 가리킴—옮긴이)'의 공포이다. 경제경쟁을 '다른 수단을 통한 전쟁'으로 간주하는 정부가 비즈니스 차원의 사이보그적 혁신을 지원하고 있으며, 눈에 보이지 않는 무자비한 경쟁의 채찍이 회사들을 한층 더 몰아붙이는 상황이다.

마이크로소프트 사는 경제 경쟁을 진짜 전쟁처럼 수행한다. 시장점유율을 높이고 경쟁자들을 제거하거나 흡수하기 위해 모든 강압적인 힘을 자기들 뜻대로 총동원한다. 이 회사는 한때 최상급이었던 자사 제품들의 품질이 하락했음에도 더욱 효율적으로 이런 일들을 해내면서, 단기적으로는 좋은 것보다 큰 것이 더 낫다는 사실을 입증했다. 최근 들어서 빌 게이츠의 오만방자함과 어리석음, 더욱 거칠어진 마이크로소프트의 사업상 관행에 정부가 제동을 걸어야 한다는 경쟁사들의 압력이 가해졌다. 하지만 이 회사는 여전히 컴퓨터 소프트웨어를 지배하고 있다. 마이크로소프트는 지난 천 년의 IBM 그 이상의 가치를 보여준다. 그리고 더글러스 커플랜드Douglas Coupland가 컴퓨터 일기체로 쓴 소설《기술노예들Microserfs》이 입증한 바와 같이 이미 시대정신의 일부가 되었다.

소설의 주인공은 마이크로소프트에서 일하고 있지만 이곳을 증오한다. 내가 아는 대부분의 사람들도 그렇다. 그래서 그와 친구들은 전형적인 한량 같은 삶에 대한 환상을 꿈꾸며 실리콘밸리로 떠나 신생 회사를 세우고 부자가 된다. 이 책은 마이크로소프트에 관한 구체적인 내용들과 컴퓨터산업 일반에 관한 통찰들로 가득 차 있다. 하지만 특히 더 놀라운 것은 이 이야기가 보여준 직관적인 현실 파악들이 사이보그화와 연결되는 방식이었다.

초반에 주인공은 기계가 되고 싶은 자신의 욕망이 담긴 꿈을 거듭 반복하여 묘사한다. 가벼운 일사병에 걸려 병원에 입원한 그는 혈병blood clot과 전부터 앓아왔던 마비증상의 원인들을 검사하던 중 문득 자신이 방사성 동위원소를 주사하고, 단층 X선 투시장치 안에 집어넣어진 문자 그대로 '몸-기계 시스템'이라는 것을 알게 된다. 그는 "그러니까 이게 바로 기계가 된다는 느낌이로군"이라고 말한다. 그는 죽음을 두려워하는 대신 호기심이 생겼다. 아마도 기계들은 죽음 같은 것이 없기 때문이다. 마침내 그는 결론을 내린다. "짧은 몇 분간이나마 인간이 아니었던 것이 기쁘게 느껴졌다." 기계가 된다면 얼마나 멋질까, 언뜻 봐선 전형적인 바보의 환상 같다. 하지만 결국 주인공은 단지 기계가 아니라 성감대와 온갖 멋진 특징들을 지닌, 살아 있는 시스템인 자신의 진짜 몸에 더 많은 주의를 기울여야겠다고 결심한다.

사이보그의 두 번째 출현은 이 소설의 끝에 나온다. 주인공의 어머니가 뇌출혈을 일으켜 혼수상태에 빠진 것이 알려진다. 하지만 한 프로그래머의 도움으로 그녀는 컴퓨터에 접속할 수 있었고, 그녀에게 아직 의식이 있다는 것이 밝혀진다. 이야기는 소설 속 모든 사람이 울면서 그동안 억눌러왔던 감정들을 체험하는 감상적인 결말로 끝맺는다.

> **칼라가 참지 못하고 울기 시작했고, 그러자 나도 울기 시작했다. 아빠도 그리고 그다음에는 젠장, 모두가 울었다. 그리고 이 모든 것의 중심에는 엄마가 있었다. 엄마는 매킨토시의 파란 불빛을 발산하는 부분 여자이자 부분 기계였다.**

그리하여 아들은 자기 몸과 기계류의 동일시를 거부함으로써 자신의 인간성을 찾고, 엄마는 부분 기계인 사이보그가 됨으로써 자신의 인간성을 찾는다. 사이보그화가 새로운 지식 노동자들에게 《기술 노예들》이 제안하는 간단한 답변을 제공하진 않지만, 그것을 무시할 수는 없다.

사이보그화를 제외한 새로운 노동자들의 또 다른 결정적인 양상은 새로운 소프트웨어, 끝이 없는 업그레이드 그리고 이전에는 없던 분야와 과학 전체를 계속 공부해야 한다는 사실이다. 늘 흡수해서 써먹어야 할 컴퓨터 처리정보가 넘치고 있으며, 이에 뒤처지지 않기 위한 평생학습의 필요성을 해소하려면 컴퓨터에 의존하는 새로운 유형의 교육이 요구된다. 이것은 우리의 무지를 해결하기 위한 인공장구적인 방법인 셈이다.

인간-기계 학습 시스템들

/

컴퓨터가 매개하는 교육이 중요한 정치적 쟁점이 되었다. 사이보그들 자체가 그렇듯, 이것을 단순히 선 또는 악으로 치부할 수는 없다. 원격학습은 매우 효과적일 수도 있고, 혹은 그냥 장난이 될 수도 있다. 컴퓨터 프로그램들은 어떤 중요한 것을 가르칠 수도 있지만, 너무 지루해서 하품이 나오게 만들 수도 있다.

최근 들어 컴퓨터 원격학습 프로그램의 수가 폭증하고 있다. 학생들은 아무런 의심 없이 이런 프로그램들을 통해 열심히 공부하고 아주 많은 것을 배운다. 물론 끝까지 공부한 학생들이 그렇다는 뜻이다. 왜냐하면 아주 많은 것을 혼자 공부하려면 상당한 자기수양을 요하기 때문이다. 설령 원격으로라도 학생을 내내 다그치는 열성적인 담당교수가 있다 할지라도 사정은 별반 다르지 않다. 놀랄 일도 아니지만, 원격교육에 적합한 사람은 나이가 많은 학생들이다. 그들은 학교에게 바라는 것이 무엇인지 정확히 알고, 일, 자녀 그리고 기타 여가생활 등과 학업을 병행할 수 있는 여지를 만들기 위해 자신의 생활을 어떻게 조직해야 하는지 알고 있다. 젊은이들은 학교 말고는 따로 신경 쓸 일이 없는데도 그리 잘 해내지 못한다. 결정적인 요인은 선생들이 얼마나 훌륭한가, 그리고 학생들과 얼마나 자주 소통하느냐 하는 것이다. 기술이 이런 측면에 도움을 줄 수 있지만, 기술이 직접 가르치는 일을 하는 것은 아니다. 오로지 사람만이 가르치는 일을 할 수 있다.

그럼에도 현행 교육에는 언뜻 보기에도 말이 안 되는 과도한 기술 편중주의가 존재한다. 더 면밀히 분석을 해보면, 역사적으로 보나 오늘날 벌어지고 있는 일들을 통해서 보나, 그 뿌리에는 정치적 관점이 존재한다는 사실이 드러난다. 역사적으로 군대는 효율적인 훈련과 세뇌의 필요성 때문에 첨단기술 교육을 재촉했다. 이와 동일한 욕망이 정치적인 동기에서 유발된 보수주의자들과 사업가들의 추진력에 힘을 불어넣는다. 이들은 시민양성을 추구하는 교육을 훼손하고 대신, 유용한 노동자들을 배출하는 이윤추구의 사업으로 교육을 탈바꿈시킨다.

더글라스 노블Douglas Noble은 군사적 우선성이라는 교육의 역사적 뿌리에 대해 폭넓게 글을 썼다. 교수법 관련 기술은 군대에서 나온 것이며, 여기에는 오버헤드 프로젝터overhaed projector, 어학실, 교재 영상, TV, 교수기계teaching machine(학습자가 각자 속도대로 학습하고 곧바로 피드백 받을 수 있게 고안된 자동학습장치—옮긴이) 등 기타 온갖 종류의 컴퓨터용 교육 시스템들도 포함된다. 하지만 이런 기술들을 떠받치는 이론들 또한 군대에서 나온 것이다. 포스트모던 전쟁의 역설을 해결하고자 하는 절박한 시도 속에서, 군대는 더 똑똑한 무기들을 개발해야 했고, 그다음에는 그 똑똑한 무기들을 조작할 수 있는 더욱 더 똑똑한 병사들을 길러내야 했다. 자율시스템을 구축하려는 시도들이 실패하자, 군대는 '인간-기계 시스템 내에서 인간 지능의 증폭'을 시도했다. 이것이 바로 인지과학의 목표인 것이다.

노블이 인용한 한 인지과학자는 자신의 작업을 "컴퓨터이든 인간이든 간에 흥미로운 정보처리장치를 설계하려는 관행"이라고 말한다. 목표는 사이보그이다. 사이보그 병사들만이 아니라 사이보그 학생들도 함께이다. 인간-컴퓨터 공생이라는 생각은 조지프 릭라이더Joseph Licklider의 〈인간-컴퓨터 공생Man-Computer Symbiosis〉이란 유명한 논문에서 제일 처음 기술적으로 활용되었다. 오늘날 컴퓨터 교육의 선두주자인 릭라이더는 실은 미국 국방성의 '고등연구계획청 내 정보처리기술 사무국Advanced Project Agency's Information Processing Technique Office'의 전직 국장이었다.

새로운 최첨단 교육의 주창자들 대부분이 '비판적 사고'와 '학생의 추론능력 향상'에 대해 입에 발린 소리를 하지만, 그런 프로그램들은 실은 자동화된 명령, 문제들의 명확한 정의 그리고 양적인 측정을 강조한다. 아래와 같은 이야기가 놀랍게 들리는가?

> **지능에 대한 새로운 평가가 인간의 지적 잠재력을 찬양하고 있는 것처럼 보이는 바로 그 순간에 사실 그것은 인간의 지적 잠재력 고갈을 대변한다. 그 이유는 군대와 산업의 복잡한 정보체계 구성요소들로서 요구되는 학습과 사유의 인지적 과정들이란 오로지 마음속에 필요성을 갖고 있을 때에만 함양되기 때문이다. 새로운 '상위 차원'의 교육이란 인간의 창의성을 심도 있게 평가해서 나온 것이 아니라, 단지 기계적 학습과 인공지능에 관한 컴퓨터 모형들에서 파생된 인지적 절차들의 훈련일 뿐이다.**

정계와 산업계의 많은 보수주의자들은 원격교육을 하나의 컴퓨터로 여러 마리 새들을 죽일 수 있는 기회로 여긴다.

비평가들이 '가상대학Virtual Vniversity'이라고도 부르는 서부 주지사대학교WGU가 이에 해당하는 좋은 사례이다. 하나의 가상에 가까운 기관이 이윤도 남기고, 진보적인 대학교들을 약화시키고, 숙련된 노동자들도 양산하길 희망한다. 1995년 미국 서부 지역 주지사들 대부분이 주지사대학교를 설립했다. 1996년에 개설하기로 되어 있었으나, 1998년에야 문을 열었다. 주지사대학교는 주지사들의 단합된 정치적 힘을 이용해 미국의 고등교육에서 여러 가지 근본 개혁을 이끌어내려는 의식적인 노력이다. 이런 목적을 위해 주지사대학교는 자체 교육과정을 제공하는 대신 승인받은 수많은 단과·종합 대학들, 전문자격증 이수학교 그리고 직업훈련 프로그램들 등에 포함되어 있던 기존의 원격교육 강좌들을 묶어서 교육과정으로 제공한다. 주지사들은 학점이나 강의 이수 시간 같은 전통적인 성취 규준들이 테스트나 기타 형식적인 평가방법들로 대체되면서 교육과 훈련의 구분도 옅어지기를 희망했다.

전통적인 강단의 교수들과 그 학생들이 이 대학교의 가장 강력한 반대자가 되었다. 유타대학교 학보 〈데일리 유타 크로니클Daily Utah Chronicle〉의 사설에서, 크리스틴 리들백Kristen Riedelback은 이렇게 적었다.

> **가상대학은 정말 말도 안 되는 이야기이다. 가상대학의 진짜 목적은 주립대학들의 정원을 줄여 주정부가 새 건물과 교실을 건설하는 데 드는 재원을 지원할 필요가 없게 하려는 것이다.**

조세 억제가 가상대학의 한 가지 주요한 동기라는 점에서 리들백의 말은 분명히 옳다. 하지만 그녀로서는 설마 주지사들과 그들의 동맹군인 기업체들이 실제로 그럴 리가 있겠는가 생각했는지 몰라도, 사실 그들의 진정한 목표는 기술을 지렛대 삼아 고등교육을 근본적으로 분해하는 것이다. 그들은 교육을 산업화의 시장주도적 구성요소와 기술주도적 구성요소로 재구성해 비즈니스와 국가적 수요에 기여하도록 만들고 싶어 한다. 그리고 학생들을 시민이 아니라 노동자와 소비자를 생산하는 인간-기계 시스템으로 통합하고 싶어 한다.

하지만 노동자 사이보그화의 모든 경우가 상부 주도적이지는 않다. 매우 똑똑한 어떤 노동자들은 스스로 자기-사이보그화를 의도한다. 바로 프로 운동선수들이다.

프로 운동선수들을 보그화하기

/

약물을 복용하지 않고 금메달을 딸 수 있는 운동선수들도 있지만, 그 수는 매우 적다. 특별히 천부적인 재능을 타고 났다면, 한 번은 이길 수도 있다. 하지만 내 경험상 약물 없이 계속 승리할 수는 없다. 그야말로 경기장은 약물 사용자들로 가득 차 있다.

미첼 카르스텐Michel Karsten, 스포츠 의학자

더욱더 상위권의 운동선수들을 평범한 노동자처럼 대우해야 한다.

알렉산드르 디 메로드Alexandre de Merode, 국제올림픽위원회 의료분과 위원장, 벨기에 왕자

아이들은 슈퍼 영웅들의 액션 인형을 아주 좋아하며, 수백 종의 이런 인형들이 팔리고 있다. 그중 소수는 조로 같은 전통적 인간 영웅들이다. 하지만 대다수의 액션 인형들은 실제로 사이보그들이다. 명백한 유전적 변종들인 닌자 거북이나 X맨뿐만 아니라, 머리가 뿅 하고 튀어 나가는 가제트 형사같이 재미있는 친구들, 혹은 〈인디펜던스 데이Independence Day〉의 에일리언 등이 그렇다. 이 인형은 동작인식 장치를 갖추고 있어서 우리 개가 지나갈 때마다 매번 자신의 우주복을 열어젖히고 개를 향해 으르렁거린다(저런, 우리 개도 이 녀석을 무척 싫어한다). 대부분의 장난감 병사들 역시 이식장구들이나 복잡한 컴퓨터 장치들로 보그화되어 있다(이것은 진짜 군대에서 진행되고 있는 일을 정확히 반영한 것일 뿐이다). 한편, 스포츠 영웅의 액션 인형은 충분히 정상적으로 보이지만, 모든 팬들은 이미 실제 스포츠 스타들 중에서 신체능력 증강 약물로 개조된 선수의 비율이 굉장히 높다는 사실을 안다.

이것은 프로 운동선수 사이보그화의 일부일 뿐이다. 인공신장 개발자인 윌렘 콜프는 인공장기들을 이식한 운동선수들이 부당한 경쟁적 우위 때문에 시합 출전이 금지될 것이라고 예측한 적이 있다. 아직은 인공장기들이 그렇게 많이 발전하지 않았지만, 언젠가는 인공장구를 사용하는 선수들이 많이 참가하는 장애인 올림픽 대회의 성적이 일반 올림픽의 성적을 추월할 것이다. 1992년 리틀리그의 포수가 홈으로 쇄도하는 주자들을 막는 데 합성수지 다리의 이점을 활용했다("아프지가 않아요!"). 오리건 주에 사는 한 젊은이는 합성수지 발을 착용했음에도 보디빌딩 대회에 성공적으로 출전했다. 1998년에

49세의 한 등반가가 의족을 달고 에베레스트산을 등정했다. 이미 골프공을 가장 멀리 날린 기록은 달에서 스윙을 한 앨런 셰퍼드Alan Shepard라는 우주인 사이보그의 것이다. 언젠가는 콜프 박사의 예측이 이보다 덜 신비로운 기록들에도 적용될 것이다.

하지만 현재로서는 스포츠 세계에서 논란이 되는 개조 방식들은 한층 미묘하다. 이런 개조들이란 최첨단 훈련 시스템, 최고 수준의 장비 그리고 상위권 성적을 내는 전 세계 수많은 선수들의 혈관을 타고 흐르고 있는 추적 불가능한 약물들과 관련된 것이다. 최상위권 선수들이 훈련을 할 때, 컴퓨터가 그 과정을 영상에 담아 분석한다. 선수의 몸무게와 신체치수를 측정하고, 모든 신진대사기능을 디지털화하고, 신체능력을 극대화하는 다양한 음식과 보충제와 훈련상황들로 그 기능을 조작한다. 선수들이 사용하는 장비, 신발, 장대높이뛰기용 장대, 봅슬레이, 자전거 등은 첨단 과학장비와 가장 효과적인 금속 및 합성수지를 가지고 만든다. 이런 것들은 흔히 군사적으로 응용하기 위해서 개발된 것들이다. 이것은 기이한 형태로 반전된 테일러주의이다. 왜냐하면 이런 기계들은 인간을 완벽하게 만들기 위해 사용되는 것이며, 운동선수가 곧 제품이기 때문이다.

올림픽 사이클 종목을 생각해보라. 1984년 올림픽에 앞서 미국 선수단 경주용 자전거의 공기역학을 개선하기 위해 과학자와 공학자로 구성된 연구팀이 만들어졌다. 오늘날에는 누구나 사용하는 견고한 디스크 형태의 바퀴가 달린 유선형의 '우스꽝스러운' 자전거와 눈물방울 모양의 선수용 안전모가 바로 이때 도입되었다. 그리고 미국은 아홉 개의 메달을 땄다. 1988년과 1992년 올림픽에서 형편없는 성적을 거두자 미국 사이클 팀은 '프로젝트 96'을 꺼내들었다. 그리고 사이클 경주의 모든 측면에서 동급의 기술과학 전문가들을 끌어들이고자 노력했다. "우리는 기술을 고찰할 뿐만 아니라(자전거, 바퀴 그리고 구성부품들)…… 선수들도 고찰하고, 훈련과 대회준비 그리고 운동선수들의 심리를 장비 못지않게 열심히 조정합니다." 이 팀은 안전모, 자전거, 경기복장, 훈련 패턴 그리고 선수들이 섭취하는 음식과 음료까지도 개량했다. '프로젝트 96'의 연구자가 이렇게 말했다. "우리가 더 이상 선수들에게만 의존할 수는 없습니다. 메달을 따기 위해서는 기술, 훈련 그리고 선수를 뒷받침할 일군의 사람들이 필요합니다."

1928년 올림픽을 다룬 영화 〈불의 전차〉를 본 사람이라면 이것이 새삼스런 이야기가 아니라는 사실을 알 것이다. 모든 스포츠에서 선수들을 감독하고 훈련시키는 일은 최소한 1백 년 전부터 계속 개선되어왔으며, 이런 정교함을 바탕으로 성과 측정의 지속적인 개선이 이루어졌다. 하지만 한편으로 운동선수의 의지와 타고난 능력 그리고 다른 한편으로 코치, 기술, 식단 보강 등으로 이루어진 선수 지원 시스템, 이 둘 사이의 균형은 이제 후자 쪽으로 결정적으로 기울어지는 것 같다. 이제 훌륭한 선수 혼자서는 경기를 이길 수 없다. 반드시 하부 토대가 갖춰져야만 한다.

스포츠에서 가장 중요하고, 가장 논쟁이 되는 개량이 선수 당사자들에게 직접 가해진다. 세계적 수준의 선수들이 느끼는 1등과 금메

달에 대한 허기가 아마도 불법도핑의 단 하나의 가장 큰 요인일 것이다. 마이클 뱀버거Michael Bamberger와 던 예거Don Yaeger가 〈스포츠 일러스트레이티드Sports Illustrated〉 지에 투고한 기사는, 1995년 약 2백 명의 미국 국가대표급 운동선수들을 대상으로 능력 증강 물질 사용에 대해 조사한 충격적인 설문결과를 인용했다. 승리를 보장하는 동시에 결코 검출되지는 않는 물질이 있다면 사용할 것인지 묻자 95퍼센트 이상이 그렇다고 답했다. 약물복용 후 5년 이내에 죽을 수 있다는 단서를 질문에 달았을 때에도, 50퍼센트 이상은 여전히 그 치명적이고 불법적이고 검출되지 않는 물질을 사용할 것이라고 말했다.

국제올림픽위원회IOC, International Olympic Committee에 따르면, 도핑은 '운동 성적을 향상시킬 목적으로 비정상적인 분량을 섭취하는 모든 생리학적 물질의 불공정하고 비윤리적인 사용'으로 정의된다. 하지만 이 정의에는 여러 가지 문제가 있다. 첫째, 인간의 성장호르몬인 테스토스테론, 에리트로포에틴(적혈구 생성을 촉진하는 호르몬), 안드로스텐다이온(테스토스테론을 만드는 호르몬) 그리고 크레아틴 모노하이드레이트는 모두 체내에 있는 평범한 물질들이기 때문에 검출해낸다는 것이 무의미하다. 둘째, 운동에 빠져 있던 고등학교 시절 나는 온갖 종류의 물질들을 믿을 수 없을 만큼 비정상적으로 섭취했었다. 주로 돼지고기, 아이스크림, 파스타를 말이다. 어째서 이런 섭취가 불공정하고 비윤리적인 것인가?

운동선수들이 근육량을 늘리기 위해 1992년부터 사용한 크레아틴은 운동선수들이 고기를 간절히 바라는 이유 중 하나이다. 이 물질은 생선과 붉은 고기에서 검출되는 아미노산으로 사람들은 보통 하루에 2그램가량을 태운다. 추가로 주입하면 어떤 사람들은 깜짝 놀랄 만큼의 근육 확대를 경험할 수 있지만, 어떤 사람들은 아무런 효과도 보지 못한다. 이것은 천연물질로 의사의 처방 없이도 판매가 가능하기 때문에, 장기적인 부정적 효과들은 알려져 있지 않다. 전 세계 체육관의 코치들과 운동선수들이 이 물질을 찬양하거나, 혹은 그것의 감춰진 위험성을 경고한다.

일부 운동선수들은 호르몬 생성을 활발히 하기 위해 심지어 태아의 조직을 주입하거나 이식한다. 소위 '베이비 파워baby power'라고 불리는 이 작태는 태아조직의 특별한 성질들에 의존한다. 태아조직은 테스토스테론 생성 세포들로 분화될 수 있지만, 면역반응을 유발하지 않는다. 스포츠 평론가인 제라드 손Gerard Thorne과 필 엠블턴Phil Embleton은 "수백만 달러의 연봉을 주무르고 있을 때는, 도덕 따위는 쓸모가 없다"고 말한다.

또 다른 문제는 약물검출 기술이 약물사용 기술보다 늘 뒤쳐진다는 것이다. 천연물질의 섭취 말고도, 운동선수들은 검출되지 않는 약물들이나, 검출될 수 있는 불법약물들을 감춰주는 다른 약물들을 이용할 수 있다. 지속적인 검출 노력에도 불구하고, 운동선수 본인의 천연 스테로이드와 완벽히 일치하는 스테로이드를 생성해주는 것과 같은 최첨단 기술은 똑똑한 운동선수는 절대로 걸리는 법이 없다는 점을 보장한다. 한 전문가는 "운동선수들은 걸어 다니는 실험실입니다. 그리고 올림픽은 화학자들에게는 검증의 장이 됩니다"라고 말했다. 네덜란드의 운동선수 약물검사센터장인 에밀 브리지만Emil Vrijman은 검사에 걸리려면 운동선수가 믿을 수 없을 정도로 칠칠치 못하거나, 믿을 수 없을 정도로 멍청하거나, 혹은 그 둘 다여야 한다고 말했다.

1998년 여름, 홍행 면에서 세계 정상급 스포츠 이벤트 중 하나인 '투르 드 프랑스'에서 불법 약물 사용이 발각되는 사태가 벌어졌다. 상위권에 이름을 올린 페스티나 사이클팀의 일원이 전체 팀원이 사용하고도 남을 분량의 에리트로포이에틴을 소지한 채 프랑스 국경에서 체포된 것이다. 선수들은 자격을 박탈당했고, 감독과 의사도 체포되었다. 스캔들 때문에 눈총을 받게 된 데 화가 난 남은 선수들의 연이은 농성에도 불구하고, 수사는 계속되었다. 다섯 명의 선수들이 에리트로포이에틴의 사용을 인정했고, 또 다른 상위권 팀인 EVO도 약물투약 의혹을 받았다.

같은 기간 여러 명의 상위권 육상선수들이 무작위 약물검사에 걸려 자격정지를 받았다. 그중에는 1996년 올림픽 포환던지기 금메달리스트인 랜디 반스Randy Barnes도 포함되어 있었다. 1996년 올림픽에서 세 개의 금메달을 딴 아일랜드 수영선수 미셸 스미스Michelle Smith는 4년간 경기출전이 금지되었다. 왜냐하면 그녀가 제출한 소변 샘플이 치명적인 농도의 알코올에 오염된 바람에 무용지물이 되었기 때문이었다. 어쩌면 피의자는 위스키였을지도 모른다.

이런 자격정지는 1980년대 이래 꾸준히 이어져온 유사 사례들 중 일부에 불과하다. 다만 새로운 것은 후안 안토니오 사마란치Juan

Antonio Samaranch IOC 위원장이 다음과 같은 제안을 했다는 점이다. “일부 능력 향상 약물들은 금지 물질 목록에서 해제되어야 한다.” 그는 더 나아가 선수들에게 해를 끼치지 않는 한 특정 약물은 합법화해야 한다고 말하기에 이르렀다. 다음 날 IOC 전체가 그를 호되게 비난했고, 그는 자신의 발언을 철회했다. IOC는 그때 이후로 모든 올림픽 선수들을 대상으로 하는 상설적인 약물검사 협력단의 설립운동에 나섰다.

한 달 뒤, 언론은 마크 맥과이어Mark McGwire가 미국 프로야구 홈런 신기록을 수립하는 동안 정기적으로 안드로스텐다이온을 복용했다는 사실을 폭로했다. 맥과이어는 이렇게 주장했다. “내가 한 모든 일은 자연스런 것입니다. 모든 사람이 같은 약물을 사용합니다. 이것은 합법적입니다.” 그의 말이 옳다. 이 약물은 야구, 하키, 농구 선수들에게서도 발견할 수 있고, 지방의 건강식품점에서도 찾을 수 있다. 맥과이어의 약물복용 사실이 대중에 알려진 이후 몇 주 동안 그 약물의 판매가 3백 퍼센트 이상 치솟았다. 한 회사의 CEO는 “연간 5백만 달러짜리 산업이었다가 아마 연간 1억 달러는 족히 되는 사업이 된 셈입니다”라고 말했다. 이후 맥과이어는 이 약물의 복용을 중단했다. 이 약물을 생산하는 ‘멧알엑스MET-RX 엔지니어드 뉴트리션’ 사의 창업주이자 대표인 스코트 코널리Scott Connelley 박사는 소비자가 안드로스텐다이온을 테스토스테론으로 유익하게 변환시켰기 때문에 스포츠에서 허용해야 한다고 주장했다. 반면 프로팀 담당의사협회Association of Professional Team Physicians는 그 물질을 약국 진열대에서 내리고 운동선수들의 사용도 금지할 것을 요청했다.

상급 스포츠 단체들은 무엇을 금지해야 하느냐에 대한 의견 일치를 보지 못한 상태이다. IOC가 가장 엄격한 기준을 갖고 있다. 미국프로농구협회NBA, National Basketball Association는 코카인과 헤로인만 금지하며, 다른 불법적인 다수의 능력 증강 약물들은 건드리지 않는다. 북미하키리그NHL, National Hockey League와 미국 프로야구MLB, Major League Baseball는 오로지 불법약물들만 금지하며, 그밖의 다른 단체들은 이 중간의 어디쯤에 위치한다.

운동경기 중의 약물 사용이라는 쟁점이 의약품 전쟁이라는 더 큰 맥락과 별개일 수는 없다. 만일 위험한 약물의 복용이 우리의 스포츠 영웅들에게 아무런 문제가 되지 않는다면, 약간의 우월함을 필요로 하는 일반 시민들이라고 해서 무엇이 문제가 된단 말인가? 반反약물 히스테리, 우월한 성과의 유혹 그리고 생화학의 지속적 발전이라는 이 세 요소 사이에서, 1998년의 스캔들에도 불구하고 이 쟁점은 고차원의 위선적인 관용이 파기되기 전까지는 막다른 골목에 부딪힌 채로 남아 있게 될 것이다. 새로운 약물들이 약물복용을 금지할 수 있는 속도보다 더 빠르게 발전하는 한편, 과거에 금지 조치된 물질들을 둘러싼 논쟁들은 계속된다.

생명윤리학자인 노먼 포스트Norman Fost 박사는 1983년 〈뉴욕타임스〉에 스테로이드 합법화를 주장하는 글을 기고했다.

스테로이드가 실력에 '부자연스러운' 도움을 제공한다는 반대 의견은 정리되지

않은 주장이다. 운동선수들이 사용하고 추구하는 많은 수단과 목적들은 자연스럽지 않다. 노틸러스 머신nautilus machine(근수축을 이용한 운동을 효과적으로 할 수 있게 도와주는 웨이트 트레이닝 기구 — 옮긴이)**부터 게토레이에 이르기까지, 운동선수들의 생활은 실력을 극대화하는 것을 목적으로 하는 각종 약물과 도구들로 가득 차 있다.**

하지만 만일 모든 약물 사용이 합법화된다면, 스포츠 시합에는 어떤 일이 벌어지게 될까? 승리는 단지 최고의 약물과 최고로 사이보그화된 운동선수에게 주어지는 걸까? 아마도 스포츠는 연령대 별로 시합을 하는 지금처럼, 장애인에서 정상인을 거쳐 상당히 사이보그화된 사람들에 이르는 전 범위에 걸쳐서 수준에 맞는 부류들끼리의 경쟁으로 분리될 것이다. 어쩌면 스포츠 경기에 대한 우리의 관심과 사랑이 평균적인 참가자에게 더 집중되고, 오늘날의 프로세계를 지배하는 유전적으로 유별나고 심하게 개량된 선수들은 시간이 지날수록 덜 관심을 받게 될지도 모른다.

대중 참여 스포츠에서 형질 전환은 엘리트 운동선수들을 사이보그로 만드는 것보다 더 큰 정치적 파생효과들을 낳는다. 일반적인 영양 상태부터 스키 바인딩까지, 그리고 여기에서 무릎수술로 이어지는 모든 차원에서의 개선은 첨단기술 사회에서 더 많은 사람들이 스포츠를 즐길 수 있을 뿐만 아니라, 노년에도 스포츠를 즐길 수 있게 된다는 것을 의미한다. 고등학생 운동선수들과 주말의 전사들은 흔히 능력 증강 보충제와 약물을 복용한다. 그리고 단백동화스테로이드anabolic steroid와 성장호르몬hGH, human Growth Hormone이 고등학생들 사이에서 유행이다. 1992년의 설문조사에서 고등학교 1학년 학생들의 5퍼센트가 성장호르몬을 사용한다는 사실을 밝혀냈다. 많은 전문가들은 성장호르몬의 사용이 직접적으로 암을 유발할 수 있으며, 미래에 끔찍한 유행성 질병을 일으킬 잠재력이 있다고 믿는다.

운동선수들에 대한 불법판매는 오히려 제한적인 시장이며, 제약회사들은 성장호르몬을 새로운 질병의 치료제로 강력하게 판촉하기 시작했다. 이 새로운 질병은 바로 작은 키이다. 이들은 해당 성별과 연령 집단에서 신장이 하위 3퍼센트 이내에 있는 모든 어린이를 치료가 필요한 상태로 진단해야 한다고 떠들었다. 하위 3퍼센트는 언제나 존재할 수밖에 없으며, 그것은 곧 '질병에 걸린' 인구도 언제나 존재할 수밖에 없음을 의미한다. 시카고대학교의 윤리학자인 존 란토스John Lantos 박사는 작은 키가 질병으로 불리고 있는 점을 지적한다.

> **이유는 오로지 조작이 가능해졌기 때문이고, 또한 의사들과 보험회사들이 자기들의 행위를 합리화하기 위해 그것을 질병으로 인식해야만 했기 때문이다. 우리가 보고 있는 것은 두 가지 사실이다. 건강보조제라 불리는 약물들의 상용화와 건강해진다는 것의 의미에 대한 섬뜩한 정의이다.**

이 질병은 위조된 가짜이지만, 그 효과는 진짜이다. 많은 스포츠에서 신장은 특별한 이점일 뿐만 아니라, 일자리나 매력적인 배우자를 손에 넣는 데에도 도움이 된다. 신장차별주의는 인종주의나 성차별주의만큼 완고한 것이지만 불법은 아니다. 어쨌든 성장호르몬이 키

작은 어린이들을 더 자라게 하는 데는 별 도움이 되지 않는다. 원래 성장호르몬이 결핍된 어린이들이나 성장호르몬 주입을 통해 더 자랄 수 있다. 하지만 결국에는 약물과 유전공학의 조합이 정상인 어린이들의 키에도 영향을 미칠 것이다. 그렇게 되면 단신은 결국 치유할 수 있는 질병이 되는 것이다.

스포츠 사이보그화의 공중보건적인 측면은 범위가 넓고, 모든 함축이 부정적인 것만은 아니다. 소녀들을 포함한 여성들의 스포츠 참여가 믿을 수 없을 만큼 증가한 것도 사실이다. 이것은 불가피하게 젠더 역할의 통합으로 이어졌다. 운동에 푹 빠진 남자 청소년을 가리키는 'jock'이라는 단어는 남성적 정체성만을 표현하는 데 사용되었지만, 이제는 소녀들도 당당히 운동선수들이 되고 있다. 바디빌더인 앤 볼린Anne Bolin 같은 참여적 인류학자들은 여성 운동선수들의 폭발적인 증가추세를 연구했다. 그녀는 격렬한 스포츠에서 젠더의 경계가 불분명해진 이런 현상이, 새로운 성 정체성의 가능성을 창조하는 성전환 같은 다른 사이보그적인 기술들의 파급효과와 어떻게 중첩되는지에 주목한다. 노동에서든 유희에서든, 사이보그 기술들은 긍정적인 효과와 부정적인 효과를 모두 불러일으킨다. 어떤 일관된 이유도 없이 그런 기술들의 효용만을 써먹으려고 하거나 오로지 단기적인 이윤이나 승리를 위해서 그것들을 수용하는 태도야말로 최악의 반응이다. 우리의 사이보그적인 선택권은 우리의 품위를 저하하는 가치들이 아니라 우리가 자랑스러워하는 가치들을 강화해주어야 한다. 그러려면 우리는 우리가 상대하고 있는 힘들을 이해해야 한다.

그것이 바로 인공두뇌학 관련 과학의 최신판인 사이보그학의 임무이다. 이 용어는 정보의 철학부터 시스템 분석에까지 이르는 모든 것을 담아낸다. 시기적절하게도 바로 다음 장의 주제이다.

cyborg
citizen

Part 4

사이보그학

chapter 13

세 번째 천 년의 과학들

이제 근위축, 골밀도 저하, 골다공증 그리고 척수 부상의 다른 모든 후유증에 맞서 나는 자기 단련과 신앙에 의존해야 한다. 물론 나의 신앙은 종교가 아니라 과학에 근거한 것이지만 말이다.

크리스토퍼 리브

과학의 시선

/

과학은 우리의 종교이다. 많은 사람들은 이 신이나 저 여신에게 신앙을 고백하면서도, 아플 때나, 신앙이 다른 사람들을 죽이기 위해 무기가 필요할 때나, 자신들의 진실을 세상에 전파할 때에는 여지없이 과학에 호소한다. 이 이야기의 핵심은 과학이 탄생하고 오늘에 이르는 동안 무슨 일이 벌어졌는지가 아니다. 많은 일들이, 특히 세계와 인간의 몸을 자연적인 것으로 바라보는 시각과 기계로 바라보는 시각 사이의 긴장으로 인해 발생했다는 사실이 중요하다. 오늘날의 시각은 둘 다라는 것이다. 그리고 그것이 우리가 기계적인 도구들을 휘두르는 자연적인 몸이라기보다 그 둘을 통합한 시스템, 즉 사이보그들인 이유가 되기도 한다. 이에 대해 도나 해러웨이는 이렇게 언급했다.

20세기 후반의 과학 담론 내에서 넓게 보자면, 자연스러운 몸이란 너무도 당연히 생체공학적인 사이보그이다. 공학적으로 설계된 의사소통 장비이자, 정보 생성 및 처리 시스템이고, 자기와 비非자기를 식별하는 기술이자(전형적으로는 면역체계를 통해), 이종의 생물적 구성요소들이 유전학적 투자라는 생식의 정치학 안에 결합된 전략적 아상블라주assemblage이다.

정보처리의 은유와 정보가 과학적 지식의 핵심요소라는 생각은 많은 분야를 지배한다. 정보를 특유의 과학 분야인 인공두뇌학으로 다루려는 시도들은 실패했는데, 역설적이게도 자연계를 바라보는 결정적인 방법이 바로 정보라고 하는 그 핵심적인 발상이 나머지 모든 과학들을 모조리 식민지화해버렸기 때문이다. 하지만 정보이론 그 자체는 아직도 걸음마 단계에 머물러 있다.

인간의 인간적인 사용_ 인공두뇌학

/

인간의 것은 인간에게 돌려주고, 컴퓨터의 것은 컴퓨터에게 돌려주어라.

노버트 위너 Norbert Wiener

소크라테스, 당신같이 조타수의 역할을 하는 사람들cybernetics of men은 흔히 정치학을 불러내더군요……

〈클리토폰 Clitophon〉, 플라톤

실재는 에너지, 물질 그리고 정보라는 세 가지 근본요소들로 만들어진다고 생각할 수 있다. 어쩌다보니 우리가 물질과 에너지에 대해 엄청나게 많은 것을 알게 되었다. 아인슈타인은 에너지와 물질이 상호전환될 수 있음을 증명했다. 이것은 버섯구름의 형태로 자체의 실용적 결함을 드러냈던 발견이었다. 하지만 정보는 여전히 아주 큰 미스터리이다. 공학자들이 말하는 정보이론이란 어떤 신호가 확실하게 소통되기 위해서 얼마나 많은 가외성加外性(불확실한 상황에서 오류의 발생을 방지하고 확실한 신호 전달을 확보하는 데 필요한 잉여분 혹은 초과분의 요소들을 가리킴—옮긴이)이 필요한지를 계산하는 수학이다. 그 신호가 어떤 정보를 담고 있는지, 혹은 지식이란 무엇인지 같은 문제들이 아니다.

1950년대 컴퓨터 과학자들은 인공지능을 창조하기 위해 노력했다. 그들은 그리 어렵지 않으리라 확신했고, 확신에 찬 많은 예측들을 내놓았다. 오늘날 그들의 예측은 몰락했고, 정보를 아는 과정이 실제로 얼마나 복잡한 것인지를 보여준 것이 그나마 가장 큰 성과가 되었다.

어쨌든 지난 3천 년 동안 부분적이나마 진보가 이루어졌고, 그 시간은 대략 인간이 자기 자신을 추적해온 시간이었다. 가장 큰 걸음은 아마도 우리의 최고 발명품, 바로 언어일 것이다. 노암 촘스키가 옳다면, 언어는 우리 뇌에 배선되어 있으며, 정보를 유지하기 위해 사용하는 망이자, 정보를 다룰 때 사용하는 주된 도구이다. 논리는 정보 덩어리들이 서로 간에 맺은 형식적인 관계이다. 기이한 원형언어인 수학은 언어와 논리 그리고 많은 실재가 서로 형식적인 산술관계를 맺는 불연속적인 덩어리들로 나타난다는 사실에서 파생된 것이다.

서로 겹치는 이들 매력적인 세 가지 형태의 정보들은 모두 시간이 흐르면서 개선되었다. 하지만 우리는 또한 이것들의 한계 역시 이해하게 되었다. 언어의 애매성과 착오는 모든 화자가 잘 아는 사실이며, 우쭐해하는 철학자들 덕분에 논리의 역설은 고대 이래로 일반대중의 오락거리가 되었다. 하지만 수학이 신의 언어가 아님을 증명할 수 있었던 것은 쿠르트 괴델Kurt Gödel이 오래된 철학적 역설(만일 거짓말쟁이가 자기는 항상 거짓말만 한다고 말하면 어떻게 되는 걸까?)을 수학화한 데에서 성취되었다. 신의 언어이기는커녕 불완전하거나 아니면 적어도 하나의 역설을 포함하기에 결함이 있을 수밖에 없는 것이 바로 형식체계이다. 형식체계는 불완전하고 역설들로 가득 찬 것일 수 있다.

이것은 도약단계에 이른 인공두뇌학 분야의 핵심 통찰들 중 하나이다. 모든 형식체계에는 한도가 있다. 알론조 처치Alonzo Church와 앨런 튜링은 괴델의 불완전성 정리가 무한대의 컴퓨터들에도 적용된다는 것을 보여주었다. 그래서 일이 제대로 진행되기도 전에, 사려 깊은 기술과학자들은 컴퓨터화에는 한계가 있다는 것을 알았다. 그레고리 베이트슨Gregory Bateson은 또 다른 한계를 깨달은 수많은 인공두뇌학자들 중 한 명이었다. 즉, 어떤 체계이든 결코 그 자신을 완벽하게 이해할 수 없다는 것이다. 오로지 부분적인 이해만이 가능한데, 그 이유는 '이해는 지도이고, 지도란 땅이 아니기 때문이다the map is not the territory'. 물리학에서 나온 두 가지 통찰은 포스트모던적인 정보이론의 부정적 윤곽을 그리는 데 도움을 준다. ① 관찰자는 자신이 관찰하고 있는 체계에 영향을 미친다(그 체계의 일부가 된다). 그리고 ② 어떤 것에 대한 앎(전자의 위치를 아는 것과 같은)은 종종 다른 것에 대한 앎을 배제한다.

인공두뇌학에는 이밖에도 다른 중요한 개념들이 있는데, 노버트 위너를 매료시킨 피드백feedback이라는 개념을 우선 꼽을 수 있다. 그가 '인공두뇌학'이라는 용어를 선택한 이유는, 그것이 '조타수'를 가리키는 고대 그리스어에 기초한 것이기 때문이다. 피드백이란 조타수가 바람, 바다, 배에서 얻은 정보를 취합하고 그것을 이용해 키를 이쪽저쪽으로 돌리면서 항로를 유지하게끔 하는 것이다. 피드백은 긍정적일 수도 있고(당근) 부정적일 수도 있지만(채찍), 대부분의 복잡한 시스템에서는 둘 다 해당된다. 위너는 피드백이나 기타 시스템의 역학이 인공적인 시스템과 자연적인 시스템 모두에서 동일하다고 언급했다. 바로 이것이 사이보그를 가능하게 한다. 즉 살아 있는 것과 무생물 간의 경계를 가로지르는 의사소통을 가능하게 하는 것이다.

흔히 카오스이론이라고 잘못 이름붙이기도 하는 복잡성이론은 무질서해 보이는 많은 복잡계가 실은 그런 것이 아니라 복잡하거나 혹은 반직관적인 패턴들을 따르고 있음을 보여주었다. 어떤 시스템들은 특정 측면에서 너무나 불안정해서 아주 근소한 차이가 극단적인 변화를 불러일으킬 수 있다. 나비효과라고 알려진 이 이론은 브라질의 나비 한 마리가 몬태나의 기후를 바꿔놓을 수도 있다는 사례에서 붙여진 이름이다. 하지만 오로지 아주 독특하고 유별난 경우들에나 그렇게 작은 효과가 그렇게 큰 파급효과를 불러올 수 있다. 시스템들은 안정성을 추구하는 경향이 있기 때문이다. 브라질 나비 대부분은 브라질 지역에 전혀 영향을 미치지 않는다. 몬태나는 말할 것도 없다. 때로는 시스템의 안정성이 아주 무서운 우주의 열사heat-death 같은 엔트로피의 형태를 띨 수도 있다. 하지만 때로는 안정성이 더 고차원의 복잡성을 지니는 경우도 있다. 어떤 시스템들은 새로운 에너지나 물질의 정보가 과중될 때 스스로를 재조직하기도 하는데, 이것을 소산계疏散係, dissipative system라고 부른다. 화학자 일리야 프리고진Illya Prigogine은 그런 시스템을 수학적으로 설명해내어 노벨상을 수상했다. 프리고진의 수학은 이를테면 과포화상태의 염류 용액에 단 한 알갱이의 소금을 더하면, 커다란 염정으로 바뀌는 사례 같은 단순한 화학적 단계의 변화에 가장 잘 통한다. 하지만 그는 지능이나 생명도 소산계라고 주장했다. 그의 연구가 보여준 것은, 정보에는 우리가 지금 아는 것보다 훨씬 더 많은 무언가가 들어 있다는 것이다.

베이트슨은 프랙탈fractal에서 보듯, 눈송이나 풍경처럼 스스로를 여러 규모로 반복하는 시스템들을 연결해주는 것이 바로 "패턴들의 패턴"이라고 주장한다. 이런 패턴들이나 시스템의 규칙들은 반드시 사이보그들에도 적용된다. 베이트슨은 또한 이렇게 말했다.

> **우리는 패턴 만들기나 예측 가능성이 바로 의사소통의 본질이자 존재의 이유라고 간주할 수 있다. 의사소통이란 가외성**redundancy **혹은 패턴 만들기의 창조인 것이다.**

패턴과 의사소통 사이의 관계를 탐구한 최고의 학자 중 한 명이 영문학 교수 캐서린 헤일스이다. 그녀는 어떻게 담론 자체가 우리가 말하거나 글을 써서 수정할 수 있는 인공두뇌학적 시스템인지를 보여주었다. 그녀는 베이트슨이 제기한 또 다른 정보의 역설을 논의한다. 만일 가외성이 정보라면, 무작위성 역시 그렇게 봐야 한다(공학자들에게 '소음'으로 알려져 있는). 전자를 구舊정보, 후자를 신新정보라 할 차이는 있지만 말이다.

> **정보를 패턴과 무작위성 모두와 동일시하는 것은 강력한 역설임이 밝혀졌다. 이것은 어떤 경우들에서는 시스템에 주입된 소음이 그 시스템을 더 높은 복잡성의 차원에서 재조직하게 만들 수 있다는 깨달음을 낳는다. 이런 시스템 안에서 패턴과 무작위성은 단지 대립자가 아니라 서로를 보완하거나 보충하는 것들로 만드는 복잡한 변증법 안에 한데 묶여 있다.**

이로써 우리는 인공 시스템과 자연 시스템이 기본적으로 동일하다는 워너의 주장으로 돌아온다. 케빈 켈리Kevin Kelly는 《통제 불능》이라는 책에서 상이한 수십 개의 시스템들을 기술한다. 이 책에서 켈리는 〈와이어드〉의 지지를 받는 소박한 자유주의의 정치적 의제들과 그런 시스템들을 한데 묶는다. '통제 불능'은 미친 듯이 날뛴다는 의미가 아니라, 외부의 통제 범위 바깥에 있다는 것을 의미한다. 이런 시스템들은 자체 역학에 따라 작동할 뿐, 조종되지 않는다. 살아 있는 산호초, 새로운 경영이론, 소형기계 생명체들의 건조나 진화 등 '빠르고, 값싸고, 통제 불가능한' 모든 것의 현대적 시스템 연구를 고찰하고 나서 켈리는 소위 '신의 아홉 가지 규칙'이라고 하는 새로운 시스템의 규칙들을 다음과 같이 제시한다. ① 존재를 분배하라 ② 아래로부터 통제하라 ③ 거듭되는 반복을 장려하라 ④ 단숨에 성장하라 ⑤ 가장자리를 최대화하라 ⑥ 당신의 실수에 경의를 표하라 ⑦ 최적을 추구하지 말고, 복수의 목표를 가져라 ⑧ 지속적인 불균형을 추구하라 ⑨ 변화 그 자체를 변화시켜라.

이 목록에 불만을 제기할 수도 있다. 하지만 위의 규칙과 내가 지금 막 정신없이 훑어낸 시스템 논의에 담긴 또 다른 통찰들 안에는 중요한 무언가가 들어 있다. 이런 것들은 진정한 정보이론으로 나아가는 걸음마이며, 이들이 포스트모던적인 상투성은 물론 사이보그 역학과도 유사성을 보인다는 점은 암시적인 수준 이상의 의미를 지닌다. 정보혁명은 많은 분야의 연구에 깊은 영향을 미치고 있으며, 그 안에는 21세기의 가장 중요한 새로운 연구 분야가 될 수 있는 것도 포함된다. 바로 나노기술이다.

작은 것이 힘이다_ 나노혁명

/

살아 있는 육체는 그 가장 작은 부분들조차 무한 기계들이다.

고트프리트 라이프니츠 Gottfried Leibniz

chapter 4에서 나노기술의 군사적 함축들을 논의할 때 설명했듯이, 나노는 아주 작다는 것을 의미한다. 나노기술은 매우 작은 것에 대한 기술과학이다. 매우 작은 것에는 불과 몇 개의 분자들로만 만들어진 컴퓨터와 모터들을 하나로 통합한 극소형 기계들도 포함된다. 이런 아주 미세한 기계들이 언젠가는 우리 몸속 구석구석을 돌아다니고, 다른 행성들을 식민지화하고, 아마 스스로 복제까지 할 것이다. 나노는 중층결정된 것이다. 이 말의 의미는 나노가 존재하게 된 데는 복합적인 역사와 문화적인 원인들이 존재한다는 것이다. 같은 이야기가 사이보그에게도 적용된다. 사이보그의 경우 중층결정은 인간의 도구 사용과 기계 창조가 새로운 단계, 즉 사이보그화에 도달했다는 신호이다. 진보적인 사이보그화를 이끌어가는 동일한 힘, 즉 기술과학이 나노의 배후에 놓여 있다. 그리고 나노기술은 현재와 미래 사이보그화의 핵심적인 부분이다. 나노기술과학의 배후에 있는 한 가지 주요한 문화적 추진력은 탐구에 대한 인간의 충동이다. 이것은 훌륭한 미적 욕구일 수 있으나(작은 것이 아름답다), 성공적인 탐구란 불가피하게 다른 덜 멋진 감정으로 이어진다. 연구자들이 '작다'는 것이 하나의 장소였다는 것을 깨닫고 나자, 나노세계는 하나의 목적지가 되었다. 탐사에 뒤이어 흔히 정복이 이루어지고(권력의지), 그 다음에는 식민지화와 착취가 이어진다. 번영을 이루고 싶은, 번영보다 더한 것을 이루고 싶은 인간의 근본적인 욕망, 즉 탐욕이 이런 과정을 주도한다.

따라서 나노기술은 당대 과학, 공학 그리고 비즈니스의 작은 한 귀퉁이가 아니라 포스트모던적인 특징들, 이를테면 브리콜라주(전체 상이한 차원들마다 상이한 전략들을 갖는 상이한 유형들의 나노기술들), 속도의 중심성(많은 과정들에서 이제는 1000분의 1초, 혹은 100만 분의 1초가 중요하다), 정보 등으로 가득 찬 포스트모던 시대의 표현이다.

여러 가지 차원에서 정보가 곧 나노이다. 비트보다 더 작은 것은 무엇인가? 개념적으로 그것은 사실상 무無이다. 물리적으로, 컴퓨터 안에서 구현되는 것은 실제로 아주 작은 것이며, 광학적이고 양자적인 계산은 문자 그대로 나노계산이다.

나노기술은 부분적으로 포스트모던 시대의 두 가지 위대한 과학을 규정한다. 바로 물리학과 생물학이다. 물리학은 가능한 가장 작은 원소들과 물리적 힘을 과학과 공학의 두 측면에서 이해함으로써 힘을 얻는다. 생물학은 세포 이하 단위의 탐구, 즉 유전학과 생화학의 영향력에 힘입어 점차 커가는 힘을 얻고 있다. 나노는 실제로 포스트모던적이며, 이것은 좋은 소식과 더불어 나쁜 소식도 있다는 뜻이다. 나노의 어두운 일면에는 전쟁(chapter 4를 보라)과 범죄에 활용될 수 있는 끔찍한 파급효과들이 포함된다. 그리고 어쩌면 이보다 더 위협적일 수도 있는 것이, 정부와 기타 기관들이 범죄와 마약에 맞서 열렬한 '전쟁'을 치르면서 나노기술을 이용해 우리 사회에 남아 있는 사생활의 마지막 흔적까지 제거해버리는 과효율이 빚어낼 위험성이다.

나노기술은 언젠가 이런 결과를 낳을 수 있다.

- 여기저기에 극소형 스파이들이 난무할 것이고, 심지어 안개나 구름의 형태를 띨 수도 있다.
- 당사자가 눈치채지 못하는 사이 마약 복용이나 DNA에 대한 분석이 수행된다.
- 생체반응을 측정하는 극소형 기계들이 거짓말탐지에 사용된다.

- 경찰보다 한발 앞서서 마약, 살인 및 기타 범죄를 저지를 수 있는 방법들이 생겨난다.
- 땅, 바다 심지어 공기 속에 들어 있는 값나가는 요소들을 추출해서 환경을 해치게 되는 새로운 방식들이 도입된다.

최소한 전통적인 감시망이 가파르게 확대될 것이고, 죄수와 가석방자들은 끊임없이 모니터될 것이며, 가정은 효율적인 감옥으로 바뀔 것이고, 마음과 감정을 읽는 방법이 엄청나게 발전할 것이다. 새로운 마약들이 합법화되거나 혹은 엄청난 통제를 받을 것이다. 그리고 암살은 감지 불가능한 일이 될 것이다. 나노기술이 나노기술 자체의 생애주기로 '탈출'해 들어가는 것은 더 큰 환경의 위험을 제기한다. 왜냐하면 많은 과학자들이 번식할 수 있는 나노, 이른바 나노 사이보그를 만들겠다는 제안을 내놓았기 때문이다. 나노가 세상을 정확히 얼마나 많이 바꾸어놓을 것인지는 말할 수 없으나, 우리가 상상할 수 있는 범위를 넘어설 것이라는 예상은 충분히 가능하다.

나노기술은 인공두뇌학이나 생물공학의 은유들과 자연세계의 최소 과정들에 대한 깊고 두터운 이해에 근거한 많은 과학들 중 하나일 뿐이다. 허버트 사이먼Herbert Simon의 표현을 빌리자면, 나노기술은 "인공적인 것들의 과학"으로서, 이 말에는 그들 나름의 자기인식과 그 함축들이 담겨 있다.

인공적인 것들의 과학과 성찰적 전환

/

말해진 모든 것은 관찰자가 말한 것이다.

움베르토 마투라나 Humberto Maturana, **프란시스코 바렐라**Francisco Varela

나치주의는 응용생물학이다.

루돌프 헤스 Rudolph Hess

사이보그라는 말을 만든 연구자 중 한 명인 맨프레드 클라인스는 대단히 문화적인 인물이다. 그가 한 작업들, 이를테면 감정을 생리학으로 분석하고, 고전음악을 계산적으로 재생하고, 사이보그화의 다양한 단계들을 거친 인간들의 변형을 추측하는 등의 작업은 휴머니즘이 규정하는 계몽원리에 대한 엄청난 사랑을 대변한다. 이 모든 것들이 더욱 역설적으로 들리는 것은 그가 한 작업들이 대개 인간적인 것을 훼손하는 것들이기 때문이다.

사이보그화는 인간적인 것을 초월하고, 자연과 문화 그리고 유기적인 것과 기계적인 것의 오래된 구분들을 지워버린다. 허버트 사이먼이 이야기한 인공적인 것들의 과학도 무시되고 있다. 이제는 모든 것을 인공적인 것으로도 볼 수 있고 자연적인 것으로도 볼 수 있기 때문이다. 사이보그 연구의 작은 부분인 바이오컴퓨팅biocomputing을 고려해보라. 하이브리드 시스템의 범위는 경이롭다.

연구자들은 동물의 몸이 디지털 컴퓨터가 감당할 수 없을 정도로 매우 복잡한 생화학적 계산들을 수행한다는 점을 알게 되었고, 이런 관찰이 동물들을 일종의 계산 기계로 바꿔 생각하려는 시도들로 이어졌다. 마이클 그루버Michael Gruber는 이렇게 설명한다.

> **그들은 혈압과 심장박동수를 체크하기 위해 쥐에다가 전선을 달고 압력반사baroreflex 시스템 내의 여러 주요 위치들마다 결과를 기록하고 자극을 주는 전극들을 삽입할 것이다. 궁극적으로 그들은 그 시스템 즉 쥐를 비디오 게임처럼 갖고 놀 수 있다.**

과학자들은 또한 바이러스, 조류藻類, 뉴클레오티드 그리고 심지어는 DNA 자체에 기반을 둔 바이오컴퓨터들을 탐구하고 있는 중이다. DNA 컴퓨터DNA computer의 선도적 연구자인 레너드 애들먼Leonard Adleman은 이렇게 지적한다.

> **극단적으로 말해 세상만물이 전부 계산이라고 볼 수 있다. 우주와 그 안의 상호작용들이 나름의 독특한 계산형식을 지닌 어떤 거대한 세포 자동자cellular automaton라고 생각할 수도 있을 것이다.**

인공적인 것과 자연적인 것을 나누고 생명과 기계를 나누는 선이 이렇게 불분명했던 적은 없었다. 이것을 철학적으로 어떻게 이해할 수 있을까? 우리는 이러한 변화 자체를 고찰할 뿐만 아니라 같은 체계 안에서 이런 변화에 대처할 수 있는 접근방식이 필요하다.

과학연구(과학의 전문지식을 광범위한 사회적, 역사적, 철학적 맥락 안에 위치시키고자 하는 학제 간 연구 영역을 가리킴—옮긴이)에서 여러 학자들은 성찰성reflexivity의 문제를 제기해왔다. 완벽성을 자신의 임무라고 여기는 지식체계라면 자체의 도구와 범례들을 사용해 자기 자신을 분석할 수 있어야 한다. 예를 들어, 과학은 스스로를 과학적으로 연구할 수 있어야 한다. 하지만 사실상 이것은 매우 어려운 일이다. 과학은 특정 현상들을 효과적으로 탐구하는데, 특히 고립시킨 뒤에 양을 측정하고 실험을 반복하는 것이 가능한 현상들에 대해서는 더욱 그렇다. 그러나 많은 현상들이 이런 식의 처리에 부합하지 않으며, 바로 과학이 그중 하나이다. 과학은 엄청나게 많은 해석들, 문화적인 인습들 그리고 복잡한 논증들을 수반한다. 과학을 어떻게 실험하겠는가?

과학연구의 일부 영역들은 자체의 방법론으로 스스로를 분석할 수 있다. 보통의 과학연구는 담론분석 같은 길잡이 역할의 분석도구가 연결하는 양적 접근과 질적 접근의 조합에 의존하기 때문이다. 문화적인 시스템들은 인공물들, 행위들 그리고 모든 논증들을 표상하는 텍스트들이 갖춰진 담론으로 이해될 수 있다. 담론은 규칙, 메타규칙 그리고 담론 자체를 통해서 그 자신을 바꿀 수 있는 가능성을 포함하며, 이것은 과학연구에도 적용된다.

사이보그학이 정, 반, 합, 인공장구 그리고 반복이라는 사이보그 인식론에 기반을 둔 것이라면, 당연히 성찰적일 수 있는 잠재력도 있다. 이것은 그 은유에 처음부터 끝까지 잘 부합하는데, 사이보그의 역학에서 알아낸 것이 사이보그학 자체에도 적용될 수 있기 때문이다. 개념의 세계들이 충돌하는 지점에서 흔히 소동이 벌어진다. 그리고 과학과 과학연구(사이보그학도 그 일부분이다)의 이해관계는 대단히 정치적이고 구체적이기 때문에, 이들 사이에서 불일치로 여겨지는 것들이 분쟁을 양산했다고 해서 놀랄 이유는 없다. 이것은 이른바 과학전쟁이다.

과학전쟁은 찰스 스노우Charles Snow의 '두 문화two cultures'를 과학과 나머지 서구 문화 사이의 팽팽한 긴장관계를 통해 논의하기 위한 은유로 대체한 것이다. 이 전쟁에서 과학자들의 주된 표적이 된 것이 이 간극을 메우기 위해 가장 힘들게 노력한 바로 그 과학연구 분야의 주장들이라는 사실은 매우 역설적이다. 부분적으로 이것은 메신저를 비난한 또 다른 사례이지만, 이것이 단지 과학자들과 그들을 연구하는 학자들 간의 다툼만은 아니며, 과학과 과학연구 내의 정치적이고 인식론적인 불화들과 관련된 다른 역학 역시 영향을 미쳤다. 과학전쟁의 분노는 수학과 물리학, 성공적인 학자들과 그렇지 않은 학자들, 과감한 물리학과 보수적인 물리학, 전통적인 과학사 및 과학철학과 과학연구 그리고 마르크스주의적 시각을 가진 오래된 '신' 좌파들과 후기 마르크스주의자 혹은 더 나아가 무정부의자들인 포스트모던 좌파들 간의 긴장에서 표출된다.

앨런 소칼Alan Sokal의 논쟁은 이런 불일치들을 조망할 수 있는 렌즈 역할을 한다. 이 학술적인 소동은 소칼이 단순히 풍자로 투고한 논문을 〈소셜 텍스트Social Text〉라는 학술지가 진지한 논문으로 간주하여 게재한 데서 비롯되었다. 이 글에서 소칼은 저명한 과학연구 학자들의 포스트모던적인 수數이론과 물리학의 뉴에이지적인 칼날이 빚어낸 이론 사이에 중요한 유사점들이 존재한다고 주장한다. 이것은 실제로 물리학자들과 철학자들이 모두 주장하는 합당한 시각이지만 그 논문은 제대로 논증한 것도, 주의 깊게 써진 것도 아니었다.

과학전쟁의 숨겨진 의제는 무엇인가? 소칼의 패러디 논문은 과학연구 학자들이 아닌 수학자들과 과학자들에 대한 공격에 초점을 맞추고 있다. 논문은 캘리포니아대학교University of California, Santa Cruz의 랄프 아브라함Ralph Abraham 같은 수학자들과 제멋대로인 많은 물리학 이론가들을 골라내 풍자거리로 만든다. 평론가들은 소칼의 글이 수학과 정교수가 되지 못하고, 한 수 아래의 물리학과로 좌천된 데서 비롯된 것이라고 억측했다. 하지만 이것은 그 논쟁에 뛰어든 다른 참여자들의 행동을 설명하지 못한다. 과학전쟁에 대해 토론을 할 때면, '합리주의적인' 과학자들은 흔히 과학연구의 목적을 망각한 채 동료 과학자들, 특히 프리초프 카프라Frijof Capra와 일리야 프리고진을 향해 빈정거리곤 한다. 소칼의 논문은 포스트모던적인 방식으로 세계를 바라보는(그 용어 그대로 모호하고 개략적으로) 아주 많은 과학자들을 끌어들였기 때문에 미약하게나마 설득력이 있었다. 합리주의자들이 '새로운' 물리학과 싸우는 이러한 과학 내부의 전쟁은 평론가들이 곧잘 무시하는 과학전쟁의 핵심적인 부분이다.

이보다 더 주목받지 못한 부분이 과학연구 내부의 전쟁이다. 이 드라마의 주연급 연기자들 대부분은 여성주의자들과 좌파들이며, 여기에는 소칼과 그의 과학자 동지들 다수와 아마도 과학연구의 주역들이 대부분 포함될 것이다. 물론 이외에도 정치에 무관심한 귀족주의자 브뤼노 라투르 같은 진영과 수많은 합리주의적 변증론자들, 그들의 후원자들(올린 재단Olin Foundation)과 브래들리 재단Bradley

Foundation 그리고 전미학술인협회National Association of Scholars 진영처럼 우파에 속하는 부류들도 있기는 하다.

요점은 과학전쟁이란 한편으로는 과학자들이 과학의 내부단속에 나선 것이면서, 다른 한편으로는 과학연구자들 사이에서 좌파적인 신조를 놓고 벌어진 것이기도 하다. 과학전쟁은 과학자들과 그들을 연구하는 사람들에 대한 것이 아니다. 이 전쟁을 수행하는 방식은 모든 사람이 과학에 대해 말하는 바를 단순화하는 것이다.

과학연구의 비판자들은 과학연구에서 실재란 "만들어지는 것"이라고 비판하지만, 그렇게 순수하게 사회구성주의만을 옹호하는 사람들을 발견하기란 매우 어렵고, 그런 순수 사회구성주의자들도 대부분 과학연구가 아니라 문학연구에 종사하는 사람들이다. 《고등 미신Higher Superstition》의 저자 폴 그로스Paul Gross와 노먼 레빗Norman Levitt 그리고 소칼 같은 사람들은 과학연구 문헌에 대한 엄청난 오독을 저질렀다. 반면 과학에 대한 일부 문화적인 비판에도 문제가 있다. 그러는 사람들은 과학을 사랑하지 않거나, 좋아하지 않거나, 심지어 아예 알지도 못한다. 하지만 이것은 대부분의 과학연구 학자들에게는 해당되지 않는 이야기이다. 만약 과학이 아름답고 매혹적이고 매우 중요한 것임을 깨닫지 못했다면, 우리는 다른 것을 연구했을 것이다. 예를 들어 도나 해러웨이의 저술을 자세히 읽은 사람이라면, 그녀가 숙련된 과학자일 뿐만 아니라(예일대학교 생물학 박사) 과학의 아름다움과 힘 때문에 과학을 사랑하기까지 하는 사람이라는 것을 알아챌 것이다. 이것은 무비판적인 사랑이 아니다. 대부분의 과학연구 학자들이 과학에 대한 풍부한 이해와 식견을 갖고 있지만, 아마도 전쟁을 선포한 소수의 과학자들과 그들의 '옹호자'들이 마음에 들어하지 않는 부분은 우리가 과학을 종교로 만들지 않는다는 점일 것이다. 그런 짓은 과학을 신앙처럼 실천하는 일부 과학자들만큼이나 마르크스주의자들이 잘 저지르는 행동이다. 어쨌든 과학연구자들도 멍청한 주장을 할 수 있다는 것은 엄연한 사실이다.

과학연구 측에 대해 스티브 풀러Steve Fuller는 "일반적으로 과학비판자들은 과학적 진보라는 발상을 몸에 아주 깊게 밴 신화나 별반 다를 바 없는 것이라고 믿는다"라고 주장한다. 하지만 이것은 매우 부주의한 진술이다. 모든 과학적 발견이 훌륭하며, 이런 것들을 통해 우리가 어떤 절대적 진리에 조금 더 가까이 다가서게 된다는 식의 생각을 따를 사람은 당연히 거의 없을 것이다. 하지만 우리 중 많은 이들이 과학은 물리적인 세계를 조작하는 일에서 계속해서 성장하고 있다는 사실을 인정할 수 있다.

사랑과 암이 둘 다 발전하는 것들임을 이해하는 과학은 분명히 발전한다. 풀러는 어쨌든 자신이 과학의 거대서사를 믿는다는 점을 인정하고 니체, 괴델, 하이젠베르크, 처치-튜링 그리고 포스트모던주의자들의 인식론적 작업들을 모두 무시하면서 이 문제를 무마한다. 불행하게도 그는 유명 포스트모던주의자인 장 프랑수아 리오타르를 흉내 내고 있는 것이다. 리오타르 역시 과학에 대한 무비판적인 감탄을 비밀리에 품고 있는 사람이다. 최고의 과학연구자들과 최고의 과학자들이 동의하는 한 가지는 인간 지식의 한계이다. 이 생각을 잊지 말자. 과학과 과학연구는 뒤얽힌 담론들로서, 각자가 최선을 다할 때, 자기 자신과 서로를 심문하고 수정할 수 있으며, 그것이 곧 우리가 살고 있는 실재에 대한 새로운 이해와 변형으로 이어질 것이다.

이것은 결국 우리를 원점으로 돌아오게 한다. 인간의 지식은 제한적이지만 개량해나갈 수 있다. 어쨌거나 이것이 우리가 가진 전부이다. 지금 우리는 우리의 미래와 포스트휴먼의 가능성을 만들어가는 데 도움을 줄 사이보그의 정치학에 대해 무엇을 알고 있는가?

chapter 14

포스트휴먼의 가능성들

인간은 최근의 발명품이다. 그리고 아마도 그 종말이 가까워지고 있다.

미셸 푸코 Michel Foucault

우리가 환경을 너무 급진적으로 개조하는 바람에 이제는 우리 자신을 개조해야 할 지경이다.

노버트 위너

사이보그 인식론, 윤리 그리고 출현

/

위너의 한 마디는 절단-인공장구의 관계를 잘 요약한다. 모든 기술과학적 개입과 절단이 그것을 수리하기 위한 새로운 개입과 절단을 요구하는가? 그리고 인공장구가 의심할 바 없이 절단의 의미를 담고 있는 것처럼, 이 순환에는 끝이 없는 것일까? 어떤 의미에서는 그렇다. 인간의 문화는 가만히 멈춰 있지 않다. 생태계도 그렇고, 종도 그렇고, 진화도 그렇다. 이것은 우리가 통제할 수 있는 역학인가? 확정된 기술의 한계 내에서, 우리는 우리가 선택한 미래를 사회적으로 구성할 수 있다. 하지만 선택의 과정이란 매우 정치적이기 때문에 간단하지 않다. 정의상, 과학에는 언제나 의문이 제기될 뿐만 아니라 좋든 나쁘든 결과는 차치하고, 오늘날의 정치적 기획들은 미래를 정확히 그려내지 않는다. 사이보그 정치학에 단순한 좌-중도-우는 존재하지 않는다. 그래서 우리의 오래된 길잡이들은 쓸모가 없다.

도나 해러웨이의 유명한 선언문은 사회주의적 여성주의를 위한 주장이었다. 생명무한확장론자들은 강력한 자유주의자들이다. 좌파 무정부주의자들은 인터넷의 주요 거주자들이자 사이버펑크들과 포스트모던 이론가들에 속하며, 그들 중 많은 이가 여성주의자이자 무정부주의자들이다. 또한 온갖 분파의 여성주의자들은 성전환과 의료기술을 둘러싼 논쟁들이나, 성적인 내용을 포함해 인터넷의 여러 콘텐츠들을 검열해야 하느냐를 놓고 벌어지는 논쟁들에서도 찬반 양측에 아주 많이 모습을 드러내고 있다. 한편으로, 정부와 다국적 기업들은 사이보그 기술을 계속 밀어붙이고 있고, 다른 한편으로 개인들은 자신과 컴퓨터를 직접 연결하기 위해서 자기 머리에 구멍을 뚫고 있는 중이다.

좌파와 우파의 정치적 관점들만 가지고는 사이보그화를 향한 태도들이 예측되지 않는다. 원시주의자들과 네오러다이트들 그리고 생태학자들은 한참 왼쪽으로 간 무정부주의와 여성주의의 경향을 보인다. 하지만 이런 경향들은 사이보그화 단계의 반대편 끝에서도 거의 유사하게 나타난다. 바로 피어싱을 하고 끝내주는 컴퓨터 시스템을 갖춘 무정부주의적이면서 여성주의적인 수많은 사이버 걸cyber girl들이다. 자유주의자들은 극단적인 친기술의 진영을 지배한다.

일부 회사들은 넷의 절대적 자유와 정보재산권에 대한 규제 최소화를 바라는 로비를 펼친다. 반면 다른 사람들은 정반대의 견해를 취한다. 넷상에서 인종과 젠더의 구분은 해체되지만, 넷에 대한 접근은 확실히 계급적인(따라서 인종과 국가적인) 쟁점이며, 넷에서는 우파 단체들도 좌파 단체들 못지않게 빠른 속도로 번식하고 있다. 양측 모두 e-비즈니스에서는 뒤처지고 있다. 클라우스 테벨라이트와 몇몇 사람들은 제1차 세계대전까지 거슬러 올라가는 파시스트적인 사이보그 정체성의 존재를 보여주었다. 그것은 군대, 넷의 음침한 구석들 그리고 전 세계 장난감 상점들에 여전히 건재해 있다. 지구를 하나의 시스템으로 바라보자는 생각은 생태학자들이나 단일세계정부One World Government의 권위주의자들 모두에게 호소력을 갖는다. 진보주의자들과 중도주의자들이 사이보그화에 개방적인 반면, 보수주의자들은 이것을 두려워한다. 일부 보수주의자들이 사이버문화를 사랑하는 반면, 많은 진보주의자들은 진저리를 친다. 그리고 극소수의 사람들은 사이보그로만 살아가야 된다면 아마 죽음을 택할 것이다. 그렇다면 도대체 사이보그학자는 무엇을 해야 하는가?

우리는 구체성을 띠는 데서 출발한다. 정치학은 '흥미로운' 시기에는 극단화된다. 사이보그 정치학도 예외는 아니다. 진보주의자들, 중도주의자들, 보수주의자들의 대부분이 사이보그 관련 쟁점들에 각자 입장을 갖고 있지만, 그들이 더 과격한 정치집단이나 종교단체들만큼 많은 의제를 설정하지는 않는다. 하지만 좌파의 것이든 우파의 것이든 전체주의는 사이보그 시민이 생겨나게 하는 일과는 무관하다. 파시스트든 공산주의든 전체주의는 모든 종류의 참여적 진화나 참여 정치에 위협이 된다. 파시즘이라는 피의 망상과 공산주의라는 정치과학의 망상은 계획경제, 무제한적인 국가권력 그리고 잘못된 이념에 근거를 둔 새로운 계급체계들로 인해서 악화될 뿐이다. 그 밖의 모든 정치적 관점 역시 사이보그 사회를 생겨나게 하는 일과 관련이 있으며, 심지어 속도를 완전히 늦출 것을 탄원하는 보수주의도 실제로 공로가 있다. 하지만 전체주의는 오로지 악몽만을 약속한다.

사이보그 사회가 정치학에서 시학에 이르는 모든 것을 재발명하는 것은 아니다. 다만 옛 형식들을 새로운 문제들로 옮겨 적는 것뿐이다. 새로운 정치원리들은 인식론에 대한 이해의 전환에서 생겨난다. 많은 사람들은 어떤 권위 때문에, 이를테면 성경, 대통령, 혹은 엄마 때문에 지금 알고 있는 것을 아는 것이라고 당연시한다. 이것은 철학적으로나 실용적으로나 유용하지 못하다. 인식론에 대한 주류의 견해는 우리가 감각을 통해서 아는 것을 안다는 것이다. 하지만 많은 철학자들이 입증한 것처럼, 감각만으로는 아무런 의미가 없다. 그것이 쓸모가 있으려면 정신적으로 조직되거나 '구성'되어야 한다. 이런 감각이 실재에 대한 우리의 관점을 구성하는 것일까? 노암 촘스키가 언어에 대해 이와 유사하게 주장한 것처럼, 그런 실재는 우리의 뇌 안에 원래부터 배선되어 있는 것인가? 실재는 문화적으로 구성되는 것인가? 만일 그렇다면 무엇을 기반으로 그렇게 하는 것인가? 이야기들? 어떤 이야기들? 이런 질문들에 대해 사이보그 인식론자는 이렇게 답한다. "맞아요! 맞아요! 맞아요! 다 맞는 말입니다. 그리고 다 틀린 말입니다."

그 어떤 총체적인 이론도 모든 것을 설명하지 못한다는 자각과 더불어, 수많은 상이한 시각들이 함께 힘을 합치면 어느 한 관점보다 더 나은 실재 모형을 만들어낼 수 있다는 귀결에 다다른다. 유사한 작용들에 대해서 엄청나게 다른 설명들을 제시할 수도 있다. 핵심적인 사이보그 현상, 즉 몸의 개량을 훌륭하게 묘사하고자 할 때 결정적으로 중요한 것은 바로 맥락이다.

신체 피어싱에 대한 대중의 열광은 우리의 사이보그 사회에 정확히 어울리는 일이다. 팽창하는 사이보그화에 직면해 과정을 통제하고 아름다움과 쾌락을 위해 스스로 자신의 몸을 개량하는 것보다 더 의미 있는 일이 무엇이 있겠는가? 많은 사람들은 혀 피어싱을 기분 좋게 생각하지 않는다. 하지만 이런 혐오가 다른 사람들에게는 아름다움의 일부를 형성한다. 피어싱의 동기는 일부 정신분석학자들이 주장하는 것처럼 몸에 대한 증오에서가 아니라 대개는 몸에 대한 사랑에서 나온다. 피어싱을 즐기는 샌프란시스코 출신의 어떤 이는 "몸은 아름답습니다. 그래서 치장하고 찬양받을 자격이 있습니다. 나는 돌봄의 행위로서 내 몸을 장식하기로 정한 겁니다"라고 말한다.

이보다는 더 복잡하다. 예부터 전해진 신체개조body-modification 철학이 현대적으로 개량되면서 그 안에 담긴 미묘한 목적들이 까발려지기도 하고 때로는 은연중에 제멋대로 가져다 활용되기도 한다. 하지만 대부분의 참여자들이 자신들에게 영감을 준 소위 '원시적인' 전통들과 그 관행에 담긴 많은 의미들을 존중한다. 설령 몸과 의지의 합일을 찬양하더라도 몸은 의지에 종속되어야 한다는 믿음을 가진다. 몸의 메시지, 고통과 불안의 메시지를 분명히 쾌락이기는 하되 존재의 본성에 관한 한층 더 영적인 정보를 담은 그 무엇으로 재해

석하려 하는 중요한 논증들이 존재한다. 이 모든 것을 이끌어가는 원동력은 몸이 국가나 사회 혹은 신이 아니라 영혼에 귀속된다는 것과 인간은 자신의 몸을 자기 소원대로 다룰 자유가 있다는 가정이다.

이것을 자가절단self mutilation을 저지르는 정신이상자나 인공장구광과 비교해보라. 인공장구 이식은 주로 UFO 열광자들과 우익 민병대원들에게서 나타난다. 신체 피어싱 운동은 사이보그화에 대한 두려움을 오히려 과정을 통제하고 그것을 예술화하는 데에서 힘과 쾌락을 얻는 방향으로 전환하려 하는 반면, UFO와 단일세계정부의 희생 제물들은 자기 몸에 대한 반감과 기술과학적인 변화에 대한 불안에 굴복해 망상의 정치학에 의지하고, 결국엔 패배하고 만다.

사이보그화된 사람들은 대부분 의료적인 이유들로 개량된 것이다. 일부 사람들은 받아들이지 않지만, 많은 이들은 과정을 통제하는 힘을 갖는 쪽을 선택한다. 이것은 크리스토퍼 리브처럼 새로운 사이보그 기술을 지지하는 것일 수도 있고, 혹은 생존한 소아마비 희생자들처럼 기계에 대한 의존을 사이보그적인 자립성을 획득하는 수단으로 받아들이는 것일 수도 있다. 우리는 우리가 사이보그화에 대해서 내린 선택들이 어떻게 우리의 주체성을 구성할 수 있는지 이해할 수 있다.

포스트휴머니티의 주체성

/

나는 육신이라고 불리는 이 아무짝에도 쓸모없는 물질 덩어리에 사로잡혀 있다! 나는 자유롭게 전선을 타고 돌아다니면서 사람들의 장비들에 치근대고 싶다. 새로운 육신이여 영원하라! 낡은 육신이여 엿 먹어라!

모던바디모던바디모던바디

1995년 나는 체코슬로바키아에서 두 번째로 큰 도시인 브르노의 마사리코바대학교에서 한 학기 동안 강의를 했다. 정보과학과에서 내 학부와 대학원 과목을 개설했고, 그 과목들은 컴퓨터와 사회 일반의 관계를 주로 다루었으며, 특히 사이보그화에 대한 많은 토론을 이끌어냈다. 그런 과목들을 가르칠 때마다 나는 학생들에게 사이보그화에 대한 각자의 욕망을 알아보기 위해 다음과 같은 질문을 던졌다. 수명을 연장하기 위해 컴퓨터나 로봇에게 자신의 의식을 다운로드하는 것이 가능하다면 그렇게 할 용의가 있는가? 내가 가르친 미국 북부 학생들 중 전공, 성별, 나이 등에 따라서 대략 50퍼센트에서 80퍼센트가 일반적으로 그런 식의 변신에 열광했다. 여성주의 철학을 공부하는 여학생들은, 내가 한때 MIT의 미디어랩에서 수업한 적이 있는 컴퓨터광 고등학교 남학생들보다 '상자 안의 뇌'가 된다는 것에 훨씬 시큰둥했다. 아무튼 북미 사람들은 대체로 사이보그가 된다는 것에 아주 개방적이다.

반면 체코슬로바키아 학생들 중 대다수는 심장박동 조절장치나 의수의족, 인공기관 같은 복구를 위한 개입에는 강한 지지를 보냈지만, 어떤 식으로든 '범위가 넓어지는' 것은 원하지 않았다. 그들은 모두 컴퓨터를 공부하는 남학생들이었는데, 그들 중 4분의 1만이 의식 다운로드에 흥미를 가졌다. 그들에게 질문을 하면서 나는 심지어 그들 중 절반이 컴퓨터 자체를 좋아하지 않는다는 사실도 발견했다! 그들은 컴퓨터가 자신들의 미래는 물론 나라의 미래에도 영향을 미치기 때문에 매달려 공부를 하지만, 그것이 북미의 절대 다수 컴퓨터 공학도들처럼 컴퓨터를 반드시 사랑해야 한다는 것을 의미하지는 않았다.

이런 차이가 체코 사람들은 문화가 있고 미국이나 캐나다 사람들은 없어서 생기는 것은 아니다. 단지 문화가 다를 뿐이다. 미국은 소위 '기술의 나라'로 언급되어왔다. 미국은 도구, 기계 그리고 필연적으로 사이보그 기술에 대한 엄청난 사랑을 드러낸다. 물론 미국이 그런 열정을 갖고 있는 유일한 나라는 아니다. 일본인들은 심지어 자기 나라를 로봇 왕국이라고 부른다. 미국은 사이보그의 창조 및 사이보그화의 기타 영역까지 모든 것을 선도하고 있다. 마크 셀처Mark Seltzer가 이렇게 설명한다.

> **자연에 대한 사랑처럼 미국의 정체성(자연국가)을 더 잘 대표하는 것은 없다. 유일한 예외를 들자면 바로 기술(미국에서 만든)에 대한 사랑이다. 미국식 '몸-기계' 복합체를 구성하는 것은 바로 자연적인 것과 기술적인 것의 이중담론이다.**

그런 복합체의 중심에는 몸과 인격은 만들어질 수 있는 것들이라는 생각이 자리하고 있다. 오늘날 미국인들은 야채주스에 흠뻑 적신

맥아를 흡입하는 여피족에서부터 자신의 몸을 다시 조각하기 위해서 직선의 보족구나 복잡한 기계들을 사용하는 운동열성파들, 성적 과시와 쾌락을 위해서 피어싱을 하는 테크노펑크족에 이르기까지 믿을 수 없이 다양한 방식으로 자기 자신을 재창조하는 일에 열심이다. 아마 대부분 식이요법도 하고 있는 것 같다.

세상은 이제 그런 투박한 수준의 개입을 넘어 진보했다. 몸은 절제와 운동이라는 자기수련을 통해 도덕적으로나 의지적으로 개량되는 것 말고도 기술을 통해서도 다시 만들어질 수 있다. 오랫동안 인간 문화의 일부였던 도구와 기계를 통한 단련은 더 이상 몸에 아로새겨지지 않는다. 오늘날의 은유적이고 물리적인 기술과학을 통한 단련은 몸속에 하나의 정보로 통합되고, 수술을 통해 인공장구로 첨가된다.

우리 정체성 역시 우리의 몸처럼 만들어진다. 이것은 인간과 비인간의 경계에서 살아가는 뱀파이어 같은 포스트휴먼 생명체들이 오늘날의 사이보그 시대에 어떤 이유로 대중문화에 확산되고 있는지를 잘 설명해준다. 샌디 스톤은 앤 라이스Anne Rice의 연작 소설 속 뱀파이어인 레스탯에 대해서 이렇게 평한다.

레스탯은 극히 소수 존재하는 생명체이자 사이보그이다. 사이보그들은 경계선에 선 생명체들로, 인간이면서 동시에 기계일 뿐만 아니라 문화적 간극의 생명체이기도 하다. 그리고 레스탯은 죽음과 삶, 일시성과 영원성, 프랑스인과 영국인, 게이와 정상인, 남성과 여성, 선과 악의 경계에서 서식한다. 그는 사이보그의 실존양식을 정확하게 설명한다. 그는 자기 것이 아닌 사회, 생활양식, 언어, 문화, 인식론, 특히 레스탯의 경우에는, 자기와 다른 종에 적응하고자 하는 시도의 고통과 복잡성을 보여준다. 레스탯은 인간이 된다는 것이 무엇이며, 혹은 비인간이

된다는 것은 또 무엇인지 빠른 속도로 변화하는 그 의미들을 놓고 분투하는 우리 시대의 뱀파이어이다.

대중문화 속의 이런 지형 내에 서식하는 것이 단지 뱀파이어들만은 아니다. 에일리언, 불사신, 포스트휴먼 그리고 당연한 이야기지만 수없이 많은 사이보그 괴짜들이 존재한다.

많은 정치이론가는 하나 이상의 세계에 사는 삶이 지렛대의 힘을 준다는 사실을 주장하기 위해 아메리카 원주민의 신 코요테 그리고 혼합인종이라는 현실과 더불어, 사이보그라는 생각을 동원하고 있다. '대항적 의식oppositional consciousness'을 주장하는 첼라 산도발Chela Sandoval, '탈식민주의적인 사이보그들postcolonial cyborgs'을 주장하는 호세바 가빌론도Joseba Gabilondo 등 몇몇 사람들은 사이보그가 정치학 내의 지배적인 서사들을 탈권력화하고 정치적으로 변두리에 있는 것들을 중심부로 다시 끌어들일 수 있는 장소들을 개방한다는 이론을 제시한다.

인구통계학적으로 전 세계에서 벌어지고 있는 일은 이것이다. 정치적으로 우리는 최고의 다문화이론이 그러하듯 복잡성과 경계선의 침범을 찬양하거나, 아니면 인종의 순수성을 맹목적으로 추종해 결코 순수했던 적이 없는 무언가를 순수하게 만들려는 '청소'와 여타 정신 나간 일들을 시도하는 쪽으로 나아갈 수 있다. 인종은 훌륭한 정치학도, 훌륭한 과학도 아니다. 그래서 오늘날 인간이라는 범주 자체가 사이보그화 아래서 붕괴하고 있는 것처럼 불가피하게 아시아인, 백인, 흑인, 라틴계 같은 범주들도 붕괴되고 있다. 하지만 여전히 경계선 넘기가 시도되는 모든 현장마다 오염되지 않은 통일된 정체성을 지키려고 무익하게 시도되는 새로운 총동원령들이 여전히 존재한다.

체코공화국에 머무는 동안 나는 골렘에 대한 정보와 표현물들을 추적하는 특별 프로젝트를 수행했다. 진흙으로 만들어진 골렘은 유대교 경전에 나오는 약간의 암호문을 통해 생명력을 얻는다는 기이한 원형 사이보그로, 유대인 학살에 맞서 게토를 보호하려는 목적으로 만들어졌다. 골렘 전설 중 가장 유명한 이야기는 신비주의에 사로잡힌 루돌포 국왕 치하에서 황금기를 맞은 프라하에서 생겨났다.

프라하는 꼭두각시 인형들로 유명하다. 그리고 구시가지에 있는 작은 가게들은 체코의 농사 여신부터 루돌포 국왕에 이르기까지 수천 종의 다양한 인형들을 판매한다. 그래서 나는 그곳에서 골렘 꼭두각시 인형을 찾는 것이 일도 아니겠다고 생각했다. 하지만 들르는 가게마다 "아니오, 골렘은 없습니다. 골렘은 원래 체코인이 아니에요!"라는 말을 들었다. 잡다한 인종이 미국 문화를 점유한 것에 익숙해져 있던 나로서는 그 한 마디가 놀랍지 않을 수 없었다. 그러다가 유대교회당 근처에 유대식 꼭두각시 인형들을 파는 가게가 몇 군데 있다는 이야기를 듣고 그곳으로 향했다. 줄지어 늘어선 상품 진열대에 다가가자 나는 크게 고무되었다. 그곳에는 골렘을 창조했다는 그 유명한 랍비 로우Rabbi-Low의 꼭두각시 인형들이 있었기 때문이었다. 그런데 정작 골렘 꼭두각시 인형은 없었다. 영어를 할 줄 아는 체코인 친구의 도움을 받아 한 여자 점원에게 그 이유를 묻자, 그녀는 "골렘은 원래 유대인이 아니에요"라고 대답했다.

처음에는 당황했지만 나는 곧 그녀가 옳다는 것을 깨달았다. 골렘은 유대인이 만들었지만, 할례를 하지 않았고, 실제로 인간이 아니다. 따라서 골렘을 유대인이라고 부르기는 어렵다. 나는 사이보그가 잠재적으로 얼마나 따돌림을 받을지를 절실히 느낄 수 있었다. 특히 극단적으로 개량이 되었을 때 말이다. 이미 뇌사상태의 식물인간처럼, 인간의 몸을 기반으로 하면서 더는 인간이 아닌 사이보그들이 존재한다. 하지만 언젠가는 인간이 아니지만 인간을 기반으로 살고, 생각하는 사이보그들도 존재할 것이다. 그들은 자신의 조상과(개인적이든 민족적이든) 동일시될까, 아니면 그들 스스로를 거의 모든 차원에서 정치적으로 완전히 새로운 존재들로 보게 될까?

골렘은 자기를 길러준 유대 공동체에 충성스러운 존재로 남았다. 그리고 어떤 이들은 그가 아직도 유대교 회당의 다락방에서 그곳을 지키라는 명령을 따르며, 생명을 되찾을 준비를 하고 있다고 말한다. 하지만 골렘처럼 단순하고 충성스런 사이보그들이 일반적인 경우가 되지는 않을 것이다. 사이보그의 정체성은 확실히 골렘의 과장 없는 세계관보다 더 복잡하며, 틀림없이 앞으로 더 그렇게 되어갈 것이다.

카니발 사이보그

/

우리에게는 오히려 더 많은 복잡성, 다중성, 동시성이 필요하며, 이런 다중적이고 복잡한 차이들을 추구하는 우리는 젠더, 계급, 인종 등에 대해 다시 생각해볼 필요가 있다. 나는 또한 우리 시대의 불화와 환희를 헤쳐 나아가기 위해 온화함, 연민 그리고 유머가 필요하다고 생각한다.

로지 브라이도티 Rosi Braidotti

인간은 언제나 사이보그가 되기를 열망하지만, 언제나 그 열망을 두려워한다. 우리 자신을 사이보그화한다는 것은 영속적으로 영향을 미칠 불온한 테크노카니발technocarnival과 아름다고 기괴한 기술과 학의 매우 기쁘고도 불온한 상상들에 어울리는 복장을 내면에서부터 갖춰 입는다는 것을 의미한다. 몇몇 꿈들과 몇몇 악몽들은 곧 닥쳐올 운명인 것 같다. 앞에서 언급한 대로, 중층결정이라는 것은 이런 과정을 학술적으로 신화화한 것이다. 중층결정, 즉 다중적이고 과도한 원인들에 의한 결정이란 말인가? 우리가 이 다양한 원인들을 목록으로 만들 수는 있지만, 이 원인들 너머의 중층결정은 그 너머의 메타원인들을 함축한다. 이것들을 무엇이라 명명할 수 없지만, 그래도 교차점들, 돌연변이들, 이미지와 대상 그리고 논리와 반성의 창조물들을 통해 지도를 그릴 수 있을 것이다. 즉, 정립과 반정립이 서로를 횡단하는 교차점들, 언제나 종합에 이르는 돌연변이들, 인공장구 발명에 들어 있는 융합과 창조 안에서 말이다.

우리 사회는 도구, 기계 그리고 유기체로 이루어진 사이보그 사회이지만 우리는 이것을 부인한다. 우리는 우리가 유기체들과 맺고 있는 관계, 우리가 체화되어 있는 세계를 부인한다. 그리고 우리가 만든 기술과학에 대한 책임마저도 부인한다.

유기적('자연스러운')이고 기계적인(산업화된 문명) 두 영역에 걸쳐 있는 우리가 처한 사이보그적 상황을 감수하지 못한다면 끝내 치명적인 결과를 낳을 것이다. 이 시스템들 중 어느 쪽과 충돌하더라도 인류는 끝장날 것이다. 하여튼 이 두 시스템은 대체로 공모의 과정에 있는 것처럼 보인다. 아마도 억압된 것들이 사이보그 안에서 귀환하는 방식은 이러할 것이다. 불완전성, 자기모순 그리고 해소될 수 없는 역설. 이 얼마나(불완전하고 역설적인) 훌륭한 괴델적인 모형인가. 감미로운 사이보그들, 자웅동체들, 살인자들, 구원자들, 불구자들 그리고 하나의 시스템으로서 확대된 자들 모두가 여기에 포함된다.

오늘날 자연의 맥락 안에서 인간과 기술이 빚어낸 텍스트이자, 더욱더 문명에 예속되고 더욱더 문명과 뒤얽힌 텍스트인 사이보그적 정치체제도 마찬가지이다. 인간과 우리의 문화는 수만 년의 세월 동안 자연 속에서 존속해왔다. 하지만 이제 멸종, 인구 폭발, 우리에게 기여하는 모든 생태영역의 개량과 더불어 인간은 단일한 사이보그 시스템이 되었다.

사이보그화는 세계를 향해서는 물론이고, 우리 자신에게도 무언가를 행하는 것이다. 우리는 사이보그화를 활용해 우리가 가질 수 있는 통제력의 한계를 탐구할 수 있다. 이것이 행동주의자인 사이보그 화가 스텔락의 메시지이다. 그의 몸은 바로 그의 캔버스이다.

스텔락은 우리에게 자신을 사이보그로 인도한 열망들에 대해 어떤 이야기를 전할 수 있을까? 혹은, 이 문제라면 다른 모든 사이보그들의 사정은 어떤가? 이제 조금 분명해지는 것 같다. 확실히 몸은 대지이다. 우리가 아무리 가상적인 존재를 열망한다 하더라도, 실생활에서 몸을 무시할 수 없듯이 철학적으로도 결코 몸을 무시할 수 없다. 몸은 공간에 거주하며, 그곳은 외계일 수도 있고(군대에게는 '고지'이다), 아주 작은 곳일 수도 있고(지금은 나노테크놀로지에 의해 식민화되고 있는 실정이다), 사이버 세계(가상현실 기술들이 만든 모의 우주)일 수도 있고, 기호의 세계(어떤 가상현실 기술자의 주장대로, 이곳은 사이버 공간이 아니라 플라톤주의 철학자들의 '고지'이고, 인간 상상력의 '고지'이고, 사이보그의 기원이 있는 곳이다)일 수도 있다. 공간은 행위라는 속도, 현전이라는 질량 그리고 사유라는 자극에 의해 개조된다.

이런 복잡한 연결고리의 핵심에는 사이보그 기술과학이 존재하며, 이것은 극히 무언가를 환기하게 하는 기술이다. 그 이유는 그런 기술들이 우리 개개인에게 어떤 생각을 떠오르게 해서가 아니라, 우리 문화 전체의 차원에서 가능한 미래가 무엇일지를 떠올리게 한다는 점 때문이다. 불가능한 것을 가능하도록 꿈꾸는 것은 진정한 변형과 새로운 유형의 삶 그리고 우리의 공간, 시간, 성, 예술, 인위성, 완벽성은 물론 우리 자신을 생각하는 방식대로 변화하도록 한다. 기술과학은 불가능한 것들에 대한 생각을 지속적으로 파괴하고 있다. 고정된 불가능성만이 노스탤지어를 진짜처럼 만든다. 과거는 사라진다. 미래로 돌아간다는 것은 오로지 영화 속에서나 있을 수 있는 일이다.

우리는 앞으로 나아가야 한다. 미래란 결국 새로운 환경이고, 사이보그들이 추구하는 바로 그것이다. 우리는 미래의 충격을 이겨낼 수 있도록 진화해왔다. 길게 보면 훌륭한 생존전략은 아닐 수도 있지만, 우리는 전심을 다한다. 미래를 향한 우리의 돌진은 축복 혹은 악몽의 카니발 행진이 될 수도 있다. 아마도 둘 다일 가능성이 가장 높다.

우리가 맞이해야 하는 미래의 큰 문제들 중 하나는 인간과 기계의 관계에 대한 문제, 그 두 행위자들에게 적절히 기능들을 할당해야 하는 바로 그 문제이다.

노버트 위너

인공두뇌학의 아버지는 역시 이 점에 대해서 옳았다. 도구를 발명한 지 수만 년이 지났고, 인간이 최초의 기계를 조립한 이래 수천 년이 지났으며, 기계시대로 돌입한 지 수백 년이 되었다. 그리고 우리의 가장 큰 문제들 중 하나는 우리가 창조한 그 기계들과의 관계이다. 이 모순의 배후에는 무엇이 있는가?

사이보그라는 용어는 친밀하고 해방적인 기술의 가능성을 기술하기 위해서 만들어진 말이었다.

사이보그의 목적은 로봇 관련 문제들을 자동적이고 무의식적으로 다룰 조직화된 체계를 제공하는 것이다. 인간은 자유롭게 탐구하고, 창조하고, 생각하고, 느낄 수 있게 그냥 두고 말이다.

하지만 골렘의 옛 이야기들과 매리 셸리의 〈프랑켄슈타인〉에서 보았듯이, 해방은 필연이 아니다.

사이보그들은 새로운 기술과학들로서 발명된다. 그리고 그것들은 문화처럼 과거와 가능성으로부터 만들어진다. 그것들(즉 우리는)은 우리의 정체를 보여주는 동시에 예술작품들이기도 하다. 사이보그들의 확산은 괴물들의 약속이고, 가능성들의 약속이다. 공포는 언제나 발생 가능하고, 아마도 불가피할 것이다. 하지만 저항이, 더 나아가 환희 역시 가능해야 한다. 사이보그 인식론은 변증론적인 필연의 고정된 행로 같은 것은 존재하지 않는다는 것을 보여준다. 그 이유는 인공장구적인 첨가들이 언제나 가능하기 때문이다. 몸, 문화 그리고 미래에도 말이다.

모니카 캐스퍼의 이미지는 사이보그 카니발의 예로 적절하다. 사이보그들은 흔히 기괴하고, 불법적이고, 무질서한 융합들로서 훌륭한 취향뿐만 아니라 훌륭한 감각마저도 침해한다. 그들은 위험하다. 그들은 흥분되고, 초월적이고, 열광적이고, 해방적이기까지 하다. 그들은 문화들, 살아 있는 것과 죽은 것, 유기적인 것과 비유기적인 것, 자연적인 것과 인위적인 것, 현재와 미래 등 이런 대조 쌍들의 경계 위에 거주한다. 그러면서 바로 그런 경계들을 불분명하게 만들고, 또한 구체화하기도 한다. 우리는 우리가 서식하고 침범할 국경들을 주의 깊게 선택해야 한다. 우리는 우리를 자극할 그 무언가, 즉 우리를 춤추게 할 음악, 우리가 입을 옷 같은 것을 선택해야 한다. 그렇지 않으면 미래는 우리의 것이 아닐 수 있고, 우리는 좋은 시절을 누리지도 못할 것이다. 결국 우리가 곧 우리가 치르는 의식儀式들이다. 이것이 우리의 삶이고, 우리의 카니발이다. 원한다면 우리는 개개인으로서 울부짖을 수 있다. 우리는 춤을 출 수 있고, 사랑하고 증오할 수도 있으며, 일찍 떠날 수 있고, 어떤 일이 일어나지 않은 것처럼 꾸며낼 수도 있다. 하지만 우리가 사이보그 카니발을 멈출 수는 없다. 그것은 이미 확실히 행진 중이다. 다만 어떤 식으로 전개되어 나갈지 모를 뿐이다.

미래는 아직 써지지 않았다

/

우리의 체화된 기질들에는 현재진행 중인 변화들이 있다. 이는 상이한 사람들과 집단들 사이에서 서로 다른 형태를 띠게 될 의미 있는 변화들이다. 우리는 몸의 종말이라기보다는 몸과 인격에 대한 하나의 조직화된 도식의 종말과 또 다른 도식의 시작을 경험하고 있는 중이다.

에밀리 마틴

미국장애인협회American Paralysis Association 회장이던 크리스토퍼 리브는 '내면의 우주, 즉 뇌와 중추신경계'를 정복하는 미션을 요청했다. 이것이 기술에 반대하는 앤드류 킴브렐의 '공감의 미래 전망'과 균형을 이룰 수 있을까? 킴브렐은 유전학을 비롯한 여러 다른 연구들에 극단적인 제한을 둘 것을 강력히 주장한다. 여기에는 생명을 위협하는 질병들에 대한 유전자치료 제한하기, 생식계열 유전자요법 금지, 인간복제 금지, 태아실험 금지, 식물인간과 뇌사자에 대한 생명연장 금지, 죽음의 확장된 정의들에 대한 거부, 성별, 신장, 혹은 몸

무게에 관한 산전 선별검사 거부, 노동자들이나 보험가입자들에 대한 유전적 선별검사 거부 그리고 '우월한 정자 혹은 난자의 우생학적 사용' 거부 등이 포함된다.

이것은 유전학 연구의 목줄을 죄는 일일 뿐만 아니라, 이 연구의 가장 큰 조력자 역할을 하는 생식산업, 장기이식(살 수도 있는 수천 명의 사람들이 죽게 된다는 것을 의미한다), 크리스토퍼 리브가 자신의 부러진 척수를 복구해주리라 희망하는 치료법 등의 발전을 심각하게 위축시킬 것이다. 신성한 신체의 가치를 복구하고 '공감'을 얻기 위해 정확히 얼마나 많은 죽음이 필요한 것일까? 많은 사람들이 단지 추상적인 생각만을 근거로 생명을 구하고 개선시켜줄 구체적인 기술의 발전을 제한하는 정치적 선택을 할 것이라고 믿기란 어렵다. 사이보그화를 반대하는 사람들은 대부분 기독교 단체(이를테면 가톨릭교회가 대표적이다)들의 구성원들로서, 그들 사이에서도 산아제한과 관련된 유용한 기술들이 교리와 충돌할 때 실제로 포기하게 되는 쪽은 대개 교리이다. 가톨릭교회는 여전히 산아제한에 반대하고 있지만, 신도들 대다수는 그 방법을 사용한다. 우리의 테크노 문화는 지나간 기술과는 달라질 새로 다가올 기술에 대해서는 매우 낙관적이다. 〈터미네이터 2: 심판의 날〉 같은 훌륭한 사이보그 영화들의 핵심 주제는 바로 '미래는 아직 써지지 않았다!'이다. 〈스타워즈〉에서 아버지처럼 불구가 되어 유사한 인공장구를 과시하는 루크 스카이워커는 다스베이더가 가진 이면의 선한 힘을 선택한다. 어느 인격이 자신의 것인지 확신하지 못하는 〈토탈리콜〉의 주인공은 자신의 '진짜' 자아의 소망을 거스르고 비밀경찰 대신 혁명가의 역할을 선택한다. 〈로보캅〉 시리즈는 사이보그화에 직면한 주인공 머피의 완고한 인간성에 관한 내용이다. 어쩌면 인간의 정신과 생명이 지닌 힘의 유효성을 확인하겠다는 생각은 인간 문화의 가혹한 기계화에 직면한 우리가 소망하고픈 망상에 지나지 않는 것일 수도 있지만, 나는 꼭 그렇게 생각하지는 않는다. 그보다는 문제가 좀 더 복잡하다.

기계들은 정신을 위해 봉사할 수 있다. 유고슬라비아 내전 중에는 전투를 벌이는 모든 사람들을 연결하는 컴퓨터망이 만들어졌다. '자미르넷ZaMirNet'이라고 불리는 이것은 세르비아-크로아티아 말로 '평화의 망'이라는 뜻이다. 망으로 연결된 발칸반도의 시민은 기증받은 장비와 모금한 돈에다 대단한 창의력을 보태서, 평화운동을 조율하는 일부터 독립 언론인들에게 검열 안 된 소식을 공급하는 일에 이르기까지, 온갖 종류의 정치적 의사소통 행위들을 수행하기 위해 질 떨어지는 이 네트워크(이를테면 전화가 사용 중일 때에는 신호들을 나중에 일괄 전송하게 한다거나 하는 등)의 이점들을 활용했다. 가장 감동적인 메시지는 정치적인 것이 아니었다. 전쟁으로 산산이 부서진 크로아티아 파크라치 마을의 몇몇 소녀들은 자미르넷을 이용해 커트 코베인의 자살 이후 너바나의 베이스 주자가 된 크리스 노보셀릭Krist Novoselic에게 메시지를 보내 리드싱어의 전례를 따르지 말 것을 요청했다. 소녀들은 자신들의 '생존투쟁'에 너바나의 음악만큼 필요하고 소중한 것은 없다고 적었다. 슬로베니아계인 노보셀릭은 자살하지 않겠다는 약속과 함께 답장을 보냈고, 파크라치 재건 프로젝트에 6만 달러를 기부했다.

거창하게 돌아가는 세상만사 속에서 이런 사건은 어떤 가치를 가질까? 확실하지는 않지만, 전쟁의 땅에서 살고 있는 십대 소녀들이 슈퍼스타에게 응원의 메시지를 보내 희망을 얻고, 기부금까지 얻게 된 것은 분명 좋은 일이자 중요한 일이다. 우리 모두의 생존을 돕는 것이 바로 이와 같은 일들이다. 샌디 스톤이 이것을 나보다 더 잘 요약해준다.

> 지금은 엄청난 위협과 엄청난 약속이 동시에 성립하는 시기이다. 나는 어느 한 쪽의 시야를 잃고 싶지 않다. 왜냐하면 우리는 약속과 위험, 욕망과 기술이라는 두 개의 기둥들 사이에 존재하는 우리의 모든 조립된 형체들과 다중자아들 안에서 우리의 삶을 헤쳐 나아갈 필요가 있기 때문이다. 'cyber'가 '키를 잡는다'는 뜻임을 기억해야 한다. 이런 기둥들 사이 공간에 가상 시대의 여명을 맞이한 우리 모험의 행로가 놓여 있다. 이것은 우리 시대의 모험이자, 우리만의 모험이다.

우리는 지금까지 모험에서 무엇을 배웠는가? 첫째, 기술이 정치적이라는 것을 안다. 리처드 스클로브는 《민주주의와 기술》이라는 힘있는 책을 저술했다. 이것은 그런 점을 충분히 입증하고 있을 뿐만 아니라, 우리가 선택한 기술들이 민주주의의 전망을 어떻게 결정하는지 잘 보여준다. 그는 이렇게 결론을 내린다.

> 사람들이 더 큰 자유를 누리며 살고, 환경에 더 큰 영향력을 행사하며, 더 큰 존엄성과 자긍심, 목적 그리고 안녕을 경험할 수 있는 사회들을 발전시키는 일은

가능하다. 그런 사회가 나아가는 경로에는 더 민주적인 기술적 질서를 발전시키기 위한 민주적 제도를 지향하는 투쟁이 포함되어야 한다. 민주적인 기술 정치학을 전망하는 것이 실제 가능한 일일까? 그러지 않은 것이 오히려 불가능한 것은 아닐까?

'더 민주적인 기술적 질서'는 많은 원리들, 특히 참여적인 시민권에 기반을 두어야 한다.

사이보그화와 정치학은 몸에 관한 것이다. 조 더밋Joe Dumit과 로비 데이비스-플로이드Robbie Davis-Floyd는 낸시 쉐퍼-휴즈와 마가렛 락의 저서를 활용해 몸은 언제나 세 가지, 즉 개별적으로 살아 있는 몸, 사회적이고 상징적인 몸 그리고 정치적인 몸으로 구성되어 있음을 설득력 있게 주장한다. 모던에서 포스트모던으로의 전환은 개인과 수단 그리고 사회 자체에 대한 직접적인 통제에서 그런 패러다임들을 변환하는 힘으로의 상응하는 전환을 함축한다. 일부 포스트모더니스트들은 개체성이 최근에 발명된 것이라고 주장할 수도 있지만, 개별 인간의 몸과 그 몸이 보유하고 있는 의식은 그렇지 않다. 일레인 스캐리Elaine Scarry와 하킴 베이가 각각 입증했듯이, 몸은 권력과 부의 제1원천이다.

사이보그 정치학은 모든 정치학이 그렇듯 힘에 대한 것이다. 사이보그 과학기술을 발전시키고 전개할 수 있는 힘을 가진 자는 누구인가? 시민인가 정부인가? 환자인가 의사인가? 과학자인가 실험대상인가? 힘은 위압적이면서도 건설적이다. 사이보그 기술들이 믿을 수 없을 만큼 확대시킨 위압적인 힘은 우리를 위험에 처하게 할 수도 있다.

그래서 우리는 사이보그 시민들을 위한 구체적인 보호장치들이 필요하다. 사이보그들에게 건설적인 힘이란 정보를 가지고 우리의 기술을 통제하는 데서 생겨난다.

지식은 힘이다. 힘을 지니려면, 사이보그 시민은 우리의 기술적이고 정치적인 상황을 지배하는 것들에 대해 상세한 정보를 가져야 한다. 우리는 지식의 한계들(괴델, 처치-튜링, 하이젠베르크, 베이트슨), 지식의 형성 규칙들(사이보그 인식론, 피드백) 그리고 지식의 약속들(복잡성, 소산적인 구조들, 켈리의 신의 아홉가지 법칙들)을 제시하는 정보이론을 이해할 필요가 있다. 힘으로서의 지식은 구체적인 것에서 일반적인 것으로 이동하고 되돌아간다.

기술정치학의 현실적인 쟁점들을 면밀하게 고찰함으로써, 우리는 사이보그 시민들에게서 중요한 의미를 지닌 원리들을 발견할 수 있다. 사이보그 병사를 통해 우리는 사이보그화가 전쟁 같은 강력한 담론을 구속할 수 없다는 사실을 배운다. 사이보그 병사는 포스트모던 전쟁의 모순들을 해결해주지 않는다. 우리는 의료과학의 세계에서 사전동의의 원리와 다른 사람들에게 생명을 제공하기 위해 식물인간이나 뇌사자 같은 사이보그의 특수 유형들이 창조될 수 있다는 깨달음을 얻는다. 그런 거래는 승인을 얻어야 하고, 결코 시장이 매개되어서는 안 된다. 시장이 사이보그화의 모순을 해소할 수 있는 능력을 갖고 있지 않다는 것이 이 책의 일관된 주제이다. 생명의 선물이든, 자원의 재분배이든, 원래부터 공정하거나 능률적인 것은 없다. 정보이론에 대한 오해와 오로지 이념 그 자체만을 위한다는 이유에서 이와 다른 생각을 당연시하는 것은 반드시 정치적인 재앙을 낳게 될 것이다. 사이보그 가족들은 결국 고도의 적응성, 신축성 있는 경계선들, 건강한 의사소통, 기술적인 정교성 등의 사이보그 가족 가치관을 형성한다. 사이버 공간이 사이버 민주주의의 새로운 가능성들을 개척할 수도 있겠지만, 그것을 명령하지는 않는다. 마지막으로, 사이보그 성관계의 확산은 기술과학이 전쟁보다 훨씬 더 오래된 인간적 담론의 젠더 체계에 상상 이상의 영향력을 미칠 수 있음을 보여준다. 적어도 일부 포스트휴먼들에게는 사랑과 육욕이 잔존할 것이다.

우리는 상세한 기술들의 미세지식들도 발전시켜야 한다. 소아마비 환자들이 휠체어를 배우고, 크리스토퍼 리브가 자신의 사이보그 몸을 이해해야 했던 것처럼 말이다. 이것은 우리가 사이보그로서 더 많은 자유를 얻기 위해 인간 몸의 한계들에 대한 생각을 철폐하게 되는 상황을 수반할 수도 있다. 혹은 사이보그화가 자유의 상실로 이어질 수도 있다.

지식은 상황적이다. 사이보그화의 구체적인 유형들은 그들 나름의 이론과 그들 나름의 함축들을 갖는다. 의미는 구성되는 것으로 이것은 곧 의미가 선택될 수 있음을 뜻한다. 예를 들면 사이보그화가 낭만의 포기를 의미하진 않는다. 최첨단 사이보그적 수단에 의해 탄생한 아이라 할지라도 여전히 레드우드 나무를 보고 만지며 더 없이 행복해하고, 여전히 더러운 기저귀를 갈아줄 필요가 있는 귀엽고 작은 생명체일 것이다. 우리는 참여적 진화에 가담해 있으며, 이것은 참여의 책임이 우리에게 있음을 의미한다.

만일 인간이 자신의 진화를 가속화할 생각이라면, 이에 보조를 맞출 정치적 변화를 이루어내야 한다. 단지 현실을 좇아가는 변화여서는 안 된다. 새로운 기술들과 더불어 새로운 정치제도들이 필요하다. 우리는 또한 앞을 내다보아야 한다. 과학자들, 공학자들, 미래학자들의 합리적인 예측들뿐만 아니라 예술가들, 특히 자기 자신이 바로 예술인 사람들에게도 귀를 기울여야 한다.

자기 몸을 뚫고 자기 내부에 기계를 집어넣어 인터넷과 연결함으로써 세상 사람들이 그것을 조종할 수 있게 했던 예술가 스텔락은 자신의 진화경로를 자신의 것이라고 주장하는 개인의 권리를 옹호한다.

> **이런 과잉 정보의 시대에 유의미한 것은 더 이상 생각의 자유가 아니라 오히려 형태의 자유, 즉 당신의 몸을 개조하고 변형시킬 수 있는 자유이다. 문제는 사회가 이 표현의 자유를 허용할 것인지가 아니라, 인간이라는 종이 유전 모수**genetic parameter**라는 속박을 깨도록 허용할 것인지에 있다. 이것이 바로 자기 DNA의 운명을 직접 결정하는 근본적인 자유이다.**

스텔락의 외침에 공감하지만, 문제가 조금은 더 복잡하다. 첫째, 형태의 자유는 생각의 자유에서 나오며, 대부분의 장소들에서는 생각의 자유조차 위협받는다. 사람들은 현실적으로든 잠재적으로든, 모두의 자유를 보호하기 위해 조직화되어야 한다. 이것은 궁극적으로 함께하는 노력을 수반한다.

둘째, 함께 노력해서 자유를 극대화하는 방법들이 있다. 여기에는 혼돈처럼 보이는 것에서 어떻게 질서가 나오고, 복잡성이 어떻게 조화를 만들어낼 수 있는지에 대한 이해가 동반된다. 소소한 자원을 가진 분권화된 많은 자발적 집단들이 가장 큰 관료조직, 이를테면 미국 정부 같은 큰 조직들에 맞서서 장기적이고, 정교하고, 효과적인 저항 운동을 조직한다. 이들의 성공 여부는 원활한 의사소통, 당사자들이 결정을 내리도록 내버려두는 것 그리고 개개인의 책임감에 달려 있다. 중앙통제는 근본적으로 취약하다. 왜냐하면 너무나 복잡한 우리 현실에 대해 오로지 한 가지만 이야기하고 있기 때문이다. 무정부주의 작가인 콜린 워드Colin Ward는 중앙통제와 아래로부터의 분권화된 응집성을 대조한다.

> **비교해보면 사회에서든, 산업에서든, 교육이나 경제 계획에서든, 정부주도의 모형이란 얼마나 조악해 보이는가. 현실적인 수요에 비춰보았을 때, 그 모형은 답이 되지 않는다는 사실이 놀랄 일도 아니다. 그런 모형이 융합과 합병, 합리화 그리고 조정을 통해 자체의 문제들을 해결하고자 할 때, 의사소통의 통로들은 꽉 막힌 채, 문제가 더욱 악화되고 있다는 말만 되풀이하게 된다는 사실도 전혀 놀랍지 않다. 무정부주의적인 대안은 융합이 아닌 파편화와 분열, 통합이 아닌 다양성, 대중사회가 아닌 많은 사회들이다.**

사이보그 기술과학은 대중사회를 걱정거리로 만든다. 이전에 한 번도 경험한 적 없던 획일성이 기술적으로 가능해지며, 전체주의는 두려운 악몽으로 변한다. 유일한 대안은 다른 방향으로 나아가 사이보그 시민권이 다양한 형태로 확산될 수 있게 하는 것이다. 그렇다.

여기에도 나름의 끔찍한 순간들이 있을 것이고, 여전히 변화를 두려워하는 사람들에게는 더욱 소름끼치는 일이 될 것이다. 더 큰 민주주의와 더 강한 시민권 그리고 인간과 포스트휴먼 가능성의 확산을 바라며 팔을 벌리는 것이야말로 과거로의 회귀를 제외한 우리의 유일한 선택지이다. 우리가 포스트모던적인 기술과학의 맥락 안에 있는 한 과거로의 회귀는 끔찍했던 홀로코스트와 굴라크(소련의 악명 높은 정치범 강제 수용소 — 옮긴이)를 그저 예행연습에 지나지 않았던 일들로 만들어버릴 것이다.

천만다행으로 사이보그화는 우리를 신처럼 만들지는 않을 것이다. 하지만 우리는 이전의 어떤 인간 즉 원형적 인간보다 더 좋고 더 긴 삶을 살게 될지도 모른다. 더 오래 살며 번영하는 것뿐만 아니라, 안과 밖의 공간들에서 펼쳐질 빛나는 새로운 모험들 속으로 우리를 몰아넣을 수도 있다. 시스템들은 평형을 이루지만, 정체 상태로 생존하진 않는다. 번창하거나 죽거나 둘 중 하나이다.

이 책은 사이보그, 사이버 문화 그리고 관련 쟁점들을 고찰하면서 점점 성장하고 있는 연구 공동체들에 의지하고 있다. 특히 박사 학위를 받은 산타크루즈 소재 캘리포니아대학교의 '의식의 역사 연구위원회' 소속 친구들인 도나 해러웨이, 론 이글래쉬Ron Eglash, 사라 윌리엄스Sara Williams, 조 더밋, 폴 에드워즈Paul Edwards, 노엘 스터전Nöel Sturgeon, T. V. 리드T. V. Reed, 샌디 스톤, 제니퍼 곤잘레즈Jennifer González, 체 산도발Che Sandoval은 지금까지도 중요한 영향을 미치고 있다. 그리고 스티브 멘토어, 하이디 피구에로아-사리에라, 다이앤 넬슨Diane Nelson, 마크 드리스콜Mark Driscoll 그리고 호세바 가빌론도는 훌륭한 동료들이기도 했다.

그레이트폴스대학교의 친구들과 동료들, 조 쇼퍼Joe Schopfer, 린든 마샬Lyndon Marshall(교수와 학생들을 지원하는 데 물불을 가리지 않는 맹렬한 모습 때문에 '공격의 학장'이라 불렸다), 서커스 누미쿠스 연구모임, 특히 이 모임의 '소몰이 막대기'인 데니스 윅스Dennis Weeks, 우리의 대통령 프레드 길리아드Fred Gilliard에게도 감사를 표한다. 그리고 나의 수업에 참여한 학생들에게도 감사하고 싶다. 그들은 흥미를 보이는 동시에 의심도 드러내면서 나에게 자극을 주었는데, 이 점은 고더드대학교의 교외 학사, 석사 프로그램을 통해 나와 연구를 함께한 학생들과 교수들도 마찬가지였다.

오레곤주립대학교 인문학센터, NASA 역사연구실 그리고 아이젠하워 재단(이곳에서 지원해준 연구 장학금 덕분에 골렘의 고향인 체코에 갈 수 있었다)의 후원은 고맙고 값진 것이었다.

루틀리지 출판사가 인세를 선금으로 주는 등의 강력한 후원을 해준 것은 내게 대단히 큰 행운이었다. 특히 빌 게르마노Bill Germano와 아드리안 드리스콜Adrian Driscoll은 나와 마음이 잘 맞고, 호기심이 많은 기획·편집자들이었다. 이 원고를 다룬 에이미 리딩Amy Reading은 특별히 주도면밀한 편집자였다. 스티브 멘토어와 론 이글래쉬는 훌륭하고 든든한, 매우 비판적인 독자들이었다. 그들이 이 책의 결점으로 생각한 것들을 내가 모두 수정했기를 바랄 뿐이다.

마지막으로 나의 가족이 있다. 언제나 나를 믿어주시는 부모님과 형제들, 인척들(특히 테드 윌슨Ted Wilson은 내 책을 모두 사서 읽었다), 조카들, 내 두 명의 아들들 그리고 누구보다 중요한 내 배우자 제인 윌슨Jane Wilson.

모든 오류가 다 나의 것은 아니다. 의미가 구성된다는 것은 그렇게 복잡하다. 하지만 인세가 나의 것이므로, 당연히 그 책임은 내가 질 것이다.

| 참고문헌 |

Published in New York unless otherwise noted.

Agigian, Amy Carol

1994 We Are (Cyborg) Family: Lesbian Artificial Insemination. Working Paper No. 8, Waltham, MA: Brandeis University Woman Studies Program.

Alldridge, Peter

1996 "Who Wants to Live Forever?" in *Dath Rites*, Robert Lee and Derels Morgan, eds., Routledge, pp. 11-36.

Altman, Larence

1992 "First Human to Get Baboon Heart", *New York Times*, June 20, p. B6.

Alwall, Nils

1986 "Historical Perspective on the Development of the Artificial Kidney," *Artificial Organs*, vol. 10, no. 2, pp. 86-99.

Andrews, Lori B.

1998 "Human Cloning," *Chronicle of Higher Education*, Feb. 13, pp. B4-B5.

Associated Press

1983 "Electronic Leash for Malefactors," *San Francisco Chronicle*, March 10, p. 24.

1993 "Twin Survives Separation," *New York Times*, August 21, p. A7.

1994 "Twin Who Survived Separation Surgery Dies," *New York Times*, June 10, p. A14.

1996 "Western Governors Move Ahead with Cyberspace U.," *Great Falls Tribune*, Sept. 29, p. 6B.

1997a "Cloning Cows," *Great Falls Tribune*, August 8, p. 6S.

1997b "Scientists Reportedly Create Headless Frog Embryo," *Great Falls Tribune*, Oct. 19, p. 7A.

1998a "Maverick Pushes Human Cloning," Great Falls Tribune, Jan. 8, p. 3A.

1998b "Advocate of Cloning Willing to Relocate," *Great Falls Tribune*, Jan. 12, p. 3A.

1998c "High-Tech Tracking Awaits Killer's Parole," *Great Falls Tribune*, May

16, p. 2A.
1998d "Amputee Climbs Everest," *Great Falls Tribune*, May 28, p. 5A.
1998e "Olympics," *Great Falls Tribune*, July 29, p. 3S.
1998f "Is Privacy In Public a Thing of the Past?" *Great Falls Tribune*, August 2, pp. 1A, 10A.
1998g "How Much Is That Clone in the Window?" *Great Falls Tribune*, August 26, p. 2A.
1998h "Chicago Physicist Says He'll Clone Himself with Help from His Wife," *Great Falls Tribune*, Sept. 7, p. 2A.
Balsamo, Anne
1996 *Technologies of the Gendered Body*, Durham: Duke University Press.
Bamberger, Michael and Don Yaeger
1997 "Over the Edge," *Sports Illustrated*, April 1, pp. 60-70.
Barber, Benjamin
1996 *McWorld versus Jihad*, Ballantine.
Basinger, Julienne
1998 "19 European Countries Sign Pact Prohibiting the Cloning of Human Beings," *Chronicle of Higher Education*, Jan. 23, p. A48.
Bass, Thomas
1995 "Gene Genie," *Wired*, August, pp. 114-117, 164-168.
Bateson, Gregory
1972 *Steps to an Ecology of Mind*, Ballantine.
Baudrillard, Jean
1983 *Simulations*, Semiotext(e).
Bell, Daniel
1976 *The Cultural Contradictions of Capitalism*, Basic Books.
Benedikt, Michael, ed.
1991 *Cyberspace, First Steps*, Cambridge, MA: MIT Press.
Bennahum, David
1997 "The Internet Revolution," *Wired*, April, pp. 123-128, 168-173.
Bey, Hakim
1991 T.A.Z.: *The Temporary Autonomous Zone, Ontological Anarchy, Poetic Terrorism*, Automedia.
1996 "The Net and the Web," in *CyberReader*, Victor Vitanza, ed., Boston: Allyn and Bacon, pp. 366-371.
1998 "The Information War," in *Virtual Futures*, Joan Broadhurst Dixon and Eric Cassidy, eds., Routledge, pp. 3-10.
Biddick, Kathleen
1993 "Stranded Histories: Feminist Allegories of Artificial Life," in *Research*

in Philosophy and Technology, Joan Rothschild and Frederick Ferre, eds., Greenwich: JAI Press, pp. 165-182.
Bolin, Ann
1992 "Flex Appeal: Fool and Fact: Competitive Body Building, Gender and Diet," *Play and Culture*, no. 5, pp. 378-400.
Bonchek, Mark
1995 "Grassroots in Cyberspace," MIT Artificial Intelligence Laboratory, Working Paper 95-2.2.
Borenstein, Nathaniel
1997 "One Planet, One Net," *CPSR Newsletter*, vol. 15, no. 4, Fall, pp. 1, 3-5.
Braidotti, Rosi
1998 "Cyberfeminism with a Difference," http://www.let.ruu.nl/womens_studies/rosi/cyberfem.htm.
Brand, Stewart
1994 "Foreword," in *The Millennium Whole Earth Catalog*, Harold Rheingold, ed., San Francisco: Point Foundation, p. 55.
Brin, David
1992 *Earth*, Bantam.
Bunker, Robert J.
1994 "The Transition to Fourth Epoch War," *Marine Corp Gazette*, Sept., pp. 23-32.
Bury, Stephen
1994 *Interface*, Bantam.
Califia, Pat
1997 *Sex Changes: The Politics of Transgenderism*, San Francisco: Clies Press.
Cartwright, Lisa
1997 "The Visible Man," in *Processed Lives*, Jennifer Terry and Melodie Calvert, eds., Routledge, pp. 123-138.
Casper, Monica
1995 "Fetal Cyborgs and Technomoms on the Reproductive Frontier," in *The Cyborg Handbook*, Chris Hables Gray, Steven Mentor, and Heidi Figueroa-Sarriera, eds., Routledge, pp. 183-203.
Channell, David
1991 *The Vital Machine*, Oxford University Press.
Cherry, J.
1980 "The New Epidemiology of Measles and Rubella," *Hospital Practice*, July, pp. 52-54.
Chomsky, Noam, and Edwards S. Herman
1998 *Manufacturing Consent: The Political Economy of the Mass Media*, Parthenon.

Clarke, Adele

1995 "Modernity, Postmodernity and Reproductive Processes," in *The Cyborg Handbook*, Chris Hables Gray, Steven Mentor, and Heidi Figueroa-Sarriera, eds., Routledge, pp. 139-156.

Cliff, Steven

1998 "Democracy Is Online," *OnTheInternet*, vol. 4, no. 2, March/April, pp. 20-28.

Clynes, Manfred

1977 *Sentics*, Anchor/Doubleday.

Clynes, Manfred, and Nathan Kline

1960 "Cyborgs and Space," *Astronautics*, Sept., pp. 26-27, 74-75

1995 "Cyborgs in Space," (*Astronautics*, Sept., 1960); reprinted in *The Cyborg Handbook*, Chris Hables Gray, Steven Mentor, Heidi Figueroa-Sarriera, eds., Routledge, pp. 29-34.

Collier, Jane, Michelle Z. Rosaldo, and Sylvia Yanagisako

1997 "Is There a Family?" in *The Gender/Sexuality Reader*, Micaela di Leonardo and Roger N. Lancaster, eds., Routledge, pp. 71-81.

Coontz, Stephanie

1992 *The Way We Never Were*, HarperCollins.

Coulter, Harris, and Barbara Loe Fisher

1985 *DPT:A Shot in the Dark*, Harcourt, Brace, Jovanovich.

Coupland, Douglas

1986 *Microserfs*, Regan.

Crewe N., and I. Zola, eds.

1983 *Independent Living for Physically Disabled People*, San Francisco: Jossey-Bass.

Davis-Floyd, Robbie

1998 "From Technobirth to Cyborg Babies," in *Cyborg Babies*, Robbie Davis-Floyd and Joseph Dumit, eds., Routledge, pp. 256-282.

Davis-Floyd, Robbie, and Joseph Dumit, eds.

1998 *Cyborg Babies*, Routledge.

Delgado, Jose

1971 *Physical Control of the Mind*, Colophon.

Dery, Mark

1996a *Escape Velocity*, Grove Press.

1996b "Slashing the Borg: Resistance Is Fertile," 21*C, no. 4, pp. 74-76.

Diamond, Jared

1995 "Father's Milk," *Discover*, Feb., pp. 83-87.

Dibbell, Julian

1999 *Tinylife*, Owl Books.
Douglas, Billy
1996 "Jo Ann," PFIQ: *Piercing Fans International Quarterly*, no. 47, pp. 16-17.
Downey, Gary Lee, Joseph Dumit and Sarah Williams
1995 "Cyborg Anthropology" in *The Cyborg Handbook*, C.H. Gray, Steven Mentor, and Heidi Figreroa-Sarrierer eds., Routledge, pp. 347-362.
Dumit, Joseph, and Robbie Davis-Floyd
1998 "Cyborg Babies," in *Cyborg Babies: From Techno-Sex to Techno-Tots*, Robbie Davis-Floyd and Joe Dumit, eds., Routledge, pp. 1-20.
Dutton, Diana
1988 *Worse than the Disease*, Cambridge, UK: Cambridge University Press.
Edwards, Paul
1996 *The Closed World*, Cambridge, MA: MIT Press.
Ehrenreich, Barbara
1987 "Iran Scam," *Ms.*, May, p. 26.
Etzioni Amitai and Oren Etzioni
1997 "Communities: Virtual vs. Real," *Science*, vol. 277, July 18, p. 295.
Evagora, Andreas
1998 "Five Riders Admit Drug Use," *Great Falls Tribune*, July 28, p. 3S.
Everard, Jerry
1999 *Virtual States: The Internet and the Boundaries of the Nation-State*, Routledge.
Fausto-Sterling, Anne
1993 "The Five Sexes," *The Sciences*, March/April, pp. 20-25.
1997 *Myths of Gender*, Basic Books.
Fiedler, Leslie
1996 "Why Organ Transplant Programs Do Not Succeed," *Organ Transplantation*, Stuart Youngner, Renée Fox, and Laurence O'Connell, eds., Madison: Wisconsin University Press, pp. 56-65.
Fitzgerald, Alison
1998 "Cloned Calves May Aid Drug Production," *Tacoma News*, Jan. 21, p. A4.
Flax, Jane
1987 "Postmodernism and Gender Relations in Feminist Theory," *Signs*, vol. 12, no. 4, Summer, pp. 621-643.
Forberg, Friedrich
1967 *De Figuris Veneris*, Halloway.
Foucault, Michael
1973 *The Order of Things*, Vintage Books.
Fox, Renée

1996 "Afterthoughts," in *Organ Transplantation*, Youngner, Fox, and O' Connell, eds., Madison: Wisconsin University Press, pp. 252-267.
Fox, Renée, Laurence O'Connell, and Stuart Youngner
1996 "Introduction," in *Organ Transplantation*, Youngner, Fox, and O'Connell, eds., Madison: Wisconsin University Press, pp. 3-18.
Fox, Renée and Judith Swazey
1974 *The Courage to Fail*, Chicago: University of Chicago Press.
1993 *Spare Parts*, Oxford University Press.
Gabilondo, Joseba
1995 "Postcolonial Cyborgs," in *The Cyborg Handbook*, Chris Hables Gray, Steven Mentor, Heidi Figueroa-Sarriera, eds., Routledge, pp. 423-432.
Gannett News Service
1998 "Cloning Takes Leap Forward," *Great Falls Tribune*, July 23, pp. A1, A8.
Gee, William F.
1975 "A History of Surgical Treatments for Impotence," *Urology*, Vol. 5. no. 3, pp. 401-405.
Gessen, Masha
1995 "Balkans Online," *Wired*, Nov., pp. 158-162, 220-228.
Gitlin, Todd
1989 "Postmodernism Defined, At Last!" *Dissent*, Winter, PP. 52-61.
Gonsalves-Ebrahim, L., and M. Kotz
1987 "The Psychosociological Impact of Ambulatory Peritoneal Dialysis on Adults and Children," *Psychiatric Medicine*, vol. 5, no. 3, pp. 177-185.
Goodman, Ellen
1994a "Conception Advances Need Limits," *The Oregonian*, Jan. 11, P. B9.
1994b "An Easy Choice Was Made Hard," *The Oregonian*, June 19, P. B3.
1995a "Insemination: Law, Biology in Conflict," *The Oregonian*, Jan. 30, P. B6.
1995b "Treatments Reproduce Dilemmas," *The Oregonian*, June 13, P. A9.
Gray, Chris Hables
1979 "The New Libertarians," *Black Rose*, vol. 1, no. 3, pp. 29-39.
1996 "Medical Cyborgs: Artificial Organs and the Quest for the Posthuman," in *Technohistory*, Gray, ed., Melbourne, Fl.: Krieger, pp. 140-178.
1997a *Postmodern War*, Guilford.
1997b "The Ethics and Politics of Cyborg Embodiment: Citizenship as a Hypervalue," *Cultural Values*, vol. 1, no. 2, Oct., pp. 252-258.
Gray, Chris Hables, and Mark Driscoll
1992 "From Virtual to Real: Anthropology in the Age of Simulation," *Virtual Anthropology*, Fall, pp. 39-49.
Gray, Chris Hables, and Steven Mentor

1995 "The Cyborg Body Politic," in *The Cyborg Handbook*, Chris Hables Gray, Steven Mentor, and Heidi Figueroa-Sarriera, eds., Routledge, pp. 453-465.

Gray, Chris Hables, Steven Mentor, and Heidi Figueroa-Sarriera

1995 "Cyborgology," in *The Cyborg Handbook*, Chris Hables Gray, Steven Mentor, and Heidi Figueroa-Sarriera, eds., Routledge, pp. 1-16.

Griffin, David Ray

1988 "Introduction," in *The Reenchantment of Science*, Griffin, ed., Albany State University of New York Press.

Gross, Paul R., and Norman Levitt

1944 *Higher Superstition: The Academic Left and Its Quarrels with Science*, John Hopkins Press.

Gruber, Michael

1994 "Neurobotics," *Wired*, Oct., pp. 111-113.

1997 "Map the Genome, Hack the Genome," *Wired*, Oct., pp. 152-156, 193-198.

Guernsey, Lisa

1996 "The Electronic Soapbox," *The Chronicle of Higher Education*, May 3, pp. A29-A33.

Hall, Diedre

1995 "Interview," on *20/20*, April 21.

Halperin, James L.

1996 *The Truth Machine*, Del Rey.

Handy, Bruce

1998 "The Viagra Craze," *Time*, May 4, pp. 50-57.

Hanson, Victor

1989 *The Western Way of War*, Knopf.

Haraway, Donna

1985 "A Manifesto for Cyborgs," *Socialist Review*, no. 80, pp. 65-107.

1988 "Situated Knowledges," *Feminist Studies 14*, no. 2, Fall, pp. 575-599.

1989 *Primate Visions*, Routledge.

1995 "Cyborgs and Symbionts," in *The Cyborg Handbook*, Chris Hables Gray, Steven Mentor, and Heidi Figueroa-Sarriera, eds., Routledge, pp. xi-xx.

Hartouni, Valerie

1991 "Containing Women," in *Technoculture*, Constance Penley and Andrew Ross, eds., Minneapolis: University of Minnesota Press, pp. 27-56.

Hayles, N. Katherine

1987 "Denaturalizing Experience," paper presented to the meeting of the Society for Literature and Science.

1993 "Virtual Bodies and Flickering Signifiers," *October 66*, Fall, pp. 69-91.

1999 *How We Became Posthuman*, Chicago: University of Chicago Press.
Heinlein, Robert
1959 *Starship Troopers*, Signet.
Hill, Anne
1998 "Children of Metis," in *Cyborg Babies*, Robbie Davis-Floyd and Joseph Dumit, eds., Routledge, pp. 330-344.
Hilton, Bruce
1992 "How to Tell When Someone Is Dead," *Cleveland Plain Dealer*, July 19, p. 3C.
Hitchcock, D.R.
1965 "Introduction," *Medical and Biological Applications of Space Telemetry*, July, Washington, DC: NASA.
Hogle, Linda
1995 "Tales From the Cryptic," in *The Cyborg Handbook*, Chris Hables Gray, Steven Mentor, and Heidi Figueroa-Sarriera, eds., Routledge, pp. 203-218.
Hori, Motokazu
1986 "Artificial Liver," *Artificial Organs*, vol. 10, no. 3, pp. 211-213.
Hudak, Stephan
1992 "Boy Keeps Charging on Artificial Leg," *The Plain Dealer*, June 29, p. 4B.
Hutcheon, Linda
1987 "The Politics of Postmodernism," Cultural Critique, no. 4, pp. 179-207.
Huyssen, Andreas
1984 *After the Great Divide*, Bloomington: Indiana University Press.
Isin, Engin
1997 "Who Is the New Citizen?" *Citizenship Studies*, vol. 1, no. 1, pp. 115-132.
James, Walene
1988 *Immunization*, Bergen and Garvey.
Jameson, Fredric
1984 "Postmodernism, or on the Cultural Logic of Late Capitalism," *New Left Review*, no. 146, July/August, pp. 53-92.
Johnsen, Edwin
1968 "Teleoperators," presented on the 1968 FJCC Panel, Human Augmentation Through Computers and Teleoperators, Dec. 10, NASA History Office archives.
Jordon, Tim
1984 "The Pediatric Vaccine Controversy," Editorial, *Journal of the American Medical Association*, Dec. 7, pp. 3013-3014
1999 *Cyberpower: The Culture and Politics of Cyberspace and the Internet*, Routledge.

Kaplan, David, and Andrew Marshall
1996 *Aum The Cult at the End of the World*, Crown.
Katz, Jon
1997 "The Digital Citizen," *Wired*, Dec., pp. 68-82, 274-275.
Kaufert, Joseph, and David Locker
1990 "Rehabilitation Ideology and Respiratory Support Technology," *Social Sciences and Medicine*, vol. 30, no. 8, pp. 867-877.
Kelly, Kevin
1994 *Out of Control: The New Biology of Machines, Social Systems and the Economic World*, Addison-Wesley.
Kiernan, Vincent
1997 "The Morality of Cloning Humans," *Chronicle of Higher Education*, July 18, pp. A13-A14.
1998 "Senate Rejects Bill to Ban Human Cloning," *Chronicle of Higher Education*, Feb. 20, pp. A40-A41.
Kimbrell, Andrew
1993 *The Human Body Shop*, San Francisco: HarperSanFrancisco.
Knox, Richard
1976 "A Shot in the Arm, A Shot in the Dark," *Boston Sunday Globe*, Dec. 26, p. B1.
Kloff, Willem
1979 "Questions and Predictions," in *Assisted Circulation*, Felix Unger, ed., Berlin: Springer-Verlag, pp. 11-12.
1989 "The Artificial Heart, the Inevitable Development," *Artificial organs*, vol. 13, no. 3, pp. 183-184.
Kroker, Arthur, and Marilouise kroker
1987 *Body Invaders*, St. Martin's Press.
Kruger, Jeffrey
1997 "Will We Follow the Sheep?" *Time*, March 10, pp. 69-72.
Laqueur, Thomas
1990 *Making Sex*, Cambridge, MA: Harvard University Press.
Latour, Bruno
1993 *We Have Never Been Modern*, C. Porter, trans., Cambridge, MA: Harvard University Press.
Lee, Robert, and Derek Morgan
1996 "Preface-Law, Ethics and Death," *Death Rites*, Routledge, pp. x-xvi.
Levidow, Les, and Kevin Robins, eds.
1989 "Introduction," in *Cyborg Worlds*, London: Free Association, pp. 7-12.
Lewontin, R. C.

1997 "The Confusion over Cloning," *New York Review of Books*, Oct. 23, pp. 18-23.

Licklider, J. C. R.

1960 "Man-Computer Symbiosis," *IREE Transactions on Human Factors in Electronics*, March, pp. 4-11.

Los Angeles Times

1998 "Procedure Could Advance Cloning-and Controversy," *Great Falls Tribune*, Jan. 19, p. A2.

Lubeck, Deborah, and John Bunker

1982 Case Study No. 9, The *Artificial Heart*, Washington, DC: Congress of the United States Office of Technology Assessment.

Lyotard, Jean-Francois

1985 *The Postmodern Condition*, Minneapolis: University of Minnesota Press.

Mackenzie, Debra

1984 "Hidden Menace of New Chicken Pox Vaccine," *New Scientist*, June 7, p. 27.

Maines, Rachel

1989 "Socially Camouflaged Technologies," *IEEE Technology and Society Magazine*, vol. 8, no. 2, June 1989, pp. 3-11.

Manning, Dr. Richard

1987 *Impotence-How to Overcome It*, Farmington Hills, MI: HealthProlink.

Martin, Emily

1991 "The Egg and the Sperm," *Signs*, vol. 15, no. 3, pp. 485-501.

1997 "The End fo the Body?" in *The Gender/Sexuality Reader*, Leonardo and Lancaster, eds., Routledge, pp. 543-558.

Masturana, Humberto, and Francisco Varela

1980 *Autopoiesis and Cognition*, Dordrecht: D. Reidel.

Mazlish, Bruce

1993 *The Fourth Discontinuity*, New Haven: Yale University Press.

McDonald, Kim

1996 "A Top-secret Campaign to Build the Ultimate Bike," *Chronicle of Higher Education*, Jan. 12, pp. A11-A13.

1998 "Scientists Debate the Benefits and Hazards of a Seemingly Magical Powder," *Chronicle of Higher Education*, June 26, pp. A15-A16.

McKenzie, D. S.

1965 "Still a Long Way to Go," *Artificial Limbs*, vol. Ⅱ, No. 2, Autumn, pp. 1-4.

Mendelssohn, Robert S.

1984 *How to Raise a Healthy Child...In spite of Your Doctor*, Random House.

Mentor, Steven
1996 "Manifest(o) Technologies," in *Technohistory*, Chris Hables Gray, ed., Melbourne, FL: Krieger, pp. 195-214.
Mihoces, Gary
1998 "Debate over 'Andro' Builds," *USA Today*, August 25, p. 3C.
Miller, Steven
1996 "The Building Blocks of Electronic Democracy," *CPSR Newsletter*, vol. 14, no. 2, Summer, pp. 1-2.
Miller, t al.
"Multiple Sclerosis and Vaccinations," *British Medical Journal*, April 22, pp. 210-213.
More, Natasha Vita
1998 "Future of Sexuality," http://www.extropic-art.com/sex.htm.
Mumford, Lewis
1970 *The Myth of the Machine*, Harcourt Brace, Jovanovich.
Neustadt, Richard, and Harvey Fineberg
1978 *The Swine Flu Affair*, Washington, DC: U.S. Department of Health, Education, and Welfare.
Noble, Douglas
1989 "Mental Materiel," in *Cyborg Worlds*, Les Levidow and Kevin Robins, eds., London: Free Association, pp. 13-42.
O'Connell, Laurence
1996 "The Realities of Organ Transplantation," *Organ Transplantation*, Stuart J. Youngner, Renée C. Fox, and Laurence J. O'Connell, eds., Madison: Wisconsin University Press, pp. 19-31.
O'Keefe, Mark
1995 "Family Values Back With a Twist," *The Oregonian*, Feb. 20, P. B1.
O'Neill, Patrick
1995 "The Complex Case of Baby Ryan," *The Oregonian*, Feb. 19, pp. D1, D7.
The Oregonian
1995 "Surrogate Father Murders Son," Jan. 19, p. D1.
Pakulski, Jan
1997 "Cultural Citizenship," *Citizenship Studies*, Vol. 1, No. 1, pp. 73-86.
Parsegian, V. L.
1973 *This Cybernetic World of Men,Machines,and Earth Systems*, Doubleday.
Phol, Frederick
1976 *Man Plus*, Bantam.
1982 *The Cool War*, Del Rey.
Rabinbach, Anson

1990 *The Human Motor*, Basic Books.
Rajchman, John
1985 "The Postmodern Museum," *Art in America*, Oct., pp. 116-129.
Rawson, Hugh, and Margaret Miner, eds.
1986 *The New International Dictionary of Quotations*, Signet.
Reeve, Christopher
1998 *Still Me*, Random House.
Reid, Jeff
1988 "Just What Is Postmodernism?" *Utne Reader*, Sept./Oct., pp. 32-33.
Renshaw, Domeena
1979 "Inflatable Penile Prosthesis," *Journal of the American Medical Association*, vol. 241, no. 24, pp. 2637-2638.
Restak, Richard
1973 *Pre-Meditated Man*, Viking
Richardson, Ruth
1996 "Fearful Symmetry," *Organ Transplantation*, Stuart Youngner, Renée Fox, and Laurence O'Connell, eds., Madison: Wisconsin University Press, pp. 66-100.
Rifkin, Jeremy
1993 "Forward," in *The Human Body Shop*, Andrew Kimbrell, HarperSanFrancisco, pp. vi-x.
Rosenthal, Bert
1998 "Drug Scandal Rocks National Track Program," *Great Falls Tribune*, July 28, p. 1S.
Rothbard, Murray
1978 *For a New Liberty*, Collier.
Roy, Jean-Hughes
1996 "Way New Leftists," *Wired*, Feb., p. 109.
Sale, Kirkpatrick
1995 "Setting Limits on Technology," *The Nation*, June 5, pp. 785-788.
Saletan, William
1998 "Fetal Positions," *Mother Jones*, May/June, pp. 58-59.
Sandoval, Chela
1995 "New Sciences: Cyborg Feminism and the Methodology of the Oppressed," in *The Cyborg Handbook*, Chris Hables Gray, Steven Mentor, Heidi FigueroaSarriera, eds., Routledge, pp. 407-422.
Scarry, Elaine
1985 *The Body in Pain*, Oxford University Press.
Schmidt, Matthew, and Lisa Jean Moore

1998 "Constructing a 'Good Catch,'" in *Cyborg Babies*, Robbie Davis-Floyd and Joseph Dumit, Routledge, pp. 22-39.

Sclove, Richard

1995 *Democracy and Technology*, Guilford.

Seltzer, Mark

1990 "The Love Master," in *Engendering Men: The Question of Male Feminism*, Joseph A. Boone and Michael Cadden, eds., Routledge, pp. 141-149.

Silber, Jerome, and Sydelle Silverman

1958 "Studies in the Upper Extremity Amputee," *Artificial Limbs*, vol. 5, no. 2, pp. 88-116.

Silver, Lee

1998 *Remaking Eden*, Avon Books.

Silverstein, Arthur

1983 *Pure Politics and Impure Science-The Swine Flu Affair*, Baltimore: John Hopkins University Press.

Smith, Marc A., and Peter Kollock, eds.

1999 *Communities in Cyberspace*, Routledge.

Smith, Merritt Row

1985 "Army Ordnance and the 'American System' of Manufacturing, 1815-1861," in *Military Enterprise and Technological Change*, M. R. Smith, ed., Cambridge, MA: MIT Press, pp. 39-86.

Sokal, Alan

1996 "A Physicist Experiments with Cultural Studies," *Lingua Franca*, May/June, pp. 62-64.

Sports Illustrated

1998a "Whiskey Business," *Sports Illustrated*, August 17, p. 25.

1998b "Hurricane Andro," *Sports Illustrated*, Sept. 7, p. 22.

Stacey, Judith

1990 *Brave New Families*, Basic Books.

Stelarc

1997 "From Psycho to Cyber Strategies" *Cultural Values*, vol. 1, no. 2, Oct., pp. 242-249.

Sterling, Bruce

1990 "Swarm" in *Crystal Express*, Ace, pp. 3-26.

Stewart, G. T.

1979 "Vaccination against Whooping Cough: Efficiency vs. Risks," Lancet, Jan. 29, pp. 234-237.

Stock, Gregory

1993 *Metaman*, Simon and Schuster.

Stone, Allucquere Rosanne

1991 "Will the Real Body Please Stand Up?" in *Cyberspace: The First Steps*, Michel Benedikt, ed., Cambridge, MA: MIT Press, pp. 81-118.

1995 *The War of Desire and Technology at the Close of the Mechanical Age*, Cambridge, MA: MIT Press.

Strauss, Michael J.

1984 "The Political History of the Artificial Heart," *New England Journal of Medicine*, Feb. pp. 332-336.

Talmadge, Eric

1997 "Robo-Roach Will Boldly Go Where No Bug Has Before," *Great Falls Tribune*, Jan. 10, p. A2.

Taylor, Chris

2000 "Behind the Hack Attack," *Time*, Feb. 21, pp. 45-47.

Teitelbaum, Sheldon

1996 "Privacy is History-Get Over It," *Wired*, Feb., p. 125.

Theweleit, Klaus

1989 Male Fantasies, Vol. 2 *Male Bodies*, Minneapolis: University of Minnesota Press.

Tiefer, Lenore, Beth Pederson, and Arnold Melman

1988 "Psychological Follow-up of Penile Prosthesis Implant Patients and Partners," *Journal of Sex and Marriage Therapy*, Vol. 14, no. 3, Fall, pp. 184-201.

Tiefer, Lenore, Steven Moss, and Arnold Melman

1991 "Follow-up of Penile Prosthesis Implant Patients and Partners," *Journal of Sex and Marriage Therapy*, Vol. 14, No. 3, Fall, pp. 113-127.

Titmuss, Richard

1971 *The Gift Relationship*, Pantheon

Toffler, Alvin, and Heidi Toffler

1993 *War and Anti-War*, Warner Books.

Trappen, Michelle

1992 "Flexing His Future," *The Oregonian*, Nov. 10, pp. G1, G8.

Turing, Alan

1950 "Computing Machinery and Intelligence," *Mind*, vol. LIX, no. 236, pp. 47-79.

Turkle, Sherry

1984 *The Second Self*, Simon and Schuster.

1995 *Life on the Screen*, Simon and Schuster.

Turner, Bryan

1997 "Citizenship Studies," *Citizenship Studies*, Vol. 1, No. 1, pp. 5-18.

Turner, Stephanie

1997 "The Politics of Intersexuality," paper presented to the Science, Technology, and the 21st Century conference, Cameron University, Lawton, Oklahoma, March 21.

Tzamaloukas, A. H., P. G. Zager, B. J. Quintara, M. Nevarez, K. Roberts, and G. H. Murata.

1990 "Mechanical Cardiopulmonary Resuscitation Choice of Patients on Chronic Peritoneal Dialysis," *Peritoneal Dialysis International*, vol. 10, no. 4, pp. 299-302.

Van Gelder, Lindsy

1996 "The Strange Case of the Electronic Lover," in *Computerization and Controversy*, 2nd ed., Kling, ed., Academic Press, pp. 533-546.

Van Nieuwkerk, C. M., R. T. Krediet, and L. Ariez

1990 "Voluntary Discontinuation of Dialysis Treatment by Chronic Dialysis Patients," *Netherlands Tijdschrift Voor Geneeskunde*, vol. 134, no. 32, August 11, pp. 1549-1552. (In Dutch, translated on Medline.)

Varley, John

1986 "Options" in *Blue Champagne*, Berkeley Books, pp. 154-181.

1993 *Steel Beach*, Ace.

Waisbren, Burton

1982 "Swine Influenza Vaccine," *Annals of Internal Medicine*, vol. 97, no. 1, July, p.149.

Ward, Colin

1992 *Anarchy in Action*, London: Freedom Press.

West, Jessica

No date "Sybian: Plug Into the Ultimate Joy Ride" from www.sybian.com

Wheeler, David

1996 "Creating a Body of Knowledge," *Chronicle of Higher Education*, Feb. 2, pp. A6A7, A14.

Wiener, Norbert

1948 *Cybernetics*, Cambridge, MA: MIT Press.

1964 *God and Golem, Inc*. Cambridge, MA: MIT Press.

1989 *The Human Use of Human Beings*, Boston: Houghton-Mifflin.

Wilson, Rir Graham

1967 *The Hazards of Immunization*. Oxford University Press.

Wilstein, Steve

1998 "McGwire Sees No Harm in Bulking Up With Steroids," *Salt Lake City Tribune*, August 23, p. C1.

Winner, Langdon

1988 *The Whale and the Reactor*, University of Chicago Press.

Wolcott, D., et al.
1988 "The Quality of Life in Chronic Dialysis Patients," *General Hospital Psychiatry*, vol. 10, no. 4, July, pp. 267-277.
Wolfe, Tom
1983 *The Right Stuff*, Bantam
Young, Jeffrey R.
1998 "Technorealists Hope to Enrich Debate Over Policy Issues in Cyberspace," *Chronicle of Higher Education*, March 23, pp. A11-A12.
Youngner, Stuart
1996 "Some Must Die," *Organ Transplantation*, Stuart Youngner, Renee Fox, and Laurence O'Connell, eds., Madison: Wisconsin University Press, pp. 32-55.
Zimmermann, E.
1989 "Quality of Life in Artificial Kidney Therapy," *Wiener - Klinischer - Wochen schrift.,* vol. 1010, no. 22, Nov. 24, pp, 780-784. (In German, translated on Medline)
Zuboff, Shoshana
1988 *In the Age of the Smart Machine*, Basic.

| 색인 |

ㅅ

ㅍ

ㅎ

cyborg
citizen

08112008
27
11
84
Lic.DTUPN
2002101010